國家社會科學基金重大招標項目
國家社會科學基金冷門絕學研究專項

湖北省公益学术著作
Hubei Special Funds 出版专项资金
for Academic and Public-interest
Publications

清代書院課藝選刊

魯小俊 主編

校經堂初集

[清] 曹鴻勛 手訂 周勇 整理

校經堂二集

[清] 陸寶忠 手訂 周勇 整理

長江出版傳媒 崇文書局

前　言

　　在中國書院史上，湖南書院具有重要地位。宋代天下四大書院中，嶽麓、石鼓占居半壁。至清，湖南書院在數量、規模上都有較大發展，呈繁榮之勢。雍正年間，詔建省會書院以爲國家教育學術中心，在全國重點建設的23所省會書院中，湖南有嶽麓、城南兩院入選，居各行省前列。而在教育向近代轉型的大潮中，湖南書院更是走在時代前列，其積極應和時代文化變遷的特點十分明顯。與嶽麓、城南兩書院均有淵源的校經書院就是其中的典型。

　　校經書院原名湘水校經堂，又名湘水校經書院，在清代湖南書院中它是較晚創建的。道光十一年（1831），時任湖南巡撫的吳榮光仿照其師阮元創辦詁經精舍、學海堂之意，利用嶽麓書院和城南書院的場地和師資設立湘水校經堂，“以經學課士，創爲之名，而實未有堂也。時歐陽坦齋先生主嶽麓講席，就齋西隙地建屋一椽，存其名”①。課試則由嶽麓、城南二書院的山長歐陽厚均、賀熙齡主持，分經義、治事、詞章三科試士，每歲四課，每季分課一經，因人而授之課程。在教學和學術研究上，吳榮光主張漢宋并重，排除門户之見，提倡“奧衍總期探許鄭，精微應并守朱張”，一時“多士景從，咸知講求實學”。顯然，湘水校經堂的設立是爲了對治科舉之學的空疏功利、不切實用的流弊，希望士子由專經而通經，由通經而致

---

　　①〔清〕郭嵩燾：《重建湘水校經堂記》，《郭嵩燾文集》，嶽麓書社1984年版，第526頁。

1

碑記》)①,以此"養成有體有用之才,以備他日吏幹軍諮之選"(張亨嘉《爲湘省設立校經書院折》)②。這説明,通經致用的立教之旨已經與救亡圖存的現實需求開始結合起來,體現了新的時代特點。

甲午戰敗,舉國震驚,變法維新的要求更爲迫切。校經書院在新任湖南學政江標的推動下,亦加大了改革力度,積極融匯到維新運動之中。在課程内容和培養模式上,以經學、史學、掌故、輿地、算學、詞章六科課士,添置自然科學儀器,創立算學、輿地、方言等學會,定期出版《湘學報》,發表師生在史學、掌故、交涉、商學、輿地、算學等方面的研究成果。因此,校經書院在培養新學人才、宣傳維新思想、推動風氣轉變方面發揮了顯著的作用。至光緒二十九年(1903),在清廷新政的背景下,校經書院被改制爲成德校士館(後爲廣益中學),諸生改習科學,以備學堂之選,校經書院融入現代教育體制之中。

總觀校經書院七十年的發展歷程,可見其創設之初旨,意在以經學挽救士子沉溺科舉時文之弊,接續阮元詁經、學海之學風,"實湖南漢學之大會"③,是湖南第一個專門研習漢學的教育機構④,延續了乾嘉樸學的治學傳統和通經致用的教育目標。在甲午戰前,這一特點尤爲明顯。同時,它隨清季時局激盪而興廢浮沉,接納西學、新學,積極融匯到教育體制、學術文化的近代轉型之中,成爲晚清新型省會書院的典型。從時間上來看,校經書院在其遷址湘春門外之前的近六十年(1831—1890),基本爲舊學模式,可稱爲校經

①[清]張亨嘉撰,鄧洪波等校點:《校經書院志略·記》,嶽麓書社2012年版,第4頁。
②[清]張亨嘉撰,鄧洪波等校點:《校經書院志略·奏摺》,嶽麓書社2012年版,第6頁。
③李肖聃:《校經學略》,見鄧洪波等點校《校經書院志略》附録二《校經書院文獻輯存》卷一,嶽麓書社2012年版,第119頁。
④鄧洪波:《湖南書院史稿》,嶽麓書社2013年版,第347頁。

堂時期;遷址之後的十二年(1891—1903),則爲新舊學交融、轉型模式,可稱爲書院時期。校經堂時期又以後十年左右(1879—1890)爲其黃金階段。

在明瞭以上發展歷程後,再來審視《校經堂初集》《校經堂二集》,就會有一個基本的定位判斷,即這兩種課藝總集是校經堂時期黃金階段的優秀教學成果。《校經堂初集》四卷,光緒十一年(1885)由湖南學政曹鴻勛編刊;《校經堂二集》九卷,光緒十四年(1888)由湖南學政陸寶忠編刊。曹、陸二人爲光緒二年(1876)丙子科進士同年(曹爲是榜狀元),皆曾在翰林院任職,都是碩學之士。他們從光緒七年(1881)至十四年(1888)先後任湖南學政,均對校經堂特予關注,親爲課試,對書院的學風具有引領作用。他們一以貫之,宣導無徵不信的經學研究,主張通經致用,兼顧訓詁與義理,延續了阮元、吳榮光一脉的學術傳統。

曹鴻勛認爲:

> 兩漢詞賦,肇自《離騷》;洛閩理學,源於太極。楚南前哲,自古爲昭,餘風漸被,乃至於今。第浮華流麗淫之音,心性啟空談之漸。習而不察,害溥斯宏。自非誦經,力崇樸學,何以救之哉? 是故研綜典藝,貴自樹立,端詞章於倉雅,斯乃則而不淫。納義理於訓詁,胡至空而不實?①

他期望校經堂肄業諸生能"約身雕己,實事求是,窮經致用,卓爲國偉"。陸寶忠對義理之學甚爲看重,認爲:

> 夫博通經濟可以弭世變,而其弊至於薄《詩》《書》;精究傳

———————

① [清]曹鴻勛:《校經堂初集叙》,光緒十一年刻本。

疏可以明聖經,而其弊至於鄙義理。《詩》《書》廢則微言絕,義
理荒則人心壞,如是而天下不亂者未之有也。①

因此,他主張"學者學夫義理而已,考據之博博此耳,辭章之達
達此耳",但又同時指出"今日之湘,宜收聲斂實,藏氣於根,深培厚
壅,俾益充實完固,踵嗣乎發榮滋長之盛,無有窮極"②,對玩物喪
志、獵華遺實的浮躁學風提出警醒。

這裏可以抄録光緒五年(1879)校經堂肄業生左調元的一篇習
作《擬校經書院學約》(以下簡稱《學約》),以見當時校經堂的士風
與學風。

一、校本各不同,即如一字而體有今古,義有是非,必須參
互考訂,擇善而從。書院以校經爲名,所貴顧而思義。疏證異
文,援引古義,務期實得而止,不可徒以想當然語了事。

一、以經解經,最爲得之。至於先儒之説,無論爲漢爲宋,
其合於經者取之,不合於經者去之。此事自是以明道、講學爲
本,一切門户之見慎不可存。入主出奴,彼此攻擊,攻擊不已,
流爲黨禍,切宜戒之。

一、習經宜專。人各就所習本經摘出疑義,以待師友會講
時彼此問難,務期折衷至當。其有得,亦藉記之,不特欲無忘
所能,亦容他日所見,有更正處。俟一經畢,再治一經。苟簡
涉獵者,萬無有成之理,各宜戒之。

一、諸生習經者,每月兩課。官及館師以本經設問,其能
習兩經以上者,以兼經設問,獎其已能而勉以未至,亦不考定

①［清］陸寶忠:《慎修書院志序》,光緒《巴陵縣誌》卷十七。
②［清］陸寶忠:《校經堂二集序》,光緒十四年刊本。

高下,嫌於月使之争,以乖教養之道。

　　一、習經按十三經分習,不可但習五經。蓋古立公、穀於學,而《儀禮》《周官》實經也。習記而不習經,事爲已慎矣。其官及館師設問亦如之。

　　一、説經貴有心得,不知不妨闕如。每遇官、館兩課,其有抄撮成説,漫無歸宿,甚或迷失本指者,黜之。①

　　作爲在學生徒,左調元對當時研習經典的方法、作風深有體會。他擬的這份《學約》確實體現了校經堂的學術風尚,故而得到了學政朱逌然的肯定,認爲其"一字一珠,是不以學問累心性者",希望在堂諸生"拔本塞源,全在初基立定,願同志熟讀斯文",加以貫徹。

　　縱觀《校經堂初集》《校經堂二集》,確實體現了以上學術方法和辦學宗旨。《校經堂初集》所載調取的肄業之士爲76人,分別爲光緒六年(1880)、七年(1881)、九年(1883)、十一年(1885)所調。《校經堂二集》所載,除以上76人外,另增光緒十二年(1886)調取 6人,光緒十四年(1888)調取 24人(其中1人爲光緒六年已調)。通計兩集,自光緒六年至十四年,校經堂共調取肄業生徒 105人,選録了其中 35人的課藝之作。入選人數占此期肄業之士的三分之一,皆爲優異之選。從内容來看,經史之學是校經堂課士的要點。《校經堂初集》四卷,經史課藝占兩卷半,其餘爲詩賦辭章之作;《校經堂二集》九卷,經史課藝則有六卷之多,詩賦辭章僅三卷。從文體來看,兩集所涉文體有考、解、論、説、辨、箋、議、序、碑銘、贊、頌、箴、賦、古詩、律詩等,較爲豐富。其中考證之文最多,近一半,涉及

---

①[清]朱逌然:《湘英文抈》卷三,轉引自鄧洪波等校點《校經書院志略》附録二《校經書院文獻輯存》卷三,嶽麓書社 2012 年版,第 161—162 頁。

經學的諸多內容如官制、禮制、史地、義理、文字、音韻、訓詁等，皆旁徵博引，務求其實，不爲空言。諸如《學約》所言"習經宜專""不可但習五經""以經解經"等原則和方法，均有非常突出的體現。如《校經堂初集》所載"《貍首》詩考""春秋列國大夫或有諡或無諡考""《儀禮》禮射不主皮《周禮》主皮《禮記》貫革解"等題，《校經堂二集》所載"六爻發揮旁通情也解""王命南仲考""《爾雅》《説文》異字考""古今御天下者其政有四論"等題，要求士子具有扎實的學力和貫通的眼光，足可見出校經堂的學術導向和課士標準深具漢學風氣。

校經書院現存文獻有院志、藏書目和課藝集。《校經書院志略》和《湘水校經堂書目》已經今人點校整理，使用頗便。唯《校經堂初集》《校經堂二集》因卷帙較繁而僅有影印出版，收錄於《中國書院文獻叢刊》（第二輯），然其對於晚清書院史、教育史、文學史均具重要參考價值，故整理出版實有必要。此次整理，以上海圖書館藏清光緒十一年、十四年刻本爲底本加以標點，對底本中有誤、有疑之處標注説明。在整理期間，學生何春江、陳寶劍、鄭宇、劉智濤、劉曉晗諸君參與了文字核録，歐波博士幫助處理了不少古文字體，在此一并致以謝忱。

總目録

校經堂初集

光緒乙酉冬月開雕

濰縣曹鴻勛手訂

目　録

卷四

才咸能自奮，執經問難，著之於篇。覽所撰述，頗足省録。但調院諸生，三年一易，視其學術以判去留。己卯所調，久已解散。辛巳、壬午又虛講席，課卷尠存，無從刪定。今以授代還朝，壬午所調又以貢計王庭，幾空其舍。復甄秀異，以充斯選。迺亟芟撮，都爲一集，不没所學，以詒後人。區區之心，更有進焉。兩漢詞賦，肇自《離騷》；洛閩理學，源於太極。楚南前哲，自古爲昭，餘風漸被，乃至於今。第浮華流麗淫之音，心性啟空談之漸。習而不察，害溥斯宏。自非誦經，力崇樸學，何以救之哉？是故研綜典藝，貴自樹立，端詞章於倉雅，斯乃則而不淫。納義理於訓詁，胡至空而不實？所望入斯堂者，約身雕己，實事求是，窮經致用，卓爲國偉。無令往賢專此高譽，庶幾名克副實，不滋流弊。編次既就，意與辭會，式書所見，鼗枕將之，諸生勉乎！息焉，游焉，毋負吳、朱二公之厚意也。

校經堂山長 庚辰年至乙酉年,辛巳、壬午二年未延聘山長。

成　孺 字芙卿,原名蓉鏡,揚州寶應人。歲貢生。庚辰年主講。

黃楷盛 字正齋,長沙湘鄉人。道光丁酉科拔貢,己亥舉人,前任貴州銅仁府知府。癸未年主講。

校經堂提調官

裴蔭森 字樾岑,江蘇阜甯人。庚申進士,工部主事,湖南候補道,今官福建船政大臣。

但湘良 字少村,湖北蒲圻人。湖南候補道,署湖南按察使司按察使。

校經堂監院官

陳善墀 字丹階,郴州人。附貢生,前任長沙府學教授。

周政和 字句廣,常德龍陽人。道光己酉舉人,長沙縣學訓導。

祝松雲 字澹溪,衡州衡陽人。光緒庚辰進士,現任長沙府學教授。

庚辰年調取校經堂肄業之士二十五人 內商學三人

袁緒欽 長沙	陳　耀 長沙	蕭榮昌 善化	胡元儀 湘潭
王代功 湘潭	成克襄 甯鄉	單孝錫 湘陰	杜　俞 湘鄉
朱應庚 湘鄉	夏時濟 衡陽	何承道 衡陽	段復昌 衡陽
陳嘉言 衡山	文祖念 衡山	鄧丙明 桂陽	聶鴻猷 桃源
唐家變 武陵	陳　銳 武陵	帥朝翰 龍陽	章光國 澧州
黃忠灝 黔陽,更名忠浩		羅芳城 保靖	
王光煌 江南上元		王壽祺 江西清江	
楊　灝 江西清江			

辛巳年補調校經堂肄業之士八人 內商學二人

李子茂 衡山	王安邦 常甯	何嶽立 桂陽	陳兆葵 桂陽
徐樹璟 長沙	舒國椅 漵浦	劉人驥 江西吉水	
劉　馨 江西廬陵			

11

癸未年調取校經堂肄業之士二十五人 <small>內商學一人，原肄業者三人</small>

鄭業敬 <small>長沙</small>　　黃希尚 <small>長沙</small>　　周繡麟 <small>長沙</small>　　袁緒欽 <small>長沙</small>

粟樹之 <small>長沙</small>　　朱 彝 <small>長沙</small>　　朱恩綍 <small>長沙</small>　　黃履初 <small>善化</small>

杜本崇 <small>善化</small>　　蕭榮昌 <small>善化</small>　　胡元儀 <small>湘潭</small>　　胡元直 <small>湘潭</small>

李子榮 <small>衡山</small>　　文 緯 <small>衡山</small>　　彭 述 <small>清泉</small>　　唐璟瑩 <small>衡陽</small>

謝懷清 <small>耒陽</small>　　鄧寅亮 <small>永興</small>　　盧連芳 <small>臨武</small>　　廖玉墀 <small>巴陵</small>

侯昌鎮 <small>永定</small>　　唐繼勳 <small>澧州</small>　　陳廷彥 <small>武陵</small>　　文若火 <small>新田</small>

蔣志桐 <small>江南上元</small>

附乙酉年調取校經堂肄業之士二十八人 <small>內商學四人，原肄業者四人，重調者二人</small>

朱 彝 <small>長沙</small>　　周繡麟 <small>長沙</small>　　粟樹之 <small>長沙</small>　　曹廣權 <small>長沙</small>

靳德淦 <small>長沙</small>　　胡棣鄂 <small>長沙</small>　　蕭榮昌 <small>善化</small>　　周聲洋 <small>善化</small>

沈克剛 <small>善化</small>　　張潤霖 <small>善化</small>　　陳煥奎 <small>善化</small>　　胡元玉 <small>湘潭</small>

何承道 <small>衡陽</small>　　湯誠航 <small>衡陽</small>　　李長郁 <small>清泉</small>　　李元音 <small>平江</small>

曾 濂 <small>邵陽</small>　　何維晙 <small>道州</small>　　戴德誠 <small>武陵</small>　　李載賡 <small>永興</small>

彭政欽 <small>桂陽州</small>　　金作礪 <small>安鄉</small>　　黃忠浩 <small>黔陽</small>　　楊秀彤 <small>鳳凰廳</small>

蔣志桐 <small>江南上元</small>　　　　蕭鸞章 <small>江西金谿</small>

詹聯璧 <small>江西金谿</small>　　　　譚壽雲 <small>江西南昌</small>

壬午科鄉試中式舉人五人

陳嘉言　　　徐樹璟　　　夏時濟 <small>本科擬取優貢</small>

陳兆葵　　　羅芳城

壬午科優貢二人

王安邦　　　帥朝翰

乙酉科鄉試中式舉人十二人

杜本崇　李子榮　鄭業敬　袁緒欽 <small>本科擬取優貢</small>　黃希尚

黃履初　李子茂　文　緯 本科擬取優貢　　彭　述　王安邦
盧連芳　陳廷彥 本科擬取優貢

乙酉科拔貢十七人

杜本崇　胡元儀　鄭業敬　黃履初　胡元直　李子榮
彭　述　謝懷清　鄧丙明　鄧寅亮　文若火　侯昌鎮
章光國　陳　銳　廖玉墀　舒國椅　盧連芳

乙酉科優貢一人

唐繼勳

卷一

箕子明夷解

蕭榮昌

　　明夷六五：“箕子之明夷，利貞。”朱子《本義》從馬季長說，以爲商之箕子。荀氏《易義》從劉子政說，以“箕子”爲“荄茲”。謹案，蜀才從古文，作“其子”。其，古音亥，故讀爲亥，亦作箕。劉子政讀“箕子”爲“荄茲”，古文作“箕子”。其與亥、子與茲，字異而音義同。明夷用晦之卦五，本坤也。坤終於亥，乾始於子，用晦而明，明不可息，故曰“箕子之明夷”。其子即亥子也，五當明夷之主，明入地中，正值亥子之位，故曰“利貞”。明夷之兩象爲晉，晉，晝也，明出地上與明入地中相反。晉晝當巳午，明夷之夜當亥子，亦相反之例。昭公五年，《左傳》：“明夷之謙，明而未融，其當旦乎？”此說明夷初爻，易逆數也，初將曉之，明則五正子夜之明，故五爲亥子。此乾坤消息之大用。古文讀其爲亥者，古其、己聲同，《詩》“彼其之子”，或作“彼忌之子”。己、亥聲同，《爾雅》：“山無草木峐。”一本作“無草木屺”。而箕與其則本爲一字。馬季長以爲商之箕子者，蓋涉《象傳》而譌卦之五爲天位。箕子臣也，而當君位，乖於《易》例甚矣。朱子雖從馬說，似不若荀氏之義爲長。

箕子明夷解

唐璟瑩

　　解經者當平正通達，勿取乎穿鑿附會。如明夷六五爻辭“箕子

之明夷”，此箕子謂商臣耳。五，居至闇之地，近土。至闇之君而能
正其志，箕子之象也，義顯而易見也。自漢人趙賓創爲荄茲之説，
當時諸儒不以爲然，獨荀爽喜其説之奇而理之。近世惠氏復從而
和之。於是以爲箕古作其，又作亓，引高誘《淮南》“鷞亓”之注，以
爲亓音該，該即荄。復引《三統曆》“該閡於亥”之文，以爲該即亥。
於是箕也、亓也、其也、該也、荄也、亥也，皆得以叚借而相通。又以
爲“子”與“茲”，字異音同。又復引《三統曆》“孳萌於子”之説，於是
子也、茲也、孳也，皆得以展轉而相附。宜乎鄒湛之譏荀爽，以爲訓
箕爲荄、詁子爲滋，蔓延無經，不可究詰也。

　夫賓爲荄茲之説，《漢書》明譏其持論巧慧，又曰非古法也，是
賓之先皆以箕子爲人名矣。劉向云：“今易箕子爲荄滋，曰今則
古，爲箕子無疑矣。”馬融爲一代大儒，主箕子之説，虞翻因之，李
鼎祚因之，古今無異辭。獨惠氏好奇，乃詆馬君爲俗儒，偶趙賓爲
孟喜高弟。夫賓之説果有所授，則班史不應以巧慧貽譏。可知荄
滋之説，其義非古，箕子乃真古義耳。惠氏作《周易述》專取古義，
以荄滋爲古，何若以箕子爲尤古哉？惠氏之言曰：“五爲天位，箕
子臣也，而當君位，逆孰大焉？”故附會賓説，以爲坤終於亥，乾出
於子。其説之當理與否，姑置無論。但以經證經，其宜從箕子者
有五。

　《易》之爲書，多言商周之事，如“帝乙歸妹”“湯武革命”“自我
西郊”“享於岐山”之類，箕子亦此例也。證一。《象傳》“内難而能
正其志，箕子以之”，内難者，明夷也；正其志者，利貞也。是爻辭之
箕子，即《象傳》之箕子也。證二。凡卦，皆以五爲君位，常也。然
《易》之取義，變動隨時，上六以陰居坤之極，故以爲君。爻辭曰：
“初登于天，後入于地。”夫子釋之曰：“初登於天，照四國也；後入於
地，失則也。”此蓋暗指紂事。若如惠氏説，必以五爲君，將必以上
爲臣，豈爲臣者亦可言登天耶？可言照四國耶？明上之爲君，即可

幹，及離所以象幹之故，非泛舉幹正之義也。鼈蟹蠃蚌龜諸物，皆骨在外，説本鄭注。與人之幹正同，故離皆象之。玩其文義與其取象之故，則乾爲誤字，自不辨可知。觀董遇本作幹卦，見《釋文》。知古本必實有作幹者，董雖稍在鄭後，不必即依鄭注而私改經文也。

坎爲血卦離爲乾卦説

蕭榮昌

《周易·説卦傳》坎爲血卦，疏云："取其人之有血，猶地有水也。"離爲乾卦，疏云："取其日所烜也。"陸氏《音義》："乾卦，古丹反。"鄭云："乾當爲幹，陽在外，能幹正也。"董作幹。幹字當依《説文》作榦。

謹案，坎之卦爲水，水謂海，潬潬之性，一日兩至，故八重卦獨坎言習習者重也。虞仲翔注云："水行往來，朝宗於海，不失其時，如月行天。"又云："水性有常，消息與月相應，故知水謂海潬。"人身之有血，猶地之有水。水有坙，血亦有坙；水有衇，血亦有衇。《説文》"坙"下云："水，衇也。""濱"下云："水衇行地中，濱濱也。""衇"下云："血理分衺，行體中者，從辰從血。脈、衇或從肉。衇，籀文。""辰"下云："水之衺，辰別也。"海潬與天地之气呼吸相通，血與人身之元气亦呼吸相通，故血亦有海稱。《素問》："腎臧左右七寸爲血海，上通命門。"水味鹹，血亦鹹，《洪範》所謂"潤下作鹹也"。江河之水通於海，谿谷之水通於溝洫，故洫字亦從血。溝洫者，水之衇絡；血者，人身之衇絡，故衇字亦從辰。且坎者陷也，從高而入於下，陷斯險矣。故凡卦爻，得坎體者即有血象，如需之得坎，則曰需於血；涣之得坎，則曰涣其血之例。而變體互體亦然。故坎爲血卦。

離之卦爲火，火者炎上之性，乾爲圜，火象也。《考工記》火以圜，鄭

注:"火色赤,其性圜。"故畫火者圜如半璧。後天之乾位西北,先天之乾位南方,後天之離亦位南方,故離亦爲乾卦。乾爲大赤火者,大赤之物,離方之正色,《説文》:"炎,南方色也。從大火,古文赤爲烾。"故乾卦之乾,不當讀爲古丹反。且火之在天者爲日,《説卦》"日以烜之",京云:"烜,乾也。"《釋文》本又作"晅"。按《説文》無烜、晅二字,烜或作晅,亦《説文》所無。日者君象,乾爲君,則亦可讀爲乾卦。乾《文言》曰"火就燥",《説卦傳》曰"燥萬物者,莫熯乎火"。據《説文》"熯"下引《易》作"暵",今本作"熯"。《釋文》云"徐本作暵",《説文》:"暵,乾也,耕暴田曰暵。"熯乾皃乾,讀如干。燥,乾也。晞,燥也,乾也。㿉,乾肉也。日以晞之,讀同。讀乾爲干,蓋取火燥之義,以日恒爲乾,似未周。致火之在地,時時有之,日明於晝,陰雨□不明故也。鄭讀爲幹者,乾《文言》曰:"貞固足以幹,事謂陽□幹正。"則鄭義亦從乾得來,雖破字爲幹,而義仍爲乾卦也。或云鄭用京氏《易》,離爲乾卦,京本乾爲赣,火色赤,與日色同。《説文》:"赣,赤色也,从炎,軟聲。"軟,日始出,尢軟軟也,从旦,狀聲。京義與許合,《釋文》本作赣,傳寫訛爲幹也。赣、幹音俱近干,故《音義》讀爲乾卦。

在治忽異文考

胡元儀

《益稷》"在治忽",《史記·夏本紀》作"來始滑",《漢書·律曆志》作"七始詠"。説者皆以"來始滑"爲古文,"七始詠"爲今文,以愚考之,非也。古今文文義皆無殊,特字有訛誤耳。來即㷎之誤字,㷎即七之聲假。段茂堂言之詳矣。七始二字,當上屬爲句,《大傳》云:"定以六律、五聲、八音、七始。"即用此處之文也。鄭注《大傳》

云：“七始，黃鐘、大蔟、大吕、南吕、姑洗、應鐘、蕤賓也。”即其義也。《漢書·律曆志》説七始云：“七者，天地四時，人之始也。”雖與鄭義稍殊，然其爲樂之條目則一也。忽當從鄭本作“智”，下屬爲句。鄭注云：“智者，臣見君所秉，書思對命者也。君亦有焉以出納政教於五官。”按，智即圝之隸變。《説文》：“圝，籀文作圝。一曰佩也。”與鄭義合，可知鄭注之確矣。《史記集解》云“經文滑字或作㒸”，竊謂㒸即圝之形訛，滑即圝之聲訛。㒸、咏形近，《説文》：“詠，或作咏。”又訛爲咏，詠訓形聲，俱近，故《隋書·禮樂志》又訛爲七始訓也。知其遞誤之由，則得其真詮矣。

　　東晉作僞古文者始改爲“在治忽”，而以在察天下治理及怠忽爲説，意在欺世，故異其字改其句，非有所依據也。《史記索隱》云《古文尚書》作“在治忽”，《今文尚書》作“采政忽”，並載劉伯莊釋“采政忽”之説。今按，所謂古文即僞古文，所謂今文當亦無據。采、來形近，政、治義近，且劉説此義即從僞傳而小變之，殆即伯莊所改，而小司馬不覺爾。段茂堂、江艮庭諸人皆堅信“采政忽”爲今文之異本，均失之矣。段氏又謂，采政爲七政之誤字，尤非。必作七始方是樂，方可與五聲六律同聞。七政在天，何預于樂？又何從而聞之乎？

在治忽異文考

胡元直

　　《史記·夏本紀》引《書》云：“予欲聞六律、五聲、八音，來始滑，以出入五言，汝聽。”《漢書·律曆志》引此文，來作七，滑作詠，入作内。史公嘗從安國問故，則所引乃真古文也。《大傳》云：“定以六律、五聲、八音、七始。”班書與之合，則所引乃真今文也。古今文異同不過如是,作僞傳者始改爲"在治忽",後又有改爲"采政忽"者。《史記索隱》乃云:"古文作'在治忽',今文作'采政忽'。"夫小司馬生於唐代,何由得見漢代之真今古文乎? 今直以《史記》《漢書》所引爲正。

按,楊用修云"《史記》來字乃秂字之誤",此説極是。秂,古七字,七始即《左氏》之七音,《周語》之七律,當屬上句,歷數所欲聞者也。滑,當從鄭本作汨,屬下句,作滑者,聲之誤也。鄭注云:"汨者,臣見君所秉,君亦有焉以出納政教於五官。"是其義。汨,《説文》作圁,云"出气詞也,從曰,象气出形"。《春秋傳》曰"鄭太子汨"。圁,籀文,汨,一曰佩也,象形。按許書後一説即鄭所本。鄭氏兼通古今文,此蓋古文家舊説也。今文作詠,其義即是許書圁字注前一説,特今文以詠與汨義近易之,以顯其義耳。樂人歌詠,氣隨聲出,故《宋書·樂志》魏武帝有"气出倡三曲",此詠字所以與汨字前一説義近也。班書引詠以出内五言,而釋之曰"順以歌詠五常之言",五常之言即五音之言。五音配五常,見《律曆志》。謂詩也不曰五言者,在心爲志,發言爲詩,詩之所重,在志在言而不在音。故以五常爲主出入,出内皆以歌聲言之。《左氏》昭二十年《傳》晏子論樂云:"清濁高下,出入周疏,以相成也。"即其證。六律、五聲、八音、七始,言奏樂也,即後文夔所云"戛擊鳴球,搏拊琴瑟"也。詠以出内五言,言歌詩也,即夔所云"以詠也"。《堯典》云"詩言志,歌詠言",詠,《書》作永,今從《漢書·禮樂志》所引。即謂歌詠詩言,與此文意正同。今文之義似較勝於古文,蓋此方言聽樂,似不得雜以出納政教之文,不若專就樂言爲至當也。《隋志》引《書》詠作訓,此襲《漢志》之文而誤耳。段茂堂拘於聲音,反以詠爲誤文,《史記集解》云經文滑字或作息,息亦圁之誤耳。孫淵如又以息爲正字,皆由於不知於七始絶句,故説此義皆不了,而是非遂倒置矣。

于今五邦考

唐璟瑩

《盤庚》五邦，其説不一。孔傳謂湯遷亳，仲丁遷囂，河亶甲居相，祖乙居耿，我往居亳。然《盤庚》首篇爲未遷時作，安得預數居亳以足五邦之數？孔説非也。蔡氏以五邦爲亳、囂、相、耿、邢，引《史記》"祖乙遷邢"之文，然邢即耿也。《史記索隱》云"邢音耿"，故近本亦作耿，蔡説亦非也。《史記正義》云湯即位，都南亳，後徙西亳。皇甫謐云："穀熟爲南亳，偃師爲西亳，遂有謂五邦爲二亳並囂、相、耿者。"按，穀熟本無亳名，由于晉人之附會，王氏《尚書後案》辨之詳矣，則二亳之説亦非也。馬融、鄭康成均以商邱、亳、囂、相、耿當之，其意以爲湯之後五遷，則亳、囂、相、耿、殷五邦，非五遷也，故上數商邱。然湯居亳，始建王業，《盤庚》言先王遷都，何得遠數居亳之前以充此數？其説亦非也。

今案《書序》上言"自契至於成湯，八遷"，此言盤庚五遷，均並湯數之，不知八遷自湯之前，而五遷自盤庚之前，故班固曰："商人屢遷，前八後五。"蓋十三也。以《竹書紀年》考之，仲丁元年，自亳遷於囂；河亶甲元年，自囂遷於相；祖乙元年，自相遷于耿；二年，圮于耿，遷于庇；八年，城庇；南庚三年，遷于奄；盤庚十四年，自奄遷于殷。然則《盤庚》所謂于今五邦者，謂囂、相、耿、庇、奄也。《路史》亦從其説，王船山先生曰："《竹書》編年鱗次不亂，實三代遺文之可徵者。"故特取之，以釋五邦，庶於殷家前八遷、後五遷之數不至兩相混云。

《金縢》疑義釋

文緯

《金縢》一書，自漢以來諸家聚訟，辭義紛紜，莫可究詰，而其間時事參錯，揣度殊辭，引喻失義，有乖聖人立心行事之本，與夫史臣敘録爲篇之意者，莫如周公告二公以下數節。《書序》云周公作《金縢》，《史記·魯周公世家》載其文云"周公奉王命興師東伐，作《大誥》"，又云"寧淮夷東土，二年而畢定"，是居東，二年伐叛，非避居也。唐叔得禾，成王命餽周公於東土，作《餽禾》。周公嘉天子之命，作《嘉禾》。東土以集，周公歸報，乃爲詩，貽王命之曰《鴟鴞》，則鴟鴞正以指管蔡也。孔傳云："辟，法也，言我不以法治三叔，則無以成周道，告我先王。"周公既告二公，遂東征之，二年之中罪人此得，成王信流言而疑周公，故公作詩，解所以宜誅之意以遺王。《詩》毛傳云："無能毀我室者，攻堅之故也。寧亡，二子不可毀我周室，言宜誅也。"其説皆與《史記》合。鄭康成謂："辟，避也。罪人，周公之屬黨。"《鴟鴞》"'鬻子'，斥成王"，以爲武王崩，周公爲冢宰三年，服終，將欲攝政。管蔡流言，即避居東都。成王多殺公之屬黨，公作《鴟鴞》之詩，救其屬臣，請勿奪其官位土地。及遭風雷之異，啟《金縢》之書，迎公來反，反乃居攝，後方東征。如鄭之説，是三叔流言一時，與武庚叛又一時，周公居東一事，東征又一事。微特與史公所問安國故異，抑何以解於蔡仲之命，所謂羣叔流言乃致辟管叔於商耶？君薨，百官總己以聽於冢宰三年，史述命仲之由曰："雖周公位冢宰，正百工，羣叔流言其在武王崩時，而非服終之時明甚。"曰羣叔流言乃致辟云云，其居東即東征之事又明甚，以經證經，已無庸首施兩端。

23

又《周書·作雒解》云："武王克商既歸，乃歲十二月崩鎬，斨於岐周，二公立，相天子，三叔及殷東徐奄熊盈以畔，周公召公內弭兄弟，外撫諸侯。元年夏六月，葬武王於畢。二年，又作師旅，臨衛攻殷。殷大震潰，降辟三叔，王子祿父北奔，管叔經而卒，乃囚蔡叔於郭凌。"是亦以居東為東伐也。《詩·豳風》譜疏引《書傳》："周公居攝，一年救亂，二年克殷，三年踐奄。"是歐陽夏侯等皆不以居東為辟居也。至指罪人為周公屬黨與知居攝者，以為史書成王意。聖人行事，心地光明，其欲攝政以致周太平，可質之天下萬世，何與知之足云？以為屬黨，則自管蔡而外，太公召公宜莫非周公屬黨也。雖其時管蔡謗，幼沖疑，二公豈隨眾低昂，靡所匡救於其間者？匡救之而不悟，將二公亦所不免歟？又謂《詩》云鴟鴞斥成王，則即以取我子，傷濫刑也，毋毀我室，救破家也。是直以鴟鴞比鬻子也。成王誠鴟鴞，周公宜亦以有過則撻伯禽之例處之，刿未敢誚公沖人。即不免於疑，猶存敬愛尊親之意，公獨傷無罪而斥至尊，此何說焉？且其訓貽為悅，作怡以斥之者悅之，蓋幾乎操吾矛以伐我矣。

其他繹釋，可疑者尤多，諸家之說不妨並存，要無傷於大體。獨惜其據墨氏之說，違忠孝之旨，其說流衍，為世所宗，俾聖人心迹不明，未忍置而弗辨爾。或謂據《史記》，歸報乃為詩貽王，序云《金縢》周公所作，而有乃為詩云云，則篇次宜在《大誥》《歸禾》《嘉禾》之後，抑或是篇專紀禱疾，至王翼日乃瘳止，而史臣附記其事。愚謂篇次先後微有參差，古人容弗察察於此也。特以成王之盛德，詎必因天變而始悟公，且其詞出於周公，尤有不合。史遷述周公卒後有暴風雷雨，命魯郊祭之事，孫氏斷自"秋大熟"以下，非《金縢》文。後人見有啟《金縢》語，乃以屬之。《書序》言成王祭，告周公，作《薄姑》，此或其逸文，蓋未可知。斯說也，其有補古義之不及與。

江河同源考

胡元儀

河源出崑崙，禹導至積石。崑崙者，今之葱嶺也；河源，今葱嶺下之星宿海也。此人所知也。惟江水與河同源，今人狃於習見，前人雖有言及者，人多不信。其故由於未履其地，徒憑地理之書，故終屬紙上空談耳。明洪武間，僧宗泐使西番求經，有《望河源》詩，自注云："河出西番抹必力赤巴山東，北流爲河源，西南流爲犛牛河。"明末徐霞客《游記》云："河出崑崙之北，江出崑崙之南。"所謂江出崑崙之南者，即宗泐所謂犛牛河。犛牛河即金沙江也，以金沙江爲江之正流，此誠千古之卓識。何也？河水逕五省，江水逕十一省，計其吐納，江倍於河，其發源斷無江短於河之理。此猶以理言也。

昔曾入蜀，泛江至宜賓，見金沙江由西而來，黃流洶洶，直至湖北以下，數千里一色。而今之所謂江水正源，自宜賓以上流清而淺，至宜賓入金沙江中，清流如劃，其爲清水入黃水，可不問而知也。由是言之，金沙江乃江之正源，宜賓以上之江乃古之汶江也。江源遠自崑崙，其流宜濁，水濁者力勁也。古所謂四瀆，河江皆濁流，惟淮濟清流耳，徐霞客之言信而有徵矣。或曰《禹貢》明云"岷山導江"，今以爲江出崑崙，不顯與《禹貢》異乎？曰何異也，今四川松潘廳之岷山，非《禹貢》之岷山，後人指以爲岷山耳。考古人言岷山者，亦不以爲在今之松潘廳也。《隋志》云"岷山在臨洮郡臨洮縣"，《江源志》云《江源志》不知何人作，見引於《太平御覽》，故知爲宋以前之人。"岷江發於臨洮木塔山"，然則岷山北宋以前人有知其在西域之外者矣。蓋岷山即是崑崙，後人方言呼岷山爲崑崙，崑崙反之則岷。

崑、岷爲雙聲，崙、岷爲疊韻，此即不律爲筆之類耳。岷山即葱嶺，以崑崙反之則爲葱，崙、葱雙聲，崑、葱疊韻也。由是言之，又何患乎與《禹貢》異邪？既不異乎《禹貢》，則江河同源塙不易矣。

江河同源考

黄希尚

　　江河發源不同道，而發源之山，脈絡相聯，即泉源相貫，則江河不同源而實同源也。禹治水，導河自積石，導江自岷山耳，非以積石爲河源，岷山爲江源也。《山經》《爾雅》《水經注》謂“河出崑崙”，是也。前人以積石爲崑崙，以岷山爲江源，誤矣。地輿之學必親履而後得其實，近世疆域日闢，采訪益詳，其繪爲圖著爲書，皆實有所據，不似前代之彷彿也。

　　案，河源出星宿海西，巴顏喀喇山之東麓，此山即古崑崙也。二泉流數里，合而東南，名阿爾坦河，爾亦作勒。又東南流三百里至鄂敦地拉，即古星宿海也。自海東南流，折而東北爲鄂靈海，靈一作淩。由海東北屈曲流二百餘里，至巴顏圖渾嶺下，又南流百五十里，水色始變綠而黄。又東南流七百餘里，東遶阿木你麻纏母孫大雪山之南。大雪山即古積石山，前人誤指爲崑崙者。河依山南麓東流，折而東北，有三崑都崙河，先後自東南來注。此三水發源於岷山之北，山南即岷江之源也。自此至烏藍莽乃山下，折而西北流，古言河遶崑崙三面，若玦然。實《禹貢》導河之積石山，非崑崙也。自此西流，遶大雪山之東北。又北有呼呼烏蘇河，自西南來注，又折而東北流二百餘里，有烏藍河，藍一作蘭。自東南來注。又東北經古城址北，青海南流入甘肅、河州、歸德堡邊界。今改貴德廳，屬蘭州。又東北流經積石山南、積石關北，此唐宋來所謂積石，即今之巴燕

26

戎格也，一名小積石，去大積石計五百餘里。自發源至此，計二千三百餘里，自此由蘭州而東，出入長城，曲折奔流入海，此河源之略也。

《禹貢》岷山在今四川松潘廳西北，此江水最近之一源耳。江之遠源，出青海之巴薩通拉木山東麓，山形高大，即古犁石山。水曰犁牛河，番名木魯烏蘇河，發源東北，流三百里。西北一水，發源勒斜爾烏蘭達普蘇阿林山，一作勒斜尒烏蘭遠布遜山。在河源西二千餘里，水名喀七烏蘭木倫河。七一作齊。東南流九百里來會，又東稍折，而北有托克托乃烏蘭木倫河，自西北流九百餘里來會。又北百餘里，折而東南，又西北折而東百餘里。又東南流，有那木七圖烏蘭木倫河，自巴顏哈拉得里奔山東南流八百里來會，自此折而西南，歧爲數派，二十里復合。又東有枯枯烏蘇河，枯枯一作庫庫。東北自巴額喀喇西倫衣山發源，流二百里來注，此山極高大，綿亙向東南三百餘里，爲河源之巴顏喀喇山。蓋此即崑崙祖山也。自此又折而西南，有水東自古爾板圖爾哈圖山來注。此水之源出崑崙西麓，與河源同出一山，但東西各別耳。又東南折，流入喀木境，有水兩源，自西北合而來會，名布賴楚江。又東南入四川，曲折流約二千里入雲南麗江府塔成關，又東南曲折流三百餘里，經麗江府境雪山之北，號曰金沙江。又東南流經大姚縣北，又東三十里而鴉礲江自北來會。鴉礲出西番裏塘西北九百里之匝巴顏喀喇山，東南流入四川境，與金沙江會，源不及金沙江遠而流盛相垺，亦大江一源也。金沙既會鴉礲，東南流經武定州境，又東北入四川敘州境，岷江始自西北來會，合流而朝宗於海，此江源之略也。

近人齊氏召南《水道提綱》謂，崑崙發脈於犁石。不知犁石在喀七烏蘭木倫河南，去崑崙隔大水數道，其脈本不相通。惟那木七圖烏蘭木倫河發源於巴顏哈拉得里奔山，其山在崑崙西北，甚高大，於水之北岸連山疊嶂，奔赴崑崙，此真崑崙之來脈，而此水一江之大源也。夫有山必有泉，而泉脈隨乎山脈，崑崙山脈既發於巴顏哈拉得里奔山，則泉脈亦必相通。又況巴額喀喇西倫衣山爲崑崙近脈，崑崙西麓之水入江，與崑崙東麓之河源同出一山乎。然則江河之源，其分散發見於外者雖不同道，而其泉源則實同也。凡山脈絡相聯，泉源相貫，如人一身，血脈流通，無不貫注，而何疑於江河之源哉。

居居究究解

胡元儀

《唐·羔裘》云"自我人居居"，又云"自我人究究"。《爾雅》釋之云："居居、究究，惡也。"後儒泥於"惡也"之文，遂皆依惡字説居居究究之義。毛公《詩傳》、李巡孫炎《爾雅注》皆然。朱子《集傳》云未詳，蓋不以舊説爲安也。

今按，釋訓多發明詩人興詠之指歸，而不必拘拘於字義。如坎坎乃鼓聲，墫墫爲舞貌，而《爾雅》直訓爲喜，即其明證。據《詩序》云晉人刺其在位不恤其民，則居居究究，必斥其不恤民之事，不得泥於惡字也。蓋自者，用也本毛傳；居者，儲也《漢書·張湯》注引服虔云"居謂儲也"、蓄也見《晉語》"假貸居賄"韋注；究者，謀也見《爾雅·釋詁》及《詩·皇矣》"爰究爰度"傳。自我人居居，言用吾儕之儲蓄爲儲蓄，困民於聚斂，不恤民財也。自我人究究，言用吾儕以謀其所謀，勞民於役使，不恤民力也。重言之者，不一之詞，猶采采卷耳、采采芣苢耳。《爾雅》同訓爲惡者，言使民傷於財而困於役，皆在位者之惡政，非以惡釋其字義。觀坎坎、墫墫，喜也，足自明矣。郭注云皆相憎惡，則讀惡爲烏路反，並失《雅》義，不足取以説《詩》也。後人讀《爾雅》，不明故詁，《毛詩》不確，今以鄙見正之，非好與前賢立異也。

居居究究解

李子榮

毛傳：“居居，懷惡不相親比之貌。究究，猶居居也。”鄭箋：“其役使我之民人，其意居居然有悖惡之心，不恤我之困苦。”疏引《釋訓》云：“居居究究，惡也。”李巡曰：“居居，不狎習之惡。”孫炎曰：“究究，窮極人之惡。此言懷惡而不與民相親，是不狎習也。用民力而不憂其困，是窮極人也。”

按，不狎習與不親比同義，窮極人之惡則稍與毛異。考《説文》尸部：居，蹲也。足部：蹲，居也。蹲居之居，亦作倨。《史記·酈陸傳》“方倨牀”，《説文》“倨，不遜也”，《曲禮》“遊毋倨”，疏：“慢也。”《左傳》“直而不倨”，《大戴》“曾子立事，與其倨也，甯句”。倨，皆傲慢意。傳云究究猶居居者，居即倨字，故《釋文》居又音據。近郝氏懿行曰：“居究，聲轉爲義。”蒙按，孫氏以窮極釋究究，較毛更精。《釋言》：“鞫究，窮也。”《説文》：“究，窮也。窮，極也。”《淮南·修務》“究事之情”，注：“究，極也。究之義，又爲深、爲終、爲竟、爲畢。”《棠棣》“是究是圖”，傳：“深也。”《周書》“文酌維有永究”，注：“終也。”《莊子·盜跖》“窮實究執”，《釋文》：“竟也。”《小爾雅》亦云：“究，竟也。”《漢書·食貨志》“害氣將究”，注：“竟，盡也。”《吕覽·任地》“此告民究也”，注：“畢也。”此皆窮極義。王逸《楚辭章句》云：“究究，不止貌。”義亦同。蓋究從九得聲，《白虎通·宗族》“九之爲言究”，《列子·天瑞篇》“九變者，究也”。九者，陽數之極，而窮故究義，爲窮極。《詩·鴻雁》“其究安宅”、《蕩》“靡屆靡究”，毛皆訓窮。此訓不然，賴孫氏以存古誼，疏引之以申鄭，實補毛也。

丹楹刻桷解

胡元儀

莊二十三年“丹桓宮楹”，二十四年“刻桓宮桷”。《左氏》《公羊》皆以爲非禮，然禮所應然則均未之及。《穀梁》始詳言之，於丹楹云：“禮：天子、諸侯黝堊，大夫倉，士黈。丹楹非禮也。”於刻桷云：“禮：天子之桷，斲之礱之，加密石焉。諸侯之桷，斲之礱之。大夫，斲之。士，斲本。刻桷，非正也。”其於禮制，言之至爲明晰。丹楹、刻桷之非禮，了然無疑矣。但丹楹之義，世儒皆以爲朱其楹，而不知非也。

考《山海經·大荒西經》云“爰有白丹青丹”，又云“有玄丹之山”。郭璞注云“出黑丹也”，又注云“《孝經援神契》曰‘王者德至山陵而黑丹出’”。然則丹者，別是彩名，亦猶黑白黃皆云丹也。《鶡冠子·度萬篇》云“白丹發”，《文選·東京賦》云“黑丹石緇”。據諸書觀之，則古人所云丹，乃采色之通號，非赤色之專名。所云丹砂，實備五色，亦不僅赤色一種，丹砂以色赤者爲最貴，故朱砂獨擅丹砂之名。後人不知，遂直以丹爲朱矣。古既不以丹爲赤色之專名，則此之丹楹亦非朱其楹可知。按《國語·楚語》云“不聞其以土木之崇高彤鏤爲美”，韋注云“彤謂丹楹，鏤謂刻桷”。以丹楹刻桷當彤鏤，其義至確。蓋彤者，采色雜飾之名也，故《說文》云：“彤，丹飾也。”丹飾者，言以五色雜采爲飾耳。後人專以丹爲朱，故亦專以彤爲赤飾，其實五采之飾通得謂之爲彤也。古時字少，一字恒兼數字之用，如玠圭之玠，同瑁之瑁，齋戒之齋，其見於《詩》《書》者，只作介、冒、齊而已。此丹楹之丹，疑即古彤鏤之彤字，彤楹謂以五色雜采塗飾其楹也。夫楹有一定之色，不可塗以五色之雜采也；桷有一定之制，不可施以刻鏤之美也。今以欲夸夫人，遂不遵禮制，故《春秋》書之而三，傳皆以爲非禮。非禮者，言禮無此制，其所爲不中於禮耳。《穀梁》於刻桷，變文云"非正"，亦是言其不合於禮之正，非禮所有，無他義也。

丹楹刻桷解

胡元直

《春秋》之書丹楹刻桷，一譏其僭天子之禮，一譏其失禮制之正也。按《穀梁》"丹桓宮楹"，傳云："禮：天子、諸侯黝堊，大夫倉，士黈。丹楹，非禮也。"《太平御覽》引此傳，天子下有"丹"字。考古人等威之辨最嚴，天子諸侯，其制必不同，其尊卑迥隔者，則有同者矣。如《喪大記》："君沐粱，大夫沐稷，士沐粱。"《禮器》有"順而摭"也，注引此文，疏云："摭，猶拾取也。士卑不嫌，是拾君之禮而用之。"《玉藻》："韠：天子直，諸侯前後方，大夫前方後挫角，士前後正。"注云："士賤，與君同，不嫌也。正，方直之間語也，天子之士則直，諸侯之士則方。"是其證也。若諸侯，僅下天子一等，則斷無同用黝堊之禮，然唐石經已無丹字，則其脫去當在開元以前，《御覽》所引，其爲古本無疑。至《廣雅》用此傳文，亦無丹字，乃校書者據今本《穀梁》改之，必非其舊。莊公以丹飾桓宮楹，此明僭天子之禮也。《穀梁》"刻桓宮桷"，傳云："天子之桷，斲之礱之，加密石焉。諸侯之桷，斲之礱之。大夫斲之。士斲本。刻桷，非正也。"變非禮爲非正者。據《穀梁》所引禮文，天子諸侯本無刻桷之制，唯《明堂位》云"山節藻梲，天子之廟飾也"，注云："山節，刻欂盧爲山也。"魯本得用山節藻梲，今蓋依倣刻節之制，施於桓宮之桷，雖與僭丹楹有間，然山節藻梲受命於周，正也，轉而施之於桷，失禮制之正矣，故曰非正。下文云"取非禮與非正，而加之宗

廟以飾夫人，非正也”，即言取非禮之丹楹與非正之刻桷，加於桓廟
以夸夫人，尤非禮制之正耳。范注乃以非禮爲娶讎女，非正爲丹楹
刻桷，則讀取爲娶，非傳意也。

小穀考

胡元直

《左氏》以城小穀爲管仲，杜預以爲齊邑，並指濟北穀城縣城中
有管仲井以實之。《公》《穀》於此，經皆無傳，范甯以爲魯邑，據徐
彦《公羊疏》云：“二《傳》作小字，與《左氏》異，則《左氏》本無小字
矣。”孫頤谷謂，今本經傳及注小字爲後人據二《傳》之文誤加之《左
氏》，其説是也。但二《傳》雖作小字，而詳考其地，仍當爲齊邑，與
《左氏》之穀乃同實異名。范注非也，而宋以後儒者皆從范説，甚且
直斥《左氏》爲附會哀十年申無宇之言，其誤更甚矣。何以明小穀
之非魯邑也？考古兩地同名，而別之以小者，必其地相距不遠者
也，如小別在今漢陽府漢川縣北、大別在今漢陽府漢陽縣東北，相去僅百二
十餘里，是其明證也。又，莊二十八年《左傳》云“大戎子生重耳”，
江慎修定大戎在今太原府交城縣。“小戎子生夷吾”，江慎修定小
戎爲大戎之別，其地當亦近交城，均詳所撰《春秋地理考實》。則大戎、小
戎相去亦不遠矣。若兩地同名不同國，則不復分別，今魯別無穀
邑，何所避而必別之以小耶？此以知小穀斷不得爲魯邑也。何以
知小穀即穀也？考春秋時，地以穀名者凡三：一即齊地；一爲國名，
桓七年，穀伯綏來朝是也；一爲周地，定八年，單子伐穀城是也。皆
不同國。唯齊又有陽穀，見僖三年，杜注云“在東平須昌縣北”。今兗州府
陽穀縣即其地也。濟北之穀城，即今兗州府東阿縣。兩地相去不
遠，同爲齊地，同有穀名。自齊以外，絕無有兩穀者，則小穀斷非他

國之邑，他國既不得有小穀，則《公》《穀》雖無傳，其同於《左氏》可知。宋儒孫明復謂曲阜西北有故小穀城，夫魯既無小穀矣，曲阜何得有故城？其爲後人僞立之名，無足疑者。觀范注不能實指所在之地，可見范非實有所據，直臆説耳。江慎修惑於范、孫之説，又引《史記》項羽嘗爲魯公，漢高帝以魯公禮葬項王於穀城爲證，不知以魯公禮葬項羽，誠以其曾爲魯公也，葬於穀城則非以其曾爲魯公矣。《括地志》明云項羽墓在濟州東阿縣東二十七里，穀城西三里，則羽所葬即管仲邑，何江氏之不爲深考也。至於經不稱齊小穀，則杜注最確，孔疏已發明之，今不贅。

成周宣榭考

胡元直

宣榭者，宣宮之榭，《公羊》有明文矣。《左氏》但釋火災之別，而不釋宣榭。《穀梁》義與《公羊》同，但未明言爲宣宮之榭，皆因榭冠以宣，自屬宣宮之榭，人所易曉，無庸別白也。自服子慎注《左氏》，以宣揚威武之處釋之，杜元凱即以爲講武屋，皆不以爲宣宮之榭。推其意，不過以爲成周非王居，不應有宣宮，故望文生義而爲此説。夫亦不思之甚也。

按，孔㨾軒《公羊通義》曰：“凡邑有宗廟先君之主，曰都。此周之下都，故得有先王廟，若漢時原廟矣。《左傳》敬王入於成周，盟於襄宮，此亦廟之在成周者也。”其説允矣，然其釋榭字則仍未得《公羊》之旨，夫經之所以不稱宣宮而稱宣榭者，榭災而宮不災也。孔氏惑於何注，引《爾雅》“無室曰榭”之文，遂謂榭之言射也。堂後無室，本射堂之制，故以名焉。是亦未深考六書假借之法及宮廟之制，而强爲之説，而於《公羊》之旨已啻失之千里矣。然則榭者何？即宮廟中之東西序也。榭之本字，本字者，射也，謝也，説見下。於六書本屬假借，此又轉借爲東西序之序字耳，何以明之？按古者習射於序，此庠序之序，《儀禮》作豫，又序之古文也，故鄭彼注亦云"讀如成周宣榭災之榭"。故即假射字以名之。孟子所謂序者射也，即同音相假也，後又借謝字爲之，亦同音相假，特以稍別於射之本字耳。故經書中榭字，《釋文》皆云本或作謝，而《公羊》則至今猶作謝，此古字之未經後人改竄者也。《郘敦銘》云"王格于宣射"，則直作射字矣。然則作射者，最初之假借字也；作謝者，秦漢間之假借字也；作榭，則魏晉後所別造之字，於假借無涉，故《説文》亦無之。但古人習射於序，而假同音之射、謝以名其地。《公羊》及《郘敦銘》則又因廟有東西序，其文與庠序之序同，遂轉假同音之射、謝以代其字。此古人用字之假借也，孔氏不深爲考究，而造爲廟制如射堂之説，自古豈有無室之廟堂哉！今按《爾雅》云東西廂謂之序，郭本作東西牆，舍人本作東西廂。牆者指序端言之，廂者指序外之地言之，文殊而義一也。據此，則宣謝者，宣廟之東西廂也。故《公羊》釋經，不曰宣王之宮而曰宣宮之謝，明其謝災而宮不災也。又云樂器藏焉爾，明謝爲宮廟藏樂器之所，非宣廟之正宮也。《顧命》陳寶在東西序，亦序可藏器之一證，但此爲樂器，彼乃寶器，爲稍異耳，其可藏器一也。《穀梁》亦云"其曰宣榭，何以樂器之所藏目之也"，正以明宣榭之非宣宮，特宣宮藏樂器之所爾。二《傳》釋經之分明如此，其爲東西序又何疑哉。

自何劭公誤引《爾雅》"無室曰榭"之文，而二《傳》之旨意遂晦，獨不思明明宮廟而以無室之榭爲之，成何廟制？且所災者既爲宮廟，何二《傳》不以焚燬宮廟爲重，而反以焚燬樂器爲辭？二者相較，孰重孰輕，不待智者而知也。至於毛西河之説，謂宣王中興，雖本不祧而遠廟無寢，因之有宣榭之名，無室故也，則尤屬强詞奪理。且無論宣宮非不祧之廟，周之不祧者惟文武世室，宣宮特別立於成周者耳。古固有別立之廟，如襄宮、褘宮，皆別立他所者也，皆非不祧也。亦無論經傳中無所謂遠廟無寢之文。即如其説，而宣王業已不祧矣，胡爲仍與遠廟同其制乎？已自相矛盾矣。若胡傳之説，合服、杜於《公羊》，謂講射宣廟，有堂無室，則固宋儒不談考據之常，無足怪也。何近儒之以考據名家者，亦若是之昧昧也？故詳爲考之如此。

《左傳》舟師考

胡元儀

舟師之制于古無徵。今文《泰誓》有師尚父左杖黃鉞、右把白旄，以誓號曰"蒼兕蒼兕，總爾眾庶，與爾舟楫"，馬融注云："蒼兕，主舟楫之官。"説者以爲舟師之始。其實非也。此蒼兕主舟楫之官，謂師渡孟津耳，非水戰之舟師也。蓋天下大勢，西北多山，東南多水。舟師之起，利於水地，實自吳楚交征始也。

按《左傳》襄二十四年，楚子爲舟師以伐吳，不爲軍政，無功而還，此其最先者也。厥後昭十七年，吳伐楚，戰於長岸，大敗，吳師獲其乘舟餘皇。十九年，楚子爲舟師以伐濮。二十四年，楚子爲舟師以略吳疆。二十七年，與吳師遇於窮，令尹子常以舟師及沙汭而還。定二年，楚囊瓦伐吳，吳人見舟于豫章，敗之。四年，蔡、吳、唐伐楚，舍舟於淮汭，自豫章與楚夾漢，左司馬戌謂子常曰："子沿漢而與之上下，我悉方城外，以毀其舟。"六年，吳太子終纍敗楚舟師。哀十年，吳徐承率舟師將自海入齊，齊人敗之。此皆舟師之見於《左傳》者也。惟吳楚二國能用之，他國鮮效之者，地勢使然也。《左傳》以前，則未之聞，無已，《江漢》之詩美宣王平淮夷，一章曰"江漢浮浮，武夫滔滔"，二章曰"江漢湯湯，武夫洸洸"。箋云："江漢之水，合而東流，宣王于水上命將帥、遣士眾，使循流而下。"然則舟師者，宣王伐淮夷曾一用之乎？果爾，吳楚舟師未興以前，宣王已用之矣。舟師之制由來已久，但非水地不能用，故以前惟宣王伐淮夷一用之，至吳楚交征，始盛行於世耳。

《左傳》舟師考

黃履初

春秋時，舟師惟楚與吳越有之，《左傳》言："舟師者，惟吳楚有之，吳楚澤國，皆善水戰。"案，楚之疆域與吳相錯者，今江甯府之六合，太平府之蕪湖，徐州府之碭山，則與吳日交兵處也。吳與楚相錯者，今浙江省之嚴州，江南之徽州，江西之饒州，則與楚日交兵處也。以俱共長江之險，故多水戰，請略陳之。

襄二十四年，楚爲舟師伐吳，此從長江直下而擾吳之西境也。昭十九年，楚爲舟師伐濮。按《春秋地理考實》，濮在江漢之間，楚之西北境，則舟師當自漢水出今光化、穀城之間，此泝流而上也。昭二十四年，楚子爲舟師以略吳疆，亦從長江也。昭二十七年，吳師圍潛，令尹子常以舟師及沙汭而還。《水經注》："汋沙南流至義城縣西南，入於淮。"則舟師當自淮水出今鳳陽、懷遠之間。最後，定六年，吳太子終纍敗楚舟師，亦淮水之舟師也。何以知之？以下文子期又以陵師敗於繁揚，繁揚今新蔡縣，在淮水之北，舟師亦當相去不遠。哀十年，吳伐齊，徐承帥舟師將自海入齊，此時河由今天津入海，淮水獨達於海，舟師當由淮水出海而並登萊也，其不言舟師而知爲舟師者。襄三年，楚子重克鳩茲，杜注："今江南蕪湖縣東有鳩茲港，此由長江邐而東南也。"昭四年，楚靈王圍朱方，朱方今鎮江府，已深入吳境，非舟師難以直達。昭五年，蓬啟疆帥師由夏汭從吳師，吳人敗諸鵲岸，杜注："今江南太平府繁昌縣西南大江中有鵲洲。"則舟師當敗於銅陵、蕪湖之間。昭十七年長岸之戰，子魚曰:"我得上流,何故不吉?"亦舟師也,長岸在今當塗縣西南。哀十五年,子西、子期伐吳,及桐汭,杜注:"宣城廣德縣有桐水。"廣德縣今廣德州,此歷蕪湖、當塗,邐而東南,視鳩茲爲遠,亦非舟師不可也。然左氏多言楚用舟師而不言吳,曷故?蓋舟師皆吳楚所長,而楚居上游,從夏口順流而下,有建瓴之勢,故舟師不利吳而利楚,故吳僅一敗楚之舟師,而其所以勝楚者,實自巫臣子胥導之陸戰也。觀其取駕入棘櫟麻滅,居巢鐘離州,來避長江直下之險,而并力于盧、壽之間,延擾於歸、黃之境,不數年而入郢之禍成矣。顧祭酒《吳楚交兵表》敘論之最詳,考《左傳》舟師,亦得其大畧焉。《武經總要》載吳越舟戰於江,伍子胥對闔閭以船軍之教,公輸般自魯之楚,爲舟楫之具。《國語》哀十三年,范蠡、舌庸帥師自海入淮以絕吳路,亦三國舟師之明證也。

天有十日人有十等説

胡元儀

《左傳》昭七年傳曰:"天有十日,人有十等。故王臣公,公臣大夫,大夫臣士,士臣皂,皂臣輿,輿臣隸,隸臣僚,僚臣僕,僕臣臺。"十日者,自甲至癸也,每月三十日,十日于干一周,一月三周。以人之十等配十日,據《説文》引《太一經》曰:"人頭空爲甲,甲者人首也,故以甲配王。王者尊無二上,人之首亦然。乙承甲,象人頸,頸所以承首也。三公坐而論道,二公分郊而治,皆所承王布化,故以乙配公也。丙承乙,象人肩,肩所以承頸者也。大夫臣服於公,故以丙配大夫也。丁承丙,象人心,心者一身之主也,人無心則首、頸、肩皆具文也,猶之禮法起於士。"《儀禮》十七篇,首士冠士昏,可知禮法之設,由士而起,故《禮》云"禮不下庶人"也。有士禮,而後天子、諸侯、大夫之等差乃別也，故以丁配士焉。戊承丁，象人脅，脅者夾輔心者也，皂亦所以輔士，故以戊配皂也。己承戊，象人腹，腹之爲地，於人卑矣。輿又臣服於皂，其卑相類，故以己配輿也。庚承己，象人臍，臍下於腹，隸又卑於輿，故以庚配隸也。辛承庚，象人股，股之卑甚矣，僚亦卑於隸，故以辛配僚也。壬承辛，象人脛，脛任體而行者也，體賤任勞，僕亦品賤而勞，故以壬配僕也。癸承壬，象人足，人之體至足而卑極矣，人之十等臺亦然，故以癸配臺也。十日配人十等之義如此，後儒罕發明其蘊，故詳說之。

　　　　　校經堂初集卷一終　　湘潭胡元玉校字

卷二

春秋列國大夫或有諡或無諡考

胡元直

諡之興也，諒不於尚質之世，故夏殷之君稱名不諱，雖武王、高宗載在《詩》《書》，然皆後人頌述之美辭，而非當日論行之大典也。傳曰"周人以諱事神，名終將諱之"，記曰"先王諡以尊名"，然則諡其放於周之始王，變質從文之際乎。故《逸周書》《大戴禮》皆有諡法篇，《太平御覽》引《博物志》云"諡法，周公所作"，斯言良不誣矣。第其施行之定制，紀載弗詳。

間嘗旁稽眾籍，博闊羣書，大抵君上之諡則臣下議之，臣下之諡皆君上賜之，故無駭卒，羽父請諡與族。見《左氏傳》。公叔文子卒，其子戌請諡於君，君諡爲貞惠文子。見《檀弓》。衛獻公賜北宮喜諡曰貞子，賜析朱鉏諡曰成子。見《左氏傳》。皆臣諡必由君賜之證，諡之正例也。然亦有私爲之諡者，柳下惠死，門人將諡之，其妻曰夫子之諡，宜爲惠，門人從以爲諡。見《列女傳》。是也。此蓋起於東遷以後，諡之變例也。衰周之末，私諡日滋，然亦未嘗無定例。蓋春秋之卿大夫皆世爲之，其先人曾蒙賜諡，或其族在可諡之例，此例《書傳》無明文，然反覆參驗，似實有此例，惜《書傳》散亡，未由考見。則門人故吏皆得私諡之，而其子孫之諡，遂不必皆由君賜。其先人未蒙賜諡，或其族不在可諡之例，則子孫雖有賢行，亦不敢請諡及私諡。此所以春秋大夫惡如崔杼，猶蒙美諡，賢如叔向，不獲易名也。此又變例中之定例矣。春秋世卿大夫，有其族絕無一人有諡者，蓋以此爾。其一國卿大夫皆無諡者，亦有之矣。宋，殷後也，修其先王之禮物；楚，戎狄也，不承天子之聲靈，故其大夫皆無諡。至於秦、吳、紀、莒諸小國，或驅陷於楚俗，或書缺有閒，不得而詳，故其大夫亦無諡可考。若夫魯、衛、齊、晉、陳、蔡、鄭、邾之大夫，則其諡固班班可按矣。其同一族而或有諡或無諡，則君上之殊恩，不容濫錫；臣子之私情，不敢遍加耳。知此則春秋列國大夫有諡無諡之故，又何難明之有哉。因具列以罪逐殺而有諡者，以證其爲私諡。又列全族無諡者，以證其爲不敢請諡及私諡。春秋大夫之諡，不盡見於《左傳》也，因旁採他書以補其闕。臚陳如左，用備參稽。疏漏之愆，諒所難逭，博雅君子，幸爲正之。

周：召簡公盈，昭二十九年殺。

魯：共仲慶父，閔二年縊，僖叔叔牙，莊三十二年飲酖卒，臧武仲紇，襄二十三年出奔。

晉：中行文子荀寅，定十三年叛，哀五年奔齊，范昭子吉射，與荀寅同叛，並奔齊，欒懷子盈，襄二十一年奔楚，二十三年晉人殺之，續簡伯狐鞫居，文六年殺。

齊：崔武子杼，襄二十七年縊。

衛：甯悼子喜，襄二十七年殺。石悼子惡，襄二十八年奔晉，太叔悼子齊，哀十一年奔宋。

右皆以罪見殺見逐者，其諡必非君賜矣，且多溢美，其爲私諡無疑。

周

祭氏：祭伯，祭公，祭叔。

毛氏：毛伯衛，毛伯過，毛伯得。

儋氏：儋季，儋括，儋翩。

晉

胥氏：胥臣僖二十八年佐下軍，胥甲文十二年佐下軍，胥克，胥童，胥午，胥梁帶。

先氏：先友，先丹木，先軫僖二十七年佐下軍，二十八年將中軍，先蔑僖二十八年將左行，文七年將下軍，先茅，先且居僖三十三年將中軍，先僕，先克文七年佐中軍，先都文七年佐下軍，先辛，先縠宣十二年佐中軍。

祁氏：祁奚成十八年爲中尉，襄十六年爲公族大夫，祁舉，祁瞞，祁午襄三年爲中軍尉，祁盈，祁勝。

羊舌氏：羊舌大夫閔二年爲尉，叔向祖父，羊舌職成十八年佐中軍，羊舌赤襄三年佐中軍，羊舌肸襄十六年爲傅，羊舌鮒昭十三年攝司馬，羊舌虎，子容，楊食我。

籍氏：籍偃成十八年爲司馬，籍談，籍秦。

齊

隰氏：隰朋，隰鉏，隰黨。

慶氏：慶克，慶封成十八年爲大夫，慶佐成十八年爲司寇，慶舍，慶嗣，慶奊。

高氏惠公之後，非高敬仲之後：公子旗字子高，公孫蠆，高彊。

鄭

良氏：公子去疾，公孫輒襄八年爲司空，良霄，良止。

孔氏：公子嘉襄十年當國，公孫洩，孔張。

右全族無謚者，蓋皆君未賜謚又不敢私謚者也。考齊之管氏見於傳者，唯管夷吾、管修二人，而韋昭注《國語》以敬仲爲管仲字，則管氏似無謚矣。不知古人之字必冠伯仲於字上，歷驗不爽。唯謚乃冠於伯仲之上，其非謚而冠於伯仲上者，如樊仲見《國語》、霍伯見《左傳》、柳下季見《莊子》。之屬，皆食邑也。欒伯、士季、郤伯皆見《左傳》之屬，皆姓氏也。非此二者，皆其謚也。韋以敬仲爲字，殊誤。今於此類，概定爲謚，不復録入。

周：詹桓伯名未詳，見《釋例》。

魯：孟敬子捷，見《論語》，季昭子强，見《檀弓》，公父穆伯靖，子服孝伯它，郈敬子同。以上見《魯語》，郈惠伯鞏，見《檀弓》注，武仲休，叔牙子，叔成子還。以上《左傳》疏引《世本》，叔惠伯肸，叔穆伯鞅，叔僖仲青，叔仲定伯志，子家文伯析，臧定伯爲，臧頃伯會。以上見《釋例》。

晉：韓武子萬，《史記·韓世家》，韓賕伯萬之子，賕，程公説春秋分記引《世本》作求，韓定伯簡。以上《史記·韓世家》索隱引《世本》，魏悼子犨之子，見《左傳》疏，魏簡子取，魏桓子駒。以上《左傳》疏引《世本》，令狐文子魏頡，吕宣子魏相，郤昭子至，巂共子士魴，知宣子甲。以上見《晉語》。中行宣伯荀庚，《趙世家》索隱引《世本》，共孟名未詳，《史記·趙世家》以爲趙夙子，索隱引《世本》以爲趙夙兄。

齊：國昭子名未詳，見《檀弓》，成伯高父國子高，《檀弓》疏引《世本》，高莊子偃之子，高傾子偃之孫，按傾當是頃之誤，高武子偃。以上《左傳》疏引《世本》。

鄭：公孫成子僑，見《晉語》，成子公子喜，公孫桓子舍之，公孫景伯段，武子公子騑，公孫襄子夏，駟定子帶，駟獻子乞，駟莊子歂，駟思子宏。按，原誤倒作子思，惠子公子發，宣子公子偃，公孫桓子蠆，國桓子參，游昭子眅，悼子子印，印獻子段，公父定叔共叔段之孫。以上見《釋例》。

衛：孫宣子鰌，見《唐書》世系表，成子當，公叔文子之父，《論語》疏引《世本》，貞惠文子公孫發，《左傳》但稱公叔文子，司徒敬子公子許之後，司寇惠子惠叔蘭，將軍文子彌牟之弟。以上見《檀弓》，簡子瑕，將軍文子之子，見《檀弓》注，甯穆仲静，見《魯語》注，甯文仲跪，《左傳》甯跪有二，此莊六年之甯跪也，甯成子相，北宮成子遺，孔莊叔達，石昭子魋。以上見《釋例》。

陳：夏悼子齧，《左傳》疏引《世本》，轅宣子僑，見《釋例》，司城貞子名未詳，見《孟子》及《史記·孔子世家》，趙岐以爲宋卿，誤也。

右春秋大夫之諡不見於《左傳》而見於他書者。考鄭國大夫，《左傳》皆未及其諡，不爲補輯，又孰明其一國無諡之故哉？此採摭所由宜亟也。

春秋列國大夫或有諡或無諡考

李子榮

　　諡法之興自《周禮》始，春秋列國大夫惟秦、楚、吳、越僻處蠻夷，未知諡法。宋從殷質，無諡。陳有轅宣仲、公孫貞子，蔡有聲子，邾有茅成子。鄭之諡，見於杜注者公父定叔及桓子思，此外有皇武子、馮簡子、武子賸，而得諡之盛則莫如魯、衛、晉、齊四國。嘗讀《春秋傳》，竊疑孔子大聖人，位爲正卿，何以哀公誄之而無諡？鄭子産至賢，躬秉國政至久，何亦不以諡稱？迨旁考他書，而知諡之不見《左傳》及杜注者尚多也。《禮·檀弓》魯哀公誄尼父，注"尼父因其字以爲之諡"，此杜注所未明。《晉語》鄭簡公使公孫成子來聘，韋注"成子，子産之諡"，此《左傳》所未載。自子産外，名見《左傳》而諡見他書者，晉呂相爲宣子，荀庚爲宣子，卻至爲昭子，皆見《國語》。韓子輿爲武子，見《國語》韋注。韓萬爲簡子，韓須爲貞子，見《史記》。名不見《左傳》而名、諡俱見他書者，魯郈惠伯鞏，郈敬子國，公父穆伯靖仲，孫孝伯它，皆見《國語》。季昭子強，見《史記》。以此推之，遺佚不少。且無駭卒，羽父請諡與族，公賜之族，則賜諡可知，《傳》亦不載。凡四國之不以諡稱者，未可遽謂無諡也。惟是已見之諡如魯慶父爲共，季孫意如爲平；衛孫林父爲文，甯殖爲惠；齊崔杼爲武，陳恒爲成；晉欒書爲武。皆國賊也，竟得美名。揆諸制諡之本意，乖戾孰甚！尼山坐論於孔文子、公叔文子二人，循名課實，亦欲存百王之大法，紹既往以詔將來歟。

《周禮》司刺三刺三宥三赦
與律相通説

胡元儀

《周禮》司刺掌三刺三宥三赦之灋，壹刺曰訊羣臣，再刺曰訊羣吏，三刺曰訊萬民。壹宥曰不識，再宥曰過失，三宥曰遺忘。壹赦曰幼弱，再赦曰老旄，三赦曰惷愚。鄭注訓刺爲殺，謂三刺罪定，則殺之。非也，若三刺而情有可原，豈無宥且赦者，而必惟戮是聞乎？斯不然矣。

刺即訊也，訊問也，故其列三刺也，曰訊羣臣、訊羣吏、訊萬民。變刺言訊，正所以明刺即訊也。三刺者，羣臣、羣吏、萬民有罪，分別三等訊法耳。若公族有罪，則訊於甸人之類。《大司寇》云："凡諸侯之獄訟，以邦典定之；凡卿大夫之獄訟，以邦灋斷之；凡庶民之獄訟，以邦成弊之。"定也斷也弊也，即三刺之事也。按律云："凡大小官員有犯公私罪名者，所司開具事由，奉聞請旨，不許擅自勾問。"而定例云："凡參革發審之案，被參之人如係同知、遊擊以下，委知府審理；道府、副將等官，委道審理。"斯非司刺三刺之遺意歟？

三宥者，寬宥之也，今律所謂減等是也。不識者，識，審也，不識謂不詳審也。過失者，無心殺人或因事誤傷人也。遺忘，鄭注云"若開帷薄忘有在焉者，而兵矢投射之"。據鄭注，忘與妄同，亦謂妄誤殺人也。按律云："若過失殺傷人者，各准鬥殺傷罪，依律收贖，給付其家。"謂過失殺傷人，或未死或已死，但准依鬥殺傷罪名，按照收贖，是與殺人抵命者減等矣。律又云："無故于街市馳驟車馬因而傷人者，減凡鬥傷一等；致死者，杖一百，流三千里。若因公務急速而馳驟傷人者，以過失論。"又云："庸醫殺人，用藥鍼刺，不依本方，誤而致死者，如無害人之情，以過失殺人論，不許行醫。"此條即不審之的解。凡此，非司刺三宥之遺意歟？律雖未分別明言，可以意推得之者也。

三赦者，赦之不問其罪也，幼弱之人無知，老旄之人惽憒，亦無知。惷愚即今律所謂篤疾之流也，此三者皆無知之民，故憐而赦之，不問其罪也。按律云："九十以上、七歲以下，雖有死罪不加刑。有人教令，坐其教令者。"又云："八十以上、十歲以下及篤疾犯殺人應死者，議擬奏聞，取自上裁。盜及傷人者，亦收贖，餘皆勿論。"凡此皆三赦之遺也。

我朝定律，損益百王，原本經術，其設爲大防以防民之流，皆不得已之苦心，而節目委曲之中，具見忠厚仁愛之心。孟子所謂行仁義，此其鵠矣，讀之不覺子諒惻隱之心油然而生也。夫古之大儒若馬季長、鄭康成，皆爲律作章句，蓋不通今，徒能博古，終爲無用之學爾。窮經可以致用，讀書而兼讀律，斯乃足稱通儒也，學者可不知所務哉！

伊耆氏考

盧連芳

伊耆氏見於《禮經》者三。《周官・秋官》："伊耆氏掌共杖，咸及軍旅授杖，又共王之齒杖。"《禮記・郊特牲》："伊耆氏始爲蜡。"《明堂位》："土鼓蕢桴葦籥，伊耆氏之樂也。"後鄭《周官注》以爲古者王天下之號，《禮記注》亦以爲古天子號，孔穎達《明堂位疏》據《易》"神農作耒耜"以爲神農，或曰堯也。考《帝王世紀》，神農始國伊,繼國者,因稱伊耆。又堯初生時,寄於伊長孺家,故從母所居爲姓,亦稱伊耆氏,耆或作祁。《史記·五帝紀》注堯姓伊祁氏,王符《帝系篇》"堯爲神農後",似堯號伊耆,實沿神農。

按,堯本黃帝後,王説固不足據,然要皆有伊耆之號也,但《禮經》伊耆均指神農,何則?《史記·三皇紀》云神農作蜡祭,而《郊特牲》云伊耆氏始爲蜡。禮之初,始飲食蕢桴土鼓,此惟上古爲然,而《明堂位》云"土鼓蕢桴,伊耆氏之樂",又《春官》籥師祭蜡,則吹《豳頌》擊土鼓。土鼓因蜡而設,以其同作於神農也,則伊耆非指堯明矣。《周禮》特以名官者,蜡以息老、物杖以安老者,通其變使民不倦,神而明之,使民宜之。安老之事,亦原於蜡也,且冥氏以下皆掌取昆蟲鳥獸草木之官,與蜡祭"昆蟲毋作,草木歸澤"之文合。伊耆氏次其後而掌杖,則凡杖皆其所共蜡,有葛帶榛杖,何必不然?然則伊耆氏實又與於蜡,以此名官,正以誌蜡之所自始,而次於冥氏諸職之後。蓋因流而溯其源也。

若榛杖之文,不見於《周官》者,與《記》互詳而省耳。或疑古帝之號加於下士之官,其褻已甚,不應出此,遂以爲周時所別創。又《記》言蜡主先嗇稽事,肇於神農,則神農即先嗇。若謂神農爲蜡,是自祭其身,必無是理。遂以伊耆爲一代總號,而蜡與樂器皆神農之裔所造,其有能觀其通者,亦知《周官》伊耆因與於蜡而名,然終泥於職官之説,遂謂伊耆爲蜡。亦大撓作甲子、蒼頡造字之類,皆係古時臣名,而樂器亦出其手,輾轉遷就,殊不可通,不知假此名官,正不忘其舊德。況伊耆本國都,並非以神農爲名,何褻之有?如以爲褻,則即係別創,究號伊耆,何嘗非褻乎?且神農之後有大庭氏,亦天子之號,而周以庭氏名官,亦將疑其褻乎?

祭祀之典,代有損益,大蜡之八,殆周所增,非神農時即有八也。故《記》云"天子大蜡八",不云"伊耆大蜡八",其言伊耆爲蜡,不過推原之詞。而蜡主先嗇,正以報其爲蜡之功,安得以自祭疑之乎？《世本》《世紀》所載神農之裔，各有氏號，不沿伊耆者，又安得謂一代總號乎？伊耆臣名，諸書並無左驗，況《明堂位》於四代彝器之後，言伊耆之樂，下復詳四代樂器，四代皆有天下之號，豈伊耆獨舉臣名乎？由是觀之，《周官》《禮記》之伊耆氏，均爲神農之號明甚。孔氏之說，非臆斷也，而鄭氏所謂古天子之號、王天下者之號，亦確然可憑矣。

牛戴牛解

胡元儀

《考工記·弓人》云：“角長二尺有五寸，三色不失理，謂之牛戴牛。”注云：“三色，本白、中青、末豐。”鄭司農云：“牛戴牛，角直一牛。”愚按，司農之注乃後起之義，非牛戴牛之本義也。據《考工記》，以角爲弓，祇以青白豐爲貴，初無取夫長二尺五寸。若牛戴牛，但有角直一牛一義，則但云“三色不失理”已足見其可貴，何必先記無關作弓之尺寸耶？先記其尺寸，可知其義即由此起矣。

竊嘗考之。牛，土畜也，土生數五，成數十。並見《月令》鄭注。土主生物，故《月令》水火木金皆取成數，獨土取生數，明土以生數爲主也。積五五而成二十五，角長二尺五寸，適合其數，是角而具牛之象者也，故曰牛戴牛，此其本義也。又按《王制》云：“祭天地之牛，角繭栗；宗廟之牛，角握；賓客之牛，角尺。”則常牛之角，不過尺餘。古時常用之牛，即今黃牛。黃，土色，故以牛爲土畜。《詩·無羊》傳云：“黃牛黑脣曰犉。”而《爾雅》但云黑脣犉，不言黃牛，以黃爲牛之本色故也。今之水牛色青，乃牛中之一種，所謂青牛，非古牲牢所常用之牛也。今以目驗測之，黃牛之角，長者實不過尺餘，且罕有長者。若水牛之角，則不可以尺餘限之矣。今長二尺五寸，非常有之物，加以三色不失理，尤爲可貴，故此角可直一牛。

角可直一牛,是亦牛戴牛矣,此後起之義也。必會此二義,而後牛戴牛之義無餘蘊。若但守司農之注,尚無解於先記無關作弓之尺寸也。

牛戴牛解

胡元直

先鄭之説牛戴牛也,曰角直一牛,本無疑義。然不明以直訓戴之故,則必有猝觀之而不得其解者。按,古者戴與載通,《左氏》隱十年經伐戴,《穀梁》作"伐載"是也。載、戴皆從哉得聲,故古讀載如菑,《詩·大田》箋云:"載讀爲菑,菑之菑是也。"菑、直一聲之轉,故載又與直通。《金縢》"植璧秉圭",《史記·魯世家》作"戴璧秉圭",鄭注云:"植,古置字。"植、置皆從直得聲也。直即古值字,值者,當也。故《喪大記》鄭注、《爾雅·釋地》郭注皆訓戴爲值。先鄭以直訓戴,猶鄭、郭之以值訓戴,皆以音近之字爲義也。《記》不言牛角者,蒙上文而省之耳。

《儀禮》禮射不主皮《周禮》
主皮《禮記》貫革解

胡元儀

《儀禮·鄉射》記曰"禮射不主皮",《周禮·鄉大夫》以鄉射之禮五物詢庶眾,三曰主皮。主皮之射,説者紛紛,儼若聚訟。今考《周官》,明言以鄉射之禮五物詢眾庶,則五物固在鄉射禮中,不在鄉射禮外也。今《鄉射》一篇,禮經並未闕佚,以經證經,其禮自見也。蓋一曰和、二曰容者，即鄉射禮之三耦射也，獲而未釋。獲但取其容體比於禮也，是第一次射。三曰主皮，即鄉射禮之三耦，及賓、主人、大夫，眾耦皆射也。司射命曰不貫不釋，貫，中也，蓋取其中矣。故謂之主皮，是第二次射也。四曰和容、五曰興舞，即鄉射禮之以禮樂節射也。司射曰不鼓不釋，既取其容體比於禮，又取其節比於樂。比於禮，謂之和容；比於樂，謂之興舞。蓋取其應鼓節也，是第三次射也。馬氏《論語》"射不主皮"注云："主皮爲能中質也，不主皮謂不但以中皮爲善，兼取和容也。"由是言之，則主皮者，所謂以中爲雋也，射禮之第二次射也。不主皮者，貴其容體比於禮，其節比於樂，不待中爲雋也，鄭氏《鄉射》記注其說如此。是射禮之第三次射也。主皮不主皮，其義如此，經有明徵也。

《論語》"射不主皮，爲力不同科"，孔子稱爲古之道。蓋時至春秋之末，鄉射但以不貫不釋爲重，而容體比於禮，節比於樂，不復措意。故孔子歎之，以爲古仍有不主皮之射也，爲力不同科。馬氏注以爲力役之事有上中下三科，是別事，與上句無涉。自劉原父《七經小傳》不用舊說，以下句解上句，後儒因之，遂謂主皮是貫革之射也。以"爲力不同科"解所以"不主皮"，其說亦自可通，以主皮爲貫革則誤矣。審如是也，則《禮記·樂記》云"武王克殷，貫革之射已息"，何以周公制周禮，主皮猶在鄉射五物之中邪？《鄉射》記何以又舉之以證經邪？主皮之非貫革也明矣，然則貫革之射何謂也？蓋軍中之射也，軍中禮不備射以習力，即搏甲而射之。如養由基之徹七札之類，由基之徹七札是其獨擅之奇，而搏甲而射自是軍中常事也。軍中講武之地無，侯以射故搏甲，甲以革爲之，故曰貫革耳。

《儀禮》禮射不主皮《周禮》
主皮《禮記》貫革解

唐繼勳

《儀禮·鄉射禮》禮射不主皮，經無明文，惟記有之，殆即經所謂不鼓不釋也。鄭氏康成曰："射禮謂以禮樂節射也，大射賓射燕射是矣。不主皮者，貴其容體比於禮，其節比於樂，不待中爲雋也。"案，不待中，非不欲中，但以揖讓爲貴，即不中亦可取，若主皮則取乎中矣。勝者又射，不勝者降。鄉射禮所爲分別言之，《周禮》五物詢眾庶，三曰主皮，蓋即鄉射禮所推而廣者也。《鄉射》主皮之射習於澤宮，主卿大夫言；《周禮》主皮之射習於郊外，主眾庶言。眾庶習射，將就其賢能者而用之，故與卿大夫澤宮之射均取乎中。中者，馬季長注《論語》所謂中質是也。雖云主皮，仍不失爲禮射也，後儒以主皮爲張皮而射，乃以《樂記》貫革當之，失其旨矣。案，"貫革"孔穎達疏："貫，穿也；革，甲鎧也。"所謂軍射也，軍中不習儀容，又無別物，但取甲鎧，張而射之，穿多者爲善。武王克殷，散軍郊射，貫革之射既息矣，何以猶在鄉射五物之中乎？且五物曰和容曰興舞，猶是禮樂以爲節也，何復參以穿札陷堅之爲乎？然則《儀禮》之不主皮，觀其德也；《周禮》之主皮，因德而兼及力也；《禮記》之貫革，乃不論德而專齊力矣。孔子射不主皮之感，謂春秋禮射未睹全規，非謂即同於軍射也，是不可以不辨。

《貍首》詩考

胡元儀

《貍首》之詩，久逸于《三百篇》中，而禮樂之記尚存其辭，固未嘗亡也。鄭君《禮注》與《詩譜》言之屢矣，其詩全篇俱載《大戴記·投壺》，學者自不察爾。今先録鄭君諸説，以明其故；次考《大戴》錯簡，以除其惑；殿以《貍首》之詩，采《射義》以補序，并爲之注，以定其篇章。於是《貍首》之詩暢然顯于世矣。具列如左。

《周禮·樂師》："凡射，王以《騶虞》爲節，諸侯以《貍首》爲節，大夫以《采蘋》爲節，士以《采蘩》爲節。"鄭注云："《騶虞》《采蘋》《采蘩》皆樂章名，在《國風·召南》，惟《貍首》在《樂記》。"按《漢書·藝文志》，《樂記》二十三篇，《貍首》之詩辭存二十三篇中也。

《詩譜》："射禮，天子以《騶虞》、諸侯以《貍首》、大夫以《采蘋》、士以《采蘩》爲節，今無《貍首》。謂今《三百篇》中無此詩也。周衰，諸侯並僭而去之，孔子録詩不得也。謂孔子録詩之時，即不載《三百篇》中也。爲禮樂之記者從後存之，謂《樂記》《小戴記·射義》《大戴禮·投壺》諸篇也。《樂記》今亡，《射義》存八句，《投壺》存其全，蓋從《樂記》中録出也。遂不得其次序。"謂全詩雖存于禮樂之記，而《三百篇》中之次第不可得知也。《儀禮·大射儀》"奏貍首間若一"，鄭注云《貍首》逸詩《曾孫》也，貍之言不來也，其詩有射諸侯首不朝者之言，因以名篇，後出失之。謂之《曾孫》，曾孫其章頭也，《射義》所載詩曰"曾孫侯氏"是也。《貍首》逸于《三百篇》，記禮樂者存其詩。或目爲《曾孫》，蓋因章頭曾孫二字因名其篇，非其義也，故曰失之，殆《樂記》名此詩曰曾孫歟？或當時儒者有此名，故鄭正其失。以爲諸侯射節者，采其既有弧矢之威，又言"小大莫處，御于君所。以燕以射，則燕則譽"，有樂以時會君事之志也。

右録鄭君説《貍首》。

《大戴記·投壺》:曾孫侯氏,今日泰射,于一張侯參之。曰今日泰射,四正具舉。"于一日今日泰射"七字,俱衍文也。大夫君子,凡以庶士,小大莫處,御于君所。以燕以射,則燕則譽。質參既設,執旌既載,干侯既亢,中獲既置。壺脰脩七寸,口徑二寸半,壺高尺二寸,受斗五升,壺腹脩五寸。"壺脰脩"以下二十四字當在"曾孫侯氏"之前,"壺中置小豆"之上。《小戴記·投壺篇》可證也。弓既平張,四侯且良。決拾有常,既順乃讓。乃揖乃讓,乃隮其堂,乃節其行,既志乃張。射夫命射,射者之聲,御車之巾,既獲卒莫。凡《雅》二十六篇:其八篇可歌,歌《鹿鳴》《貍首》《鵲巢》《采蘩》《采蘋》《白駒》《伐檀》《騶虞》,八篇廢不可歌;七篇商齊,可歌也;三篇間歌。《史辟》《史義》《史見》《史童》《史謗》《史賓》《拾聲》《叡挾》。"凡《雅》"以下六十一字當在"曾孫侯氏百福"之下。此泛論逸《詩》之事,其文蓋出於《樂記》。《大戴記·投壺》畢,因存《貍首》之詩,既存《貍首》之詩,並論諸逸《詩》也。魯命弟子辭曰:"無荒、無慠、無傶立、無踰言。若是者,有常爵。此二十二字當在"曾孫侯氏"之上。投壺之事,至此乃畢,亦可取證于《小戴·投壺篇》也。嗟爾不寧侯,爲爾不朝于王所,故亢而射女,强食食,爾曾孫侯氏百福。"此二十七字當在"既獲卒莫"之下。

右考《大戴記》錯簡。

貍首,樂會時也。《射義》曰:貍首者,樂會時也。此即貍首詩之序也,其説傳自七十子之徒。夫固有所受之者也,今録冠篇首。

曾孫侯氏,今日泰射。孔廣森《大戴記補注》云:泰射,大射也。射,古音序,與舉、譽韻。張侯參之,四正具舉。《戴記》張侯上有"于一"二字,參之下有"曰今日泰射"五字,孔注云:"皆衍文也。"張侯參之,言張三侯也。《大射儀》曰:量侯道以貍步,大侯九十,參七十,干五。鄭君《射義注》云:四正,爵四行也。四行者,獻公獻卿獻大夫,乃後樂作而射。大夫君子,凡以庶士,小大莫處,御于君所。鄭君《射義注》云:莫處,無居其官次者也。御,侍也。以燕以射,則燕則譽。鄭君《射義注》云：以燕以射，先行燕禮，乃射也。則燕則譽，言國安則有名譽。元儀謂《射義》引此章，無"今日泰射，張侯參之"二句。**質參既設，執旌既載，干侯既亢，中獲既置。**孔云：質，侯中的也。參，參侯干豻侯也。旌，所以唱獲，服不氏執之。載，舉也。亢，張也。中，大射以閒中也。獲，即算也。賈公彥曰：唱獲則釋算，故名算爲獲也。

　　弓既平張，四侯且良。決拾有常，既順乃讓。孔云：平張，張弓尚平也。《考工記》曰：張如流水。侯讀若(詩)[侍]，四鏃既鈞，矢金鏃翦羽謂之鏃。決，若今之扳指，士禮用棘，人君用象骨。拾，射韝也，一名遂，以韋爲之，着于左臂。元儀謂，順讀爲遜，言遜讓也。《射義》曰故射者，進退周旋必中禮。

　　乃揖乃讓，乃隮其堂，乃節其行，既志乃張。孔云：志，志所中也。《書》曰若射之有志。元儀謂，張，張弓也。《射義》曰内志正，外體直，然後持弓矢，審固可以言中。

　　射夫命射，射者之聲，御車之旌，既獲卒莫。孔云：射夫，射人也，諸侯以射人爲司射。御車，巾車也。《大射儀》巾車張侯，或與唱獲焉。莫，静也。中，雖多不矜功也。御車，盧本《大戴記》作獲者。莫，音暮，與射韻，聲、旌自爲韻，與《車攻》五章同。元儀謂，卒，盡也。

　　唯若甯侯，《大戴記》無此句，今據《考工記》補。**嗟爾不甯侯，不朝于王所，故亢而射女，强食食爾，詒女**《大戴記》無此二字，據《考工記》補。**曾孫侯氏百福。**孔云《考工記》曰："祭侯之禮，以酒脯醢。其辭曰'唯若甯侯，無或若爾不甯，侯不屬於王所，故亢而射女，强飲强食，詒女曾孫諸侯百福'。"視此文爲備，侯者，侯也。射中則得爲諸侯，不中則不得爲諸侯。祭侯，祭先爲諸侯者。曾孫，後世之爲諸侯者，諸侯不臣，謂之不甯，《易》曰"不甯，方來是也"。元儀謂，此本言射畢祭侯之事，故曰强食食爾，彼遂以此章爲祭侯之祝辭矣。

　　《貍首》六章，一章章十句，四章章四句，一章章六句。

　　元儀謂，此詩凡六章，一章言天子將大射侯氏，百官樂時會，君事先燕，乃射也。二章言張侯載旌，置中與獲，有司陳設也。三章言弓矢既調，決拾既伙，周旋將射也。四章言揖讓升堂，正志而射也。五章言射中唱獲，勝者不矜，不勝自反也。六章言射畢，祭侯警不宥，報有功也。行禮之序，悉與《大射儀》合。

孔廣森《大戴記補注》以"弓既平張"以下爲《貍首》鼓節之半，其説云："《小戴·投壺篇》末記貍首鼓節，云取半以下爲投壺禮，盡用之爲射禮。"此不與前章相屬，所謂半以下，其説非也。孔氏不知"壺脰修七寸"一節爲錯簡故也，又以"嗟爾不寧侯"一章爲首章，"曾孫侯氏"爲次章，又非也。獨不思鄭君《大射儀注》所云曾孫其章頭乎？今既採孔氏注，附正其失于此。

右定《貍首》篇章。

三賜不及車馬説

胡元儀

《曲禮》："夫爲人子者，三賜不及車馬。"鄭注云："三賜，三命也。凡仕者一命而受爵，再命而受衣服，三命而受車馬。車馬而身之所以尊者備矣。卿大夫、士之子不受，不敢以成尊比踰于父，天子、諸侯之子不受，自卑遠于君。"據鄭君説，則凡爲人子者，身雖邀三命之榮，不敢拜車馬之賜。爲其車馬安身，比踰于父也。近人有疑其説者，蓋未深考耳。按《士冠禮》記古者大夫五十而後爵，鄭注："周初之禮，年未五十而有賢才者，試以大夫之事，猶服士服、行士禮。"所云周初之禮，即逸禮也。故《大學》云"畜馬乘，不察于雞豚"，鄭注"畜馬乘"云："士初試爲大夫也。"據此，則年少有賢才者，有試爲大夫之禮。試爲大夫者，父存，雖邀三命之榮，不敢拜君車馬之賜。此《大學》所以稱爲畜馬乘也，言自己可畜車馬，不可拜君賜也。鄭注毫無疑義，不得輕易之也。

釋奠釋菜説

胡元儀

古者立學，必祭先聖先師，所以報本反始、崇德而勸學也。其禮有二：曰釋奠，曰釋菜。釋奠之禮重，釋菜之禮略。而釋奠之禮有六：每歲四時皆釋奠于先師。《文王世子》曰："凡學，春官釋奠于先師，秋冬亦如之。"注云不言夏，夏從春可知也。則是四時有四奠，四也。凡始立學，則釋奠于先聖先師。《文王世子》曰："凡始立學，必釋奠于先聖先師。"五也。若有征伐，師還，則釋奠。《王制》曰："出征，執有罪，反，釋奠于學。"六也。釋菜之禮有三：每歲仲春合舞，則釋菜。《月令》曰："仲春之月，上丁，命樂正習舞，釋菜。"《周禮‧大胥》曰："春入學，釋菜，合舞。"一也。始立學，釁器，則釋菜。《文王世子》曰："始立學，既興器用幣，然後釋菜。"二也。始入學，則釋菜。《學記》曰："大學始，教皮弁，祭菜，示敬道也。"三也。釋奠之禮有脯醢，觶酒，用樂，無尸。鄭君《文王世子注》云："釋奠者，設薦饌，酌奠而已，無迎尸以下事。"釋菜之禮無樂，直奠菜而已。所釋之菜，鄭注《周禮‧大胥》則以爲蘋蘩之屬，注《學記》則以菜爲芹藻之屬。蓋禮無明文，鄭以《詩》有《采蘋》《采蘩》，《魯頌》有《采芹》《采藻》，大略言之，總亦不外此四物也。《文王世子》言釋菜之禮曰："不舞不授器，乃退。儐于東序，一獻，無介語可也。"然則釋菜一獻，釋奠則三獻矣。釋菜無介語，釋奠則有獻酬矣。故曰釋奠之禮重，釋菜之禮略也。釋奠、釋菜之禮可考者如此。

一獻質三獻文五獻察七獻神解

杜本崇

禮器言獻有一獻、三獻、五獻、七獻之分。鄭氏謂一獻祭羣小祀，三獻祭社稷五祀，五獻祭四望山川，七獻祭先公。名位不同，故禮亦異數。孔氏准《周禮》爲釋，《周禮》司服元冕一章，祭羣小祀；希冕三章，祭社稷五祀；毳冕五章，祭四望山川；鷩冕七章，祀先公。以服章知獻數，因經證經，原無可疑。惜後人以社稷之祀大於山川，因欲易三獻爲五獻，不知社稷之祭有二。《周禮·大宗伯》地示之祭，樂則大蔟，歌則應鐘，舞則《咸池》。禮與郊並舉，自應較山川爲大。若《詩·載芟》之祈社稷，《良耜》之報社稷，《大田》之以社以方，自當別爲一社稷，不得指爲地示之祭。地示之祭舉於夏日至，而祈報得於春秋，其非一祭，尤易見。三獻之社稷，自非地示之祭，不得謂大於山川也。五祀亦有二，不屬門行、中霤、户竈。門行諸祀，自在羣小祀中。何以言之？門行之祀得行於適士，户竈之祀得行於庶士，庶人其屬羣小祀可知。三獻之五祀，必指金、木、水、火、土五方之神，證之《左傳》魏子問史墨，曰："社稷五祀，誰氏之五官也？對曰：'少皡氏有子重，爲句芒；該，爲蓐收；修及熙，爲元冥。此其三祀也。顓頊氏有子犂，爲祝融。共工氏有子句龍，爲后土。此其二祀也。'"以社稷五祀並舉，是知五祀爲舉五方之神總之。七獻之神必大於五獻，五獻之神必大於三獻，三獻之神必大於一獻。鄭氏深於《禮》，所説自不誣。至於賓客之禮，由士一獻至上公九獻，王饗。諸侯自子男五獻以至諸侯長十有再獻，人神之禮各有不同，不必因生疑竇。其曰質、曰文、曰察、曰神者，名以數殊，並無別義也。

一獻質三獻文五獻察七獻神解

胡元直

鄭注《禮器》以一獻質爲祭羣小祀，三獻文爲祭社稷五祀，五獻察爲祭四望山川，七獻神爲祭先公。孔疏發明鄭注，謂鄭依《周禮》司服之章數爲説，深得鄭意。但上文云："禮之近乎人情者，非其至者也。郊血，大饗腥，三獻爓，一獻孰。"《郊特牲》亦有郊血以下四句，並釋之云"至敬不饗味，而貴氣臭也"。今此云一獻質，則不合矣。

蓋質必遠乎人情，如大羹不和、大圭不琢、素車之乘之類，方始是質，孰則近乎人情？饗味而不貴氣臭矣，與質正相反，與文正相合。羣小祀，神之卑者，斷不得有取於質。社稷五祀較羣小祀之神爲尊，更不得轉有取於文也。竊謂鄭據司服之章數，定祭諸神之獻數，誠是。但此節之一獻、三獻、五獻、七獻，與禮之近乎人情者節不同，當通上文大廟之内敬矣，及下文大饗其王事與爲一節，皆言祭宗廟之事，此獻數皆言祭宗廟之獻數也。一獻者，謂祼獻也，《祭統》云獻之屬，莫重於祼是也。其禮雖重，然其時尚未迎牲，王僅酌鬱鬯以獻尸而已，不饗味而貴氣臭。《禮》文簡略，故曰質。既祼而迎牲，詔牲，詔血毛，割牲，升首，祭腥祭爓之節興矣，至於朝踐。王乃以玉爵酌著尊，泛齊以獻尸，此三獻也。其禮漸繁，故曰文。至薦孰之時，乃延尸入室。妥尸之後，后薦饋獻之豆籩，王乃以玉爵酌壺尊，盎齊以獻尸，此五獻也。其時祭黍稷加肺，祭齊加明水，《郊特牲》云，其謂之明水也，由主人之絜著此水也。察者，明也，明亦潔也，備也，《中庸》"齊明盛服"注云，明猶潔也。"楚茨祀事"孔明箋云，明猶備也，絜也。言主人能致其齊絜，故得有此明水，而主人之齊明，祀事

57

之明備，亦莫盛於此時矣，故曰察。迨尸食十五飯訖，王以玉爵因朝踐之尊，泛齊以酳尸，是爲七獻，所謂朝獻是也。于時王酳尸，尸亦酢王，精誠之至，通于神明。七獻之際，蓋駸駸乎儼與神接矣，故曰神。天子祭宗廟本九獻，此但及七獻者，以九獻之中，后獻四，諸臣獻一，惟此四獻爲天子事故也。鄭君之説本自不誤，但以釋禮之近乎人情者節則是，以之釋此節則不合耳，今聊以鄙見正之。若宋陳祥道所撰《禮書》，於此節之義毫不能發明，徒辨獻數，不係於服章，欲以社稷五祀當五獻，因斥鄭説爲誤，殊非鄭君諍臣也。其説文質，尤紕繆不足取。

商容解

胡元直

王伯厚《困學紀聞》曰："《樂記》釋箕子囚，使之行商容，而復其位。鄭注乃謂使箕子視商禮樂之官，賢者所處，皆令反其居。蓋康成不見古文《武成》，故以容爲禮樂。張良云武王入殷，表商容之閭，《史記·周紀》云'表商容之閭'，與《書》合。"按，王説非也。《尚書大傳》云："武王入殷，表商容之閭，民曰：'王之於賢人也，亡者表其閭，況於在者乎？'"據此，知武王克殷之時，商容已死，又何從而復其位耶？鄭不見古文《武成》，獨不見《尚書大傳》邪？且鄭嘗注《尚書大傳》矣，豈不知殷有商容邪？然則鄭以容爲禮樂，必實考其時商容已亡，而爲此説可知也。況古文《武成》乃東晉僞書，其中多僞造事迹，與鄭爲難之處，即如此篇"式商容閭"，一"式"字僞迹昭然矣。何以明之？歷考古書，若《荀子》《吕氏春秋》《淮南子》《史記》諸書，皆言"表商容之閭"，無有言"式"者，故楊倞《荀子注》云："表，築旌之謂，築其閭以旌表之也。"改而爲"式"，則商容猶在矣。

伏生首傳《尚書》之人，《大傳》所云出《武成》篇，則真《武成》斷不作
"式"字，以是知克殷之時商容已亡，無可疑者。《樂記》所云，當從
鄭注爲是，伯厚不知東晉古文之僞，反譏鄭不見古文，何哉！

問蓋大夫與蓋禄萬鍾是否同一食邑

杜本崇

　　蓋邑兩見《孟子》。一見《公孫丑篇》"蓋大夫王驩"，趙岐注
"蓋，齊下邑"；一見《滕文公篇》"兄戴蓋禄萬鍾"，趙岐注"兄名戴，
爲齊卿，食邑於蓋"。蓋既爲王驩邑，不應又爲仲子兄戴邑，似蓋當
有兩處，如魯之兩武城、兩費等。
　　考《漢書·地理志》，泰山郡有蓋縣，宋王伯厚云："泰山郡蓋
縣，故城在沂州沂水縣西北。僅一處，無二地。"閻若璩《四書釋地》
求其故不得，因謂"蓋一也，以半爲王朝之下邑，王驩治之。以半爲
卿族之私邑，陳氏世有之"，引春秋時溫原兩事爲證，其實不然也。
蓋必先爲王驩之邑，而後乃爲仲子兄戴之邑，就閻氏所引兩事再細
考之，而其例亦可見。《春秋》僖二十五年，趙衰爲原大夫，二十七
年，命趙衰爲卿。以後從無以原字加於衰者，是衰已去原可知。至
二十八年，而先軫始稱原軫，其後相承，至於原縠，猶食原邑。原屏
見於邲戰，杜注原謂趙同屏，謂趙括，均不得指爲食邑。是原先爲
趙氏之邑，而後乃爲先氏之邑也。僖二十五年，狐溱爲溫大夫，文
六年，陽處父至自溫，蓋由聘衛歷溫而來，非即溫爲陽氏之邑。後，
成十一年，劉子單子謂狐氏、陽氏先處溫者，以狐氏之後即屬陽氏，
非以一時同處，是溫先爲狐氏之邑，而後乃爲陽氏之邑也，皆非共
食一邑。以此例之，而蓋之先後，燎如指掌。蓋屬王驩時，驩爲大
夫，至公，行子之事，則稱右師，是驩已爲卿。如尚食邑於蓋，自當

如宋向戌之合邑，稱合左師。今不繫以蓋者，是蓋已不屬驪也。孟子以仲子爲齊世家，以陳氏乃齊、田同宗，故云。然其兄戴所受之邑，當是其兄及身所受，並非世守之邑，故下文言仲子以兄之禄爲不義之禄，以兄之室爲不義之室，不言以先世之禄、先世之室也。匡章述仲子避兄之事爲近事，則其兄受邑之事亦爲近事，此尤明顯易知，無煩穿鑿者。至李敬齋《古今魠》讀兄戴蓋爲句，謂戴蓋祇是乘軒，未免好爲立異，而孔氏廣森《經學卮言》復引揚子"戴蓋戴車載"之言以爲證據，非也。

問蓋大夫與蓋禄萬鍾是否同一食邑

唐繼勳

《孟子》蓋大夫王驪與兄戴蓋禄萬鍾之蓋字同，《集注》前云齊下邑，後云陳氏采邑，豈齊有二蓋哉？《漢書·地理志》泰山郡有蓋縣，臨樂于山，洙水所出，西北至蓋，入池水，他無所見。閻氏《四書釋地》謂驪與戴共食一邑，以半爲王朝下邑，驪治之；以半爲卿族私邑，陳氏世有之。且據《春秋》趙衰、原軫、原同、原穀、狐陽處溫爲證。其説近是，而未即爲定論也。

趙衰受采原邑，至原同敗而田歸祁奚，傳有明徵。原軫食邑，傳無所考。原穀，杜譜以爲雜人，謂即先穀而食邑爲毚，服説可證，不聞爲原也。狐陽在晉俱爲名卿，處溫或有先後，當無一時分受者，不然卻至亦卿耳，溫外且爭及郇田，抑何食采之豐乎？知各説之不可據，有以斷斯案矣。

竊陳氏爲齊世家，應有世禄，蓋固其受之先人者也，王驪爲蓋大夫，非食采也，不過如平陸大夫、即墨大夫奉職以治斯邑耳。戴之有蓋，驪得而治之，驪不得而處之也。不然，驪方寵任，戴亦懿親,齊王肯以蓋爲傳舍,忽予忽奪哉?若分而與之,不惟朘削公族,亦何以滿王寵驪之量?然則蓋固一邑也,驪特爲其大夫,戴則世禄於此也。若《水經注》引兄戴禄萬鍾,無蓋字;《路史·國名記》曰陳仲子兄戴蓋;李氏《古今鈙》讀兄戴蓋爲句,謂戴蓋爲乘軒。皆割裂附會之詞也,不足辨。

衡霍異名考

蕭榮昌

《爾雅·釋山》:"江南衡。"郭注:"衡山,南嶽。又云霍山,爲南嶽。"郭注即天柱山,潛水所出也。邢疏:"案,《詩傳》言四嶽之名,南嶽衡,此及諸經傳多云霍山爲南嶽者,山有二名也。"孫炎云霍山爲誤,當作衡山。若然,則《虞書》《夏傳》及《風俗通》《白虎通》《廣雅》竝云霍山爲南嶽,豈諸文皆誤耶?謹案,衡山一名霍山,郭注即天柱山,潛水所出,此據作注時霍山爲言。此山本名天柱,漢武帝迻江南霍山之祀於此,故又名霍山。《史記·封禪書》:"上巡南郡,至江陵而東,登禮灊之天柱山,號曰南岳。"應劭曰:"灊縣屬廬江,南岳霍山。"文穎曰:"天柱山在灊縣南,有祠。"謹案,郭注作潛,《史記》作灊,灊、潛古今字。其經之霍山,即江南衡是也,故郭于上注云"衡山,南嶽"。《地理志》:"衡山在長沙湘南縣南,霍山、天柱在廬江灊縣。"是別二山而言。《爾雅》之衡、霍則合一山而有二名,與廬江之天柱無涉。又案,衡山一名梁山,本經九府,南方之美者,有梁山之犀象焉。是衡山既名霍山,又名梁山矣。《左氏》襄公三年《傳》:"克鳩兹,至于衡山。"杜注:"衡山在吳興烏程縣南。"是於霍山、天柱山之外,更有衡山矣。霍,當依《説文》作靃。靃,飛聲也,雨而雔飛者,其聲靃然。《湘中記》"衡山形勢如鸞翔鳳翥",故一名靃山。

伯益柏翳考

袁緒欽

《史記・秦紀》曰帝顓頊之裔孫曰女脩，生子大業。大業取少典之子曰女華，生大費。與禹平水土已成，禹曰非予能成，亦大費爲輔。帝曰咨爾費，贊禹功，其賜爾皁斿，爾後嗣將大出。乃妻之姚姓之玉女，佐舜調馴鳥獸，鳥獸多馴服，是爲柏翳，舜賜姓嬴氏。《索隱》曰此秦趙之祖，一名柏翳，《尚書》謂之益，《世本》《漢書》謂之伯益是也。

尋檢《史記》前後諸文，柏翳與伯益是一人不疑，而《陳杞世家》即敘柏翳與伯益爲二。今案，史公多采舊説，往往前後舛錯，其實伯益即柏翳也，秦聲以入爲去字，有四聲，古多轉用。如益之爲翳、契之爲离、皋之爲咎、君牙之爲君雅是也。有同音而異文者，陶之爲繇、垂之爲倕、鯀之爲鮌、虺之爲偭、紂之爲受、冏之爲臩是也。史公見《書》孟子之言益也，則《五帝本紀》言益；見《秦紀》之爲翳也，則《秦本紀》從翳。至《陳杞世家》又言垂益夔龍，未知所封，則遂謬矣。胡不合《尚書》《秦紀》二書而思之乎？夫《秦紀》不燒，太史所據以紀秦者也，《秦紀》所謂佐禹治水，豈非《書》所謂隨山刊木，暨益奏庶鮮食者乎？所謂馴服鳥獸，豈非《書》所謂益作朕虞，若予上下鳥獸者乎？其事同，其聲同，而獨以二書字異乃析而二之，誤矣。唐虞功臣，鮮無名者，豈別有柏翳，其功如此而反不見於書？又豈有馴服鳥獸者加於伯益，即朱虎熊羆亦以類見？果又柏翳才績如此而書反不見乎？此必出談、遷二手，故前後互異，而羅長源《路史》因之，真以爲二人。又以柏翳爲皋陶之子，則嬴、郾、李三姓無辨矣。且楚人滅六之時，秦方盛於西，徐延於東，趙基於晉，柏翳果皋陶子，臧文仲安得云庭堅不祀乎？又以益爲高陽氏之才子隤凱，至夏啟時，則二百有餘歲矣。夫堯老而舜攝，舜耄期而薦禹，豈有禹且老而薦二百歲之益，以爲身後計乎？皆事實所必無也。

　　　　　校經堂初集卷二終　　湘潭胡元玉校字

卷三

魏絳和戎論

胡元直

戎狄爲中國患,自古然矣。以唐虞之盛而猶有猾夏之誡,以古公之賢而不免獯鬻之侵。是以高宗中興,不能息鬼方三年之役;宣王北伐,不能休太原六月之師。夫兵者凶器,戰者危事。彼二君者,豈不之知?而顧勞師遠舉,攘逐驅除,蒙犯霜露而不辭,(廩)〔糜〕費帑藏而不恤,豈好黷武哉?傳曰"戎狄貪婪,不可厭也",又曰"非我族類,其心必異"。由是觀之,戎狄之人蓋不可以德感,不可以義化,不可以理喻,不可以仁服。而惟力足以屈之,勢足以禁之,兵足以威之,强足以禦之。斯帖耳降心而不敢狡焉思逞,勢窮計屈而不復生其覬覦,而後議和。和成講好,好合不勞撻伐,而敵焰全消,假以懷柔而國威愈振。此魏絳和戎之所以得收其效,而非後世之徒以議和而損國威、張敵焰者所可藉口也。

曷言之?春秋之世,戎狄爲中國患者狄爲最,諸狄之中,赤狄爲最。赤狄諸族,潞氏爲最。其初能以威力役其種類,合諸部爲一,力大勢盛。中國被其害,而無如之何,而諸戎亦倚其勢而時時竊發,其爲患於周、燕、邢、衛、宋、魯、齊、鄭者無論。已而于晉□爲世讎,即以文公之盛,霸業之隆,天下諸侯莫不率□,而戎狄之橫行者如故。文公知戎狄之患不能以和□也,故三行有作,曰以禦狄也;五軍有作,曰以禦狄也。自是以來,晉不失備,有來必禦,有伐必報。挫其狂悖之氣,而示之以無所貸忍之意,而狄亦稍不競矣。迨至宣十五年,而赤狄潞氏滅於晉矣。越明年,而甲氏滅矣、留吁滅矣、鐸辰滅矣。及成三年,廧咎如潰而赤狄之餘黨盡矣。夫以潞之强也,有酆舒之儁才以爲之相,有諸狄以爲之犄角,而晉之君臣日夜圖維,用全力而一舉勝之,而諸狄能無懼乎!諸狄懼而半歸夷滅,皆自救之不暇矣。諸戎能無懼乎!戎狄皆懼而請和之念動矣。特屬公之時,晉稍不振,戎狄雖懼而知其無遠略也,故未及請耳。至於悼公之時,政教修明,重興霸業,而請和之計不得不甘心屈伏而自獻之矣。魏絳知其畏威而請和也,因而許之。故終悼公之世無戎患,而得致力於諸夏,以復文公之舊業。此固不得謂非魏絳之功,而魏絳固不得以爲己功也。曰"和戎,國之福也,臣何力之有焉",雖曰謙辭,亦實情也。

蓋嘗論之,强則驕逆,困則卑順,戎狄之情也。驕逆則不可自失其威,卑順則不妨懷之以惠,馭戎狄之道也。魏絳其知之矣,不然,當赤狄方盛之時,潞氏未亡之日,雖有百魏絳而能以和戎著績者,未之敢信也。故合其始末而備論之,以爲和戎法。

魏絳和戎論

鄧寅亮

唐虞之世,以德化夷,干羽舞而有苗格,不概見於三代下矣。三代下,制戎之策如漢文帝驅匈奴出關,簡將屬兵,謹防邊守,俾勿通内益,增脩德政,使四夷不敢輕視竊發,此固異黷武者之必欲犂其庭而掃其穴也。此外如和戎之説,或結婚,或納幣,或互市,徒爲一時羈縻計,誠卑之不足道已。然而魏絳之和戎,不得例視焉。

蓋後世境別區分,夷與夏既顯判爲二,奚容彼此相混?春秋時則華夷雜處,無爾疆我界之限,而於晉爲最。夷考晉之始封,實疆戎、索戎之見於經傳者,如無終、鮮虞、陸渾、赤狄、白狄、姜戎、陰戎之類。錯壤而居,種類既繁,芟除匪易,其爲晉患也,固匪伊朝夕。

一旦無終子爲諸戎請和,是晉非有所屈於彼也,且是時晉悼新立,英銳多姿,將修文、襄之舊業,以重恢霸圖。顧圖霸必先攘楚,攘楚必先服鄭,使晉之君大夫加意楚鄭,而內不爲戎備將,戎人窺釁伺隙,患且生於肘腋間,動多牽制,恐三駕之爭,罔有成功矣。然則悼之卒能攘楚服鄭以復霸也,魏絳和戎之計足多耳。至言和戎之五利,尤屬卓見,非功利權詐之謀能比,且足爲後世開邊釁以召戎禍者法。

絳之後,如諸(亮)[葛]武侯先征蠻而後伐魏,蓋同揆也。何言之? 武侯治蜀,不先征南蠻則南蠻足爲蜀患;將欲北舉,進退狼狽,事必中撓,故必蠻人服而後魏可圖也。魏絳謀晉,不先備戎而遽與楚爭鄭,戎人即得乘間而竊發。何鄭之能爭? 故晉必先和戎,而後中原之盟主可定也。之二事者,千載一轍,其勢不同,其術無異。然則絳之老謀深算,豈後世或許結婚或許納幣或許互市者所可同日語哉! 故曰:魏絳之和戎,不得例以三代下和戎之失也。

魏絳和戎論

文　緯

諸戎,三苗之遺種也,自舜徙之三危,濱於賜支,至乎河首,綿地千里,無相長一。蓋得西方金行之氣,堅剛勇猛,其性然也。夏商以來,世爲邊患,然當王綱未降之時,初未有敢以要盟窺伺諸夏者。考諸載籍,畎夷背叛兆於太康,后相征之。桀之亂,畎戎入居邠岐間,成湯伐而攘焉。至於武丁,征西戎鬼方,三年乃克。太丁即位,命季歷爲牧師,征西落鬼戎,更伐始呼翳徒之戎,皆克之。文王爲西伯,有昆夷之患,亦遂攘而戍焉。孟子曰"文王事昆夷",蓋極言睦鄰之道,開悟時君。觀於《緜》之詩云"昆夷駾矣,惟其喙矣”，文不過以修德者杜窮兵黷武之漸，而非等納幣款塞，甘心割地者之所爲。故君子傷後世和親之事，悉索敝賦，世以不宥，未嘗不厚非魏絳之作俑也。

然謀人家國，貴能度時勢以爲權宜。當晉悼之世，列國紛擾，而楚誇兩廣，爲晉强敵，諸侯新服，陳新來和，而鄭方以溱洧之利依違二國間，勞師於戎而楚伐陳，必弗能救，是棄陳也。陳棄而鄭亦南向而事楚矣，諸華必叛。觀其進五利之説，思遠而慮周，非後世苟安一時者所得次比。絳誠善謀國者哉！抑其與諸戎約和，從無終之請也，於國威重毫無所損。《詩》曰“自彼氐羌，莫敢不來享，莫敢不來王”，以彼因人納獻曰請和諸戎，絳熟計而權之，悼説絳而使之。傳如其言，以志絳之能經野恤民，柔遠能邇，名謂之和，其實何非來享來王之意。孔子曰既來之，則安之，魏絳有焉。洎後鄭人賂晉，晉侯以樂之半賜絳，曰子教寡人和諸戎狄，以正諸華，八年之中，九合諸侯。然則悼所以能修舊業，一絳之爲之也。斯又豈後世所謂石畫之臣如劉敬者所可同年語耶？或謂介鱗之族，但當重譯貢獻，以安荒服之常，不得修其禮物，要盟諸夏。絳輕從其請，創爲和局，是反古之道而俾後之覽者得以效其尤。不知世道陵遲，匪伊朝夕，不生絳於東遷以前，而值此列國紛擾之日，但能坐致招來，即已足語於良佐；必繩以霸爲王罪之説，則又風會之爲之，而其事不繫之乎絳也。

史稱晉文公欲修霸業，乃賂戎狄通道，以匡王室。及晉悼，又使魏絳和諸戎，復修霸業。由是言之，晉之前後致霸，獲戎之力居多。絳不能以攘夷者尊周，未可與齊之夷吾相提而論，然終悼之世，内安而外靖，彼其功績豈當在舅犯、狐偃諸人下哉！

子家羈論

唐繼勳

　　子家羈者，衛甯武子之流亞也，第其所遭之時、所處之勢視武子爲較難，奚以明其然也。成公出奔，内有叔武以爲之守，外有晉文、魯僖爲之先後而調護，其中梗者，元咺一人耳。然無季氏攬政之專與得民之久，易圖也。若鍼莊子若士榮，雖非一時豪傑，然爲坐爲大士甘於刖且戮，非若昭公之從者，脅君以自固也。當成公始入時，武子爲宛濮之盟，國人不貳，非若公徒之釋甲執冰，視其君蔑如也。成公欲祀相武子，請改祀命，後不聞果祀。知成公猶能用武子，非若昭公之於子家子屢諫不入也，以其勢其時之難如此，而周旋十餘年間，迄無易念。蓋嘗綜觀其言與行，而爲子家子一歎息也。使公能早用子家子，言必聽計必從，正君臣之分，定上下之義，季氏雖跋扈，必隱戢其心而不敢發，奚用逐？不然，而當公果發難時，聽政在難圖之言而止；平子請罪時，聽眾怒難蓄之言而赦，則可以警奸而靖國，奚至出奔？又不然而至野井，從其舍齊而適晉，如乾侯從其適晉，而造竟會適歷從其以一乘與季孫歸，則不受諸侯之卑，亦不貽終身之慼。縱君威難必再伸，不愈於客死於外乎？此之不能而子家子抱一忠懇之忱，鬱鬱無所於用，傷靈修之數化，慨中露之式微。外無可援，内無可恃，斤斤然譏從者之盟，止鄆人之戰，避齊臣之辱而欲以一木支大廈，撮土障頹波，亦足悲矣。

　　今夫見幾而作者，明哲之保身；不合則去者，士人之素志。以子家子之才，何之不可而既不爲所用？奚不奉身遠引？噫！是未足以論子家子也。當昭公之時，禄去公室，政逮大夫，叔孟既各懷二心以事君，而從公如臧昭伯輩，又庸劣不足與謀；惟是耿耿孤臣，相與彌縫匡救，冀君心之一悟，而未可一日離也。況君安與安，君危與危，爲人臣者，不當如是耶？而何疑於子家子？厥後受乾侯之賜，拒叔孫之見，總此依依戀主之心，終其身不能釋。殆所謂其智可及，其愚不可及也。然則子家子之爲人，不出武子下，而其所爲，尤爲武子所難爲乎！

岳武穆破楊太論

盧連芳

矛盾自攻，因敵固爲良畫；機牙獨發，出奇尤恃智囊。燒浮橋于荆門，岑彭所以通蜀道；斫竹籠於洭口，昭達所以靖嶺南。鐵檝礙舟，吳權破賊。斧柯斷鏃，護之奏功。大抵謀若湧泉，用能勢如拉朽。要未有蕩鱷鯢之邃窟，無俟彌旬；傾鴞鵬之妖巢，祇須折箠。

若岳武穆之破楊太也，太以大風遺孽，小丑營魂，嘯聚重湖，驛騷三楚。孫恩踞於海島，宋江擾於淮南。擁餘祭之餘艎，使船如馬；聯侯景之鶻舠，環栅爲城。奪赤龍柁福之奇，嚴青雀鉤沈之備。是即將軍黑稍，壯士銀鎗，亦將靡雕鶚之旗，不得覷蛐蜒之壁。所以王四廂討賊，久未殲魁；張都督防秋，遽思改議也。武穆既承綸詔，徑趣炎荒，開受降之城，馳招撫之檄。岳家軍至，如山之威令寒心；武義郎封，傅翼之賊奴劈面。利津以渾擎爲導，使縛阡能；蔡州因李祐前驅，遂收董質。蓋至黃佐殺周倫以自效，楊欽偕全琮而俱降，太已失其腹心，離其手足矣。然而蛛絲善衛，兔窟猶深。篷非火雉能焚，舟豈海鰍可破？倘糭難益智，借前箸而無籌；恐灰竟復然，煽南氛而日惡。湖湘不靖，小朝多肘腋之虞；劉李濟凶，內地等腹癰之潰。勢難偏安於江左，遑言恢復乎中原。而乃祕算雲回，宏謀霜照。西北人皆堪水戰，大小眼洞見虜情。道塞港汊，造阿童之木筏；鋒當矢石，張鄧邁之獸皮。枯木朽株，激水之輪頓阻；撞竿步艦，跳梁之計旋窮。遂使星落旄頭，波澄蟆骨，巴蛇忽斷，吳狗不狂。除是飛來片語，成先幾之識；已有定畫八日，符預尅之期。王德殲邵清於崇明，世忠誅汝爲於建郡，不若是之神速也。

顧或謂洞庭設備潭州，視師張浚，實創其謀，岳侯第戮其力。珍萑苻之盜，國僑親總戎行；運帷幄之籌，子房宜爲功首。不知袖圖相示，尚虞卒不能平；計日請留，翻訝談何容易。胸中無竹，眼底生花，向微武穆，將赤眉樊崇鄧禹，或爲所敗；上流郭默王導，難制其強也。神算之歟，能勿心折哉！嗟嗟，少年建節，中興之名將無儔；黠虜呼爺，敵國之狡謀已沮。使效崇壇之拜，不食寢閣之言。吾知蒼兕師，呼黃龍府，抵向囊中探取，從甕上騷除。五國冰霜，并不坐於北地；六宮粉黛，灰豈灑於南風。幅幀重恢，么麼無論矣。奈何秦頭勢重，眯目明昏。李西平自是天生爲三唐之社稷，檀道濟竟以戮死壞萬里之長城。宋之不振，豈待航海而決哉。

岳武穆破楊太論

謝懷清

岳侯之不能抵黃龍府也，誰執其咎？愚不曰秦檜，而曰高宗。高宗知岳侯者也，知之而自墮其明，非檜能蔽其明也。岳侯之能平湖湘也，伊誰之功？愚不曰岳侯，而曰張浚，何也？楊太誠猖獗矣，然以岳侯之神武，斷其手足，潰其心腹，使太所恃者一無足恃，勢如破竹，無著手處，奚足異也。而能奏其功，無或從而撓之者，則恃其有張浚一言。浚不云乎，岳侯忠孝人也，兵有深機，胡可易言？由是而席益之譖不行，故能從容招降，謀定後戰，而後黃佐、楊欽、全琮、劉詵之徒輾轉相引，敵之將皆我之將矣。輪舟撞竿，不能馳驟縱橫，而腐草亂木皆起而與爲難矣。伐竹君山，置諸港汉，而陸攻之困於水，水攻之即斃於水矣。留浚八日，而捷書果至，謂之神算，不誠神算乎？然使浚用席益之言，遂以玩寇聞朝廷，嚴加敦促，責以養寇自重。岳侯方避罪之不遑，遑言破敵？即不然，或命一人以視師，或命一人分撫其眾，將動輒相制，意見不齊，持論亦異。微論不能破也，即破亦必曠日持久，而何能胸有定畫，使二十餘萬眾望風瓦解，歸命馬前也。嗟乎，少留八日當破賊，其言驗；直抵黃龍，與諸君痛飲，其言不驗。能爲此言，即能使其言有驗者，岳侯爲政也；能爲此言，不能使其言皆驗者，非岳侯爲政也。愚故曰：張浚也使金牌不下，直抵黃龍亦猶是也。岳侯還而中原不復，伊誰之咎哉？伊誰之咎哉！

戚繼光破倭論

粟樹之

兵法云知己知彼，百戰百勝，南塘破倭得此道也。夫諸倭生長波濤之中，熟悉舟楫之便，船堅械利，出没無常。若舍己之長，從人之短，未有不喪師辱國者。向使南塘以機警之材，率久練之卒，製戰艦，備火器，測風候，占潮汐，縱橫海上，肉薄交鋒，亦必有能勝之勢。然濱海與腹地不同，勝則賊艇遠颺，我不能窮追以斃敵。突遭敗創，則我必返而登陸，資糧器械徒爲敵用，勢必一蹶不振，有損國威。南塘立於不敗之地，抵隙攻瑕，用間用伏，誘之登陸，合而殲旃。故諸倭敗潰，非斃投江海，即隕墜崖谷。此所謂因敵轉化、因變用權之法也。然明季備倭，俞、戚均爲名將，俞則老成持重，戚則颷發電舉。或遂以輕率少之，不知諸倭詭譎，飄忽靡定，勝敗之機，祇爭轉瞬。史所稱颷發電舉者，南塘之智南塘之神也，而無識者以此訾之，所謂蜉蝣撼大樹，不知其短長者也。至其陣法之精，器械之制，臨敵制變，防詐設奇之功，盡人能道，姑不具論，而惟論其先著如此。

賑饑民宜散不宜聚論

文　緯

《左氏》曰天災流行，國家代有。蓋欲合天下之民而常無饑饉之患，自古難矣，然亦在賑之能善其法。《周禮》鄉師職以歲時巡國及野，而賑萬民之艱阨，以王命施惠。夫歲以時巡，惠以命施，使饑阨者有所止望，則民各安其國，國各安其野，而不至於流，而民之數常均，即賑之惠亦常徧，法誠善矣。

迨後世時巡之職廢而不修，豆區之施假以相市，而貪戾之輩進籌荒政，或且乘災變以飽私囊。故自秦漢以還，賑飢之策大抵聚民城郭，為糜粥以食之，而其弊不勝言矣。夫處常而宅民心，則莫宜於聚；處變而保民身，則又莫宜於散。斯意也，惟宋富鄭公得之。公嘗自鄆移知青州，會河朔大水，民流京東。公擇所部豐稔者三州，勸民出粟，得十五萬斛，益以官廩，隨所在貯之，得公私廬舍千餘萬間。散處其民，山林河澤之利可取為生者，聽流民取之，其主不得禁，以是全活約五十餘萬人。夫不此之法，而斤斤於聚民施粥之為，微論官吏不良，如侯汶之徒虛糜國費；即廩給不遺，升斗概為賑濟之資，而遠近異地、老少異時、壯羸異質。近者得以食而遠者不能致也，少者得以食而老者不能就也，壯者得以食而羸者不能及也，至於殘疾疲癃，則尤坐以待斃而已！抑天時之冷煖不齊，日至之多寡不一，為備少則不給，為備太多則移日而腐臭隨之。以腐臭之味餉飢餓之民，彼以殘喘之軀又辛苦於奔走，其勢必易於下咽，顯係救死，隱已害病。且其間沓來紛至，臭氣逼人，蒸爲疾疫，其弱不勝受者，恐就地僵仆，轉於溝壑，亦或不免。名曰生之，而實殺之。嗚呼！是猶得爲賑恤也乎？又微論遠方之老羸，即其少壯，日往返數十百里，僅得食粥一瓢，苟延旦夕，則與其勞而死，毋甯餓而死。由是觀之，畢竟能全活幾許也？夫天災流行之變，雖盛世未嘗無飢民，惟舉時巡施惠之條，故盛世未嘗有流民。三代而下，不能追法上理，而能深恤疾苦，實心賑救，立法簡當而得乎散聚之宜，如富鄭公者，亦可以風矣。

疏通鹽法議

黃希尚

國家課入，鹽爲大宗，而鹽以兩淮爲最盛，今日淮引之滯，亦云極矣。窮則變，變則通，此其時乎！欲謀疏引之法，先在講求鹽質。淮北曬鹽，色白而味佳；淮南煎鹽，色黯而味澀。北鹽利於銷售而場分無多，產鹽不盛，不如南鹽產地多而引岸廣。川粵之鹽與淮北略近，色味均佳於淮南，引地之被其侵占，雖由成本之輕，亦由鹽質之美也。

夫煮海成鹽，既資人力，則色味高下亦人力爲之。場垣存鹽素稱上色者，曰真良、正良、頂良三種，而尤貴者曰重淋。重淋云者，取場竈存鹽重加水淋，濾出而成者，色味無異淮北，而每引衹增價一文。今欲正本清源，便民裕課，則煎收之始嚴禁攙和，其先務矣。其次莫如嚴汰陋規。鹽務本腥羶之場，道光十一年陶文毅公奏裁併鹽政，汰浮費二百六十餘萬兩，積弊一空，淮銷大暢。今復淮已久，浮費漸增。自鹽政以及場員，各省文武印委衙門，例有公費乾脩義舉，名色紛歧，而局員之違章巧取，尚不在此數。商本既重，鹽價過昂,貧户食鹽深以爲苦。今宜逐加釐剔,除義舉不輕議減外,其餘一切廓清,庶減價敵私之效可睹也。

至於緝私之法,近今徒有具文,不肖局員但日攘肩挑,小貿數斤十數斤之私鹽,以報功而漁利。而梟匪私中之私,票販官中之私,從不過問。且鈎結押運,雇夥囤鹽,倉户煎滷短枰,專肆奸欺,此民之所以甘於冒法,食私而不悔者也。推原其故,皆由辦理不能認真,下情不能上達,求鹽銷之暢,烏可得乎?今平善壩不能設卡,門户已失,然果任用得人,堂奥之内猶可爲力,改絃更張,是在總釐綱者矣。於戲,釐課絀而國病;盤剝多而商病;斤兩短、價值昂而民病;引票有增,引地不復,引額常懸,場竈亦大受其病。欲大舉而疏通之,可不逐加整頓哉!

擬袁彦伯《三國名臣序贊》

胡元儀

夫仲父仕齊,無假鈞璜之遇;三傑事漢,非待關門之君。良以珠生於水,值象罔而騰輝;蘭茁於山,登園林而揚馥。時之所值,梗楠不能隱其材;遇之既順,鶀鷃不獲戢其翼。非謂道謝堯舜,則千載無虞颺;時非文武,則終古無靖獻也。漢火不揚,三光分景,孟德雄視於中夏,先主高步於巴蜀,仲謀崛起於江外。並採松菊,爭羅杞梓;英彦景附,奇士響臻。三主雖不以熙皞御世,列士得奏其功;諸賢雖不以皋夔自許,國家得賢其用。炳靈前葉,垂耀後世。綜而論之,亦一時之盛也。

文若鳳負異稟,急於自試。魏武陰鷙,求賢若渴,故遂許以馳驅,爲之心膂。既而九錫之議,情見勢露;愛人以德,能無匡正。夫膏明所以照物,而以明自煎;蘭馨所以流芳,而以芳見刈。才多識

74

寡，易嬰世網，欲立異同，悔之已晚。然其介特自守，固異波靡者矣。公達明叡，同符文若，乃始則抗節於董卓，繼則委身於武皇。其於文若始終殊致，語曰道不同，不相為謀，其是之謂乎？禪讓既興，士無常主，或乃眄睞偶及，願布腹心，權勢所歸，爭為羽翼。故李豐有釁，舍人獻其密謀；魏帝有言，侍中因而馳告。彥緯硜硜，志在效命，求仁得仁，上慰賢母。斯固當塗之孔父，高貴之仇牧也。元伯抗直不回，直斥凶豎，深譏趙盾縱賊之誤，不憚太史直言之誅。議雖未行，亦足以愯司馬之魄矣。

　　三方鼎力，蜀實漢胄。孔明隆中抱膝，無心聞達，既感三顧之誠，遂試一割之效，出處之際，可謂偉哉。既而受遺輔政，所奉闇弱。外拒吳魏觀變之釁，內消蠻寇反側之萌。斜谷出師，謀定後動。宣王雄鷙，畏公如虎。藉使假以年歲，從容薄伐，蜀魏成敗未可知也。況乃拔楊洪於功曹，識何祗於書佐，薦董允之公亮，表費禕之精純，並皆收效於匡扶，程功於宮府。儻所謂休休有容，保我子孫者，非耶！公瑾秀發，曜奇弱冠，綢繆伯符，婉孌大帝。始定總角之好，繼就君臣之分。赤壁一戰，曹軍喪氣，江左奇勳，此為稱首。伯言吳中名族，世習詩禮。論功則外拒蜀師，考言則內匡主德。觀夫給侍宮省之議，堅拒子瑝；意陵氣茂之言，痛戒諸葛，有旨哉！匪惟立功，進於道矣。顧公恪謹，使人不樂，宮禁置酒，以嚴見憚。若其論崇寬厚，議養威重，固東南之竹箭，吳越之鏐鋚也。夫積德在功，所乏者時；蘊才於己，所待者遇。諸賢生於擾攘，奏其智略。一策之善，梟雄息其并吞；片言之當，宮廟奠其鐘虡。蚩聲騰譽，非偶然也。蒙以考訂餘閒，流覽陳志，諷彥伯之遺作，輒斐然有論著之思。爰以己意，作為斯贊。

　　炎精既微，運纏百六。鐵牡晨飛，銅人夜哭。塵起赤畿，鋒流黃屋。郿塢熄燼，灞山天戮。赫矣三雄，遠蹠競騁。地維分張，天紘並整。延攬英乂，收集彪猛。傑士應聲，異人引領。文若英智，

75

首戴武皇。杜策侔鄧，運籌比張。迫帝握樞，定呂扼阮。奇謀屢
奮，實維智囊。始陳四勝，終議九錫。料敵以權，愛主以直。初協
泰交，卒傷否塞。雖昧審幾，固殊漢賊。公達開朗，澄鑑若水。爰
初撥亂，載罹荊杞。談笑不驚，蕃畫甚偉。終違虎口，遂附驥尾。
軍師之設，用展瓌異。計斬驍將，智納降帥。沈默不言，迴出人意。
容弱心彊，外愚內智。郎中安雅，德度溫溫。雖迫強虜，豈忘舊恩。
不解作檄，惟以巽言。梟徒以愧，薄夫以敦。魏臺之立，建白良粹。
懃懃禮教，斤斤文治。旌閒是急，購書是議。斯人可作，禮樂明備。
矯矯崔生，羣望攸歸。露板答問，燔爇格非。慮湊深遠，禍戒幾微。
守正不撓，末世所希。惡直醜正，人忌介潔。木秀而摧，蘭薰而折。
幘籠胎禍，氂纓賜訣。徒抱赤心，空埋碧血。景山宏達，操守廉清。
祿賜徧頒，生產勿營。奢不徇俗，儉非務名。習尚雖變，吾心自貞。
長文淹雅，志匡軍國。造膝論思，沃心輔翼。諫書數上，彤廷動色。
外人不知，翻疑簡默。太初之賢，有聲弱冠。議薄雲天，情屬霄漢。
謀康世屯，翻嬰國難。東市何辜，天不厭亂。在三之義，有死無他。
烈烈王生，風義不磨。身潤齋斧，氣壯山河。賢母破涕，烈士悲歌。
司馬之心，路人盡悟。高貴討賊，翻蒙霧露。公閭洶洶，盈廷悚懼。
豈昧天常，畏逢彼怒。穆侯剛簡，持論難干。志殲元惡，高議朝端。
凶徒膽落，巨猾心寒。事雖勿行，議固不刊。中山舊冑，宜承漢基。
不有賢相，大業誰支。堂堂武鄉，名世英姿。龍岡一起，魚水相期。
黃襴既著，寄託無負。禁疏以嚴，愛賢以厚。眾長皋牢，羣彥奔走。
地局三分，名蓋九有。士元宏達，獎借從容。寸長激賞，片善陶鎔。
鑒逾子將，識擬林宗。指陳三策，兵法羅胸。承相之亡，盛軌誰繼。
蔣侯公方，以道佐世。婞直克容，睚眥勿計。敵畏其威，人懷其惠。
公衡偓寒，轉側戎行。發蹤庸蜀，息翼許昌。追懷昔恩，恫愒何傷。
神止泰定，局量汪洋。江左之興，粗立軍府。曹師東下，旌旗蔽渚。
志掩秦稽，勢吞江滸。庭議牽羊，人憂餧虎。公瑾諤諤，年少慮長。

出奇無窮，焚彼餘艎。　回飆鼓浪，烈焰摧檣。　鼎足以定，三軍氣揚。
子布抗爽，機宜洞中。　討逆之甍，難弟悲慟。　援義止哀，陳兵威眾。
大廈不傾，賴茲梁棟。　建安離析，衣冠南徙。　子敬擇君，翔而後止。
宏議不羈，大言自喜。　終建勳名，馳聲江涘。　子瑜閑雅，貞侔圭璧。
伯仲分張，各勤課績。　進同公讜，退無私覿。　豈忘友于，外交是惕。
伯言公忠，夙夜匪懈。　專閫立功，入朝陳戒。　洞悉成虧，深明善敗。
讜論盈牘，用發聾聵。　元歎端嚴，以禮束身。　雖拜高爵，忘告家人。
錄囚溫霽，悟主忠純。　威儀抑抑，實惟儒臣。　仲翔峭直，寬饒同調。
詬毀神仙，砥激權要。　投身炎瘴，著書蠻嶠。　誰惜鴻冥，空煩蠅弔。
眾賢莘莘，才爲世出。　振策天衢，鏤芬帝室。　各播羽儀，爭揚藝術。
軌躅雖殊，魁奇則一。　門閭之榮，移時則圮。　勳名之播，綿世無已。
榮鏡翠綏，照耀青史。　異地景行，百世興起。

擬袁彥伯《三國名臣序贊》

盧連芳

蓋聞否泰互根，運會斯有隆替；遭遇異轍，功業即判遠近。才乘時則表見易，時厄才則盡用難。此閱世之大較，繫古之明券也。夫河嶽依然，原無高深之別；風雲不歇，豈有今昔之殊。宜乎累代相仍，奇傑輩出，斡旋乎宇宙，經緯乎乾坤。聯清和於帝猷，而皋夔不得專美；昭顯懿於王表，而莘渭復與比烈。唐虞三代，至今存焉可矣，乃或屏置而不庸，湮没而弗彰。故鄒魯以棲皇老，衡泌以隱淪終。升沈之説，難言之也。即或世不見遺，得主而事，往往限於修短，不能竟其所藴，離於憂患，未免歎其不辰。求所謂君臣相保、身名俱泰者，蓋亦僅矣。將由平陂之運，造物已定其局；功名之際，氣數得持其權歟？然矢志殊乎凡近，應事多所建白。或抒戡亂之略，而宗社賴以安；或堅守義之節，而名教足以託。則雖遭時不偶，未始不光昭史册，式垂彝鼎也。

兩漢既末，三國並峙，智能之士莫不奮其修翮，騁其逸足，爲霸主之股肱，爭中原之雄長。其所成就，率可觀也。文若才逾公達，迹類崔生。料勝之論，指掌霸圖；奉帝之舉，乃心王室。徒以勉循冠履，攖忌隕生，可謂冤矣。崔生愛人以德，獲庆以終，方諸文若，何其符乎！然干將不缺，劍之所以可寶；沈檀被焚，香之所爲益遠。蚓髻瞑目，至今猶懍懍耳。公達謀夷巨憝，幾罹凶餤，卒用擒布之智，受問疾之拜。而泰伯畢命於東市，承宗殉軀於犖轂，均圖義舉，顧有幸有不幸哉！夫遇威而屈，畏勢而從，苟非忠結於心，義形於色者，曷克免此？而曜卿不因露刃裁書，元伯敢以誅賊倡議，亦崔、王流亞也。若長文屢進忠謀，繼美父叔；景山不拘小謹，見袞志行。宏才雅尚，俱不可貶。鼎足以來，於斯爲盛焉。而主眷之隆，柄用之專，求諸當時，孔明、公瑾而已。孔明兼資文武，罕爲匹儔，昭烈委之以相事，託之以嗣主，未聞有纖芥之嫌、毫髮之閒，用能雄踞一方，統承兩世。惜乎經營未遂，齎志以没。士元因武鄉之薦，參帷幄之列，驥足方展而鳳雛遽落，豈真天厭漢德耶，何奪兩賢之速也？蔣侯恪守遺矩，允協時望，而公衡身處異國，心戀舊恩，亦變不失正者也。夫交淺者難結主，年少者不更事。公瑾識英雄於總角，建節鉞於華年，聯奧援於漢中，挫勍敵於赤壁。諒爲豪傑，當如是耳。而不享遐齡，可勝悵歎！子敬、子瑜雖遜周郎，然一以公忠而蒙稱，一以不欺而見信，上下之交，亦云固矣。顧同立一朝，共事一主而受遺。若子布不能容其讜論建功，若伯言不能展其深謀抗志，若仲翔不能貸其放逐，抑又何耶？毋亦剛則難近，柔則易入歟？是則密其啟沃，謹其語默，若元歎者，洵能納約自牖哉。

夫諸臣之枯菀，固難必其悉合，而生平之徽懿，皆將垂諸無窮。竊閱國志，觀其始終，究其得喪，絜此較彼，異曲同工。又感時命之多歧，慕賢哲之自奮，爰舉素所服膺者譔序成篇。《魏志》九人：荀或、荀攸、崔琰、袁渙、徐邈、陳羣、夏侯元、王經、陳泰。《蜀志》四人：諸葛亮、龐統、蔣琬、黃權。《吳志》七人：周瑜、張昭、魯肅、諸葛瑾、陸遜、顧雍、虞翻。其他揚清風、標亮節若管邴諸公，自堪千古。特以出處殊途，仕隱異用，故未兼及。竊既序之，並就諸臣之先後而各爲之贊焉，所以誌嚮往之意也。贊曰：

　　五運交嬗，三靈迭主。天立厥辟，星降之輔。挽瀾洪河，蕩氛區宇。飾治以文，戡亂惟武。炎精既韜，逆燄橫張。三雄焱起，餘燼無光。風迎虎嘯，雲屬龍驤。英英羣彥，分道鑣揚。卓然宏達，緊維文若。鏡無遁形，奕鮮遺著。智資魏劻，志扶漢弱。傷此芳蘭，含膏被灼。義心秉正，讜言勵貞。日暾於懷，霜隰其生。達人云徂，天澤以明。公達淵沈，始際時艱。攖逆不懼，臨危亦閒。完軀犴中，棲迹幕閒。發謀成慮，哲本素嫻。奇采外斂，朗照內存。辭隆就窊，藏直著溫。用泯疑釁，允絕閒言。身名不辱，功及黎元。曜卿敦篤，早嚴操履。清不染俗，梗其有理。方鍛鴻翮，幾劘虎齒。惟義不撓，豈威而靡。遨遊羣雄，爰登霸朝。素節未貶，雅材始翹。鱗泳於淵，羽依於喬。亦剛亦柔，風軌式昭。太阿入握，辟易萬人。爭獻厥媚，讜言疇伸。矯矯季圭，恥茲蹲循。矜慎名義，勉德於人。直與物讎，賢爲讒困。忠悃盈抱，蔽由媕婀。珠光雖翳，圭角難磨。長松謖謖，悴於斧柯。達哉景山，倜儻忘形。雅韻不匱，逸德自馨。似詭而道，疑醉而醒。詔裒清節，績著魏庭。長文宏博，忠貞世篤。陳書崇德，議刑去肉。蘊有餘策，奏無虛牘。終身不伐，謙謙卑牧。鴻毛何輕，泰山何重。死生分明，匪害可動。泰初器識，罕爲伯仲。就戮如飴，置生若夢。髮膚懼傷，情豈異眾。方寸既安，形拘神縱。烈矣承宗，冰雪輝映。名教莫逃，志士所競。力窮於屢，理循其正。羣柯俱改，異草知勁。忠愛激發，毅然授命。過仕亦祥，解圖報稱。節行靡督，存沒合轍。緬彼元伯，子焉剛直。頹波奔流，砥石屹立。

詞吐廉鍔，志利社稷。
勢綜宇宙，基闢草萊。
慮因静遠，量以誠恢。
士元雅亮，含精負奇。
蜚聲騰實，終結深知。
應變行權，炎祚再造。
武鄉柄國，殫智竭忠。
寵遇蒙新，主恩戀故。
偉哉公瑾，識略迴殊。
一江分限，兩日親扶。
薦釂宿怨，侮納同袍。
中主採納，閔時斯卹。
臣矢初衷，主替昔眷。
厲我丰棱，介石弗轉。
勉奮霸氣，峙立神州。
履信踐諾，懷命剋期。
伯言秉鈞，摧敵績茂。
獻璞受譴，懷憂促壽。
退無後言，進無暫默。
白不守黑，猶恐難薰。
世合而分，才聚亦散。
數奇遇嗇，千載同歎。
昭昭日月，懍懍冰霜。

孔明諳練，犖犖大才。
王氣重鬱，火德不灰。
專軸久司，嗣君無猜。
游心萬里，長材難羈。
帝裔方淪，王迹未肇。
蕭曹規隨，奏治攸同。
蔣侯繼軫，忘私秉公。
盈廷迭賀，慘深悲慕。
抗志弱冠，聯契伯符。
談笑決勝，指掌藏韜。
雅量淵涵，人思餐醪。
蹇蹇子布，遺孤受托。
忠與憤俱，遂置理亂。
子敬助義，久參戎謀。
識勢者傑，不約皆侔。
同氣雖親，異域則私。
少海競明，儲宮預覆。
轉圜有方，批鱗戒直。
蹈和持平，靖共其職。
純剛侵指，疾呼駭聞。
望塗翹足，麗霄舒翰。
一龍一蛇，運固靡常。
名標節著，後先相望。

憫世塗炭，身緣時來。
馳信黜虜，集思羣材。
大星既賈，逐臣銜哀。
忽恩枳棘，遑惜繭絲。
倉卒決疑，特資籌料。
軌則不乖，胡恃明聰。
公衡快士，植性純固。
皎月當天，鑒此積愫。
煙塵滿地，奮拓雄圖。
赤壁百萬，渺如秋毫。
静臣謇諤，盡言斯樂。
止水不波，美痎惡藥。
閽門土委，燕宮火煽。
抱懇爲質，規遠定籌。
子瑜篤謹，蕳蕳不緇。
亦有嘉猷，軍國交資。
慮深近迂，事隱疑謬。
穆穆元歎，善成君德。
仲翔簡伉，孤鶴違羣。
知己落落，投荒何云。
隱見不懸，榮悴互判。
吾道不屈，其用已彰。

擬袁彥伯《三國名臣序贊》

袁緒欽

夫風雲之遭遇無常，而騏驥之騰驤不乏。鼎鐘之繫託匪偶，而國棟之鬱起有人。然則綠圖亮父，風后力牧。上世以來，禪揖之與征伐，昇平之與僭亂，莫不黼袞翔蔚而秀彥彙征，鹽梅調燮而心膂攸寄。雖所遭各異，志有屈伸，至於合契同符，一乃心德，流風逸韻，標映今襄，其揆一也。故元愷耀迹於唐虞，莘渭振奇於殷周。管鮑進而東海彊，狐趙輔而晉文顯。逮乎季世，風稍微矣。君人者不以折節求士，得主者祇以徽榮縻爵。挾詐者不以情實御物，急功者或以詭譎自異。於是上下閡而風義衰，世變多而道不顯。故伯玉致慨於卷舒，展禽抱憾於三黜。楚狂行歌，魯連蹈海。叔季之世，禮遇不替。君臣之間，始終無貳。則燕昭樂毅，此其選也。夫士無知己，則白屋有懷璧之感；時當景運，則中林皆干城之寄。炎帝之初，羣材得奮。高帝雖非湯武之聖，而材傑樂爲其用；蕭曹雖無伊傅之烈，而海內得以乂安。戡暴定亂，豈曰非正？夫世方溷濁，則見不如隱；運會可乘，則潛不如顯。是以名世哲人，不患不行其道，患不遇其時；不患不際其盛，患不得其主。故道豐時嗇，子輿所以歷聘；才高主棄，長沙所以悲悼。夫百年後興，聖真之符命；曠世一遇，賢俊之嘉覯。遇之則彈冠而慶，喪之則拊髀而悽。古人於此，豈恝然哉！

嘗以暇日周覽史策，三國君臣事蹟表著，雖道異上世，亦近今罕覯也。文若懷芳抱愨，心濟時艱，是以心折魏武，贊述霸業，雖委身抗節，識可嘉矣。西京之亂，大駕蒙塵，公達、季珪並用。撫時興慨，思效忠節，雖驂伍時彥，委贊霸府，豈非以漢業猶存，魏主將順者哉？及乎權威震逼，迹存代易，攘袂摧隕，斯所以全身於名教也。武侯高邈，居貞待時，學參王佐，道乎莘野。恢張治業，條揔政教，遺澤涵煦，百世興感。及其顧託之際，君臣相與，雅志同符，不亦美哉！公瑾英達，雋才冠世，赤壁遏敵，餘烈在人。惜早世短折，未竟其用。子布奮蹟，同創霸術，臨機定策，神情亦何遠哉。然而杜門見棄，登壇受讖，夫身所建樹，功業未異；離合之迹，不能無殊。況巖壑晦處，用與不用者哉。夫頌美之作，自古所尚，風概所存，良足詠歌。故乃撰序名德，是用贊之云爾。凡《魏志》九人，《蜀志》四人，《吳志》七人。

矯矯文若，遭時多難。軫念齊民，心儀公旦。懷奇抱偉，豈闇擇君。始期茅茹，終嘆蘭焚。

公達沈毅，謀能濟時。神智不撓，鑒洞蓍龜。明足全身，內剛外怯。志存翊漢，爰贊霸業。

惛惛郎中，含穎吐曜。器標風軌，德全靜躁。履險不懾，遇寵不驚。連城知貴，挹此英聲。

崔生英邈，神檢孤峻。霜操彌堅，不阿守正。抗節則遠，時匪見容。珠銷玉碎，慨彼英鋒。

景山恢詭，頗示不羈。飲酒溫克，中聖自怡。眾醉豈醒，聊以玩世。卑事魏朝，豈云得意。

長文納忠，獻奇布策。殿陛謀謨，嘉猷辰告。道希先覺，志在化民。鈞陶品彙，蔚爲名臣。

泰初淵雅，姿制清通。恂恂邈矩，高舉獨從。迹污志芬，名談綴理。遐軌不存，蘭情未已。

承宗藹藹，出入金闈。奮志義林，膏身黃鉞。見汝孤忠，仇牧繼芬。爰及貞嬭，懷清秉文。

元伯亮節，片言逆鱗。嶽嶽高風，知微致身。有烈青編，其勛孔照。德鏡無塵，光遠有耀。

孔明卓犖，蔚爲時傑。齊聖廣淵，肅乂謀哲。雲蒸龍變，六合經綸。漢祚不融，志屈道伸。

鳳雛清雅，秉心無競。容與王多，德標淵映。卿星夕隕，三略猶存。宏我妙謨，于彼漢原。

零陵多材，宣義琴臺。靖共克讓，隆袞有巍。繼明照人，融風克劭。指薪修祜，不虞棟橈。

公衡茹苦，策名二宰。爲法受惡，天無大賚。珪組空膺，撫臆彌悼。他山之石，可以攻錯。

卓卓公瑾，蜚聲綺齡。談笑風雲，豹變虬騰。敵慴麾旄，勁摧魏武。烈烈大猷，轟軼今古。

子布定策，臨危握斷。神情激奮，皎忠石貫。江表用安，爰構吳基。皤皤黃髮，錯綮於危。

英英子敬，杖策謁君。翦艾荊莽，發蹟耀聞。炎漢中衰，赤縣分裂。儁乂乘時，乃鶩名業。

子瑜抑抑，雅性純茂。公府參奇，升階草奏。懷貞抱愨，奮迹霸君。負材季世，駿譽名昆。

伯言抑抑，篤棐殿庭。遏距昭烈，奮捷猇亭。儲貳未甯，謨奠磐石。忠乃見疑，心盟皎日。

嚁嚁元歎，謀謨帷幄。雅度克貞，神止清穆。三吳淑麗，名哲繼蹤。振襟吐響，早播江東。

仲翔剛鯁，秉志不回。抗辭藻陛，銳折瓊瑰。受命通經，潛芳玉映。吞篆表奇，靈昭義聖。

擬顔延年《三月三日曲水詩序》集《文選》句

鄭業敬

　　夫盛禮興樂《東都賦》，涉三皇之登閎《羽獵賦》；下舞上歌《東都賦》，殷五代之純熙《魯靈光殿賦》。至於三春之初《琴賦》，或禊於汜《閒居賦》；元巳之辰《南都賦》，言采其蘭束廣微《補南陔詩》。因歌隨詠《嘯賦》，紹唐虞之絶風《劇秦美新》；發采揚明《琴賦》，接軒轅之遺音《琴賦》。達餘萌於暮春《東京賦》，第從臣之嘉頌《西都賦》。雍容揄揚，著於後嗣，抑亦雅頌之亞也《兩都賦序》。

　　我高祖之造宋也《赭白馬賦》，膺籙受符應吉甫《華林園詩》，炳海表岱顔延年《郊祀歌》，萬流仰鏡顔延年《釋奠會詩》，函夏無塵陸士衡《講會詩》。至於皇帝《景福殿賦》，繼天接聖顔延年《釋奠會詩》，克己復禮《東京賦》，早朝晏罷任彦昇《策秀才文》。賤奇麗而弗珍《東京賦》，斥芬芳而不御《長楊賦》。等曜日月《七啟》，昭章雲漢王元長《曲水詩序》。帝體麗明顔延年《曲水詩》，斧藻至德，琢磨令範王元長《曲水詩序》，庶士傾風顔延年《釋奠會詩》。敷讚百揆，翼新大猷傅季友《謁五陵表》。衣食之源，桑麻鋪棻《西都賦》；道德之富，學校如林《東都賦》。仁風潛扇應吉甫《華林園詩》，協氣橫流《封禪文》。導一莖六穗於庖《封禪文》，升黃輝采鱗於沼《典引》。離身反踵之君王元長《曲水詩序》，抗手稱臣《羽獵賦》；箕坐椎髻之長《石闕銘》，回面內向《劇秦美新》。眾庶悦豫《兩都賦序》，九有熙雍《景福殿賦》。將采吉日《東都賦》，協靈辰《甘泉賦》，備法駕《西都賦》，遵皇衢《東都賦》。采游童之讙謡《西都賦》，張鈞天之廣樂《閒居賦》。都人士女《西都賦》，信延頸企踵，喁喁如也《劇秦美新》。

　　歲三月《景福殿賦》，粤上斯巳王元長《曲水詩序》，時和氣清《歸田賦》。

靡木不滋《射雉賦》，靡田不播束廣微《補華黍詩》。華桐發岫王元長《曲水詩序》，芳草被堤《東都賦》。雜夭采於柔荑王元長《曲水詩序》，啟諸蟄於潛戶《東都賦》。祇聖敬以明順《閒居賦》，撰良辰而將行《東征賦》。加以帳飲東都《別賦》，送君南浦《別賦》，乃命有司《景福殿賦》，考文章《兩都賦序》、班憲度《東都賦》。麗服以時《琴賦》，禊飲之日在茲王元長《曲水詩序》；禮儀是具《景福殿賦》，興王之軌可接《赭白馬賦》。清蘭路《月賦》，蹂蕙圃《羽獵賦》，采飾纖縟《西京賦》，金石崢嶸《西都賦》。禮官整儀《東京賦》，掌舍設栢《藉田賦》，緹帷宿置王元長《曲水詩序》，輦道纚屬《上林賦》。然後登玉輅《東都賦》、倚金較《西京賦》，羽旄掃霓《東都賦》，華蓋承辰《西京賦》。天迴地游張茂先《勵志詩》，星羅雲布《西都賦》，以禊於陽濱《南都賦》，禮也《藉田賦》。遂乃乘時龍《東都賦》，浮文鶂《子虛賦》，鏡水區《吳都賦》，靡微風《西都賦》。榜人歌《子虛賦》，櫂女謳《西都賦》，湧泉起《子虛賦》，洪流響《吳都賦》。水蟲駭《子虛賦》，渚禽驚《吳都賦》。既而春酒維醇《東京賦》，蘭肴兼御《琴賦》。合樽促席《吳都賦》，受爵傳觴《南都賦》。獻酬交錯《東都賦》，俯仰極樂《西都賦》。俎豆莘莘《東都賦》，燔炙芬芬《東京賦》。因流波而成次王元長《曲水詩序》，稱萬壽以獻觴《閒居賦》。舞八佾《東都賦》，奏九成《魏都賦》，鐘鼓鏗鍧《東都賦》，絲竹駢羅《閒居賦》。皇歡洽，羣臣醉《東都賦》；鋪鴻藻，信景鑠《東都賦》。調元氣《東都賦》，宣皇風《東都賦》，禮變商俗新刻《漏銘》，豫同夏諺顏延年《曲水詩》。煌煌乎！隱隱乎！茲禮容之壯觀，而王制之巨麗也《閒居賦》。

于斯之時《西都賦》，祁祁士女曹子建《應詔詩》，一旦雲集《石闕銘》。連軫疊迹《蜀都賦》，方轅齊軫《西京賦》。冠帶混並《蜀都賦》，履躡華英《南都賦》。容與徘徊《西都賦》，其樂愉愉已《東京賦》。登降飲宴之禮既畢《東都賦》，詔曰王元長《曲水詩序》：嘉會難再至李少卿《與蘇武詩》，含意俱未申《古詩十九首》。抽毫進牘《月賦》，爲寡人賦之《雪賦》。故言語侍從之臣《兩都賦序》，咸含和而吐氣《東都賦》。經綸訓典《魯靈光殿賦》，啟發篇章《西都賦》。縟旨星稠沈休文《謝靈運傳論》，藻思綺合《文賦》。志眇眇而臨雲《文賦》，音泠泠而盈耳《文賦》。或以抒下情而通諷諭，或以宣上德而盡忠孝《兩都賦序》。讜言宏說《東都賦》，炳焉與三代同風矣《兩都賦序》。

擬顏延年《三月三日曲水詩序》

文　緯

　　夫《咸》《雲》肇造，諧聲之事遂興；鎬洛既營，流波之情攸託。雖升降殊旨，軌躅不齊，然其宣皇風、正雅樂，莫非神人允洽，華裔交屬，聲律身度，總八方而爲極者也。維我皇宋，創業垂統。高祖戡定之德，同符乎湯武；皇上纘承之績，贊參乎乾坤。郊廓之世斯卜，豐沛之揆翕焉。儲后範質於斧藻，元宰施政於珪璋。珠璧順軌，嶽川呈瑞。萬方輻湊，四夷賓服。樹屏錫爵，期備足於文武；道德齊禮，悉率由於典常。樂府協律，太學憲行。樞機詳慎，宰制畫一。禋類以時而舉，紀律不戒而備。撰注拾遺，稽古論道之儒宏達六藝；專閫犁庭，銜命仗節之士懷柔百辟。馴禽仁獸，旅穀靈芝之屬所在皆呈；踰縣越嶠，表海絕漠之獻相率來享。列侯萬所，重譯千門。哀牢動黏之種，會同三朝；伶侏兜離之曲，歌敘九功。是以羣僚蹈詠，百靈具止。平夷洞達，遐邇軒鬐。將遊巡河洛，封禪泰梁，備法物之駕，盛清道之儀。罔不壤舞衢賡，引領翠華之幸者矣。

　　條風既溫，沂水當浴。樹草嬉陽之令，蹕警行慶之期。仰贊兩儀之精，用布羣育之德。加以二王出祖，勞賜作樂，頒敕禮官，申命太師。舉褉飲之典，修元巳之儀。清塵禁御，除閣上圉，徼道綺錯，飛閣罘罳。控淮湖，挾神嶽，濫瀛洲，抗虹梁。巖峻崝崒，蔭蔚被隄。混翼足之屯聚，盛遊娛之壯觀。於是周廬列戟，閒館飭衛。閨房重軒，連岡揚幕，籠山絡野，泛舟通波。宗伯受職，靈府趣駕。然後登玉輅，乘時龍，發鯨魚，鏗華鐘，鳳蓋棽麗，鸞鈴容與，以赴茲樂遊，其盛事也。

既而宸馭戾帷，羣臣肅序，龍旌駐節，翠鑾偃蓋。庭實千品，金壘游泳。巴歈娟嫟之聲，文始武德之舞，候風迎氣之律，率毈儀羽之奏。妙曲繁音，窮變盡態。龍舟鳳舉，螭斾雲動。圜橋聽睹，中外咸在。吐燗成川，噓氣欲野。歡聲震地，文采蔽天。故以冠裳介鱗，襁褓區夏者矣。君彌億年，臣受多祉。魚藻豈樂，鹿苹飫燕。登降既畢，晷轍欲旋。八駿嚴駕，宸容肅穆。撫鈞天之有響，羌洞庭之未張。方且環太液以徘徊，臨辟雍而勞饗。爰詔會者展聲發曲，其諸潤色鴻業，宣暢神庥者歟。

擬顏延年《三月三日曲水詩序》

袁緒欽

夫銀泥芝檢，靈皇鏤紫牒之書；翠琬苔華，聖后纂丹邱之瑞。軌物雖殊其迹，圖籙尚箸於篇，要皆應天位，馭帝樞，嗣統神靈，甄綜元化。豫澤眾徽，宏萬禩而衍祚者也。有宋御宇，煇燿帝符。高祖皇帝以天亶聖聰，功侔造化，作基江表，定鼎吳會。皇帝以文明繼照，煜燫天閎，光溢黃圖，運隆紫極。瀍澗卜王會之同，代邸叶大橫之坼。匕鬯無驚於青震，鞶緌肅職於璇樞。荃綷含元，坤輿效順。九瀛重阻，六幕清謐。親賢屏翰，則帶礪有河岱之盟；儁乂郊圻，則號命肅靁雨之典。大胥肆疋，東膠揚觶。規模宏遠，車服肅雘。百官象物而飭法，七校列隊而宣風。含香珥筆，惠文鐵柱之官，拾遺糾慝於內；繡衣絳卪，牙璋英蕩之使，采風詢俗於外。白麐赤雁，嘉禾寶鼎之瑞，史成書之而鶡紀；明珠翠羽，馴象駒騄之貢，玉府掌之而莫名。馳遽八埏，列職九野。穹廬氈帳之長，望闕而請朔；雕膺聶耳之俗，順風而受吏。是以英靈畢萃，瓌材得奮。王路宏敞，朝野懽豫。允宜張鈞天於廣野，蹇軒縣於帝宮。柴望以禋上帝，圭璧以奠百神。郡國之民延頸跂踵，以冀翠華之臨莅者有日矣。

粵以日次胄軌，月建辰樞。皇王茂對之時，聖辟毓穌之會。思答青陽之澤，用慰黎首之情。加以二王首途，祖帳會讌，乃命掌次設幕，司歷定章。詳祓禊之儀，舉羽觴之典。東啟蒼龍，南臨熊館，左環磴道，右映清瀾。踐芳坰，蹈蕙畹，歷曾岫，拂修蘿。竹樹檀欒，雲霞陰翳。鳴禽之所翔戛，游儵之所泳躍。於是龍斿周建，翠帟分縣。殿夾人門，蹕嚴朱桓。曾波窣堵，璧水澄鮮。宗伯告虔，青祇降蘥。然後駕翠輦，驂玉螭，揚鸞鑣，奏笳引。萬騎靁動，千官雲集，以臨于行殿，禮也。既而帝容有穆，羣司列侍。玉旒引座，珠旗絳霄。甘醴浮波，翠罍在御。纖褕翠綃之舞，鼗鼓鳳篪之響，飛梁遏雲之奏，咸池大濩之音，要妙綯會，殊能迭進。渥洼騰野，飛鶬汛川。秀髦鵠立，遐邇麏至。衿纓風飆，履舄星連。紛閴巖野，照爛溝瀆。固所以韽慄川塗，標暎都邑者矣。靈祇錫祜，庶民從風。壤叟含娛，衢僮仰澤。日晏情長，歡新景畢，天閑仍駕，帝心彌眷。惜姑射之未逢，念空同之尚遠。方且過新豐而駐罕，集柏梁而賦詩。有命羣臣，各攄歌謠，則夫藻韻流風，敘文紀實者與。

擬顏延年《三月三日曲水詩序》

李子榮

夫元黃甫判，寂寥書契之紀；帝王肇興，燦爛神明之式。姚墟廣其卿雲，姬陛頌其飄風。靡不涵泳性靈，敷陳道德。輝流億載，鋪鴻藻而揚緝熙也。我皇宋之受符闡瑞，刻玉開祥。龜筮協從，神祇合贊。高祖聖武戡亂，皇上濬哲紹基。踐承翼之位，題期立象；合巍蕩之則，蕚英騰實。儲后分曜乎重離，元宰仰應乎中台。榮鏡宇宙，迹炳三五。廓皇綱，恢帝紘，綜萬幾之贖，恤羣萌之隱。肴覈仁義，惠偕膏露同溫；斟酌憲典，氣與秋霜並肅。寅清典禮，中和協樂。更老在學，遺佚登廷。文教不令而行，戎政罔戒而備。中區開景，四裔抗稜。黃髮鮐背之叟，衢謳相屬；垂髫丱角之童，巷舞靡閒。鑿齒雕題之長，測水來王；椎髻髽首之夷，款關請吏。甘露下降，醴泉涌出。華平朱草，蓊蔚於林圃；赤雁斑麟，馴擾於苑囿。猶復早朝晏罷，廢寢忘餐；望雲靈臺，諮道宣室。將封山刻石，遊洛披圖。修禋祀之上儀，躡省方之隆軌。遐邇望幸久，喁喁而慕思矣。

太昊執規，青鳥司啟。月惟暮春，日當上巳。羽觴隨波於洛邑，金人捧劍於河曲。陽氣和煦，品物棣通。祓除之義既陳，風詠之情載暢。惟時二王遣征，禮隆出祖。闢雲龍之門，望樂遊之苑。畿甸清塵，郊原埽路。巖壑蔥蒨，溪澗澄鮮。芳草綠縟而成陰，鳴禽睍睆而赴節。於是壇離宮，除別館，設桎栯，張黼帷。激湍近砌，引流當座。移昆明之靈沼，對孤樹之碧池。星日涵彩，金碧晃色。天子乃馹蒼蚪，六白虎，曳雲罕，舉霓旌。華蓋承辰，羲和執御。風行雷動，龍翔鳳游。隱隱闛闛，臨乎禊飲之所。和鈴輟響，葩瑤駐莖。蟬冕成列，虎賁趨侍。天衷悅豫，睟容溫霽。浮蟻沸鼎，芳縹盈尊。醴隨水碧，肴共蘭馥。張洞庭之樂，奏雲門之曲。排綴兆之位，獻采旄之舞。震盪山谷，焜煌藪澤。錦繡天綺，笙鏞地應。洵足調絪縕之元氣，迓祥和之嘉祉也。既而陽曜將斂，陰暉欲上。神棲泌穆，樂警盤遊。清蒻送輦，回飆繞蓋。開閶闔而鑾旋，御明光而讌飲。傾元日之九醞，祝君王之萬壽。有詔羣臣賦詩言志，其亦恩宣湛露，義陳魚藻者歟！

擬顏延年《三月三日曲水詩序》

杜本崇

夫醴化潛洽，則遊豫之事隆；景風遠扇，則潤色之途暢。圖籍所載，軌躅相襲，莫不藻被金石，鏗震寰宇。所以發皇睿念，宣究帝容。陳一時之景鑠，而導羣萌之觀聽者也。金華肇徂蒼精，踵運高祖，躬文明之德，誕啟璿基。皇上纘敬承之緒，式衍靈繹。定宅周洛，卜年禹鼎。三善崇於國胄，八枋贊於袞司。九服維新，百靈効職。星辰作衛，天地爲官。道德齊禮之模，惇睦辨章之序，官人立政之舉，崇憲乞言之制。仰鏡前典，中範祖則。琬圭無問罷之民，王鈇有威遠之氣。內選簪笏文學之士，以贊五禮六樂，明備之極軌；外簡銅墨循良之吏，以布中和樂職，熙皞之盛治。嘉穀靈草，應圖合牒而產者，不可勝紀；珍禽奇獸，繩行沙度而獻者，蓋以千數。太平所兆，和氣四溢。裸繪之壤，躬被袞服；反舌之民，教達鞮譯。是以上下悅豫，中外燮諧。庶正允釐，萬幾日暇。信可希蹤樂野，方駕瑤池。啟帝望之臺，敞巡方之館。金聲玉色，以慰四海天人之望者矣。

東皇秉御，姑洗統辰。雲物熙融，山澤熀朗。將擴旒纊之神，庶暢茂對之實。加以睿藩歸牧，璽書祖道。爰降綸詔，夙戒具官，陳河曲之上儀，採羽觴之高詠。清塵輦閣，除路郊圻。複道外迆，飛梁內屬。披蘭皋，夷金隄，鏤靈原，憲平圃。秀壑陰翳，百卉濃鬱。修鱗吐浪，禽語成韻。展皇輿之清淑，發天地之靈祕。於是緹帷張，朱椔列，華殿中起，崇壇際天。廣袤連岡，榮光出沼。禮官備物，太僕展軨。然後華鐘鏗，玉聲振，和鸞鳴，翠輿出。雷動天行，雲集霧布，以降於行幄。既而天馭咫尺，侍從嚴整。雲罕駐影，豐隆懸轂，珍肴載御，芳醴交薦。綴兆就列，金絲發聲，激楚結風之舞；舒疾合度，中黃少宮之奏。參差應節，冠玉綷縩，簪裾雜遝。馗路堵集，逿邏鱗萃。矞光鏡野，歡聲沸波。雕繪林垌，黼黻江漢。足以渙揚六寓，宣布三輔者矣。君隆湛露之德，臣效天保之祝。恩周無閒，歡洽靡既。嘉會告畢，聖顏愈怡。謷釋虞箴，樂採夏諺。方將續卷阿之嘉頌，紹河汾之盛賞。有詔羣從，分職賦詩，將以伸在位之積愫，揚熙朝之媺烈云爾。

擬庾子山《溫湯碑》

盧連芳

靈源探宿，乙山含兌澤之膏；神瀵停淵，癸幹洩坤輿之秀。萃陽精而時燠，具沖德以煬和。鄒生之律恆吹，織女之釵不畫。結軒庭之采麗，靡滓一塵；分甜溪之味甘，豈惟數斛。煙霞凝於上際，日月濯乎中營。熒惑當躔，暄波鼎沸。燭龍潛曜，炎液金融。既流穢而盪邪，亦除痾而蠲痼。地非惠澤，仍通玉女之津；谷即驪山，同瀚神娥之唾。匯酒泉於塞外，健羨移封；騰鹵井於蜀中，無勞煮海。豈若坎離德合，澤沐萬人；藥石功齊，沴消二氣。漢泉秦谷，不改簿鬚狀目之觀；衡賦褒銘，未罄洗髓伐毛之妙。

擬庾子山《温湯碑》

袁緒欽

虞淵到景，曾驚陰火之然；天池浸霄，不冶陽冰之積。浴芝則靈浮甘醴，潤壁則奇洩紅泉。鏡清則渌水浮杯，石瑩則澄瀾鑒髮。菁藻共紋漪俱郁，桃花與晴縠常浮。采鐘乳者，如披寶甕之雲；酌恆溜者，先飲玉杯之露。日蒸腴於素練，月圖景於青林。沈黑蜺而騰流，褒驪珠而灑瀑。滌蕩滓穢，湔祓神明。蜀郡火井，久孕白鹽之奇；驪山璇淵，遠致翠華之照。佩刀可刺，耿恭之飲馬嘗聞；汲綆不須，姜詩之孝鯉可得。豈若青泥如髓，常集珠塵；雲母含精，每鏗浮磬。句漏丹沙之館，爭見餌於仙人；霞舟碧玉之淵，豈獨奇於鮫客。

校經堂初集卷三終　湘潭胡元玉校字

卷四

擬謝希逸《月賦》
以"氣霽地表，雲斂天末"爲韻

袁緒欽

皎練初升，素霞始蔚。映明河而晻藹，斂澄氛之靉靆。舒璧采
於丹霄，麗清輝於象緯。承玉殿之綷陰，轉金莖之灝氣。汎灩縠乎
曾波，襲流芳乎嘉卉。於是陳王去軒縣，弛禁衛，佩秋蘭，詠蓁桂。
攀芳樹而露零，聆風泉而籟細。玩玉沼之波明，昉瓊霄之影霎。熾
炧青荷，涼生綠蕙。爰抽毫以命仲宣，俾倅色而抒藻麗。仲宣乃進
而傀曰：臣陪侍梁園，濫竽齊籥。器窳才膚，愆喻妙義。蓋聞積素
凝暉，太陰表次。三珥效祥，重輪志瑞。啟暑候於星躔，降靈祇於
房駟。是以鳲鵲斜明，鳳皇復苤。光流青瑣，景縈丹地。敞宮殿之
晶瑩，翳洞房之清閟。尒遁涼夜秋清，天高雲□。連觀霜淨，周衢
冰皦。煙霏砌藥，風吟岸篠。映清景於千川，麗澂暉於八表。琴薦
初闋，鑪薰細裊。聞鳳吹之迢遰，憶鸞笙之縹渺。斜漢昄而微明，玉
繩對而遲曉。若乃白露霑袂，羈人離羣，蝯狖時嘯，驚鴻乍聞。紅
翹鬱鬱以凝睇，碧落澄澄而見雲。照梧桐乎吳苑，吟木蘭兮湘君。
感秋氣於江海，澹涼飂於水濆。川塗廣以怨積，霄路長而思紛。至
於征戍頻年，關山苒莽，臨雁塞而天遙，傍駕機而暈掩。搗練風淒，
映篸波澈。錦罷織於流黃，閨送涼於玉簟。搴衿縝而衣單，啟鏡匲
而□□。既泚嗛波，還催蠟燄。已而河低欲曉，霞淨逾鮮。蕙路猶
迴，蘭膏尚煎。穆金波於綺席，度璖輝於玳筵。霜凝皓砌，參橫素
天。去桂殿而香爐，扃風軒而幔縣。掩輕陰於朱網，送餘暉於紫

淵。清酒未停，琴徽待撥。賓御相依，譚讌契闊。惆悵帷宮，褰回禁闥。想皓月而人遠，託纖歌而雲遏。

　　詞曰：涼風屬兮襲纖葛，明月皎兮何時掇？攬薜荔兮洲中，采夫容兮木末。望美人兮不來，惜音塵兮將闕。

擬鮑明遠《舞鶴賦》用原韻

胡元直

　　覽雲霄之羽族，得修潔之胎禽。稟金火之秀質，具崑閬之逷心。託三山而振趾，踐九皋而播音。羌孤騫以高騫，邈遺世而幽尋。步天衢之昭曠，竦俊骨而英多。頂隆隆而渥赭，目睒睒而凝華。聲嘹亮而響逸，體瘦怯而形婧。拂霜翰而梳月，縱纖爪而搴霞。翱遊乎仙島，飲啄乎蓬池。睨塵寰而下攬，值罝罻之潛羈。翼欲張而已斂，身辭高而就卑。悔天閽之輕別，驚歲晏之流離。

　　時則霜催落木，雪釀殘年。冰堅遼海，雲深洞天。夢冷怯雨，鳴悲咽泉。魂飛瑤圃，目斷緱山。無何夜色澄鮮，天容寥廓。庭虛自明，漢轉欲落。嗤黃雀之噪林，想霜雕之盤漠。振奇氣之飄飄，乘寒光之灼灼。聊試舞於空階，乍翻騰於畫閣。形已逝而倏回，勢將棲而忽躍。戢翅低徊，奮翮驚摧。來方矢激，去訝星飛。野曠逾屬，天高可依。欲墮不墮，將歸未歸。迴眸俯顧，已忘窮暮。凌煙出塵，披雲得路。矯翼呈姿，摩空試步。周規折矩之觀，舞雪迴風之趣。疾徐赴節，離合異形。月白無影，風高有聲。抑揚頓挫，出沒縱橫。機迅身輕，態妍神密。電掣颷流，捷疑無質。鳳舉鴻冥，渺難具悉。方駭神而震魄，孰攬輝而下之。欸煙銷而霧滅，顧毛羽而矜持。巡雕籠而悵望，發江海之遐思。于斯時也，素娥神移，碧玉意恥。龍婉乍停，鷺飛遽止。非神魚之可儕，豈商

羊之足擬。發偉迹於青田，追仙蹤於吳市。詎塵網之久羈，終一
舉而千里。

擬庾子山《三月三日華林園
馬射賦》並序，用原韻

袁緒欽

蓋聞赤玉雕符，榮光夾首山之輦；璿杓應律，翔熏調洛渚之琴。
御夏后之兩龍，瑶台刻檢；紀周王之八駿，元圃鑴萃。我大周之宅
宇也，乾維北奠，坤紐東蟠。縣鞀磬而賢升，舞干羽而苗格。鳳皇
來集，麒麟出游。金鏡有大寶之輝，翠琬發靈圖之采。豈直川岳效
珍，極星呈曜而已哉。

皇帝秉龍顏之姿，表日角之瑞，同天地之量，符日月之明。禮
筵齒胄，秩宗修容，樂正列縣，司成奏節。斧藻形於路寢，追琢章於
絻裳。加以茅茨示儉，槃盂束躬，繼聖爲心，軫民爲念。班春翠葆，
時廵東郊，省歲玉鸞，每臨西路。寰海清晏，非有驗於黄龍；象緯昌
明，故無占於紫蓋。丹醴自熟，銀甕斯滿。豈止醴泉甘露，瑞應自
天；赤雁白魚，祥呈於野。貫胷儋耳，重渤澥而來朝；犀角明珠，越
梯航而獻賮。於時蒼龍東駕，青蓋南郊。桃華柳黄，萍實桐茂。

皇帝乃幸於華林之園，白雲起而霄漢高，青呂調而禎祥協。雞
翹列隊，豹尾分行。花光與雲氣争鮮，芳艸共春珂一色。乃命羣臣
行大射之禮，既經袚禊之辰，即舉春蒐之典。士夾轅宫，地環貉表。
帳中玉磬，非止岐陽之儀；殿上金鋪，共訝鈞臺之饗。承雲既奏，咸
池斯應，九韶非美，七節殊觀。鵠棲五色之雲，壔抗四侯之的。烏號
月滿，赤羽如荼，金僕飆馳，青莖曜日。於是選渥洼之種，校連錢之
埒，乘黄飛白，赤兔青虯。漢武帝之天閑，唐成侯之汗血，莫不矞飛

碎石，熸歜驚蝛。噴霧燭天，欠鍾市地，餉蒸侶皁，清酤如淮。行賜則黃金十千，賭勝則綺繒百萬。鼓人振鐸而紀功，司馬揚旆而獻簿。上則流雲布澤，下則百川受施。寔天下之說，康介祉之繇富者也。既而虞淵日薄，素練將升，天顏有喜，賓從惟穆。雖復偶經西鄙，暫駐東原，即符康宮之朝，不異橫汾之賞。下臣不敏，奉詔爲文，窺測天高，莫窮海際。頌欠盛德，聊纂雕篇。

東風遠翔，春滿河梁。日躔青陸，花發河陽。句芒應律，斗柄書祥。陳鹵簿於長樂，屯車騎於建章。羽林按隊，帳殿焚香。皇帝策上馹於天閑，御飛龍於閬苑。臨三輔之竹宮，幸昆明之蘭坂。雉扇風輕，驖幡日轉。洲映波圓，山圍岫遠。樹旌表次，夾陛開筵。雲橫百雉，枝榮萬年。帶流星之寶劍，燿明月之珠旃。陳圓列鸛，旌搖䇛篿。青林翳姅，紫陌縈泉。金鞍晃燿，畫埠標圖。簧葉初調，桐絲乍撫。樂闋徵欠，舞行綴羽。曲奏璚房，律諧瑤圃。壁幻頹霞，厓縣石乳。風頓鶯嬌，雲紛花聚。祈父執矢，鉦人節鼓。於是霜蹏逐日，駿足追風。共出長楊之館，即下甘泉之宮。奔塵則翰白，刷景則霞紅。既呈能於夏箭，復鬭捷於唐弓。引飛矰而落雁，響疾羽而犇熊。金鐙照水，玉勒騰空。采蘩應弦，驕虞按節。即鹿從林，麞顧竄穴。士如虸隼凌岡，馬似游龍向埒。送長空而江盡，極遙天而鳥絕。纓爍丹而滅煙，弁如星而燿月。乃有西極天材，龍淵御選。新馳紫塞之霜，始罷白登之戰。將軍衷甲，傳餐預燕。颯顧嘶風，飆騰埽電。始聞鏑而控弦，婁張弧而脫箭。玉靶當膺，珠旗拂面。松接岭而圍軒，花壓簾而繞殿。玉椀金杯，香霏碧罍，少府之錢山積，講武之苑雲開。聲傳風靜，林引香來。受祚則詩欠泰時，觀雲則詠協靈臺。既而日昃桑榆，酒闌罍囷。瞻翠輦而留懽，迴玉路而罷舞。欲使塵蹴餘芳，草橫落羽。驚弦下絕磵之蝛，飲鏃沒石林之虎。況復南面無爲，星雲在斯。將斂情於馳獵，豈誇雄於戟枝。蓋取澤宮之選，庶詳肄武之儀。

擬王子安《九成宮東臺山池賦》並序，用原韻

袁緒欽

九成宮東臺山池者，本隋仁壽宮地也。崢嶸爽塏，遠矗層霄，紺殿頹崖，槐宮桂館，雲霞焕爛，鐘鼓匋匋。侍郎張公遙襟勝概，妙通輪匠，發皇靈構，圖繪瓊瑰，璇淵湛壁以流波，曲磴攢雲而架壑。雖曾臺累榭，巧借人機，而引礀通泉，妙符神造。僕以清暇，陪奉燕游，爰託辭章，不慚繪鏤云爾。其辭曰：

若夫璇臺帝殿，玉闕皇居，晃金鋪之朝霽，麗雕檻之晴餘。蜿修林於雲磴，瞰密樹於霞墟。歷青岑而境寂，澂碧靄而天虛。爾乃曲抱蘋波，斜縈蘿壑。鏡淨螺鮮，屏開繡錯。美架構之靈機，運般輪之巧作。標傑閣於鸞翔，矗飛楹於壽鶴。傍牖而窺林岫，通礀而分垠崿。秀碧榦於瑤叢，擢丹莖於蘭薄。階攢雕綺之葉，闌壓珊瑚之萼。煙光媚而鱗遊，雲影飛而鳥落。挹爽籟之徐歸，攄冲情之遠託。

於是泉喧雪冷，石夢雲寒。碧簫吹鳳，鈿笛吟鸞。映金芝而弭蓋，攀玉蘂而篸冠。倒澄潭於削壁，俯峻阪於層巒。若乃花發仙莊，雪晴太液，林綵飛丹，沼紋縐碧。錦翼朱冠，翛翎素額。嬉幽蔓而風欹，翳喬柯而韻適。至於日沈西麓，月上東瀨。花連春晚，苕嫩煙新。桐搖紫穗，草繡繁茵。松巢露細，乳竇香津。引珂裾之仙侶，娛簪組之紗賓。契煙霞於峻賞，遠林壑於飆塵。非彈琴之寫趣，知漱石而無因。

擬李程《日五色賦》

以“德之交感，瑞必相符”爲韻

袁緒欽

輪燦頳華，珥含碧色。煥五組而成嘉，麗重明而表極。卜聖瑞之不遐，徵祥光之可識。應文明於君象，離照凝暉；頌重華於國家，乾行比德。如日之升，建辰以時；與星麗天，配月爲儀。秉南離兮明八極，馳北陸兮周四維。職紀羲和之守，功徵廣運之宜。聖人攬至正之規，維其有矣；天子炳文明之德，是以似之。

尒迺光騰碧漢，彩煥紅旓。匿虞淵於荒裔，暄細柳於寒郊。瑞靄藹於丹樞，奎章迴燿；慶雲環於赤道，瑋麗斜交。是以降御氤氳，潛通舒慘。澄霄景於晴曦，湛融煇於黤黕。烘曉色而雪霰皆消，熹餘光而明霞可擥。信成功之不測，寒暑無差；美垂照之無私，天人默感。環轉璇樞，消融沴彗。陽德凝精，曜靈正位。出没不貳其經行，晷候不愆於紀次。元吉騰煇於在上，道光合符；禎祥衍化於中衢，德隆召瑞。

於以貞明振古，鑒臨纖悉。被物無疆，在遠咸暱。盈虚有定，傍松棟兮暎鼇宫；晦朔無訛，照蓂莢兮生帝室。永明照之在中，慶昇平之可必。徒觀其光啟聖后，象應明王。康萬國，正八方。炎帝撝鞭，祚兆黄人之守；軒皇握鏡，雲占紫氣之祥。舒化而地天交泰，作人而金玉其相。今乃彩浮帝域，華燦仙區。感時而蓄德，觀象而作謨。彰兹君則，燿我皇圖。調玉燭於昌暉，祥分月軌；映珠囊於瑞色，泰肇星符。

擬李程《日五色賦》

以"德之交感,瑞必相符"爲韻

粟樹之

　　瑞啟一人,祥徵萬國。赤曜騰精,丹陽錯色。麗九華而爔闓,彰五采而歘艶。占從黃道,昭靈睍於皇圖;擁出紫穹,應嘉符於帝德。維日之姿,亙古如斯。驗流珠之倍永,諗合璧之無虧。考再中於漢紀,歌復旦於堯時。朱衣出而帝道昌,固其宜也;黃人守而王業始,若或使之。

　　時則煙銷蒼宇,雲散晴郊。絢晶英於木末,舒秀景於林梢。宛如虹貫星樞,象繪繽紛之際;又似爛縈海室,景呈燭朗之交。翕赫爔煌,潾彬藹晻。矩疊規重,葩寧藻寧。緟宿因而鮮奪,練峯爲之光撐。瞳瞳初出,舞鸞多斂翼之形;郁郁上騰,馴翟抱失羣之感。蓋以其德克明,無爲而治,誠意所通,休徵斯至。雲霞雨露,萬民既仰夫文明;南朔東西,四宅尤昭夫靈瑞。是故蒼赤揚暉,丹黃鏤質。在俯察而仰觀,信光天而化日。睇金輪之萬丈,靈鑒無私;緬火鏡之千重,禎祥有必。鑠哉日乎,鴻文炳照;大哉君也,龍德潛藏。書吉而占兩珥,作樂而仰重光。懸象著明,下應天按,此處疑脫一字。黃扉紫禁,成文不亂,直同夫玉質金相。

　　頌曰:曜靈炯炯,爔遟區兮。聖謨洋洋,徧海隅兮。天人交感,榮光敷兮。縈備五色,焕雲衢兮。照臨下土,萬姓娛兮。允矣天子,端皇樞兮。乃動天鑒,啟祥符兮。

擬林滋《小雪賦》用原韻

盧連芳

覽霧結兮煙霏，戒嚴寒於先期。日苒苒而窮紀，雪飄飄而應時。積未成多，早覺陰凝。有象渺乎其小，自能點綴生姿。爾其素節序更，元冬律變。灑凍雨於荒郊，幕癡雲於畇甸。新張玉戲，數聲之鈴鐸鳴初；貪看花飛，幾處之闌干倚遍。縹緲無端，猶遲大觀。散霏霏之碎唾，勒簌簌之峭寒。著地聲希，泡珠塵而微溼；臨風態活，向銀海而輕攬。澤未凝冰，谷疑吹律。滑黏石磴之痕，薄掩金沙之質。渾似梅飄殘蕊，山陽猶留；更如荻糝疏花，江隈半失。悄下層空，細飛雕櫳。誤玲瓏之碎月，帶斷續之尖風。巷陌三义，閒頓紅於路曲；樓臺一抹，分淡白於庭中。苔襯斑兮微微，竹亞竿兮漸漸。平蕪呈其明媚，枯梓經其煊染。莫是霜寒秋後，縈落葉之千層；翻疑日暖春前，綻新葩之數點。歷落紛紛，兆豐有因。羌自昭乎素質，曾不玷乎緇塵。想抽梁苑之毫，曹分詞客；欲攬灞橋之轡，興觸詩人。於是流觀眾妙，馳情萬有。或徙倚於庭階，亦徜徉於郊藪。相與呵凍攤箋，銷寒對酒。語小參尼父之言，賦雪步謝公之後。

擬林滋《小雪賦》用原韻

文　緯

縈素霰之先集，叶灰律以爲期；屆閉闔之閉塞，非雨雪而莫表。其時小若毫端，猶作纖纖之雨；飛來木末，漸饒皚皚之姿。方其陰氣始凝，同雲乍變，纔見睍於遥天，試霏微於荒甸。因風無力，柳橋之薄絮難成；補月爲明，桂苑之清華誤徧。乍過檐端，輝素可觀。落空庭而有影，驚曲室而生寒。飄颻銀海之冰，微痕凍合；隱約孤山之樹，數點花攢。時或月暗瑶京，聲銷玉律。蝦簾疑薄霧之痕，鴛瓦著輕塵之質。寒鐙欲爇，紗窗之玉屑斜飛；邊燧微驚，氎幕之瓊絲半失。又若孤雁遥空，曉捲珠櫳。藹藹散謝庭之樹，霏霏隨梁苑之風。萬户晨炊，乍迷離於煙際；層霄黯淡，偏皎潔於雲中。則有感急景之辰，懷堅冰之漸。雖纖素而猶憐，已微瑕之不染。仙緣有約，和玉屑以俱餐；使節何年，雜氈毛而細點。綺思繽紛，圓璧莫因。對鏡而著疑輕粉，登樓而夢想如塵。灞岸猶稀，不見尋詩之客；蘭房未積，預思作曲之人。是蓋候既應而無忒，物雖纖而維有。初翦水於蓬壺，繼摇光於澤藪。則將烹滌淨之茶，酌煖寒之酒。兔園零霰，先成謝惠之詞；烏海迷津，會見陽春之後。

擬林滋《小雪賦》用原韻

袁緒欽

律應小雪之節，斗指孟冬之期。兆瑞而在天成象，戒寒而出地應時。集霰在林，自結霏微之彩；輕冰委樹，先成皎潔之姿。當其凍霧遥合，彤雲曉變，闇殘月於城樓，收微陽於江甸。平湖乍晚，鷗鳧之涼夢初驚；雙闕爭鮮，鳲鵲之寒光欲遍。陰嶺雲端，微明可觀。江上而朔風漸緊，城中而暮色將寒。依稀寶砌之邊，冰痕草結；隱約晶簾之外，霧淞花攢。葭應寒灰，筦調陽律。光凝細露之姿，色誤非煙之質。層波遠汎，水天之皎練還淒；初日微晞，花葉之圓珠忽失。雁唳遥空，鵾寒繡櫳。霽色空江之樹，寒聲古渡之風。因知梁苑池亭，變清光於禁裏；想像謝庭軒幔，飛絮影於園中。於以徵水□□,寒驗霜凝之漸,淨百谷而咸鮮,縞千山而盡染。乍疑瑤島,綃雲之彩霏霏;恍雲瓊崖,鍾乳之瑩點點。既而迴合繽紛,長風是因。掩鏡而微縈粉屑,開牖而細雜香塵。凍腕禁寒,飄入薰鑪之坐;明眸夐瞥,斜侵捲幔之人。是以欲墜還欹,疑無更有。乍依微於軒榭,旋點綴於郊藪。遂乃泛清澈,浮醴酒,繼齊圍之游,踵惠連之後。

擬林滋《小雪賦》用原韻

粟樹之

望雜糅兮紛霏,眇茲雪兮與寒。律而爲期,雖聯翩之已小却,興滅之因時。落地無聲,莫訝瓊瑤之碎;霑衣欲濕;依然霜霰之姿。爾乃日捲霞韜,風陰雲變。始散漫於層霄,終委積於遥甸。毫芒可辨,舞空際而遂多;展轉無窮,昉林間而欲遍。飛灑無端,迴眸細觀。傍遥岑而絢彩,入遠水而添寒。細搖銀海之光,千花競放;巧混玉樓之色,萬朵齊攢。凉到北風,窮茲元律。馮雲分升降之形,和月顯玲瓏之質。撒鹽漫擬,風光之細膩如斯;煮茗徐參,景物之纖微不失。輕裊遥空,斜拂簾櫳,既便娟而委砌,旋飄零以從風。淅瀝多姿,幾處園林之裹;縱橫無迹,誰家亭館之中。是則皎潔明儀,冱寒有漸。逐柳絮而飄揚,倩梅花而烘染。落從天半,白疑舞鶴之翩翩;飛向林梢,黑帶棲鴉之點點。藹藹紛紛,立素多因。縈積亞瑤臺之月,輕盈同畫閣之塵。此際因風,猶憶吟詩之女;他時盈尺,當思作賦之人。既而鴻爪不留,龍鱗何有?纔賦象於廣野,倏潛形於幽藪。則且奏蘭曲,斟桂酒,賦小雪之依稀,毋或先而或後。

擬陸龜蒙《書帶草賦》

以"彼碧者草，云書帶名"爲韻

胡元儀

有草焉，蔥蒨叢生，蒙茸韭似。細不禁風，長還映水。產自青徐之野，城號不其；種來庭院之閒，絃歌循彼。緊昔鄭君，談經據席，夐矣高風，邈哉教澤。婢在泥而誦詩，牛觸墻而成迹。不是經神靈爽，大儒留赫赫之名；詎教書帶流傳，小草耀年年之碧。而斯草也，浥化雨而均霑，對春風而獨寫。不蕙不蘭，亦風亦雅。苔笑成錢，松嘯在瓦。嘉名肇錫，帶雖褊而象厥形乎；薄植敷榮，書有香而貂堪續者。徒觀其擢秀含芳，春榮冬槁。有翠皆妍，無香亦好。儻入論文座上，翻疑秋樹依根。若生問字亭邊，定訝太元遺草。千縷萬縷，錦紋繡紋，飄揚披拂，茂密繽紛。儼然繡軸牙籤，山窺宛委；何事金繩玉檢，禪侈亭云。綠縟蕭疏，緣階被除。弱堪紉結，柔能展舒。日以暄之，恰類晴窗檢帙；露斯湛矣，還同雪夜觀書。彼夫種紙裁蕉，寫經縡貝，管削松枝，編留芸褐。搴攬雖殷，名稱曷賴？此則異品繁滋，幽姿蔚薈。蟲絲乍續，豈孔氏之韋編；蝸篆輕拖，詫潁孫之紳帶。有客觀之，喟然歎曰：卓彼先哲，感此微莖。詞林曜采，藝苑抽萌。洵足以寄景行之夙願，發思古之幽情。慎無負此芳菲也，請責實以循名。

擬陸龜蒙《書帶草賦》

以"彼碧者草，云書帶名"爲韻

胡元直

不其之東，嶽山之趾，有草叢生，蔥蘢可喜。貞姿秀出，曾依通德之門；異質羣珍，薄采康成之里。遂作詞林之點綴，宛見樹而思人；共傳經苑之芬芳，爰舉斯而加彼。爾其葉細成叢，莖長逾尺，倚石張帷，紉苔布席。飛花乍點，訝血嘔夫蟬紅；晴翠遥薰，儗香消夫蠹碧。不計榮枯，載揚風雅。紙合蕉裁，經宜貝寫。嘉名獨異於羣芳，秀色長依乎宇下。奇書列坐，敢曰帶其褊乎；小草何知，有以文爲貴者。種每緣階，攬還盈抱。倚賢哲而敷榮，映縹緗而發藻。青連河畔，應迴學海之瀾；綠到堂西，定夢春池之草。昔之青袍比色，藟綬垂文；紉蘭作佩，服艾揚芬。祇詞人之潤飾，豈異種之獨聞。茲乃光風曾拂，化雨均分。點蝸篆而文成，不啻墻留八字；染春泥而宛在，猶疑婢誦詩云。則有山探二酉，家富五車，藏修息游之下，鼓歌弦誦之餘。栽培備至，灌溉無虛。削簡同青，非種不須鉏去；間窗自綠，參前聊當紳書。異矣哉，薄植何心，懷芳如繪。東山之教澤偕緜，北海之流風未艾。化成蠁去，秦灰知不復然；偃驗風行，漢學卜其將大。宜其獨抱遺經，而形成書帶也。嗟夫，芝老商山，猶記隱君之迹；蘭衰楚澤，尚留騷客之情。況乃鴻儒之遺澤，致成弱質之爭榮。能無仰止高山，憑弔當前之景；尤恐靡如腐草，留連身後之名。

擬顧璘《登祝融峰觀日出賦》

以"光景上燭，高漢舒白"爲韻

文　緯

緊祝融之峻偉，鎮離位乎炎方。踞七二之最勝，割昏曉於陰陽。趾石廩與天柱，高插漢而不可量。羨仰觀其何極，羌俯慨乎流光。當夫屧步披煙，陟其半嶺；潛鐘自鳴，迴雁逐影。竦桀崚嶒，乘雲倒景。目眩意迷，足不敢騁。攀絶頂其既躋，漸萬籟之俱静。既而鶴夢將回，疏漏停響。夜寒更清，山高逾爽。天欲明而轉暗，乍無月而微晃。僧告予曰：其西爲望日之臺。予乃躡衣而上，爾其膚寸不游，霄嶠在躅。暘谷未啟，咸池載浴。蕩漾浮沉，水火相續。海無雲而不血，龍照野而待燭。少焉，流珠微吐，躍乎洪濤。上方有耀，凡界猶韜。晨雞四亂，鳴鳳將翱。嘘紫漸白，爍焰如膏。萬里一瞬，驚愕叫號。陽輪湧出，水落天高。始如金而在鎔，乍釋冰而爲炭。蔚霞成彩，大荒既旦。卵轉丸跳，中邊燦爛。徹上徹下，斡旋斜漢。縞縞煌煌，電掣雲散。於是六螭道馭，遊於太虚；八埏同昬，照耀容與。散扶光於東沼，温化國以長舒。不崇朝而亘四極，又何論乎翼軫之墟。夫以日繫天而麗天，乃脱影乎下澤。日西入而東升，眷崦嵫其空碧。起渾天與周髀，固晷度而無尺。毋甯盪胸於雲海，庶幾守黑而知白。

玉樹青葱賦

以“出漢雲陽，非假稱也”爲韻，有序

胡元直

　　揚雄《甘泉賦》云：“翠玉樹之青葱兮。”李善注引《漢武故事》曰：“上起神屋，前庭植玉樹，珊瑚爲枝，碧玉爲葉。”此賦語所指，無疑義也。故徐陵《玉臺新咏序》云：“玉樹，以珊瑚爲枝。”正用其事。庾信《謝滕王集序啟》云：“甘泉宮裏，玉樹一叢。元武殿前，明珠六寸。”亦以玉樹爲珍玩，而實指爲甘泉宮物也。而左思《三都賦序》則譏雄爲假稱珍怪，何哉？按《山海經》云“開明北有文玉樹、玗琪樹”，《淮南子》云“崑崙上有玉樹、珠樹、璇樹、不死樹”，則玉樹本珍怪之物，非中土所生。武帝好神仙，喜珍怪，求玉樹不得，即假珊瑚、碧玉爲之假。爲之既假，稱之昆明、蓬萊，即其證也。子雲仍其稱而不改，故太沖譏之，然此亦文人相輕之過。雄賦云“翠玉樹之青葱兮，璧馬犀之瞵瑜”，“翠”字與“璧”字對舉，“璧馬犀”謂飾璧以馬犀，則“翠玉樹”自屬以翠爲玉樹。所謂翠者，即碧玉也。青葱，碧玉之色也。《禮》有青玉有葱珩是矣，曷嘗以爲真玉樹哉？李上交《近事會元》引唐傳記云：“雲陽界多漢離宮，故地有樹似槐而葉細，土人謂之玉樹。遂謂譏假稱者爲不知有此樹，則殊失之。不考夫土物方名，隨時而易，安得執此以例彼？且此賦下文言璧飾、言金人，皆鋪陳其珍玩，上忽單舉一樹，屬詞亦爲不倫，知不然矣。”然則漢庭玉樹之名，誠假稱也。雄賦之陳玉樹，則仍其稱而稱之，非雄之自爲假稱也。太沖之責雄，苛論也。上交之護雄，臆説也。今特辨而賦之，明假稱之不自雄始也。限韻用上交之説，明太沖苛論之不滿於人心也。平仄間用，則仿唐人之法，亦以見其説之終難依用云爾。

有樹焉青碧參天，葱蘢蔽野。老圃知希，場師見寡。非月中之丹桂，不雨露而榮滋。豈天上之白榆，借星辰而摹寫。識者曰此炎漢之遺珍，而劉郎之故物也。爾其亭亭獨立，朗朗垂光。採藍田之妙種，追碧海之遺芳。徙訝開明之北，種疑崑嶺之陽。倘教木度工師，應薦玉人於齊主；若使材呈匠石，當推卞氏於荊王。不根而生，不花而爛。非栽非培，亦枝亦幹。護持宜遣乎金人，灌溉合資乎銀漢。謝家子弟，顧庭畔而懷慚；崔氏少年，臨風前而自歎。蔚然深秀，卓爾不羣。青分楚岫，碧翦湘雲。有葉不脱，無香亦芬。恍如夢斷師雄，綠染金童之袂；又若仙來姑射，翠留玉女之裙。五彩交加，四時如一。枝柯不改故常，璀璨羣推無匹。何勞風翦，細細裁成；自有石田，深深種出。不減蒼松古柏後彫，依闕里之堂；儼如翠竹碧梧競秀，滿北平之室。當其含華紫禁，擢秀彤闈。棲鳥得所，抵鵲知非。朝映榑桑之彩，暮承若木之暉。夾金閨兮千重，居然綠縟；隔珠簾兮一桁，襲彼芳菲。曾幾何時，無有存者。誰是誰非，孰真孰假。未苞劉氏之桑，偏拱茂陵之檟。土花空碧，塵隨金盌同封；宮棘徒青，淚與銅駝並灑。詎比未央柳色，霑雨澤而春濃；何如太液荷枝，擎露華而珠瀉。是知競尚珍奇，仁君所戒；不貴異物，良相斯稱。樹木不如樹人，矧屬彫文之侈；寶玉如何寶善，況爲奢靡之徵。我聖朝蘿圖永席，寶籙宏膺。金捐媦水，璧抵丹陵。所由度式玉而無愆，皇猷允塞；地敏樹而通政，庶績咸凝。

玉樹青葱賦 以“出漢雲陽，非假稱也”爲韻

胡元儀

客有道出雲陽祠，經太乙，尋故趾於甘泉，訪遺蹤於漢室。有樹亭亭，蒼然秀出，葉細逾槐，林深蔽日。非漢館之棠梨，非楚宮之

梓漆。葱蘢入望，枝柯不假雕鎸；青碧迎人，文理居然密栗。客乃撫幹情怡，攀條神逸。召彼土人，徵其故實。土人曰："君不聞斯樹之名乎？夫斯樹也，晦於今，顯於漢，鬱鬱千年，森森一岸。號不稱乎君子，要比德於瓊瑤；功不論乎將軍，亦潛光於璀璨。白虹斜映，不韞石而暉山；青氣遥連，遂參天而擢幹。言念溫其之德，嘉植堪封；載瞻瑟彼之容，芳名可按。"

客曰："噫嘻，以若所舉，求若所云，豈非甘泉之玉樹，而見賦於揚雲者耶？陋哉斯語，異乎所聞。吾聞玉樹之植也，枝珊瑚而作幹，葉碧玉而垂紋。象瓊林之的皪，同琪樹之繽紛。珍玩與金人並重，屬詞偕璧馬同文。此紀載之詞，所由特詳於班氏；而假稱之語，所由見摘於左君也。且夫玉樹之不生於中土也久矣。稽伯益之經，產自開明之北。讀淮南之訓，生從崑嶺之陽。徵其類則奇尤絡繹，寫其狀則彩色輝煌。覩此名稱之異，知非草木之常。今吾子棲遲十畝，僻處一鄉。妄指無名之種，登諸大雅之堂。毋亦附會其詞，而自等於郢書燕説。彌逢其闕，而直欲以李代桃僵也乎？"

土人曰："唯唯否否，物珍見罕，我貴知希。有樹於此，無名可依。故老相傳，珍同瑤玖。此邦相謂，寶甚珠璣。安見當年之稱引，不關此樹之芳菲。故狀以青葱，既體物而得似，而名傳玉樹，復目驗而無違。吾不知當時之果爲此物否也，而但覺假託之良非。"

爭未息，有過者聞言而笑曰："客胡以稷下之才，證之齊東之野乎？夫謝家庭畔，生豈云真，庾氏墳前，埋之亦假。孝穆擅詞章之作，偕瑀瑉而同珍。子山工啟牘之文，與明珠而對寫。何勞辯矣。聒聒者奚爲是？有説焉，童童兮蓋寡，請與子發思古之幽情，徵短歌於樹下。"迺爲歌曰："謂是甘泉之樹兮，於古無徵。謂非甘泉之樹兮，今實同稱。余亦不計其孰是而孰非兮，但覺千秋憑弔之難勝。"客曰："善哉，子言是也。世間之古蹟大抵模糊，吾子之深情獨形高雅。君行去矣，願封殖而無忘，余亦歸歟。"遂膏車而秣馬。

玉樹青葱賦 以"出漢雲陽，非假稱也"爲韻

袁緒欽

翠幹森霞，瓊柯翳日。灼灼丹華，離離朱實。晞湛露以晶瑩，映芳飈而明琭。影隨香布，蔭十笏之葱蘢；潤比花鮮，瀹百尋之菜苼。殿庭夕霽紛披，而風外陰圓；禁苑朝暉旖旎，而雲邊秀出。蓋聞西京有玉樹焉，漢武帝之所植以爲珍玩者也。尒其碧葉芊眠，丹荂璀璨。濯濯煙中，珊珊天半。麗日發其鮮妍，醴泉爲其溉灌。相映離宮別館年年，而玉露宵明；遠環琁室瑤臺夜夜，而玉虹晴貫。霧浥芙蓉之闕，玉光則皎若春雲；風飄鳷鵲之樓，樹影則斜橫秋漢。

則有揚子雲者，擅辭英之妙選，列侍從之仙羣。爰作甘泉之賦，並揚玉樹之芬。上林苑中，拂玉階而響夏；昆明池上，垂玉檻而晴□。一片青蒼，低連瑣闥；數藂葱蒨，近湢鑪薰。比琪樹而葉非刻楮，同珠樹而香憶含芸。輕陰散珠璧之輝，乍藹宮中蘭霧；秀氣結霏微之彩，都成殿上松雲。徒觀其峭蒨芬芳，凌風遠颺。遙連溫室，高標建章。翩翻媚影，婀娜流光。雜芳叢於五柞，寫綺怨於長楊。雲母之屏風欲曙，水晶之簾幕初涼。玉殿輕塵，映芳藹於流蘇錦幔；玉樓新霽，艷韶華於翠羽明璫。幾回駕殿瓏璁，春日則微雲長信；無限鳳池玓瓅，秋風則曉月昭陽。至於裹褭瓊闉，宛轉璇扉，春嬌羅綺，月艷珠璣。巢鳳皇之窈窕，拾翡翠之芳菲。雕輦則葉斜雉扇，翠華則枝礙鸞旗。采琪花瑤艸之英，奏曲而蓬壺鶴舞；闢璧月瓊枝之麗，吹笙而閬苑鸞飛。從知玉座珠襦，武帳之熏香未已；誰道玉窗環佩，長門之舊夢都非。而乃聞之者見疑，知之者蓋寡。彼楊震僅憶其名，而左思謂傷於雅。方且詆藻飾爲浮誇，託芳華於陶

寫。幾見瑤宮弱水，風迴碧漢之船；祇餘銅狄秋霄，霜冷青瑤之瓦。
不信故宮芳樹，真玉業之凌雲；最憐陵囿冬青，少玉柯之遍野。豈
待拾珠塵於南苑，方知遺蹟之非；何須訪瓊榦於西都，始辨稱名之
假。不知奇芬尚襲，異卉堪徵，亭亭風浣，鬱鬱霄凌。飾以黃金，瑪瑙
之疏枝四照；雕之碧玉，琉璃之碎葉千層。彼山海名經，琅玕樹青瑩，
露溼樂游起苑，玫瑰樹翠黛，煙凝則漢殿椒塗，夾道而青葱定有。況
雲陽故館參天，而玉樹猶稱，皇上翠輦巡方，珠庭祝嘏。鏤蒲藻於青
璋，畫嘉禾於玉斝。上林之嘉樹翹材，御苑之珍叢拱把。樹香金粟，
初籠爨黷於煙虹；樹貢珊瑚，早甸威棱於華夏。青翠藹鳳麟洲上，徵
歌則詩倩微之；葱珩映鵷鷺班中，獻賦則才高白也。

壺中實小豆賦 以"爲其矢之，躍而出也"爲韻

胡元直

緬燕飲之古風，溯投壺於戴記。豆以小而壺盛，壺空中而豆
置。憶昔中原有采，豈辨菽而不能；當茲東面初陳，信挈缾而有智。
繫古法之可遵，豈良模之無爲。斯壺也，頸修七而度著，腹修五而
製垂。內□□五升以爲量，口徑二寸半以成規。鑄比鳧鐘，
□□□□之人；柔非魯縞，終虞反激之時。將何以崇賓禮，備主儀。
任他驦號蓮花，紀嘉名於顏介。毋乃□成秕稗，譏棄禮於祝其。有
豆於此，云胡不以歲三熟，而物誰其多取一盛，而用之非靡，咄嗟立
辦。笑季倫之作粥猶遲，賓主交歡；覺懷慎之設甌難比按，此處疑有脫
文，何必吊詭於舍人，矜奇於帝子。度清商之一曲，別創驦壺；誇堅
勁之百回，空還竹矢。旆旆離離，爰實於茲。泣殊在釜，落豈爲其。
質堅勁而能受體輕圓，而善移如聚米。然而籌非借箸，豈畫沙者而
立亦如錐，五扶室而七扶堂，惟期中此大者菽而小者苔。于以盛

之，則見棘矢飆馳，柘簥綺錯，其來如飛，無往不著。既得手而應心，豈圓枘而方鑿。深入兮倚竿，遜此亭亭；淺浮兮帶劍，慚其綽綽。銀鉼落處，疑立馬而求芻；玉箭標時，訝擊蠅而自躍。

昔之山戎遺種，幽國陳詩，淮南作腐，馮異調糜。雖充簞而盈篋，祇果腹而療飢。無與勤功之典，何關講藝之資。茲乃兩楹同即，八算偕施。應弦者之詩歌，循聲赴節；助嘉賓之笑語，樂只衎而。是知禮有貴於從容，儀無取乎勁疾。將制度之罔愆，必防閑之有術。剛將柔克，豆以聚而能留；虛者實之，壺有備而無失。所由儀度雍雍，賓筵秩秩。兕觥酌罷，若干純而若干奇；貍首歌終，見其入不見其出。有客觀之，喟然歎曰："妙哉製乎，誰歟作者。勝算能操，芳型足寫。既累掇連取之無庸，亦豹尾狼壺之不假。斂藏有法，筐筥曾詠於詩；取用適宜，菲非不遺其下。君其無謂豆，小人有技，實能容之。倘其可令籌還壺，何爲以中儁也。"

壺中實小豆賦 以"爲其矢之，躍而出也"爲韻

文　緯

物有小佐賓筵，巧供射事，採直筐傾，投非器忌。細直等於搏沙，聲不聞於擲地，藐乎小矣。尚殊撮土之多，虛者實之，聊試縈瓶之智。將擬雅歌並協，主人之賜良多；豈如攲器留箴，夫子之言有爲。原夫《禮》之言投壺也，黨分賓主，算別純奇。樂按蘋蘩之節，矢留柘棘之枝。而此壺也，形殊雉鼎，用異鴟夷。腹真類瓠，口尚張箕。將虞利鏃穿來，錐少處囊之日；翻類洪鑪開處，金多躍冶之時。縱反臂以稱能，投無不利；匪主皮之習武，力僅稱其。方其酒宴初闌，鼓聲未起。取欲向乎囊，探罄恐貽乎壘。恥將實以錢而非撲滿之形，實以土而非革囊之比。實以黍而非定律乎中聲，實以沙

而非唱籌於軍士。觸手生新，改顏忽喜。計前度中原採罷，祇宜煮以雙弓；正今番廣坐拋殘，惟是加遺一矢。

有小豆焉，豳風候紀，夏正名垂。類殊龍爪，種別蛾眉。庣小瓜而並數，棘小棗而同推。圓若輕珠，細認盤中之影；形同稊米，不供釜底之炊。報功酬靈殖之神，維其嘉矣；辨器得昆吾之制，于以盛之。其實之壺中也，粟擬盈囊，糧同實橐。鸚欲啄而潛窺，蠅競飛而不落。居然恢恢有餘，莫道空空無著。是中有物，易符盈缶之占；其實能容，詩笑然其之作。漫云器小，似筥則圓，而筐則方，請用斗量，合升爲登，而龠爲躍。爾乃鹿中定制，貍步修儀。驍以蓮花作號，筹以竹箭爲資。壺呈形於宛宛，豆綴實於離離。待看矢進西楹，於此間得少佳趣；爲報春深南國，知筒中尚寄相思。非成一藝之名，快意當前已矣；若辨七扶之步，於堂俟我乎而。是蓋命中爭長，逞能有術；因微見奇，雖滿不溢。取其堅而鋒將無損，懷中得挾彈之形；取其滑而鏃尚□銜，阪上想走丸之疾。於以獻自賓朋，供之庭□。瓶守口而常嚴，管填心而罔恤。若許隔屏記□，□亦同工；何如畫布張侯，正兮不出。迄今詩想□貍，籌思立馬。見小技之精工，寄中懷之輪寫。然而大器有成，儒修難假。啟壺得簡書之祕，溯齊卿尚有遺篇；投豆成座右之銘，若康靖無慚大雅。法物與鼎鏞並列，示諸斯乎；善言等菽粟而觀，將在德也。

吉貝草賦 以"緝花爲布，名曰白氎"爲韻

粟樹之

赤石巋然，金山秀立，有異草焉，風披露裹。葉葉青攢，枝枝翠集。緒抽綿而暈多，花蘸粉而香襲。爲憶幽蹊曲徑，到處蘢蔥；伊誰翦碧裁紅，幾番紃緝。則且溯南蠻之舊傳，考林邑之奇葩。吉無

不利，貝更堪嘉。垂林間之細蕊，綴石上之新芽。根破土而猶嫩，幹臨風而自斜。依稀春絹秋紗，密擁千堆之葉；髣髴齊紈蜀素，紛開半畝之花。爾乃煙籠弱質，雲護清姿，輝争玉樹，彩耀金葵。村北村南之路，秋來秋去之時。搴將碧膩，折去芳滋。翻疑寶號吉光，不異於是；漫羡詩歌貝錦，亦奚以爲。當夫日照疏林，雲開古樹。蜂覓翠而隨風，蝶尋香而帶露。塵不凝紅，影還積素。祥先靡卉，呈將珍向，眾芳壓住。處處分來嘉種，何疑番㸑之棉花；年年䵷罷忙期，不數哀牢之橦布。則見泉流根淨，路曲花迎。白疑露綴，紅襯霞明。攜竹筐而采采，負篛笠以行行。曬到夕陽西墜，時逢天氣秋清。莫非譜出羣芳，草著吉祥之號；豈是獻從南粵，珍留紫貝之名。由是一掬，光生十分。黸發小捲，羅疏斜欹，玉滑攤來，葦箔分明。隔斷蘆簾恍惚，盤鳳軸以偏新。擲龍梭而不歇，倣七襄而作錦；報章待補夫詩詞，錯五色以成文。不亂請稽夫傳曰：彼夫書帶垂青，繡囊疊碧。合瑶草於仙家，掇珠草於綺陌。孰若此利並桑麻，功收布帛，不偕蘆絮斜飄，却異柳綿委積。製就吉人之服，不假流黄；産同貝齒之區，居然展白。宜其半壁鐙寒，一肩雲壓。細葛偕呈，香羅並疊。沿邨來紡績之人，比户聚機杼之妾。今分縷縷之條，昔墜紛紛之葉。但倩鴛機，織得上爲衣而下爲裳；好憑象譯，傳來麤曰貝而精曰㲣。

擬張茂先《勵志詩》用原韻

袁緒欽

大鈞槃槃，雲從風游。昆侖北戴，鼇極東周。上黟下黷，肅焉廪秋。坤維莽畟，星火宵流。其一

游氛澄廓，元蟬羽化。華葉英鮮，儵焉�謝。急景明宵，逝川夙

夜。烈士有懷，不皇居舍。其二

煜煜麐姿，翩翩鳳羽。舜以德升，皋由仁舉。迪廣徽猷，誕恢令緒。嶽嶽先民，寔維茂矩。其三

天紐健行，聖箴暇逸。娟奠八樞，羿躲九日。琴瑟之良，翹材梓漆。擁腫自放，焉取樗質。其四

猗蘭含蘹，秀彼中林。朱華綠葉，爰致珍禽。藐姑希化，眈道摰心。綽約槃阿，安憚阻深。其五

曾歌梁父，名顯青雲。聖贊麟編，虹流玉文。德輶鮮舉，民生在勤。替惟阿衡，左右有殷。其六

染絲繀素，濯纓貴清。泥蟠蠖詘，雲飛鴻冥。器欹戒滿，日中悔盈。元公握髮，世仰英聲。其七

崇臺九成，基累寸起。百川輸海，不嫌涓始。蓍鑒彰微，玉采孚理。居德一室，應違千里。其八

上智不智，求仁得仁。軒縣眾奏，其聲萬鈞。乘龍御天，霄淵景新。契聖宏道，其維哲人。其九

擬張茂先《勵志詩》用原韻

唐璟瑩

濛澒式闢，圓象四游。三精遞嬗，五勝迭周。商風霄肅，鶬報廩秋。華年難駐，譬若川流。其一

嗟予瞳矇，生質難化。尟見寡聞，歲月代謝。失偶迷塗，撤燭深夜。胡不師古，而甘自舍。其二

相彼溟鵬，垂天振羽。羊角扶搖，萬里一舉。先民雖遙，未墜令緒。取譬方員，敢價規矩。其三

禹惜寸陰，周懲暇逸。汲汲皇皇，詎有憩日。抗心希古，如膠

投漆。磨礱其瑕,斧藻其質。其四

　將軍虎發,石開中林。更羸仰射,虛下輕禽。技進於道,專一用心。枕經胙史,居安資深。其五

　置身泰岱,俛視青雲。書批墳索,易玩羲文。百家眾氏,鉤鈲精勤。積志委正,亦孔之殷。其六

　屋漏無愧,夜氣常清。索之昭昭,體之冥冥。乾健弗息,坎流弗盈。德名為幾,竑竑大聲。其七

　鬱鬱松柏,毫末是起。滔滔江源,濫觴伊始。積小高大,究極名理。跬步偶疏,難行州里。其八

　成己成物,惟智與仁。寸心洮汰,萬彙陶鈞。功勤黃覆,銘惕日新。率馬以驥,我思古人。其九

擬張茂先《勵志詩》<small>用原韻</small>

蕭榮昌

　顥穹默運,形生氣游。晦朔交嬗,躔次循周。炎序倏往,白藏屆秋。明河案戶,大火西流。天道不違,物與變化。哲人知幾,感時凋謝。終日乾乾,繼之以夜。緊爾羣彥,何安縱舍。禮戒燕安,詩譏鷺羽。仁至斯孚,德輶鮮舉。篤志力行,舊有令緒。緬懷高曾,敢忘規矩。雖有殊資,自暇自逸。罔或勤劬,翫時愒日。如彼良弓,未施膠漆。縱具美材,終棄勁質。郢人削堊,名播儒林。紀昌貫蝨,不失前禽。運用之妙,存乎一心。曲藝且然,造道宜深。游心素履,砥行青雲。羣而不黨,質有其文。如彼百工,居肆業勤。器用既良,貨殖迺殷。海納川流,混涵太清。岱長羣山,崔嵬杳冥。山以塵成,川以流盈。勖爾純脩,邁駿有聲。遠自邇行,高從卑起。性貴復初,功期慎始。細行累德,多欲悖理。差若豪釐,相去萬里。

息養瞋存，心不違仁。若銖絫黍，若鏃既鈞。剛健篤實，涵濡德新。孔顏嚮往，所謂伊人。

擬左太沖《詠史詩》

謝懷清

俛仰一蓬廬，曠懷在今古。觀書鄙章句，走筆驚風雨。邊笳飛遠聲，揚塵濁海宇。樽俎期折衝，感憤觸金鼓。酒酣拔劍歌，縈情匪纂組。安邊李度遼，憂國祭征虜。古人此良圖，激昂自期許。

鳴蜩縱繁響，嘖嘖託高枝。孤鶴樊籠中，刷羽長卑棲。赫奕鉅鹿里，冠蓋耀京師。豪傑懷利器，白屋傷單微。千古同一嘆，上品賤族稀。

老聃甘雌守，象緯五千言。莊子憚犧出，濠濮意軒軒。何如行藏卜，萬里鳳鸞騫。英聲讋敵國，豪氣壓強藩。朝侍侯王側，暮棲松菊園。勳高翻爵棄，仍飽素儒飧。

人事紛代謝，天道自虧盈。煌煌衛霍戚，出入整圭纓。袁楊方鼎貴，歌館羅竽笙。華膴人奔輳，衰落毀譽并。逝水絕迴波，狂風無戀英。留侯辟穀去，始終售令名。

會宗爲都護，勒石崑山側。陳龜習邊事，遠襭鮮卑魄。張奐誓羌豪，烽煙萬里滅。班超拜定遠，內屬五十國。四賢一時儁，勳名光史冊。不倚作長城，千古淪山澤。今世有頗牧，毋徒羨古昔。

王陽方貴顯，貢禹已整冠。子期下塵世，牙琴不復彈。一朝合簪易，四海知音難。顯晦同榮枯，離合殊悲歡。顧影邈無儔，中夜起長歎。

有鳥學高飛，側身望蒼穹。蒼穹不可到，迴旋無順風。咄嗟篳門子，圭璧飭爾躬。無由白衣會，恩迹傭保中。馬磨許靖厄，犢鼻相如窮。

仲舒天人策，蔚然一大儒。賈生不得志，鬱鬱喪其軀。不得達觀趣，亦緣識量殊。蘭葉盛春日，桂華茁秋初。滋榮判遲早，氣候無偏枯。琳瑯羅書史，風雲繪壯圖。偃仰聊自適，莽莽眺太虚。

擬謝靈運《齋中讀書詩》

用原韻，集六朝人句

周黼麟

丈夫志四海曹植《贈白馬王彪》，憂在填溝壑左思《詠史》之七。文章不經國應璩《百一詩》，衣冠終冥漠顔延之《拜陵廟》。昔若韝上鷹鮑照《東武行》，不見籬間雀曹植《野田黄雀詩》。所懼非飢寒陶潛《詠貧士》之五，斯言豈虚作陸機《贈從兄車騎詩》。觀古論得失江淹《雜體》，兼復相嘲謔任昉《范僕射詩》。抱影守空廬左思《詠史》之八，潔身躋祕閣陸機《答張士然》。時還讀我書陶潛《讀山海經》，豈戀生民樂何劭《遊仙》。安得淩風翔謝朓《直中書省》，萬族各有託陶潛《貧士》之一。

擬謝靈運《齋中讀書詩》用原韻

唐璟瑩

述職憶疇曩，軒冕志巖壑。今來典斯郡，神明宅静漠。廬園遠塵壒，聽訟絶鼠雀。琴書相追隨，文義時述作。雅善南陽嘯，閒雜東方謔。洗耳笑巢父，繪形辭麟閣。浮名何所戀，卑官亦云樂。龍蠖任外物，俯仰欣有託。

擬謝靈運《齋中讀書詩》用原韻

袁緒欽

繄昔值承明，崇情戀巖墼。及茲謝簪笏，雅性甘淡漠。濠濮泳游鱗，山梁悦鳥雀。董生無俗累，子雲有述作。節改閱涼燠，朋至展笑謔。輕煙潤蘭畹，疏峯對菌閣。執鞭非所求，浮雲得孔樂。至道豈云易，微尚庶可託。

擬謝元暉《直中書省詩》用原韻

胡元儀

粉署萃清幽，彤階極軒敞。曉漏溢銅壺，晨光動金掌。欄檻曲如虹，罘罳張若網。鳥語傍花多，日影隨磚上。閒吟棲禁地，密詠振幽響。遥憶家園樂，仙居慚偃仰。春意正融和，塵襟皆滌蕩。安能學奮飛，林泉標峻賞。

擬謝元暉《直中書省詩》用原韻

袁緒欽

雲陛宵森沈，桂棟翼軒敞。日采漾璇淵，露氣暈金掌。罘罳綴藻楥，屈戌承絲網。柳拂乳鶯飛，荷動池魚上。旌麾照輦路，鳴珂散清響。冠簪卿貳華，袞繡都人仰。游息滄遐心，玉沼波紋蕩。臨風攄藻詠，彌契雲林賞。

擬謝元暉《直中書省詩》用原韻

胡元直

紫禁窈而深，丹墀麗以敞。銅鳳棲觚棱，金人矗高掌。庭□展虯枝，檐花墜蛛網。永晝光徘徊，啼禽聲下上。咸言清要地，吟詠絶塵響。豈知衡泌內，乾坤容俯仰。余懷正渺茫，春風方瀁蕩。何當返故林，泉石同歡賞。

擬謝元暉《直中書省詩》用原韻

唐璟瑩

珥筆侍承明，金闕瞻高敞。愧乏補袞才，謬膺絲綸掌。鳳紓振紘綱，龍池贊闓網。青瑣久迴翔，丹墀偕下上。近羡梧禽鳴，遠懷飛鴻響。西掖謝沈浮，東山足俛仰。良友答嘯歌，天機任曠蕩。何當修初服，郊扉供玩賞。

擬陶淵明《讀山海經詩》用原韻

袁緒欽

清飆翳階闈，曦陽照綺疏。萋萋夏木繁，幽碧藹精廬。及此耕作閒，養素還讀書。原疇遠城市，頗無俗吏車。清晨荷鋤往，晞露浥園蔬。明流漾芳藻，澹沱鳧鷺俱。流詠黃竹謡，怡趣山海圖。歡歌適槃碼，富貴浮雲如。

119

擬江文通《陶徵君田居詩》用原韻

唐璟瑩

晨起步西疇，好風來綺陌。耕種雖云疲，吾生得所適。荷鉏帶明月，舉杯消永夕。桑麻話比鄰，行樂及農隙。問君何能然，形神無所役。且喜田園治，焉慕鼎鐘績。俛仰天地寬，遑遑復奚益。

擬江文通《陶徵君田居詩》用原韻

袁緒欽

季春芳雨餘，新綠映遠陌。荷笠望東菑，擎物欣所適。初秧膏如沐，平疇帶煙夕。驅犢息山磵，圓月逗松隙。坿埭感雞棲，程期憚行役。蟬鳴桑葉陰，室廬勤夜績。學稼聊取足，珪組亦何益。

擬江文通《陶徵君田居詩》用原韻

杜本崇

春雨灑平田，秧水綠盈陌。農事及良辰，連村各有適。侵晨荷鋤出，歸來日已夕。炊煙暝屋角，殘照穿林隙。信得閭里安，不事風塵役。種秫能作釀，植桑可供績。即此足生涯，以外復奚益。

擬韋應物《郡齋中雨與諸文士燕集詩》用原韻

粟樹之

庭樹暗新綠，鑪煙縈妙香。終朝郡齋雨，時見生微涼。退食幸多暇，有客蒞我堂。劇譚展歡笑，世志期平康。物輕慮始澹，意得言若忘。雖無盤殽盛，庶幾尊酒嘗。引興動清響，抒懷成采章。轅駒不局促，鳴鳳方翱翔。忽思海上事，自慚空望洋。濟時賴羣彥，毋徒逞富強。

擬韓昌黎《山石詩》用原韻

謝懷清

山石堀礧橫翠微，翻空界斷瀑布飛。我來日暮新雨足，千巖紅瘦眾綠肥。寺僧相邀坐小閣，蟲鳥寂寞人聲稀。殷勤煮茗燒敗葉，山蔬野藿能療飢。高臥歷落捫星斗，雲樹蒼茫護禪扉。鐘磬幾聲醒夙夢，林光破曉開煙霏。獨行山澗幽徑仄，鬱鬱佳氣生四圍。水清見底雲在壑，山花山草香襲衣。麀鹿平林自來往，肯羨玉勒黃金羈。人生行止皆可樂，吾亦高歌賦曰歸。

擬韓昌黎《山石詩》用原韻

盧連芳

修蛇路曲盤翠微，暝煙交合雲不飛。行趁晚鐘入荒寺，币磴苔膩藤蘿肥。是時僧寮宿雨過，蒼藹欲滴黃埃稀。山茗瀹罷一評畫，

饘粥粗慰游客飢。龕鐙黯黯夜沈寂，風戛松竹時撼扉。獨憑幽榻
息塵夢，臥起曙色開林霏。彷彿故徑躡虯麟，雙屐徐透眾綠圍。呼
僮扶杖越迴澗，奔泉噴沫珠濺衣。褐來此地恣清賞，俛仰已脫塵世
羈。寄言宦途多荊棘，庶謝簪紱偕旋歸。

擬李賀《高軒過》_{用原韻}用原韻

謝懷清

　　錦韉華韂織青蔥，玉珮和鸞聲玲瓏。雷霆貫耳名譽隆，枉駕衡
門駐奔虹。云是承明著作，當代名公。八百平湖氣吞胸，落筆五嶽
搖掌中。一掃萬古羣言空，手抉雲漢奪天功。幽谷小草感飄蓬，吹
律回春生和風。我願羽儀笙逵鴻，他年雲雨起蛟龍。

春日田家雜興六首_{集陶}集陶

謝懷清

　　清涼素秋節，氣和天惟澄。耕種有時息，林園無俗情。迴澤散
游日，青松夾道生。芳菊開林耀，泡露掇其英。哀蟬無歸響，來雁
有餘聲。被褐欣自如，聊爲隴畝民。

　　躬耕非所嘆，開荒南野際。迢迢沮溺心，菽稷隨時藝。同田眷
有秋，秋日淒且厲。餘糧宿中田，風雨縱橫至。步止蓽門裏，日入
從所憩。乃言飲得仙，數斟已復醉。

　　窮巷隔深轍，草屋八九間。戶庭無塵雜，風氣已先寒。嚴霜結
野草，白雲宿簷端。前途當幾許，安得不爲歡。慨然念黃虞，千載
乃相關。

逍遥自閑止，分明望四荒。今日天氣佳，回顧慘風涼。山中飽霜露，枯悴未遽央。關河不可踰，代耕非所望。不言束作苦，但願飽粳糧。

朝霞開宿霧，遥遥萬里輝。氣變悟時易，百卉已具腓。新葵鬱北牗，寒竹蔽荒蹊。隻雞招近局，日夕歡相持。營已良有極，孰敢慕甘肥。

嘯傲東軒下，鼓腹無所思。山川一何曠，眾鳥相與飛。蕩蕩空中景，情隨萬化遺。勁氣侵襟袖，寒暑遞相推。風雪送餘運，時馳不可稽。開春理常業，農務各自歸。

校經堂初集卷四終　湘潭胡元玉校字

校經堂二集

太倉陸寶忠手訂

目　録

卷五

卷九

校經堂二集序

湘水校經堂創自朱肯甫前輩，嗣是每督學試者，歲科試畢，則橄取優等之尤肄業其中。余承曹竹銘同年之後，主講者爲巴陵杜仲丹同年，按月督課，而余與前巡撫卞公復迭試之。及任滿將去，乃別裁其課卷，都爲是編。蓋皆彬彬雅雅，選言貴當，所謂入主出奴、黨同伐異、叫囂而躓突者，壹皆無有；而扶持正氣、主張公道、撮拾利病之作，亦往往什居二三。力是而繼以無怠無紛，材成足用，或庶幾二帝三王所以爲天下國家立學之意。

往者湖南考官姚惜抱先生列學爲三：曰義理，曰考據，曰辭章。余則謂學者學夫義理而已，考據之博博此耳，辭章之達達此耳。苟不深究夫義理之所安，而惟據執夫意見之偏，馳騁夫才力之駁，浸淫發洩，奇衺恣睢，其弊將有不可勝言者，匪獨玩物喪志、獵華遺實，爲末俗文學之通病已也！夫天下之治亂繫乎風俗，風俗積漸於人心之隱，而肇端於語言文字之細。居游鄉校，其儕輩相與崇尚敦樸，循循焉，於規矩無敢放言高論，炫己以矜人，非今而刺古，則其居家與鄉，順承乎父兄，無咈於耆長，可推而知。用是倡率齊民，習爲遜讓，必有以預絕夫犯上作亂之萌，而徐收夫急公趨義之報。即其身終屏不用，要無負朝廷興學造士、長育以待用之至意。教化之興，人材之出，將於是乎在。豈不盛歟！

湘中當咸同中興，數千百年來，山川磅礴蜿蟺之氣一旦踔厲奮發，盡萃於曾、左諸公。愚意竊以謂今日之湘，宜收聲斂實，藏氣於根，深培厚壅，俾益充實完固，踵嗣乎發榮滋長之盛，無有窮極。既常以此質仲丹院長，因遂弁諸是編，且用志余不忘湘人士之拳拳，湘人士其或不謬妄余言也夫。

光緒十四年戊子仲冬月，督學使者陸寶忠序。

諭校經堂諸生

使者敬告諸生：昔暴秦燔書，六藝中輟。漢興，諸儒掇拾於煨燼之餘，或亡章句，轉相口授，大師輩出，始以文字解詁，禮樂制度，燦然大備。後世習之，命曰漢學。自漢迄唐，傳疏始盛。有宋之世，斯風稍替，程朱崛起，乃精究天人性命之旨，表章四子之微言，明道闡學，躬行實踐，後世習之，命曰宋學。夫漢宋之學不同，同歸於道。及其蔽也，則漸趄漸遠。或弟子不能守其師說，甚者各是其是，樹黨伐仇，各立門户，寖成朋黨，此學者之大患也。前使者有鑒於茲，重建斯堂，敦勵實學。堂中崇祀漢大司農鄭公、宋徽國朱文公，匯漢宋於一塗，期由博而反約。歲課月試，垂將十年。

使者不敏，承乏茲邦，嘉與諸生益闓斯旨。顧惟奉使有期，按部程試，不過三年。三年之中，所得與諸生切磋而講藝者，歲不過數月，月不過數日，問難於一簡之中，蓄疑於楮墨之表。問學之道，十不盡一，風尚旨趣，曾不悉究。竊恐諸生或汎濫百家而未探其要，或習一家之言而未會其通，是用不揣固陋，有所陳告。竊惟諸生各專所習，益務通貫，精研訓詁者宏之以義理，考證名物者體之於實用。無譏斥異己，無菲薄前人，祛門户之私，杜朋黨之漸，惟兢兢前使者建堂設課之意是守，用以陶成絕業，上以爲國用，而下以爲里黨矜式。斯則使者所期望於諸生，而亦願諸生講明學術，以輔使者之未逮者焉。

光緒十二年，歲在丙戌十月朔，督學使者太倉陸寶忠書。

校經堂山長 _{庚辰年至乙酉年，辛巳、壬午二年未延聘山長。}

成 儒 字芙卿，原名蓉鏡，揚州寶應人。歲貢生。庚辰年主講。

黃楷盛 字正齋，長沙湘鄉人。道光丁酉科拔貢，己亥舉人，前任貴州銅仁府知府。癸未年主講。

杜貴墀 字仲丹，岳州巴陵人。光緒乙亥科舉人。丙戌年主講。

校經堂提調官

裴蔭森 字樾岑，江蘇阜甯人。庚申進士，工部主事，湖南候補道，今官福建船政大臣。

但湘良 字少村，湖北蒲圻人。湖南候補道，署湖南按察使司按察使。

校經堂監院官

陳善墀 字丹階，郴州人。附貢生，前任長沙府學教授。

周政和 字句虞，常德龍陽人。道光己酉舉人，長沙縣學訓導。

祝松雲 字澹溪，衡州衡陽人。光緒庚辰進士，現任長沙府學教授。

庚辰年調取校經堂肄業之士二十五人 _{內商學三人}

袁緒欽 長沙	陳 耀 長沙	蕭榮昌 善化	胡元儀 湘潭
王代功 湘潭	成克襄 甯鄉	單孝錫 湘陰	杜 俞 湘鄉
朱應庚 湘鄉	夏時濟 衡陽	何承道 衡陽	段復昌 衡陽
陳嘉言 衡山	文祖念 衡山	鄧丙明 桂陽	聶鴻猷 桃源
唐家燮 武陵	陳 銳 武陵	帥朝翰 龍陽	章光國 澧州
黃忠灝 黔陽，更名忠浩	羅芳城 保靖	王光煌 江南上元	
王壽祺 江西清江	楊 灝 江西清江		

辛巳年補調校經堂肄業之士八人 _{內商學二人}

李子茂 衡山	王安邦 常甯	何嶽立 桂陽	陳兆葵 桂陽
徐樹璟 長沙	舒國椅 漵浦	劉人驥 江西吉水	
劉 馨 江西廬陵			

癸未年調取校經堂肄業之士二十五人 <small>內商學一人，原肄業者三人</small>

鄭業敬 <small>長沙</small>	黃希尚 <small>長沙</small>	周黼麟 <small>長沙</small>	袁緒欽 <small>長沙</small>
粟樹之 <small>長沙</small>	朱 彝 <small>長沙</small>	朱恩綬 <small>長沙</small>	黃履初 <small>善化</small>
杜本崇 <small>善化</small>	蕭榮昌 <small>善化</small>	胡元儀 <small>湘潭</small>	胡元直 <small>湘潭</small>
李子榮 <small>衡山</small>	文 緯 <small>衡山</small>	彭 述 <small>清泉</small>	唐璟瑩 <small>衡陽</small>
謝懷清 <small>耒陽</small>	鄧寅亮 <small>永興</small>	盧連芳 <small>臨武</small>	廖玉墀 <small>巴陵</small>
侯昌鎮 <small>永定</small>	唐繼勳 <small>澧州</small>	陳廷彥 <small>武陵</small>	文若火 <small>新田</small>
蔣志桐 <small>江南上元</small>			

乙酉年調取校經堂肄業之士二十八人 <small>內商學四人，原肄業者四人，重調者二人</small>

朱 彝 <small>長沙</small>	周黼麟 <small>長沙</small>	粟樹之 <small>長沙</small>	曹廣權 <small>長沙</small>
靳德淦 <small>長沙</small>	胡棣鄂 <small>長沙</small>	蕭榮昌 <small>善化</small>	周聲洋 <small>善化</small>
沈克剛 <small>善化</small>	張潤霖 <small>善化</small>	陳煥奎 <small>善化</small>	胡元玉 <small>湘潭</small>
何承道 <small>衡陽</small>	湯誠航 <small>衡陽</small>	李長郁 <small>清泉</small>	李元音 <small>平江</small>
曾 濂 <small>邵陽</small>	何維畯 <small>道州</small>	戴德誠 <small>武陵</small>	李載賡 <small>永興</small>
彭政欽 <small>桂陽州</small>	金作礪 <small>安鄉</small>	黃忠浩 <small>黔陽</small>	楊秀彤 <small>鳳凰廳</small>
蔣志桐 <small>江南上元</small>		蕭鸞章 <small>江西金谿</small>	
詹聯璧 <small>江西金谿</small>		譚壽雲 <small>江西南昌</small>	

丙戌年補調校經堂肄業之士六人

張百均 <small>長沙</small>	黃傳福 <small>長沙</small>	林系尊 <small>善化</small>	曾榮炳 <small>衡陽</small>
龍廷弼 <small>祁陽</small>	程頌芬 <small>甯鄉</small>		

附戊子年調取校經堂肄業之士二十四人 <small>內商學四人</small>

鄭 沅 <small>長沙</small>	鄭業墉 <small>長沙</small>	張百祺 <small>長沙</small>	嚴毓泗 <small>長沙</small>
潘代襄 <small>長沙</small>	周聲溢 <small>善化</small>	吳宗實 <small>湘陰</small>	胡元達 <small>湘潭</small>
謝鍾梗 <small>湘鄉</small>	周廣詢 <small>湘鄉</small>	方朝梁 <small>巴陵</small>	唐哲城 <small>衡陽</small>
李 馥 <small>祁陽</small>	何希遜 <small>永明</small>	陳申驥 <small>寶慶</small>	鄒代立 <small>新化</small>

錢昌瀾 武陵　　危道乾 黔陽　　司馬瀚 澧州　　彭召南 桂陽州

朱榮曾 安徽涇縣　　　　　　于廷榮 江西金谿

王壽祺 江西清江　　　　　　況桂金 江西新建

壬午科鄉試中式舉人五人

陳嘉言　徐樹璟　夏時濟 本科擬取優貢　陳兆葵　羅芳城

壬午科優貢二人

王安邦　帥朝翰

乙酉科鄉試中式舉人十二人

杜本崇　李子榮　鄭業敬　袁緒欽 本科擬取優貢　黃希尚

黃履初　李子茂　文　緯 本科擬取優貢　彭　述

王安邦　盧連芳　陳廷彥 本科擬取優貢

乙酉科拔貢十七人

杜本崇　胡元儀　鄭業敬　黃履初　胡元直　李子榮

彭　述　謝懷清　鄧丙明　鄧寅亮　文若火　侯昌鎮

章光國　陳　銳　廖玉墀　舒國椅　盧連芳

乙酉科優貢一人

唐繼勳

丙戌科會試中式貢士四人

彭　述 傳臚　李子榮 翰林　李子茂 翰林　陳兆葵 翰林

戊子科鄉試中式舉人三人

蕭榮昌　林系尊　李長郁

戊子科優貢四人

周聲洋　何承道　胡元玉　黃忠浩

卷一

六爻發揮旁通情也解

湯誠航

漢儒陸氏績注云："乾六爻，發揮變動，旁通於坤，坤來入乾，以成六十四卦。故曰旁通，情也。"謹案，旁通之説昉於吳虞氏翻。國朝先輩爲漢學者如惠氏棟、張氏惠言、焦氏循，皆説其説。阮文達公已收其書入《學海堂經解》中，後來祖述，有成書猶數家。

考旁通漢儒説，雖不數見，然如焦氏《易林》各以一卦成六十四卦，亦似因旁通之義而推衍之，則虞氏此説必有所授。此經文下虞注已逸，其見於《説卦傳》，發揮於剛柔而生爻。經文下者曰"發動揮變"，變剛生柔爻，變柔生剛爻，以三爲六也，因而重之，爻在其中。虞注今存李鼎祚《集解》。玩陸氏此注，義殊完密，足與虞氏相發明，故首引之而竊以己意釋焉。檢旁通例，本以一卦成六十四卦，然各就正對之卦爲首者，此便有萬殊一本、執簡馭煩之妙。如乾，君也，而坤爲元臣，天子有事，首謀之大臣，大臣仍承命於君，而後及士民以及於事。乾，夫也，而坤爲妻，刑于之化起於妻，而後至於兄弟，以御於家邦。則陸氏此注所謂"旁通於坤，坤來入乾，以成六十四卦"者，甚爲有本之言。

朱子《易本義》："旁通，猶言曲盡。"案，朱子説與虞氏説原通，蓋虞氏不言義而傳其旨於卦畫中，朱子厭執卦畫者之鑿，故渾舉大意，其實旁通即曲成萬物而不遺之義，故曰情也。宋郭雍《易説》亦曰"剛健中正以崇德，發揮旁通以廣業"，旁通之義，意畧如此。至旁通而各當乎情，蓋非聖者不能矣。至"發揮"二字，虞氏訓發動揮變。動、變二字於《易》義有當，而揮之爲變，故訓實尠。故魏王氏蕭改訓爲散，王注見《釋文》。而唐孔氏疏因有發越揮散之説，王輔嗣注亦曰“剛柔發散，變動相生”。考許氏《説文》“揮，奮也”，高誘《戰國秦策注》“揮，振也”，奮爲大飛，振爲振動，則訓發揮爲發動，差爲近之。但玩虞氏發動揮變以三爲六之説，則發揮與旁通截然二例。《説卦》之發揮於剛柔而生爻，與此經當是切實註腳，惜乎舊説亡，不可得而考矣。

若如虞注動變義，則變卦之例，亦起於乾，今刊於朱子《本義》，本所謂訟自遯變泰歸妹者云云之説，相承亦出自漢儒，而京氏《易》八宮。乾，初爻變姤、二爻變遯，所謂天風姤、天山遯等是也。或言京氏《易》“飛，伏世”，應於經文易例，亦必有所本。据揮之訓奮，而奮訓大飛，疑或即飛之所自出。但如此説，則與参伍錯綜、正對反對、德時象應等同爲《易》中專條，不得如發越揮散，僅作虛義解矣。此類非大賢不能斷，姑致疑焉，以備窮經之一事。

發揮旁通所以必言六爻者，爻，交也，象交午。經曰發揮於剛柔而生爻，文据筮法言之。蓋三變而成一爻，十八變而成卦，一卦旁通成六十四，卦則三百八十四，爻萬有一千五百二十，當萬物數者，皆在其中。蓋君子議道，自已議法，以民不如是不足以順萬物之情，用能時乘六龍，雲行雨施，天下平也。玩經文言六位、言六虛、言六龍，無非取數六爻，而言不苟同，知經文一字各具精義也。六爻發揮旁通，聖人雖單繫於乾，而可爲諸卦起例，故焦氏《易林》衍爲三千餘繇，宋儒陳氏《卦變圖》及荀氏《逸象》之繁、郭璞《洞林》之瑣，蓋皆由此出。

虞氏旁通，固徧周諸卦，然此義竊謂專屬於乾，他卦不得爲例。夫必有乾剛健中正純粹精也之德，而後可以通天地之變，類萬物之情。他卦行之，其能當乎？故數窮於萬，萬之又萬，聖人不語也；事極以萬，萬之又萬，聖人不爲也。此文如屬諸卦通例，聖人當繫之《繫辭》中，今單繫於乾，則聖人之意可見矣。《連山》首艮，《歸藏》

首坤,聖人猶且絀之,則他卦之各得衍爲六十四卦,必不然矣。此節文朱子《本義》釋爲第五,上三節皆説乾元,用九,天下治。此節獨無文,蓋至純粹以精,發揮旁通,用九之道彌備。進此則爲大人,與天地合德、日月合明、四時合序、鬼神合吉凶矣。故此節文獨與《象傳》文相應,當亦非苟爲複合者。

夫《易》言象數,則漢人較確;言義蘊,則宋較深。旁通爲虞氏易大旨,而六爻發揮,蘊乾卦一大義,故約採陸注,兼繹漢宋儒之旨,賢哲正焉。其他唐宋人及近世輩解説者甚侈,不具録。

發揮重解

湯誠航

旁通,漢人舊注有説發揮二字,説絶少。近儒張氏惠言《易虞氏義》注四字曰“當爻交錯,謂之發揮;全卦對易,謂之旁通”,始舉作例對言。雖未敢遽信爲是,然足見張氏讀《易》用心之細。据《説卦傳》曰“觀變於陰陽而立卦,發揮於剛柔而生爻”,爻與卦對言,發揮與觀變對言,則發揮二字自有實在義例。但細繹《説卦》之發揮與《乾傳》之發揮,二字文同而義例迥别。《説卦》是説著筮,是由爻而得,卦三變而始成一爻,故曰生爻。《乾傳》發揮,是就已成之卦上發揮,去成各卦,故曰六爻發揮。推其意思,似《説卦》由爻成卦,是逆來,《乾傳》由卦及爻,是順往。

想聖人畫卦時,先祇成得一乾卦,由乾之對,生出坤。繹《繫辭》各傳,爻皆主剛柔言,剛柔者,地之道,似卦與爻亦有一體一用之義。傳曰“爻者,效”,正與坤之效法同義。推此,則發揮專主剛柔,而爲爻之所由生,與一卦之爻去通諸卦之爻,皆由此例,故聖人同以二字説之。繹《繫辭》曰“聖人有以見天下之賾,而觀其會通,以行其典禮"，《繫辭》焉以斷其吉凶？是故謂之爻，若乾卦之爻不與諸卦之爻通，不得爲賾，亦不得爲會通，則發揮者，乾爻與諸卦之爻相通之義例也。

張氏定文曰"交錯"，据傳文參伍錯綜，則錯自有例，似未可以揮當之。竊擬用剛柔相推之推，推與揮，文均從手，義或近也。玩經文"乾，元亨利貞"，各卦爻亦有之，則乾有通諸爻之例，如"復，初九，元吉"是即乾道之元。然乾卦尊，必不下通諸爻，必是由爻通。然則發揮者，類三百八十四爻之義例；旁通者，類六十四卦之義例，故可以對舉。乾道變化，而變化生於剛柔相推，蓋亦爻例發揮，以類其情。而由乾道變化之所以能各正性命，如屬對舉，先爻後卦，亦積小高大之意歟。

六爻發揮旁通情也解

李元音

《乾·文言》："六爻發揮，旁通情也。"唐孔氏疏曰："六爻發越揮散，旁通萬物之情也。"程氏伊川曰："六爻發揮旁通，盡其情義。"來氏曰："旁通如初之潛，以至上之亢，事有萬殊，物有萬類，時有萬變，皆該括曲盡而無遺也。"以此釋經，於發揮旁通雖近之，而於乾之六爻所以爲此言者，究未得其實。陸氏績曰："乾六爻，發揮變動，旁通於坤，坤來入乾，以成六十四卦，故曰旁通情也。"而近世王引之非之，謂"六爻發揮，爲剛健中正之卦。發動而成六爻，非謂已成六爻，又發動而成他卦也"，果如是說，以本卦而成六爻，何謂旁通？王氏又云，"六爻發揮於剛，以溥通萬物之情"，夫偏於一剛而坤不來入乾，則其情已隔，又何以通情於萬物乎？《說卦傳》曰："觀變於陰陽而立卦，發揮於剛柔而生爻。"姚氏仲虞云："剛柔謂畫，發揮發動也，發揮於剛柔之畫，以生九六之爻。"然則爻之生，皆發揮於剛柔而出，乾一於剛，故必坤來入之，其情洽矣，而後可由是發揮而旁及於他也。朱氏《漢上易傳》曰："六爻發越揮散，旁通於諸卦，被於三百八十四爻，無往而不利者，乾之情也。"姚氏曰："六爻發揮，謂由六畫而發動爲六爻也。發爲六爻，仍偏於一，與坤通，成六十四卦，皆成既濟，則情也。不發動，無由旁通，既變然後有化也。上言其静，六畫未變性也。此言其情，成既濟。所謂利貞，性情也。"合觀其説，與陸氏所云無異，可以知乾六爻變動之所由來矣。

夫六爻之動，三極之道也，動則變，有變有動，然後有周流焉。六十四卦皆始於乾坤，坤不來入乾，乾不往之坤，則無以見易。是故易始於一，曰太極，乾始也。一變而七，七變而九，而陰即並陽而生。有一七九即有二八六，聖人觀天地以著象，三畫成乾，因而重之，而坤已通乎其中。由是，因已定之性而推之於未定之情，情之爲言生也，生生之謂易。爻者，發揮乎剛柔而生者也，言乎變者也。使乾不動則不變，而與坤之情隔矣。乾坤不通，則它卦何由而生？老陰老陽既隔，而三陰三陽又何由而推乎？即以乾六爻言之：乾初動變姤，通坤初動復；二動變同人，通坤二動師。推之三則履，通謙；四則小畜，通豫；五則大有，通比；上則夬，通剝。以天一地二成之，一生三，重爲六，演爲卦六十有四，綜爲爻三百八十有四，皆由此而推也，所謂發揮旁通也。

夫《易》，一卦可變六十四卦，固有旁通它卦之情，而繫彖、繫爻必以本卦爲主。虞氏仲翔泥乎此，乃於諸卦之爻皆以旁通取義，遂令本卦之爻不取象於本卦，而取象於所通之卦，而陰陽相反之卦爻固多雜誤。近世張氏惠言又即虞氏《易》彙爲一册，各以圖説表章之。用心雖苦，而其牴牾益多，於虞氏之義欲明之而反晦矣。然則《易》不誤於旁通，而誤於言易者舍本卦而求之於所通之卦歟！

六爻發揮旁通情也解

林系尊

《周易·乾卦·文言》曰："六爻發揮，旁通情也。"兩漢經師知《易》之全義皆出於此，鋭意求合，今本經注文存者惟吳陸績注，陸云："乾六爻，發揮變動，旁通於坤，坤來入乾，以成六十四卦，故曰旁通情也。"此義甚明，漢人師説，皆不外是。陸本傳京房《易》，房好言災異，爲飛伏世應之誼，此乃術數家言，非《易》本旨，不如陸注之親切著明。

陸注散佚大半，其旨不可尋繹，然所存數語，則固非迂渺之談，且其合鄭康成説《易》三義。康成稱《易》有三義：簡易一、變易二、不易三，此本《乾鑿度》，彼云"易者，易也，變易也，不易也"，又云"易者以言其德也，通情無門，藏神無内也。光明四通，佼易立節"。鄭注云："佼易，寂然無爲之謂。"《易贊》取《繫辭》之文，變易爲簡易者，使人易曉耳。《鑿度》又云："變易者，其氣也；不易者，其位也。"《易贊》言周流六虚，剛柔相易，是即氣也。貴賤位，剛柔斷，是即位也。鄭據三義以説易。簡易之德，即元亨利貞是也；其言爻象消息，皆變易也；禮制經綸，乃不易也。所謂變易，即發揮旁通之説也。發動也，揮變也，本虞翻義。旁衍也，本張楫義。通達也，本許慎義。此文言告人占候之法。《繫辭》曰："居則觀其象而玩其辭，動則觀其變而玩其占。"以動爲占，《易》有明證。六爻變動，必衍而達之，而後吉凶乃見。吉凶者，情也，《繫辭》曰："吉凶以情遷。"

乾坤爲易之門，六十四卦之一、--，皆乾坤也。一、--者，即一陰一陽之謂道。一息必盈，盈必消，消必虚，變而爲--。--之爲一，亦猶是也。一變--，--變一，皆主當爻言之，不主卦變，亦有六爻俱變者，如用九用六之類，此非常占，不可執以爲旁通之證。《説卦》曰"發揮於剛柔而生爻"，剛柔即乾坤之 ━ ╌╌，變動於 ━ ╌╌之爻，以生六子及諸卦也。又曰"旁行而不流"，旁行者，本爻之義已盡，必從旁行之，所謂推衍也。《繫辭》曰："一闔一闢謂之變，往來不窮謂之通，乾變動而往坤，坤來入乾，斯不窮也。"此皆發揮旁通之義。《鑿度》以周流六虛、剛柔相易爲卦氣，亦是其旨。虞翻五世治孟易，取京房十二辟，_{乾、坤、復、姤、臨、遯、泰、否、大壯、觀、夬、剥。}以爲消息盈虛，依類比附，至爲詳盡。乃旁通之義，專以卦錯爲主，_{如乾錯坤，復錯姤之類。}又以震、巽、艮、兑潛伏而不旁通，夫必卦錯而後旁通，則必六爻皆變，而後吉凶之情乃見，是豈《易》之本義？且乾六爻，發揮以成六十四卦，震爲乾長子，何以不旁通乎？是不若當爻斷義，不取卦變之爲允矣。

近人惠棟、張惠言皆主虞義，錢大昕並爲《虞氏旁通圖》，焦循亦知虞義不足，取荀爽九家升降之説以附益之，演爲圖説。無論升降爲上下之義，與旁通無涉，《易贊》明云"不可爲典要，惟變所適"，又云"變通者，趣時者也"。如必演圖以明旁通之旨，雖不拘卦錯之義，仍不能聽其所適，豈非欲以爲典要乎？是則顯違趣時之義矣。

六爻發揮旁通情也解

龍廷弼

陸績注乾六爻："發揮變動，旁通於坤，坤來入乾，以成六十四卦，故曰旁通情。"虞翻此不注。《説卦》注云："立地之道曰柔與剛，發動揮變，變剛生柔爻，變柔生剛爻，以三爲六。"案，虞"發動揮變"大旨與陸"發揮變動"同。但"發"訓"動"，其義易明；"揮"訓"變"，不見於訓詁家説。考《説文》："揮，奮也。"《戰國策》高誘注："揮，振也。"《曲禮》："奮,衣由右上。"鄭注："奮,振去塵也。"《韓詩》薛君章句："振,猶奮也。"据此,則奮之義爲振,振之義亦爲奮,展轉相訓耳。其實,振者振動之意,以猶奮之例推之,則奮亦動也。動之引申則爲變,故虞訓"揮"爲"變"也。

然尋繹虞、陸二家之義,陸自釋《乾傳》之發揮,發揮即所以爲旁通,一理相貫,虞則爲筮法言之也。蓋筮是由爻得卦,三變而成一爻,故傳曰"發揮於剛柔而生爻"。《乾傳》發揮則是就已成之卦論,卦有六爻,以一卦之爻發揮去,通各卦之爻,因之乾通於坤,陽往而陰來,陰往而陽來,蓋陰陽之相感以情也。通上加旁者,《說文》"旁,溥也",溥通於三百八十四爻,以成六十四卦,則其情即朱子所謂曲盡者矣。

夫《文言》釋象謂"利貞者,性情也",而此獨言情,細繹傳文,上言剛健中正純粹精[也],乃乾之性也。蓋情,變動者也,動則周流六虛,故言發揮旁通。性,不變者也,不變則主一無適,故言剛健中正純粹精[也]。由是以推,一以申明其性之貞,一以申明其情之推行盡利也。所謂利貞者,性情也。若張皋文義云"當爻交錯,謂之發揮,全卦對易謂之旁通",竟將發揮旁通分作兩截,是既未明一貫之情,而以交錯釋發揮,則《繫傳》所謂參伍錯綜之錯,豈即揮之意乎?至以對易爲旁通,則乾坤對易也,虞何以言通而不言旁?其義有難索解人者矣。後附論虞氏旁通。

又案,虞氏乾卦注："乾始開通,以陽通陰。"蓋以乾與坤正□卦,爲易之門,不得爲旁,故此注不用旁字,其正注旁□,在復卦下,曰陽息。坤與姤旁通,姤卦注云"消卦也,與復旁通"。夫復、姤者,陰陽消長之機,氣數之始。虞注雖有殘闕,其綱領固可於此尋。蓋以十二辟卦爲宗,每一消息,卦則有一旁通,蓋消息爲《易》生數起例,有生必有消。故姤、復旁通,旁通爲《易》交數起例,交數猶言成數,故旁通之卦即是正對之卦。玩虞注正對之卦,乾坤正對,言通而不言旁,避尊也。震巽艮兌正對,卦言變伏而不言旁通,虞注自釋云："雷風無形，當變之震矣。"引卦象云云。又注云"伏艮爲友"，此義甚難尋味，疑六子之卦虞氏取坎離爲中交，震巽兑艮初交，終交嫌其非正，故特變文解之。蓋虞氏注《易》，專信納甲，純用坎離，故於此四卦不言旁通也，然則虞氏旁通之旨，大略可知矣。

惟案旁通，既是正對卦，微與傳文旁行而不流之流字不合。蓋爲正對，則何流之有？雖旁訓溥，似亦不能爲偏旁之旁解免也。玩虞《易》，多用《參同契》之旨，是否有當於《周易》，尚未可知。又揚子《法言》曰"旁通厥德"，揚子草《太元》，是法時憲書，數與虞氏《易》直是迴別。然亦言旁通，雖不主《易》，發其言，亦必有所自來矣。

冥豫冥升解

湯誠航

謹案，從虞氏納甲例，豫爲震宫一世卦。坤象月，二十九日消盡爲晦。晦、冥同義，上六豫極，暮氣乘之，故爲冥豫。月三日，震出庚，庚屬金，主物成，而由晦之明，則用變，故曰成。有渝無咎，而象主戒，則曰消，不富也。据孟氏卦氣，豫當清明後第二候，值辟卦夬，初爻其運甚隆。但樂戒其極，故豫爻辭多設戒，而上爻取冥象也。四正卦，震上六當芒種，芒種過即爲夏至，一陰生皆有冥象。升爲震第四世卦，當震九四。升卦六五，升之，大得志，爲得位，上當亢極而值坤，故爲冥升。

謹又案，經文晦、昧、冥三字竝見，諸家皆以陰晦解之，細案實似有分。故訓家雖竝從日，而時憲家以月盡爲晦，則晦者月氣之消昧，本或作沬。豐，日中見昧，舊説爲小星，不與坤爲晦冥説合。此不具説，而冥從日，日入爲冥，爲晝之晦，當每日之戌候，十二候雖不見經，而左氏注有之，故亦用以説《易》。戌爲文，從一在戌中，一爲陽，此時含在陰裏,當息養以起下運。乾道當九月,則體德貞而行,貴不息,故位升則冥,而利不息之貞。二爻皆説冥,而豫則貴變,豫由樂作,升由禮升,皆極得志之事,升則利不息。蓋豫貴節,使其陽恆不衰,升貴養,以翕聚其陽。於經,剛柔者晝夜之象,則冥當黃昏日入之候,不應月盡之晦,亦不應九月之戌。黃昏之戌,叚九月説其義耳。

謹又案,冥之爲暝,古籍多通叚。今案,冥文中自有日字,必古人象日入時之氣,製爲此字;其暝、溟、螟字,蓋皆因冥文而增加之者。据《易》《春秋》字例,尤嚴於《説文》也。此經二卦,豫卦辭有占無象,其以樂豫説者,後儒据大象文也。樂由陽來,而卦氣以陰消,則冥豫之冥當主卦氣。震上六,晦於五月夏至,一陰之陰氣。禮由陰作,升者進賢之大禮,而賢者之德應陽,熙於寅候,晦於戌候。則冥升之冥應戌候,柔氣也。於法夏至,陰氣從後承,故冥豫,象曰何可長。戌候正當冥晦,故爲陰消而不富,位雖高而氣已稍昏,於占應晚達而禄少,其貞合不息,則康頤而富壽,應象應占,德不同也。如此則二爻之冥又各不同,如渾以坤爲晦冥説,則明夷上六不明晦,何以不曰冥耶?

易井鼎上爻元吉大吉解

曾　濂

易井上爻,元吉;鼎象,元吉亨,上爻,大吉。近焦氏循釋井云:"離上之坎三,成井,失道,有孚於噬嗑,有以補救三上之失,故仍元吉。"釋鼎上云:"成咸,不成兩既濟,則咸又通損。"據此蓋謂鼎不成既濟,乾元未定,故稱大,不言元。然損亦言元吉,即如焦説,亦無解於鼎上不言元也。

濂考虞易家言,乾元者太極也,易之宗也。然乾爻言大人,不言元，睽二變動應震，而言元。夫此類意殊難析，故先儒云元則未有不大，而大未必即元。剖判豪芒，竊謂語其異，不特元與大別，元與元、大與大亦自有別，如乾元所謂萬善具備者也，他卦之元則不必萬善具備矣。屯、蠱諸卦及井是也。乾之稱大，即乾之元也，亦爲萬善具備，而他卦不必然也。屯、需諸卦及鼎是也。況大則大貞，凶與大吉顯殊，而諸卦之元雖非乾之全德，亦無不善之辭。

大不即元，非礙義乎？語其同，則大即元、元即大。《繫辭傳》曰齊大小者，存乎卦，而卦有元亨、有小亨。小亨與元亨對文，則元亨即大亨。傳以大贊元，不一而足，屯、隨、无妄、臨、革，是其證也。《易》稱元稱大，各就其位，各指其事，以參其同異，方合全易之例。井外卦坎，坎爲乾卦，故稱元鼎。柔進上行得中，應乾五，故《象》亦言元吉，其上言大吉者，即蒙《象辭》也。易之道，六爻相雜，惟其時物，本不必同象，然屯初之利建侯，即象之利建侯也。需五之貞吉，即象之貞吉也。又有爻、象異辭而實同者，師五之長子即象之大人也。井之卦，泰以乾，別坤而通陰，所以定既濟。定在初二，正功成在上，卦末有功至上，而井功大成，故元吉。發之於上，鼎離位，正巽命，凝納天下於虛而自安，其位必上之。玉鉉相節，乃足以制天下，故鼎之德，上備之，此其所以爻、象文小異而實同。《繫辭傳》所謂不可爲典要也，後人莫能明元、大同異之故，論說愈繁愈窒，特因兩爻爲證，明全易之例如此。

高宗伐鬼方考

胡元玉

既濟九三："高宗伐鬼方。"說者於高宗，皆以爲武丁無異詞。惟鬼方，則不一其說。有以爲西方國名者。《後漢書·章帝紀》云：

"有司奏言,孝明皇帝克伐鬼方,開通西域。揚子雲、趙充國頌云'遂克西戎,還師於京。鬼方賓服,罔有不庭'。"《文選》注引《世本》注云:"鬼方,於漢則先零戎是也。"《後漢書·西羌傳》云:"后桀之亂,畎夷入居邠岐之閒。成湯既興,伐而攘之。及殷室中衰,諸夷皆叛。至于武丁,征西羌鬼方,三年乃克,故其詩曰'自彼氐羌,莫敢不來王'。及武乙暴虐,犬戎寇邊,季歷遂伐西落鬼戎。"注引《竹書紀年》云:"武乙三十五年,周王季伐西落鬼戎,俘二十翟王。"今本僞《紀年》取此條,改周王季爲周公季歷,刪"俘二十翟王"一句。虞仲翔《易》注云:"鬼方,國名,坤爲鬼方。"按,坤乃西南之卦,則虞氏亦以爲西方也。

有以爲北方國名者。干令升《易》注云:"鬼,北方國名,坎當北方,故稱鬼。"有以爲遠方者。《詩·蕩》及《鬼方》傳云:"鬼方,遠方也。"按《黃氏日抄》説此云:"古説鬼方,遠夷也。"古説即指毛傳。朱子《集傳》云:"鬼方,遠夷之國也。"即本毛傳爲説,皆作遠夷。竊疑作遠方者,或誤文也。《易釋文》引《倉頡篇》云:"鬼,遠也。"按,《漢書》匡衡上疏引"商邑翼翼"四句而釋之云"此成湯之所以建至治、保子孫、化異俗而懷鬼方也",則以高宗伐鬼方爲紹湯伐氐羌之功,本漢人舊義。范書所説,非無據也。蓋高宗中興之功,莫大於伐荊楚、伐鬼方二事。一以威中國,一以懾四夷,雖非同時事,皆所以紹湯之功。故《殷武》一詩兼頌之,於伐荊楚云"湯孫之緒",於伐氐羌云"昔有成湯"。成湯伐荊楚,其事未聞,匡衡所云化異俗,即指湯之伐楚也。鄭箋專以此詩屬伐楚言,故與匡、范殊矣。氐羌部落繁多,蔓布西北,故干令升直以鬼方爲在北,以遷就其取象於坎之説,其實古説不以爲在北也。毛公以遠方釋鬼方者,對上文中國而言,言此乃遠方夷國耳。雖未實指其地,要與西羌之説不悖。李繡子《毛詩紬義》乃謂以鬼方爲西羌,但可釋《易》而不可釋《詩》,非也。

由是言之,古説有三,其實一矣。至朱子《集傳》,始於《殷武》首章注云:"高宗伐鬼方,三年克之。"蓋謂此。王伯厚《困學紀聞》

乃以朱子之疑詞爲定論，《大戴禮》"陸終氏娶於鬼方氏"，《楚世家》"陸終生子六人，六曰季連，芊姓，楚其後也"，以證之，殊誤。此證全謝山已駁之，極是。黃東發《日鈔》說《詩》鬼方與《殷武》集傳同，又引雪山說楚俗多鬼，指楚也。尤屬臆説。近儒惠定宇《九經古義》見今本僞《竹書》云"武丁三十二年，伐鬼方，次於荆。三十四年，王師克鬼方，氐羌來賓"，因襲宋人之説，直以次於荆爲鬼方之地，不知此乃明代作僞者惑宋人之説。又見《後漢書》注引《紀年》以鬼方爲西戎，因臆造此次於荆之文，以調停之。非古説也。近人鄒叔績作紅崖碑釋文，以鬼方爲漢之西羌，即今青海藏地喀木及滇蜀之西徼，良是。然惑於此文，以爲自荆楚入鬼方，雖失經旨，尚與作僞者之旨合。若惠氏此説，則併作僞者之旨尚不能得，其非不待言矣。

《詁經精舍文集》有李方湛《易伐鬼方解》一篇，惑於惠説，又見古鬼、九同聲，因據《文王世子疏》，以庸、蜀、羌、髳、微、盧、彭、濮之徒爲西方九國之説，謂九國即鬼方種類，皆西南夷，與楚鄰者不得即以西羌當之。牽合傅會，紕繆尤甚。洪筠軒《讀書叢録》既取惠説，又云鬼方不止荆楚之地，當連西戎言之。并漢宋之説爲一談，殊無卓識。抑思詩文別鬼方於中國而云覃及，則鬼方不在九州内，明矣。楚實荆州之國，何得指爲鬼方耶？全謝山、陳長發皆不以鬼方即荆楚之説爲然，其識勝惠、李諸人遠矣。

高宗伐鬼方考

胡棣鄂

既濟九三："高宗伐鬼方。"虞注："高宗，殷王武丁。鬼方，國名。乾爲高宗，坤爲鬼方。乾二之坤五，故高宗伐鬼方。"《集解》引。案干注，高宗，殷中興之君。《集解》引，下同。與虞釋高宗同，程傳亦云必商之高宗。但未言卦象耳。《説卦》乾爲天、爲君，天至高，故爲高宗。宗，尊也，古注多訓宗爲尊。君至尊，故爲高宗。此虞氏"乾爲高宗"義也，引申之則既濟泰之用，以泰乾爲君。三在震，帝君配天且乾三得位，故爲高宗。本張氏惠言説，見虞氏義。至謂未濟二之五，上乾爲天，天尊宗，故爲高宗。四又之初成益，上巽爲高，焦氏循説，見《易章句》。謂三自益上之剛來，爲九三上者高位，剛者君象，毛氏奇齡説，見《仲氏易》。皆附會其説。不知乾爲高宗，取象於近，無事旁通而自喻也。干注鬼北方國也，虞但言國名，不指爲何方。然若坤爲鬼方，西方坤而近南，推虞氏意，必不指爲北方也。

《禮記·明堂位》稱鬼侯，《史記·殷本紀》九侯，徐廣云一作鬼侯，《文王世子》稱九國，孔疏指爲西方九國庸、蜀、羌、髳、微、盧、彭、濮之徒，九國或即九方種類。又《左》文十六年《傳》，庸人率羣蠻以叛，楚麋人率百濮聚于選。昭九年《傳》，詹桓伯曰"巴濮楚鄧，吾南土也"。據此，則九國種類皆西南夷矣。李氏方湛説，見《經義叢鈔》。《大戴禮·帝繫》篇"陸終氏娶於鬼方氏"，《世本》亦云"陸終氏娶於鬼方氏"，宋注"鬼方，西落鬼戎，於漢則先零羌是也"。《文選·趙充國頌》李注亦云然，洪氏頤煊引之，見《讀書叢録》。《後漢書·西羌傳》："武丁征西羌鬼方，三年乃克，故其詩曰，自彼氐羌，莫敢不來王。及武乙，周古公子李歷伐西落鬼戎。"注引《竹書紀年》云："武乙三十五年，周王季伐西落鬼戎，俘二十翟王。"又《竹書紀年》高宗三十有二祀，伐鬼方，次於荆。三十有四祀，王師克鬼方，氐羌來賓。

然則漢之先零羌，即今青海。漢代之羌有今藏地喀木，故《前漢書·地理志》云"桓水南行羌中，入南海"，桓水即今瀾滄江也。羌之種落，又延蔓於武都越巂，所謂參狼、白馬、牦牛諸羌是已。以《世本》注及《後漢書》注證之，鬼方即羌甚明，則今青海藏地喀木及滇蜀之西徼，皆商代之鬼方，故虞氏謂坤爲鬼方，坤，西南，且好寇竊，亦同羌俗也。今雲貴羅羅種謂其先出於牦牛，殆亦羌種，其俗有鬼主，見《唐書》《宋史》南蠻傳，此以知羌即鬼方，指西南之地言，正與虞氏坤爲鬼方之訓合矣。

或謂九三爻辰，在辰，辰爲壽星，次鄭分野，南與楚鄰，商時爲鬼方國地。李氏方湛説。或謂既濟，離在下，南方卦，鬼方亦南方國，俞氏樾説，見《羣經平議》。皆指西南言也。或謂虞言坤爲鬼爲方，故鬼方。張氏惠言説。或謂虞氏有乾神坤鬼之説，然鬼神不專屬乾坤。坎得乾中爻爲神，離得坤中爻爲鬼，既濟以上體坎，視下體離，未濟以下體坎，視上體離，故言鬼方，俞氏樾説。皆申虞義也。或謂方在益時三在互坤之間，當互艮之初，坤爲方，艮則鬼，冥門。毛氏奇齡説。或謂恆以陰在五稱鬼，益旁通恆，故爲鬼方。焦氏循説。或謂鬼訓遠，鬼方言其幽昧不實以地，惠氏棟説，見《九經古義》。則未免近於穿鑿矣。虞總釋高宗伐鬼方，以乾二之坤五言，蓋乾三得位，使二上五，征坤故象，言君子思患豫防。本張氏惠言説。坤爲患，坎爲思，泰天地交物，所以濟終止，則亂防之，即以伐之，故曰伐鬼方。干氏謂離爲戈兵，故稱伐，蓋以坎離互易成既濟，坎下三爻失位，離來正之。本姚氏配中説。且坎爲寇盜，得以離之，戈兵禦之，本毛氏奇齡説，見《仲氏易》。故高宗伐鬼方係於三，不係於二。本江氏藩説。干氏主本爻言，虞氏主變爻言，各有取義，不相妨也。又侯果云伐鬼方者，興衰除闇之征，《集解》於象下引之。與虞、干二説義亦相近耳，若以恆二之五而後益上之三，是爲伐鬼方，焦氏循説。則又紆回曲折而難通矣。

鄭氏爻辰與《乾鑿度》異同考

張百均

鄭氏説《易》以乾坤十二爻分主十二辰，又以十二辰之物象、十二次之星象配之。尋其義例，大率本乎《乾鑿度》，今雖簡缺無存，而參觀李氏鼎祚《集解》所收及箋注所引,尚有可考證者。惟其言爻辰以陰陽,皆順行,則較之《乾鑿度》所云交相錯而行,有不能盡合焉。

《乾鑿度》曰:"乾,陽也,貞於十一月子,左行,陽時六。坤,陰也,貞於六月未,右行,陰時六。"按左行陽時六者,初值子,二值寅,三值辰,四值午,五值申,上值戌。自子終戌,閒辰而治六辰。京氏祖之,康成亦然。此其與《乾鑿度》同者也。右行陰時六者,初值未,二值巳,三值卯,四值丑,五值亥,上值酉。自未終酉,亦閒辰而治六辰。京氏祖之,康成則用左旋。自未以終於巳,此其與《乾鑿度》異者也。至於用卦主歲之序,始乾坤,次屯蒙,次需訟,次師比,以訖於既、未濟。每兩卦主一歲,合三十二歲而周,周而復始,處前爲陽,處後爲陰,隨其所值,各有一辰。或循陰陽所行之次,閒一辰以爲貞。或以陰陽同在一位,退一辰以爲貞。或象法乾坤以爲貞,循類以求,不出左右交錯之例。

若以鄭氏順行之説推之,則《乾鑿度》所云"屯自丑而卯而巳而未而酉,以訖於亥;蒙自寅而子而戌而申而午,以訖於辰"者,鄭則屯仍貞丑,終亥。蒙乃貞寅,終子也。"需自卯而巳而未而亥,以訖於丑;訟自辰而寅而子而戌而申,以訖於午"者,鄭則需仍貞卯,終亥。訟乃貞辰,終寅也。"師自巳而未而酉而亥而丑,以訖於卯;比退一辰,自午而辰而寅而子而戌,以訖於申"者,鄭則師仍貞巳,終卯。比乃貞午,終酉也。推之小畜、履,以訖既、未濟,皆是也。所以然者,鄭氏之説原於月律之相生;《乾鑿度》之説,參乎月律之合聲。

嘗考《周禮·春官》,太師掌六律六同,以合陰陽之聲。其陽聲始黃鐘,次太簇,次姑洗,次蕤賓,次夷則,次無射。陰聲始大呂,次應鐘,次南呂,次函鐘,次小呂,次夾鐘。蓋言律呂相合而成聲。注云:"黃鐘,子;大呂,丑;太簇,寅;夾鐘,卯;姑洗,辰;仲呂,巳;蕤賓,午;夷則,申;南呂,酉;無射,戌;應鐘,亥。"又曰:"黃鐘應十一月,值乾初九;大呂應十二月,值坤六四;太簇應正月,值乾九二;夾鐘應二月,值坤六五;姑洗應三月,值乾九三;仲呂應四月,值坤上六;蕤賓應五月,值乾九四;林鐘應六月,值坤初六;夷則應七月,值乾九五;南呂應八月,值坤六二;無射應九月,值乾上九;應鐘應十月,值坤六三。"蓋言月律順從而相生。今以月律之合聲求之,陽律自子左旋,以終於戌;陰同自丑右旋,以終於卯。取左右相配之義,即《乾鑿度》所云交相錯而行也。以月律之相生求之,則六律六同皆左旋,律自子終戌,呂自未終巳。取婦從夫之義,即鄭氏所云陰陽皆左旋也。

鄭氏與《乾鑿度》之説爻辰,一取陰陽相合,一取陰陽相隨,故其有同有不同者此耳。若其引用爻辰之例,散見於唐人《正義》者,惠氏棟《易漢學》一書已備述之,不復贅。

鄭氏爻辰與《乾鑿度》異同考

蕭榮昌

鄭康成注《易》,或取爻辰,爻辰本起於《乾鑿度》,其説以乾陽坤陰竝治而交錯行。乾貞於十一月子,左行,陽時六;坤貞於六月未,右行,陰時六。以奉順成其歲,歲終,次從於屯蒙,屯蒙主歲。屯爲陽,貞於十二月丑,其爻左行,以閒時而治六辰;蒙爲陰,貞於正月寅,其爻右行,亦閒時而治六辰。歲終則從其次卦,陽卦以其辰爲貞,陰卦與陽卦同位者,退一辰以爲貞。泰否之卦,獨各貞其辰,其北辰左行相隨也。中孚爲陽,貞於十一月子,小過爲陰,貞於六月未,法於乾坤,三十二歲期而周。六十四卦三百八十四爻萬一千五百二十析,復從於貞,爻辰之法備於此矣。

今考鄭氏爻辰。比初六,爻辰在未,陰卦也,貞於未而右行;否六五,爻辰在卯。泰否之卦,各貞其辰,陰卦與陽卦同位,當退一辰五,同日而衝,故爻辰不在辰而在卯。臨卦斗建丑,陽卦以其辰爲貞,左行十二月建丑,故云斗建丑。賁九三位在辰,陰卦右行,故云得巽氣爲白馬。巽在辰右,間一時則爲午,午馬位賁,无色,故云白馬。坎六四,爻辰在丑,丑上值斗,此與臨卦斗建丑爲異。臨建丑之月,坎建丑之辰,坎陽卦,貞於子,與乾中孚同。初在子,則四在丑,三在辰,則六在巳,故鄭氏謂坎上六爻辰在巳,巳爲蛇,蛇之蟠屈似徽纆也。離陰卦,貞於未,與坤小過同,九三爻辰在寅,間二時則爲丑,故鄭云艮爻也,位近丑,明夷六二爻辰在酉,陰當陽卦,退一辰而爲貞。依例以推,則九三爻辰當在酉,六二爻辰當在辰,此其與《乾鑿度》異者。

或云用十二律旋宮之法困九二,鄭氏謂二據初辰在未,困陰卦,初貞於未,四爻辰在午,午爲陽極,午未天地之中合。二據初爲朱紱,五據四爲赤紱,鄭以二爲大夫有地之象,四爲諸侯有明德,受命當王者。《乾鑿度》云"天子三公九卿朱紱,諸侯赤紱",鄭云"文王將王,天子制用朱紱",此又二書解義互有異同者也。若夫執太一取其數,以行九宮,四正四維,皆合於十五,據乾之策二百一十有六,坤之策百四十有四,以是而論爻辰,則與《乾鑿度》之説不符,亦與鄭氏爻辰多不合。而況《乾鑿度》一書,鄭氏雖爲作注,其與鄭氏之所謂爻辰者,實兩不相涉焉,無惑乎其説之不相爲謀者矣。

虞注亦本荀説考

龍廷弼

漢儒言《易》大恉,可見者鄭康成外,荀、虞兩家。荀言升降,虞言消息。荀以乾坤爲升降,泰注云"陽息而升,陰消而降",則又寓消息於升降之中。虞氏稱潁川荀諝號爲知《易》,有以也。或疑虞氏傳孟《易》，與荀傳費《易》不協，不知荀亦參用孟氏，其訓箕子之明夷，以箕爲荄、子爲滋，正取蜀趙賓傳孟喜之説也。虞因考其得失，旁推曲暢，按日月之行以定消息，運始終之紀以序六十四卦，雖以陽生爲吉，陰殺爲凶，略殊荀氏之所云。案，荀氏卦爻無變動，惟升降則相之，如大壯一陽升，夬二陽升，乾三陽升，皆爻之陽而息。姤一陰降，遯二陰降，否三陰降，皆爻之陰而消陽。虞則沿陰陽相之之文，率以變而之正爲義，謂陰居陽位爲失正，則之正而爲陽。陽居陰位爲失正，則之正而爲陰。是故以陽生爲餘慶，陰生爲餘殃，而陰陽消息遂爲吉凶之所由定，此則荀之所未及言也。而消息升降，義實一貫，卦變即因之而生。案，荀既以陽息而升當乾升，陰消而降當坤降，故虞言消息，可不言升降，其卦變即由消息而生者。如虞注三日成震，八日成兌，爲陽息，而震謂自臨來，兌謂自大壯來。十六日退巽，三十日退艮，爲陰消，而巽謂自遯來，艮謂自觀來。此虞因荀兩爻相之之例而推出卦變也。其他荀已見諸明文者，要亦用消息爲升降，而升降即以成卦變。其注卦變不言消息者，升降即消息也。説見後，凡十九條。則虞氏之注《易》，本於荀者居多，謹譔其條如左：

荀注雲行雨施云：乾升於坤曰雲行，坤降於乾曰雨施，乾坤二卦成兩既濟。虞曰已成既濟，上坎爲雲，下坎爲雨，其義當自荀來。

注水流溼云：陽動之坤而爲坎，坤爲純陰，故曰溼。注火就燥云：陰動之乾而爲離，乾者純陽，故曰燥。虞曰離上而坎下，水火不相射。案，坎下即陽動之坤，既濟五，陽降居二也；離上即陰動之乾，既濟二，陰升居五也。

注雲從龍云：龍喻王者，謂乾二之坤五，爲坎也。虞曰乾爲龍，雲生天。案，乾爲王，虞氏逸象雲生者乾二，升居坤五，爲坎上，坎爲雲也。

右升降之例，虞本荀者三條。

荀注大明終始云：乾始於坎，而終於離。坤始於離，而終於坎。坎離乾坤之家而陰陽之府。虞坤注所謂終於坤，亥出乾，初子是也。案，乾爲陽，陽息於子，子於方伯之卦，當坎之初六，於候爲冬至。夏至則陽終，當離之上九，虞謂終於坤亥者，自午至亥，陰皆消，陽至亥而盡也。坤爲陰，陰起於午，午於方伯之卦，當離之初九，於候爲夏至。冬至則陰終，當坎之初六，虞謂出乾初子者，乾建於子，甲子卦氣一陽初復也。

注《説卦》：雷以動之，謂建卯之月；風以散之，謂建巳之月；雨以潤之，謂建子之月；日以烜之，謂建午之月；艮以止之，謂建丑之月；兌以悦之，謂建酉之月；乾以君之，謂建亥之月；坤以藏之，謂建申之月。案，此言八卦用事之位，而消息即於此見焉。虞繫注云，乾息從子，至巳下上，是即建子建丑建卯建巳之月。又曰，坤息從午，至亥上下，是即建午建申建酉建亥之月也。故荀坤注亦云，消息之卦，坤位在亥下，有伏。乾繫注亦云，坤建於亥下，有伏，乾爲樂天，乾立於巳下，有伏。巽爲知命，則尤足見陽息，至巳而陰伏陰消，至亥而陽伏云。

右消息之例，虞本於荀者二條。

一陽之卦。荀謙注，乾來之坤，陰去成離，陽來成坎。侯果曰，此本剝卦，乾之上九，來居坤三，坤之六三，上升乾位是也。虞引彭城蔡景君説，剝上來之三，案即荀説。

剝注，陰外變五，謂陰消乾至外卦，而及五也。盧氏曰，此本乾卦。虞曰此卦坤變乾也。案，虞謂變乾卦，即自乾來，而荀言陰變五，不言陽變上者，省文也。

二陽之卦。荀屯注，此本坎卦。李鼎祚謂初六升二九，二降初是也。虞曰坎二之初，剛柔交震，用荀説也。

蒙注，此本艮卦，李鼎祚申之曰，二進居三，三降居二。虞以爲艮三之二，得之矣。

坎注，陽來爲險，而不失中。案，乾二五來坤二五也。虞曰，乾二五之坤，是其義也。

晉注，陰進居五。又曰，五從坤來而爲離。李鼎祚《集解》引蜀才以爲本觀卦,謂九五降四六,四進五也。虞曰觀四之五,則陰進居五,而上爲離矣。

解注,乾動之坤。虞曰,臨初之四。案,臨初乾四坤,臨初之四,即乾初動之坤四也。

二陰之卦。荀訟注,陽來居二。《集解》引蜀才以爲本遯卦,謂二進居三,三降居二。案,遯三陽二陰,陽來居二,即降三居二也。虞曰,遯三之二,其說有自來也。

三陽三陰之卦。荀噬嗑六五小象注,陰來正居是而屬陽也。盧氏謂本否卦,乾之九五,分居坤初;坤之初六,分升乾五。案,下賁卦。荀彼注云,此本泰卦,分乾之二,居坤之上,然則噬嗑之本否卦,亦可援以爲例也。故虞曰否五之坤初。坤初之五,其足發荀氏未明之意乎?

賁注,此本泰卦,分乾之二,居坤之上。虞曰,泰上之乾二。乾二之坤,上此之謂也。

咸注,乾下感坤。《集解》引蜀才以爲本否卦,謂六三升上,上九降三。案,上九降三,即乾下感坤之謂。虞曰,坤三之上,殆所謂六三升上也。不言乾降者,以類求之可得矣。

恆注,乾氣下終,始復升上,居四;坤氣上終,始復降下,居初。案,此蜀才謂本泰卦。據荀說,當謂泰乾初升上,居四;坤四降下,居初。與蜀合也。虞曰,乾初之坤四,其於荀不相悖矣。

損注,乾之三居上,蜀才謂本泰卦。李鼎祚申之云,坤之上六,下處乾三,乾之九三,上升坤六。虞曰,泰初之上,此則以初爻加上爻之上,用兩爻相加之例,而其同自泰來則一也。

困象辭險以説注,此本否卦,陽降爲險,陰升爲説,謂乾上九降二,坤六二升上。虞曰,否二之上,與荀同也。

井注,此本泰卦,陽往居五得坎,爲井。陽來在下,亦爲井。案,乾初九往居五成坎,坤六五降居下成巽,上坎下巽,所以爲井。

虞曰，泰初之五，正陽往居五之説也。

旅注，陰升居五與陽通。虞曰，否三之五，亦謂三陰升居五也。姚信謂，本否卦，三五交易。蜀才謂，否三升五，九五降三，其義當與虞同原。

涣注，陽來居二，在坤之中。盧氏謂，本否卦，乾之九四，來居坤中，坤之六二，上升乾四。案，荀言陽來居二，在坤之中，是謂下卦成坎。盧氏並言坤之六二，上升乾四，是謂上卦成艮，上艮下坎而涣象以成。虞曰，否四之二，亦偏言以見全也。

既濟注，天地既交，陽升陰降。虞曰，泰五之二，推荀之意，當謂自泰來也。侯果曰，此本泰卦，六五降二，九二升五。案，侯言卦變，本之荀氏，虞其亦與侯同乎？

未濟注，柔上居五，與陽合同。虞曰，否二之五。案，此則謂自否來也。坤二上居五，乾五下居二也。

右上卦變之例，虞本於荀者十九條。案，卦變荀氏見注者二十一條。張皋文並合履、同人、隨、蠱、夬爲二十六，然履注，動來爲兌，九家易也。爽注，無此同人。爽，第謂乾舍於離，未明言升降。隨注，震之歸魂，震歸從巽。蠱注，蠱者，巽也，巽歸會震，謂巽之歸魂。案，此用京氏世應之法，并非言升降。至夬，則又據九家易，大壯進而成夬，不過以例求之，如是其實，荀注亦闕也。虞氏不與荀同者：蹇一卦，荀注乾動之坤。又云，乾動往居坤五。案，乾五之謙三，爲蹇，乾三之坤五，所以成蹇也。虞曰觀上反三，不用荀例也。其與荀同而仍變其説者：恆解二卦，注本無異，見前。而荀又謂，恆震世也，巽來乘之，陰陽會合，解亦震世也。仲春之月，草木萌芽，則又用京氏世應之例，虞不宗也。其與荀異而復用其説者：萃一卦，荀注此本否卦，上九陽爻見滅遷移。案，此用《易林》之法，所謂否之萃矣。虞曰，觀上之四則又用兩爻相易之例，非荀之所云然，於履則又謂變初爲兌，小畜則又云需，上變爲巽，此亦荀"萃本否卦"之説也。

卷二

東作西成南爲朔易解

彭政欽

　　此言羲和測景於四方，非指農事而言也。指農事言者，始於王莽。《漢書·王莽傳》："予東巡，勸東作；南巡，勸南僞；僞與爲，古通用。段氏玉裁《古文尚書撰異》："南爲，古文作南僞。"孔安國讀作訛，衛包因徑改爲訛字。鄭注《周禮》，作南僞。《釋文》："僞，五禾反。"今俗本妄改《釋文》之僞作訛。今本《周禮注》亦作訛，均後人改易。阮儀徵曰"今《尚書》作南訛，乃東晉人所改"，漢《尚書》作南爲，或作南僞。故《漢書·王莽傳》作南僞，《史記索隱》本作南爲，今本《史記》作南訛者，後人因晉本作訛而遷就改之也。鄭注《周禮》辨秩南訛。宋本作南僞，此尤漢時作僞之據。《説文》爲訓母猴，象形，後人叚借爲造作之爲，而或加亻旁成僞字，又訓爲詐僞之僞。後人祇知僞爲詐僞之僞，而不知本是作爲之爲，故不得不妄改僞字爲訛、爲訛矣。《説文》有訛字，無訛字，訛乃俗造耳。西巡，勸西成；北巡，勸蓋藏。"孔安國作傳因之，遂謂歲起於東而始務農就耕，謂之東作，趙岐注《孟子》齊東野人，引《書》"東作以爲農事"，皆沿於莽傳。南爲作南訛，爲與訛辨，見前。訛，化也，南方化育之事。西成者秋，西方萬物成。朔易者，謂歲改易於北方。果如此説，則是羲和遠出東西南朔，祇以耕穫爲事，而其人又各分司。以羲仲但教春耕，而不觀秋穫；和仲但司秋穫，而不課春耕。推之羲叔、和叔，各司農事於冬夏矣。不知堯時農事別有稷官，羲和之曆象非兼稷官也。故鄭康成注《周禮·馮相氏》據《書傳》而言東作西成，南爲朔易，亦祇釋敘事以會天位，而不屬之農事。又案，康成曾注伏生《尚書大傳》，《大傳》言堯之授民時以務農者，多主中星。《傳》云："主春者張，昏中，可以種穀；主夏者火，昏中，可以種黍菽；主秋者虛，昏中，可以種麥；主冬者昴，昏中，可以收斂、蓋藏。"而東作西成南爲朔易之文，不專指農事，今雖東作南爲文已佚，而辯秩西成，辯在朔易文尚在。《傳》曰："天子以〔冬〕〔秋〕命三公將帥,選士厲兵,以征不義。決訟獄,斷刑罰,趨收斂,以順天道,以佐秋殺。"則爲辯秋西成。《傳》曰："天子以冬命三公,謹蓋藏,閉門閭,固封竟,入山澤田獵,以順天道,以佐冬固藏。"則爲辯在朔易,並非專指農事言。玩此,則東作南爲,二者可想而知矣。故康成注《大傳》,亦不指農事。近段氏玉裁《古文尚書撰異》南爲注引司馬貞《索隱》曰:"爲依字讀,春言東作,夏言南爲,皆是耕作營爲勸農之事。"玉裁按云:"鄭注東作,曰作生也,然則南爲,鄭必訓化,由生而化而成,是禾之節次。以康成注,意指務農説,不關測景,不知《周禮》鄭注意自顯然明白,正見馮相氏致日致月,保章氏察變動、祖羲和東西南朔測躔度之法。"玉裁沿《索隱》,誤會鄭意耳。阮儀徵宗鄭意,又以造曆法爲説,其詮東南西謂測日躔,發斂日躔分節氣,次弟出於東,次弟出於南,次弟出於西,羲和設儀器測景,逐日刻記辯秋之。今《尚書》作平秋。平,辯也,見《史記》及《爾雅》。秩本作䄷,次弟也,《説文》豐部:"䄷,爵之次弟也。"《虞書》曰:"平䄷東作。"據此,知《尚書》古文䄷與秩同,有次弟之義。《大戴記》孔子言曆有順逆,順逆即南北朝言盈縮之法,亦即今西洋言高卑之法。二分二至,漸爲次弟,一月有一月之盈縮次弟,一節有一節之高卑次弟,一日有一日之交易次弟,所以曰辯秋也。朔易主合,朔包日食言,蓋朔字從月從屰,月與日同經度而不同緯度,則相屰爲合。朔若同經度而又同緯度,則相屰而爲日食。屰本逆字,見《説文》,此朔字造字從屰之初意合。朔時刻雖不定,而一月一周天,朔與望弦分四位,望字亦取日月相對望而月食有亡象焉。則朔必在正北爲定,故於朔方言之北,固以朔名其方者也。《爾雅》曰:"朔,北方也。"朔而曰易,亦以日月相易起義。《説文》引祕書説"日月爲易",蓋即古《尚書》説,專指朔易之易言,與《周易》之易異。如日月相並則爲明,日在月上,見其交易,則爲易如此。詁經最爲精當,但阮氏以作、爲、成三字屬羲和造作曆法既成而言,其説義又不如陳氏壽祺之密。蓋陳氏以東作西成爲步月之術,即所謂春秋致月;南爲爲測日之術,即所謂冬夏致日。朔易爲日月合度,交易即合朔,交食變動之事爲定朔之術。

東言作,何作? 訓始也,日春行東陸,立春、春分月從青道出黃道東。經曰東作,言日月之行自東而始。西言成,何成? 訓平也,日秋行西陸,立秋、秋分月從白道出黃道西,是時日夜分,氣候適平。經曰西成,言日月之行於是得正而平。_{按,日春在奎,而月圓於角。}角者,東宮維首之星也。日秋在角,而月圓於奎。奎者,西宮維首之星也。據此,亦有東始西平義。步日以月,此致月必於春秋也。南曰爲,何爲? 訓行也,夏至之日景短日長,謂之長至,日躔由是向南而行,從南交辨次之,故稱南爲。南爲下文,繼以敬致,即《周禮》所謂正日景以求地中,亦足見古人制曆以夏至爲準也。_{與後世起於冬至者不同。雖馮相氏}致日冬夏立言,此獨於南爲下言致,不及於冬,以舉夏至可該冬至,省文也。猶之朔方言幽都,南交不必言明都,正是一例。朔易爲定朔者,蓋日月食非朔望不能定,朔望亦非日月食不定,故唐一行曰:"日月合度,謂之朔。無所取之,取之蝕也。"如此詮釋,則東作西成南爲朔易之文,均屬日月說;較阮氏作之、爲之、成之之義,更爲精詳。況上文乃命羲和節,總敘曆象,申命分命,後又總咨羲和,以定時成歲。可見羲和必於四方測景之餘而後時可定、歲可成,不暇及農事,以農事別有主之者。似此看經,則鄭氏《周禮注》可以申,而諸家務農之訓可以廢矣。

東作西成南爲朔易解

陳煥奎

《堯典》"平秩東作""平秩南訛"字應作譌,或作吪。訛乃今本承用之俗字。"平秩西成""平在朔易",解此四語者,不一其辭,大氐不過天時、農事二義。其專主天時爲說者如鄭氏,訓作爲生。《風俗通》引

《青史子》謂"東作，爲萬物觸地"，段茂堂《古文尚書撰異》引作户。而出僞傳云"秋，西方萬物成"，易謂歲改易於北方之類是也。其專主農事爲説者如《孟子》[齊]東野人趙注引此經"平秩東作"，謂爲治農事。《史記·五帝本紀》南訛作南爲，《索隱》謂"東作南爲，皆是耕作營爲勸農之事"。《漢書·王莽傳》"予之東巡，勸東作；南巡，勸南僞；西巡，勸西成；北巡，勸蓋藏"之類是也。

　　竊謂此二義皆古，第專以農事言，頗覺其隘，不若渾言天時之爲正大。然合各全句解之，則又莫善於《尚書大傳》之説。《大傳》於辯秋西成下引傳曰："天子以秋命三公將帥，選士屬兵，以征不義。決訟獄，斷刑罰，趨收斂，以順天道，以佐秋殺。"於辯在伏物下據《史記索隱》所引，當係《大傳》舊本，今作朔易者，淺人改之也引傳曰："天子以冬命三公，謹蓋藏，閉門閭，固封竟，入山澤田獵，以順天道，以佐冬固藏也。"此皆援據古傳，兼人事，此人事祇是平秩平在之事，非指農事也。與天道立言，意甚周帀，必秦漢以前相承之舊説無疑。惜佚去東作、南僞二條，不能得其完義。然按伏書《鴻範·五行傳》"春助天生，夏助天養，秋助天收，冬助天誅"云云，文繁，不及備録，特舉括之如此。則皆係以人佐天，正足補前説之闕。近江氏艮庭《尚書集注音疏》於東作南訛西成，皆取其説，獨於朔易句不取助天誅之語，而特變其辭曰"助天地閉藏"，殆以誅字義難通於"易"耳。按《國語·晉語》故以惠誅患，注云："誅，除也。"《易》萃卦"大象，君子以除戎器"，《釋文》引鄭注云"除，去也，除去之"，云兼有革易之義，是誅與易無不可通也。

　　要之，由生而養而收而誅，祇作除去解。天地本有自然之理，二仲二叔各以其職平秩而平在之，以會合而定其時序，然後可爲授時之本。則東作、南訛、西成、朔易，正其所由測驗者也，豈必如阮文達《揅經室集》專以造曆法、主合朔爲説乎？考文達之意，第以朔字從月從屰，本以日月合朔爲義，而此經文又皆主於觀象授時，故即以在、朔、易三字爲主合朔，包日食言之，並以作與爲皆爲造曆法成，即作爲既成，其説未免牽强。夫作之訓生，鄭義至確。訛，《史記》作“爲”，《索隱》明言孔安國讀爲訛，《周禮·馮相氏》注引作“僞”，《釋文》云五禾反，爲、僞二字皆不訓人爲之爲。成即成熟之義，皆屬氣候之自然。若如阮氏説，作與爲義既複成，又謂爲曆法之成，豈義仲羲叔皆掌造曆，而和仲獨主其成耶？北之稱朔，唐虞夏三代相沿，多用此名。本篇“宅朔方”，《舜典》“朔，巡守”，《禹貢》“朔，南暨”，皆明證也。豈得以朔易之朔獨主合朔，乃與上文東作南訛西成亂其例耶？阮氏又曰：“觇星務農，愚夫愚婦皆能之，何用羲和遠出乎？農事別有稷官，豈羲和之職乎？亦豈羲仲但教春耕，而不觀秋穫乎？和仲但司秋穫，而不課春耕乎？且朔之極北，不生五穀，所謂朔易者，又何農穫可蓋藏乎？”

凡此，所云皆若近理，究之平秩平在等句，皆不過仲叔諸職，藉物候以順天時，原不必單言農事。且東作南訛西成朔易，皆各就其所主之方言之，互相完備，説經者原不可以過泥，如必偏執一時一方，又安見東南兩方春夏二官，僅可以造曆而不可以成曆；西方秋官，專主成曆，而一無所作爲耶？又安見冬官專主合朔，而他無所事事耶？況造曆之法，自具於下節“朞三百有六旬有六日，以閏月定四時成歲”數語中，此處不得遽以造曆成曆言也，阮氏精於天算，其著《堯典》此解，獨創新義，以自成一家言，固無不可，恐未足爲古經正訓也。若朔易之爲伏物，蓋亦伏生與史公同用，故訓代經之例，特著其朔易之義如此。朔猶言北，《尸子》云：“北方者，伏方也。冬時萬物伏藏，皆有革易之象，故經言朔易。”亦正可見朔易二字，不得主合朔而兼言日食也。

"宅南交，曰明都"辨

李元音

宅南交，《虞書·堯典》之文也，孔傳言"春與夏交"，王氏云"南方相見之時，陰陽之所交也，故曰南交"，其說非也。四序推遷，陰陽迭運，豈獨於南爲然乎？江徽君云"火交于土"，其說亦非。何也？土寄王於四季，各十八日，無定位，無專氣，不獨春夏之交爲然。《尚書大傳》"中，祀大交"，鄭注："中，仲也。古春爲元，夏爲仲，五月南巡守，仲祭大交氣于霍山也。"南交稱大交，竊謂《尚書大傳》自宋以後多殘闕，其間傳寫異同，蓋所不免。且天子適諸侯曰"巡守"，尤非羲叔所得預知，不足以證經也。《大傳》堯南撫交趾，蔡氏《集傳》："南方交趾之地，林之奇云'南交，即交趾也'。"此皆未深究其本末也。

按，漢初始置交趾郡，後置交州，去堯之時二千年，求其地而不得，而遂以是當之耶？劉氏敞曰"本蓋言宅南曰交趾，後人傳寫脫兩字"，則尤穿鑿傅會，吾不知其所本者何本也。夫諸儒之指南交爲交趾者，蓋誤於宅之訓居，謂必實有其地而後居之。豈知宅、度字通，蔡邕石經本作"度"，蘇氏曰："當是致日景以定分至，然後曆可起，故使往驗於四極，非常宅也。"陳氏《書集傳》："或問古字宅、度通用，宅嵎夷之類，恐只是四方度其日景。"此言是也。夫測日景於四極，不能限於一隅，故測南方必曰南交。南交者，言南方之極，其所交被者廣也。若訓宅爲居，然則羲仲諸臣而常居於四裔萬里之外乎？且南交而必指爲交趾，羲仲居之而測之，謂日景定在於此，斷不然也。是故南交之不可爲交趾，猶嵎夷之不可爲登州，西之不可爲西縣，朔方之不可爲朔方郡也。

孔安國傳東表之地，稱嵎夷。夫表，外也，外則不專指一地也。

黃度《尚書説》云："《禹貢》西被流沙，自流沙以西皆夷界，山川不紀於職方，故稱西，以見境域之不止此。朔則北限沙漠，荒茫攸遠，山川不可見，故稱朔方，以爲大界。"而吾謂南交亦然。南之界，山川攸遠，故稱交，以見地之不可拘割也。彼暘谷、昧谷、幽都，則因日景之出没而言，亦不得以地名當之。王肅云"日由空道，似行自谷"，故以谷言之，非實有深谷而日從谷之出也。唐孔氏曰："谷爲日所行之道，故謂日入之處爲昧谷，非實有谷而日入也。"觀王氏二君之説，暘谷、昧谷尚不實以地，而何疑於南交乎？至於東西朔，有曰暘谷、曰昧谷、曰幽都之文，而於南交下不言者，此互文見義也。陳氏不知，言南交下當有"曰明都"三字，曰當有者，猶屬擬度之詞，並無所據而云然也。鄭氏云"夏不言曰明都三字，磨滅也"，然伏生所誦與壁中舊本並無此三字，則非磨滅，不待辨矣。王肅以"夏無明都"避敬致，夫避敬致之説固非，而其無明都則昭然可據。孔疏亦謂："北既稱幽，則南當稱明，從此可知。故於夏無文，經冬言幽都，夏當云明都，《傳》不言都者，從可知也。"所謂從可知者，言經既於朔方稱幽都，則南方之爲明都，可由是推之，不必以是爲文也。

嘗謂《書》多互文見義，而莫甚於《堯典》。宅西則嵎夷爲東，可知朔言方，則三方可知；春日中則宵中可知，秋宵中則日中可知；四方之宿或全舉七宿，或獨舉一宿。皆互文也。彼北曰幽都，而南交之下不言者，豈磨滅之謂哉，何必補也。

"宅南交，曰明都"辨

胡棣鄂

後人之説經也，一當以經文爲正，而不得妄有增損於其間。苟其可以尊經，即兩漢經師之説，亦有不容拘守者，豈私逞其臆見，以求勝於古人哉！即如《書·堯典》"宅南交"，下本無"曰明都"三字，鄭注"夏不言曰明都三字，磨滅也"，《正義》駁之云："伏生所誦與壁中舊本，竝無此字，非磨滅也。"孔仲達證之伏生所誦與壁中舊本，則确有所据矣。鄭君其亦千慮中之一失歟？江氏聲《集注音疏》謂，鄭据春、秋、冬以例夏，孫氏星衍《今古文注疏》言未詳其義。王子雍以夏無明都避敬致。《正義》謂即幽見明，闕文相避，指王義爲可通，信然。王氏鳴盛《尚書後案》斥王注爲非，誤矣。傳但於此云："南交言夏與春交，舉一隅以見之，此居治南方之官。"而於下文宅幽都云："北稱幽則南稱明，從可知也。"是亦即所謂闕文相避者也。陳氏壽祺《左海文集》謂："經於冬不言敬致，舉夏賅冬，猶言幽都。"不言明都，亦主王説。傳雖出自僞孔，而究非一無可取矣。

《尚書大傳》："中，祀大交。"鄭注："中，仲也。古春爲元，夏爲仲，五月南巡守，仲祭大交氣於霍山也。"南交稱大交，《書》曰宅南交也。鄭於彼注："言大交氣，即孔傳所謂夏與春交者，《大傳》中祀大交，與秋祀柳谷對文，則明屬地言，無事別求其地矣。"王氏引之《經義述聞》据《綱鑑前編》述《大傳》，亦以爲交屬地言。《大傳》又云"南撫交阯"，則交阯即南交也。阯，今作趾。《史記·武帝本紀》："北至於幽陵，南至於交阯。"本《顓頊紀》。蔣氏廷錫《地理今釋》引此，屬黄帝。誤。幽陵即幽都，交阯與幽都對舉，始於此矣。《大戴禮記》："朔方幽都來服，南撫交阯。"《少閒篇》。《墨子》："南撫交阯，北降幽都。"《節用篇》。《韓子》："南至交阯，北至幽都。"《十過篇》。《淮南子》同。《主術篇》與《韓子》文同。又，《脩務篇》言："北撫幽都，南道交阯。"是則極南之地不過交阯，而無所謂明都矣。取王氏引之説。諸書皆本此經文爲説。汪氏中《經義知新記》引《墨子》謂"可注此經"，信然。故與幽都竝舉，南交即交阯，未嘗別有明都之名也。《史記》駁孔傳夏與春交，以爲冬與秋交，何故下無其文？亦泥於相對成文之例，固不足辨。且以三方皆言地，夏獨不言地，乃云與春交，斯不例之甚。不知孔傳言舉一隅。又言治南方，明是指地，蓋因其夏與春交而得名是地，故兼釋其義，何得直斥爲不例乎？江氏聲亦駁孔傳。《索隱》之駁孔傳，誤矣。

然以南方地有名交阯，或古人畧舉一字名地，因指南交是交阯，則其説又失之彼而得之此也。讀經當依文立訓，南以方言，正與嵎夷、西朔相對；交以地言，正與暘谷、昧谷、幽都相對。宅嵎夷而必繼以曰暘谷者，以其一地而二名也；宅西、宅朔方而必繼以曰昧谷、曰幽都者，以先渾舉其方，而必實舉其地也。至言南、復言交，一舉其方，一舉其地，而文義已足，無可增益。此所以舍鄭君之説，而以尊經爲長也。洪氏頤煊《讀書叢録》謂："宅南交，文義已著，不必有曰明都三字。"其説可從。蔡傳引陳氏説，南交下當有曰明都三字，蔡傳亦以南交爲南方交阯之地，林氏《尚書解》同。於明都二字，不爲之解釋，亦未必徑從陳説。而陳氏之本鄭説，則又不待言矣。馬氏國翰《目耕帖》依王注以駁蔡傳。

或又因《大傳》言大交，鄭於彼注引此經，遂疑此交上有大字。又以曰暘谷等語例之，疑有曰字，是必宅南之下，交字之上，更加曰大二字。似此任意增益，自謂精鑿，而實鄭君所竊笑。彼注宅南交，不稱宅南曰大交，固其章明較著者也。駁王氏引之説。王説見《經義述聞》。謂《大傳》所稱皆《今文尚書》，鄭注《大傳》，所引皆《古文尚書》，王氏引之説。段氏玉裁《今古文撰異》亦云然。而疑古文作交，今文作大交，則又不然。《大傳》，傳也，此則經也，傳後於經。古祇有交之名，後又稱大交。凡古來地名，至後世而增一二字者甚多，此其一也。黃文叔謂漢初置交阯郡，後置交州，而《通典》云"復禹舊號"，則古本名交，而後增益之。王氏天與《尚書纂傳》引劉氏云，蓋言宅南、曰交阯，後人傳寫脱兩字。是又增曰字、阯字，亦不可從。南交即今安南國，見《地理今釋》。傳作大交，乃是《今文尚書》之傳；經文但作交，則今古文皆然，而無庸强爲分別。鄭君以經證傳，非以古文證今文也。宅南，字則與宅西等字對文矣，何竟執傳改經，於交上妄加大字，以至經傳錯雜溷亂乎？《禹貢》“孟豬”，《史記·夏本紀》作“明都”，彼明都在豫州境，非極南之地，用王氏引之説。亦不得援彼以指此也。鄭君以曰明都三字爲磨滅，而於明都無注，且未遽增入經文，則又未嘗遽信矣。今人生數千百年後，而不爲之推原其心，亦非深知鄭君者也。故説經者與其强執夫古人之説，不若恪守夫古人之經，爲差近耳。

周公作《多士》考

曾　濂

周公作《多士》，《書序》以爲成周既成，遷殷頑民，周公以王命誥是也。然其文曰：“昔朕來自奄，予大降爾四國民命。移爾遐逖……比臣事我宗多遜。”稱移爾遐逖爲昔，豈此誥在遷民後耶？《日知録》以《多方》“王來自奄”，而《多士》王曰“昔朕來自奄”，因疑《多方》在《多士》前，而後人倒其篇第。

濂案，本篇鄭君注：“成王元年三月，周公自王城初往成周之邑，用成王命，告殷之衆，以撫安之。”注《多方》云：“奄國居淮夷旁，周公居攝時亦叛。王與周公征之，三年，滅之。”此古文家説也。《尚書大傳》：“周公攝政，一年救亂，二年克殷，三年踐奄，四年建侯衞，五年營成周，六年制禮作業，七年致政成王。”此今文家説也。《史記·魯世家》謂：“周公《多士》與《無逸》同作，以戒成王。”《史記》中兼今古文説。此文與鄭異，豈亦今文家説邪？

考鄭言成王元年即周公致政明年也，然則《多士》“朕來自奄”，即《多方》“王來自奄”矣。惟鄭注《書序》又云“伐淮夷與踐奄，是攝政三年伐管蔡時事”，而今文以爲二年克殷，是年數少差。且據《詩》、《書》、諸史，成王未嘗與周公同伐管蔡，即不與周公同伐奄

也，又何以云"王來自奄"邪？《多方》至於再至於三，傳云："再謂三
監淮夷叛時，三謂成王即政又叛。"王氏鳴盛駁之，夫偽孔即不可
信，經文言再三亦不可信乎？竊謂奄再叛事甚確，云"昔朕來自奄"
者，乃周公之踐奄，非成王之踐奄也。踐通翦，借踐履字言翦伐之
也。言"大降爾四國民命"者，四國，管、蔡、商、奄也，罪其君而其民
但遷徙之。《春秋傳》分殷民六族於魯，是其事也。我宗，蓋稱魯
也。多遜，言其順也。其時民尚有未遷者如七族，以畀衛，衛仍殷
土，故不遷也。及營洛後，乃遷其民，故以移爾遏逖爲昔，作大邑曰
今，文自明矣。顧氏以周公擬王語，其云朕來自奄，必成王事，又與
王來自奄巧合，故深疑之。不知康叔封衛在成王時，而有王若曰
"孟侯，朕其弟"，是亦周公語也。古人質直，雖奉王命作誥，而其稱
謂無妨相仍不改，豈似後人訓誥，居然絲綸王言邪！惟王來自奄，
周公必不稱王，此爲成王即政後之踐奄，截然兩事。其《康誥》首及
營洛，或因此疑既營洛而後封衛，無論《大傳》可證。鄭云"基謀
也"，言謀作洛，猶未作也，則又未可據此而謂遷民非有二也。吁！
秦火以來，論說歧出。《魯世家》以爲誡成王，至《周本紀》云成王既
遷殷遺民，周公以王命告，作《多士》《無佚》，是亦同《書序》也，而皆
與《世家》異，又《無佚》則《世家》同古文說，而《本紀》不同。一書之
中，前後牴牾，遷亦疏矣。其篇中屢呼多士戒王，殆未可信，豈其真
本今文家說邪？亦不可考矣。

又案，近姚氏鼐《多士說》以"昔朕來自奄"爲周公爲成王稱武王
之事。據《孟子》，周公相武王誅紂伐奄，三年討其君，則武王時有
伐奄事。傳云再謂三監武庚叛時，三謂成王即政又叛，則初伐奄爲
武王時也。然後儒所疑者，總以周公不應作王語，故"以此來奄"
即《多方》之"來奄"，爲成王自言。不然，周公可作武王語，獨不可
作成王語乎？舍成王而稱武王，是朝三暮四也。姚氏言再三，亦
與傳異，云"昔朕來自奄，大降爾四國民命"，《多方》所謂教告之再

三,亦此命也。又云康叔封康,爲《康誥》,其後乃封衛。《康誥》王若曰,武王語也。康亦殷也,故屢稱殷先哲王。考康爲畿内國,見《史記索隱》。以《康誥》王若曰爲武王,始於宋代,儒先不知周公滅殷,謀營洛邑,而先封衛,乃作《康誥》,篇首四十八字實非錯簡。總緣不知古人質直,雖代王語,無嫌自言,故變易經文,爝亂師説。若知周公代王作誥而稱謂不改,則於《康誥》無疑,而此"昔朕來自奄"亦無疑矣。此非攻前人,實尊經也。至鄭所云周公稱王,濂亦未敢信之。

《顧命》河圖考

彭政欽

此河圖,迺帝王受命之圖,成王視爲寶籙,周家傳寶之,故與諸寶同陳,與伏羲氏觀河圖,遂則之以畫八卦者異。王肅、孔安國指爲八卦,孔穎達作《正義》曲仍其説,不復深究圖籙原聖者所世有,引《漢書·五行志》劉歆説,歆以爲伏羲繼天而王,受河圖,則而畫之,八卦是也。竝《易·繫辭》以爲證,引《繫辭》云"河出圖,洛出書,聖人則之",若八卦不則河圖,餘復何所則也。不知鄭康成謂圖出河水,帝王聖者所受,與注《周易》有別。《易》起於乾坤八卦,故《易》注引《春秋》説曰:"河以通乾,出天苞;洛以統坤,吐地符。河龍圖發,洛龜書成。"實指八卦之所由出。而《顧命》注概言帝王聖者所受。言帝王,則不專指伏羲;言所受,則不專指八卦。即就八卦言,八卦在易,始於伏羲,辭義實備於文王周公,《顧命》若陳八卦,必合乃祖之易而竝陳之,以與大訓對言,大訓注,典謨也。何必專陳卦圖? 可見鄭泛言所受,必不合伏羲河圖而括指之。

鄭雖未分出其意可會,即武王訪範、箕子陳疇,後世演爲圖説。

如舒潛夫。以河圖、洛書推演疇圖之數，似河圖亦成周治法所祖。以《顧命》河圖訓八卦，較王與二孔泛引伏羲八卦之説，頗爲有據。然圖説究屬附會，於經義無施，《四庫書目提要》謂：“《洪範圖説》四卷，自成一家言，非經文本義如是也。”不可執以窮經，況則河圖以畫卦，伏羲外別無它聞，而紀受河圖者，每散見於它書，皆不指八卦言。如《竹書》“黃帝遊洛水”，郭璞注云：按魏笛生《駢雅訓纂》徵引書目載：“《竹書紀年》，晉郭璞注，舊本題宋沈約注。”“龍圖出河，赤文篆字，以授軒轅。按《翰墨全書》載黃帝夢兩龍授圖，乃齊戒，往河求。忽有大魚泝河而上，負圖而進，帝跪而受之。又《天文志》載黃帝受河圖，得其五要。與《竹書》略異。堯母慶都觀三河。一旦，龍負圖而至，後生堯，其狀如圖。見《竹書》郭注。羅泌《路史》亦言之。沈約《宋書·符瑞志》：“堯率舜等遵河渚，有五老相謂曰河圖將來，告帝二月辛丑，榮光出河，乃有龍馬銜甲，吐甲圖而去。文言‘虞夏殷周秦漢，當授天命’，帝乃寫其言，藏於東序。”又按《禮運》正義引《中候握河紀》云，堯時受河圖，龍銜赤文綠色。《竹書》郭注言堯受河圖事，與《符瑞志》文略同，惟虞夏下《竹書》注無殷周秦漢字。《竹書》帝舜十四年，命禹代虞事。注云：“舜乃設壇於河。榮光休至，黃龍負圖，文言‘當禪禹’。又，帝禹觀於河，有長人，白面魚身，出曰‘吾河精也’。言訖，授禹河圖，言治水之事。乃退，入於淵。”又按《廣博物志》十四卷引《尸子》，與此略同。羅泌《路史》言“禹上觀於河，河精授圖”，注引《書·中候》，文亦同。

可見，受河圖不止伏羲爲然，《顧命》陳河圖，合帝王受命之河圖而陳之，何得泥八卦爲説？江氏聲心知王、孔之謬，鄭注之誼可從，而又自變其説，以爲周家寶往古之河圖，不如寶其先祖之河圖，引《墨子》言文王受河圖事，《墨子·非攻篇》云：“天命周文王伐殷，有國泰顛來賓，河出錄圖。”是也。謂爲周家天命所自，故寶之。愚案，江義本是微嫌其義猶未密，蓋就周家河圖而論，亦不止文王。《漢書·武帝紀》詔曰：“周之成康，刑措不用，德及鳥獸。麟鳳在郊藪，河洛出圖書。”沈約《宋書·符瑞志》言：“周公與成王觀河，有青龍銜元甲之圖，坐之而去，周公援筆寫之。"《竹書紀年》郭注亦載其事。以此推之，《顧命》終成王之大事，陳文王之河圖，未有不陳成王之河圖者。況李善注《文選》王儉《褚淵碑文》，引《顧命》天球河圖在東枏云"河圖，本紀圖也，帝王始終存亡之期"，與鄭泛言帝王意暗合。且揆之經義，《顧命》爲成王之終康王之始，其兼陳成王之河圖也，愈明矣。江氏以河圖指受天命言，其卓識過於王。孔但專屬文王，則失之偏。惟王氏鳳喈謂周家世受河圖，不但陳本朝所受，故鄭廣指帝王聖者。見《尚書後案》。如此看，鄭注最確，但亦未指出非伏羲八卦耳。吾故謂以河圖爲八卦，又專指文王所受之河圖者，皆不可從。

《顧命》河圖考

胡元玉

宋陳摶之流竊大衍之數，鄭注圖之以爲河圖；竊《乾鑿度》太乙下九宮法圖之，以爲洛書。於是説易者遂有圖書之學，毛西河作《河圖洛書原舛》，胡胐明作《易圖明辨》，指摘辨論，詳盡明晰，宋世圖、書之爲僞物，因明白矣。然竊考河圖雒書之見于經者，惟《易·繫辭》及《書·顧命》，而二書所指，又各不同。

河、雒之所出者，瑞物也，作《易》之所則也；《顧命》之所陳者，書名也，歷代聖王之所作也。是又學者所不可不知者矣。蓋河出圖、雒出書乃王者之瑞應，猶河出榮光、山出器車也，榮光、器車無文字者也，則圖書亦未必有文字矣。聖人則之以作《易》，猶法獸蹄鳥跡以製字也。獸蹄鳥迹，似點畫而非點畫者也，則圖書亦似點畫而非點畫矣。其謂之圖書者，以出河者其文似圖，出洛者其文似書，故聖人有取焉爾。桓譚《新論》云"河圖洛書，但有朕兆而不可知"，斯言允矣，故不獨伏羲時有之，堯、禹、文王、周公時皆有之。

《禮運》疏引《中候握河紀》云：“堯時受河圖，龍銜，綠文，赤色。”《廣博物志》十四引《尸子》曰：“禹理鴻水，觀于河，見白面長人，魚身，出曰‘吾河精也’。授禹河圖，而還于淵中。”《墨子·非攻篇》云：“天命文王伐殷，有國泰顛來賓，河出錄圖。”《宋書·符瑞志》云：“周公旦攝政七年，與成王觀于河，沈璧。禮畢，榮光出河，青龍臨壇，元甲之圖坐之而去，周公援筆寫之。”皆其證。孔子以河不出圖與鳳鳥不至同歎，即指此瑞物而言也。至于《顧命》所陳之河圖，則蔡邕及《雒書零淮聽》之説最爲可信。按，蔡邕《典引》注曰：“《尚書》曰顓頊河圖雒書在東序，皆存亡之事，尚覽之，以演禍福之驗也。”《文選》王儉《褚淵碑》注引《雒書零淮聽》云：“《顧命》云天球河圖在東序。天球，寶器也，河圖本紀圖，帝王終始存亡之期，則《顧命》之河圖、雒書乃古書之名，所以推演存亡禍福之秘書，殆《洪範五行傳》之類。故周代寶之，與大訓分列于東西序，與《易》了不相涉。特襲取瑞物之名，以命其書，猶檽杌本獸名，而楚人取以名史耳。”《水經·河水》注引《春秋命歷序》云“河圖，帝王之階圖，載江河山川州界之分野”，則又以河圖爲天子之圖籍，若《周禮》土訓、誦訓之所掌矣。

　　蓋聖王之興，必有河圖之瑞，至誠前知，見微知著，恆則其文，而推演成書，傳示後世，不僅伏羲則之而作《易》也。故《水經·河水》注謂堯壇于河，受龍圖，作《握河紀》；《宋書·符瑞志》謂周公受河圖，援筆寫之；漢人以八卦當河圖，以九疇當雒書，皆是指受圖書後所作言之耳。受圖書者不止一人，則圖書所紀不必一致。緯書之名如《河圖著命》《河圖玉版》《河圖稽命耀》《河圖括地象》之類，殆皆本古聖所作而推演之，《顧命》所陳，當兼歷代之書也。鄭注《顧命》云“河圖，圖出于河，帝王聖者之所受”，不以爲書名。今据河圖與大訓、天球馬注云：球，玉磬與赤刀，大玉、夷玉與弘璧、琬琰，兩兩分列，其爲書名殆無可疑。蔡説長矣，江叔澐据《墨子》及《宋志》

謂周家世受河圖,宜爲祕寶。今据鄭注大訓爲虞書典謨,則河圖亦不必專指周代之書也。知此,則宋人之妄尤顯而易見,而漢人說圖書之見疑於後人者,亦可涣然冰釋矣。

導山釋例

蕭榮昌

《禹貢》導山之例,王氏以爲三條,導岍岐北條,西傾中條,嶓冢南條。鄭氏以爲四列,導岍岐爲陰列,西傾爲次陰列,岷山爲陽列,嶓冢爲次陽列。蔡氏《書傳》以三條四列之名皆爲未當,而據導字分爲南北二條,以江河爲之紀。先儒謂蔡氏本之唐僧一行,以爲天下山河存乎兩戒之説,而其實蔡傳非本一行也。一行之説,北戒極之濊貊、朝鮮,南戒極之嶺徼、東甌、閩中,非禹時之境地,亦非治水時先原後委之隨刊,而蔡必異於王、鄭者。

中國之水,江河爲大,江河同原於昆侖;中國山勢,亦遠自昆侖而來。水可導而山不可導,是導山亦導水也。《禹貢》導岍岐,蔡以爲北條大河北境之山,西傾朱圉,蔡以爲北條大河南境之山。導嶓冢,蔡以爲南條江漢北境之山。岷山之陽,蔡以爲南條江漢南境之山。據經,兩導字分爲江河南北兩境,禹服形勢,斠然而論者,以爲與本經導水之例不合。山隨水導,而中國七水專指河與江漢之山,不無挩漏。不知導山特舉其綱,導水乃析其目。導岍岐至于王屋,即下文導沇水之例;西傾朱圉鳥鼠,即下文導渭自鳥鼠同穴之例;熊耳外方桐柏,即下文導淮自桐柏、導洛自熊耳之例。故蔡氏謂嶓冢導漾,岷山導江者,漾之源出嶓,江之源出岷,故先言山而後言水,其文雖釋導水,其義則釋導山。濟出王屋而導沇水,不言蔡以爲沇水伏流,其出非一,故不志其源,亦釋導山至于王屋之文。

然則導山之例，當合本經導水釋之，而後知蔡氏南條北條以江河爲紀，其例甚確。若夫山之因經以見緯者，本經于逐州之下記之，知岳陽、壺口、梁、岐、碣石見冀州，嵎夷、岱畎見青州，蒙羽、嶧陽見徐州。荆及衡陽，荆州之域；岷嶓蔡蒙西傾，繫之梁州；華陽、荆岐、終南、惇物、三危、鳥鼠、崑崙，見雍州。而或爲導山諸山之本山，或爲導山諸山坿近之山，其間或經始修治，或作藝作貢，或既旅既宅，皆禹所親歷而施勞者，釋例當備書之。至於舉諸名山而循其脈絡，縷析條分，前賢固有譏其謬妄者矣。兹依《集傳》而釋其大略如此。

正攝名義

林系尊

孔安國《尚書序》云："典、謨、訓、誥、誓、命之文，凡百篇。"陸德明《經典釋文》以六者皆有正攝，董鼎斥其非本義。案，正攝之名諒不起於兩漢之世，蓋六朝時，江左師説如是，如謝行思、李長林之類，而德明引之耳。《正義》本劉光伯、劉士元二家，不載謝沈之説，故德明之説無可佐證。《正義》以《書》體例有十，於六者之外尚有征、貢、歌、範，此顯與德明異矣。又云征、貢、歌、範非君出言之名，六者可以兼之，則《正義》且依違於十例之別，而疑六者之相兼。夫兼即攝也，《正義》已言其旨，至以《太甲》《咸有一德》，亦訓之類，每篇比附，則正與德明説互相發明，烏可以厚非德明哉？但德明未分出某篇正、某篇攝，後人亦不致考。《經義考》引熊朋來説，始釋其義云"正者有其義，而正其名；攝者無其名，而附其義"，其説最精。蓋百篇《書》，例皆不出此六者，故安國於序發其凡也。特朋來分別正攝，體例不精，如正命十二篇，《書》中名命者十三，乃以原命附之攝。誥，其攝篇中比附舛錯疊出，又不能申明其説。
識者憾焉。

夫欲定正攝之名，必先別典、謨、訓、誥、誓、命之體，而後分次
篇第，始得其類相從。否則，意爲比附，必不信矣。今於百篇無論
存亡，專以《書序》爲主，附以馬、鄭舊誼，而審定其體裁，以求當於
六者之名義。除謨、誓不誤不釋外，餘悉條爲辨晰，列表左方。欲
觀正攝之名，則循其上下而省之，欲知正攝之義，則傍行而觀之。
於熊朋來所訂攝典易去者一，攝訓易去者三，攝誥易去者五，正命
易去者一，攝命易去者二，表之云爾。

典凡十五篇。此《釋文》原文，依十行注疏本。正典二，凡正篇無誤文者，
不釋。攝十三，十一篇亡。

　　堯典

　　禹貢此紀平水土之功，故爲一代大典。

　　舜典

　　武成舊列攝誥。序云"識其政事"，《史記》作"記政事"，此以故訓釋識
也。鄭注云"著武道至此，而成此爲一代大典"，則非誥也。武功不始於周商，
蓋《書》缺有間焉。孔仲達《正義》亦以此坿誥，誤同熊氏。

右二篇存。

　　汩作

　　九共九篇

　　槀飫此十一篇，書、序連文，皆帝舜省方之事，自然典也。

右十一篇亡。存亡皆各爲次第。

典者，《周禮》太宰注云常也，經也，法也。《書》之名典，皆帝王
所立經，法百代可常行者，故《正義》云"若堯舜禪讓聖賢，禹湯傳授
子孫，皆是"，又云"特指堯舜之德於常行之內，道最爲優，故名典，
不名經"，此足發明正典之義，《書》名"攝典"，必述帝王功德，而皆
有實政者，方副其實名。熊氏以《洪範》爲攝典，《洪範》雖言天地常

法，而非專指一代實政，且爲臣贊君之詞，烏足以附典乎？今去《洪範》一，易以《武成》。

　　謨凡三篇。正二，攝一。

　　　大禹謨謨字後人所加，依序無也。

　　　益稷

　　　皋陶謨

　　謨者，《爾雅·釋詁》云謀也，孔傳義同。熊氏所列正攝，皆不誤，不贅釋焉。

　　訓凡十六篇。

　　正二篇亡。此有脫文，盧召弓定爲正下脫三字，今定爲二下脫一字，蓋正訓本二，而一篇亡也。

　　　伊訓

　　右一篇存。

　　　高宗之訓

　　右一篇亡。依盧定本，正訓尚少一篇，盧因下攝十四，誤作攝十三，據誤文而未詳考耳。

　　攝十四，三篇亡。當依《釋文》本，作四篇亡。特《釋文》本十四又誤作十三耳。

　　　五子之歌《書》云述大禹之戒，自然訓也。

　　　太甲三篇

　　　咸有一德以上四篇，《正義》云伊尹訓道王，亦訓之類。

　　　高宗肜日《正義》云與訓序連文，亦訓辭可知也。

　　　洪範舊列攝典中。此箕子訓道武王之詞，則非典也。

　　　旅獒《正義》云戒王，亦訓也。

　　　無逸《正義》云戒王，亦訓也。

　　　立政舊列攝誥。此周公訓道成王設官之法，援述文武之政，自然訓也。

　　右十篇存。此從熊定本，注疏本、《釋文》本皆誤也。

典寶據序,與《旅獒》相類。

肆命舊列正命。鄭注云"肆命者,陳政教所當爲也",此非君命臣下之命,乃與訓序連文,自然訓也。《典寶》有典名而無典義,故攝之。訓例與此同。

徂后舊鄭注云"言湯之法度也",此述先王以戒君。

沃丁序云咎單遂訓伊尹事,此咎單戒王詞也。

右四篇亡。依《釋文》本。

訓者,《詩·抑》傳云教也,《烝民》傳云道也。《書》之名訓,皆臣下贊君之詞,或述先王以致戒,或舉要政以導王。熊氏於存篇取《周官》《吕刑》,於亡篇取《明居》,不知此皆誥體。《周官》《吕刑》皆王言,即非訓體;《明居》乃明居人法,亦非訓王。今去《周官》《吕刑》《明居》三,易以《洪範》《立政》《肆命》。

誥凡三十八篇。

正八。

仲虺之誥

湯誥

大誥

康誥

酒誥

召誥

洛誥

康王之誥

攝三十,十八篇亡。

盤庚三篇王肅云:"不言誥,何也? 取其徙而有功,非但録其誥而已。"《周禮·太祝》司農注:"誥,《康誥》《盤庚》之屬也。"

西伯戡黎《書》云犇告于王,此直舉事以告王也。

微子序云微子作誥,父師少師。

金縢《正義》云《金縢》自爲一體，祝亦誥詞也。

梓材《正義》云《酒誥》分出，亦誥也。

多士序云周公以王命告，自然誥也。

君奭《正義》云周公告召公，亦誥也。此同寮相誥之例。

多方序云在宗周誥庶邦。

周官舊列攟訓，《正義》云上誥於下，亦誥也。

呂刑舊列攟訓，序云呂命穆王，訓夏贖刑。孫淵如疏云："命，告也，告王得爲命王者。"鄭注《緇衣》云："傅説作書，以命高宗。《呂刑》皆王言。訓夏者，訓中夏也。"舊釋夏爲夏禹，非是。《正義》亦以此爲誥體。

右十二篇存。

帝告《史記》引，告作誥。

釐沃據序，與庚同體。

汝鳩

汝方據序，此二篇與《微子》相類。

夏社

疑至

臣扈序云欲遷其社，不可，作《夏社》《疑至》《臣扈》。馬云疑至、臣扈，二臣名，聖人不可自專，復用二臣自明也。此誥羣臣、庶邦之作。蓋勝夏時，僉議遷社，湯執不可，疑至、臣扈亦然，故爲誥。

明居舊列攟訓，序云咎單作，馬云："咎單，湯司空也。明居，明居人之法也。此以司空政誥庶民也。"

咸乂四篇序云伊陟贊於巫咸，此同寮相誥也。

仲丁

河亶甲

祖乙據序，三篇皆遷居作，與《盤庚》同體。

嘉禾舊列攟命，序云旅天子之命。此陳天子之命，以布告天下也。

成王政舊列攟命，馬、鄭本"政"作"征"，此與孔傳異義。《尚書大傳》書序有撥誥,云遂踐奄,與今《成王政》序同。撥即奄也,今依《大傳》。

將蒲姑序云周公告召公。

右十八篇亡。

誥者,《爾雅·釋詁》云告也,《書》之名誥有數例。一爲施命,誥四方之誥,此王者誥其臣民也;一即《荀子·大略》注云誥以言辭相戒約也,此同寮相贊勉之類;一即孔傳云會同曰誥,此人臣告君之類,既無所稱述,直舉事以告王,與訓異体。熊氏於存篇取《武成》《立政》,亡篇取《伊陟》《原命》《分器》。《武成》非誥,已見典表,《立政》乃周公訓王之事,《原命》乃正命也,《伊陟》《分器》亦命也,說詳命表。今去《武成》《立政》《伊陟》《原命》《分器》五,易以《周官》《吕刑》《明居》《嘉禾》《成王政》。

誓凡十篇。

正八。

甘誓

湯誓

泰誓三篇

牧誓

費誓

秦誓

攝二。

允征

湯征

誓者,《說文》云約束也,孔傳云戎事曰誓。熊氏所列不誤,不贅釋焉。

命凡十八篇。

正十二,三篇亡。

説命三篇

微子之命

蔡仲之命

顧命

畢命

冏命

文侯之命

右九篇存。

原命舊列攝誥,非也。以命名篇,當歸正命。熊氏特以《書》中名命者實十三篇,與都數不符,故不數《原命》。不知《原命》者,馬云"原臣名也,命原以禹湯之道,我所修也",此與《畢命》《冏命》同例,其爲正命,確無疑義。

旅巢命

賄肅慎之命

右三篇亡。

攝六,四篇亡。

君陳序云命君陳分正東郊成周。

君牙序云穆王命君牙爲大司徒。

右二篇存。

伊陟舊列攝誥,序云太戊贊於伊陟,此君命臣詞也。且與命序連文,宜坿之命。

分器舊列攝誥,鄭云作器著王之命,及所受物。

歸禾序云成王命唐叔歸周公于東,此以王命命之。

亳姑序云成王葬于畢,告周公。此出君下臣之作,如《春秋》王錫命之類,故不爲誥。

右四篇亡。

命者,蔡邕《獨斷》云"出君下臣,名曰命",《文選·閒居賦》注云"凡尊者之言曰命"。《書》之名命,皆上臨下之詞。《釋文》正命十二篇,今《書》中名命者十三,必省去一篇。《肆命》與訓序連文,繹鄭注，亦不以坿命，自可省去。熊氏乃不省《肆命》，而以《原命》坿誥。夫《原命》序注，班班可考，確正命也，烏可省乎？熊氏又以《嘉禾》《成王政》坿命，不知《嘉禾》乃周公作，《成王政》并無命臣之意。今於正命去《肆命》一，易以《原命》；攝命去《嘉禾》《成王政》二，易以《伊陟》《分器》。

卷三

王命南仲考

胡棣鄂

《出車》"王命南仲"傳："王，殷王也。南仲，文王之屬。"案，毛以下云："天子命我，恐人因命我之文，而疑天子爲文王，并疑王爲文王，故特斥爲殷王也。"用胡氏承珙説，見《後箋》"我出我車下"。下文"天子"，毛無傳，以上文自天子，所明爲殷天子，無煩解釋耳。文王雖受命，猶服事殷，則王爲殷王無疑。《采薇》敍云文王"以天子之命將率"，此言王命，蓋文王以天子之命命之也，其與《尚書·多方》稱周公曰"王若曰"之例胡氏承珙引以爲例，最塙正同。下文"天子命我"，乃言受命於方伯，實受命於天子也。

南仲之名，見此詩及《常武》詩。此傳云文王之屬，屬，臣屬也，《左氏》哀十一年《傳》，不屬者，杜注。官屬也。《漢書·武帝紀》御史乘屬注引服虔説。《禮·王制》"州有伯，八州八伯"，又云"八伯各以其屬屬於天子之老□，□分天下以爲左右，曰二伯"。据此，則二伯大，八伯小。五伯屬於二伯，文王爲西伯，南仲當爲州伯，故傳云"南仲，文王之屬"。用陳氏奐説，見《傳疏》。南仲不見他典，惟《汲冢紀年》云："帝乙三年，王命南仲距昆夷，城朔方。"正此詩所詠事。又据《紀年》，文王以文丁十二年立，至帝乙三年，已越五年，而《逸周書》敍言文王立，西距昆夷，北備獫狁，正與相合。用陳氏啟源説，見《稽古編》。南仲即文王之臣，亦奉天子之命，從文王出征，不得以其因王事出師，疑南仲爲殷王之臣，用胡氏承珙説。并以爲會西伯出征，如《春秋》書王人會伐之事也。駁陳氏啟源説。羅泌《路史》言禹後有南氏二臣，勢均爭權而國分，南仲即其後。泌語本《周書》，《史記》解其以爲禹後，則見《史記·夏本紀贊》。贊云禹後有男氏，《索隱》云系本男，作南是也。泌子苹謂，盤庚子生而手把南字，號南赤龍，孫仲爲紂將，則又以仲爲殷後。泌説有所本，苹説不足據，陳氏啟源駁之。則南仲本以南爲氏，爲夏後而非殷後，明矣。

南氏即南宫氏，南宫或單稱南，《論語》南宫縚稱南容，即其明證。又《春秋·隱公九年》："天王使南季來聘。"杜注：南氏，當亦即南宫氏。考《周書》，文王時有南宫括，《國語》稱謀於南宫，《逸周書》武王時有南宫忽、《史記》忽作括。南宫伯達，《周書》成王時有南宫毛，《左傳》敬王時有南宫極、南宫囂，先是，宋有南宫長萬、南宫牛。則南氏即南宫氏，爲文王之屬，乃周之勳舊，故宣王時復有南仲也。《常武》南仲太祖，乃宣王時之南仲。《漢書·古今人表》南仲作南中，與召虎、方叔同列，明爲宣王時人，而文王時無南仲。又《人表》有南宫邊，亦南宫氏族。蓋以成叔武、霍叔處之前列周八士於中上，南仲即居其閒也。用胡氏承珙説。案八士之達、适、忽，與《周書》及《逸周書》所稱合，則文王時之南仲即八士之仲突、仲忽。或疑班從《魯詩》説，以此南仲與《常武》南仲爲一人，則誤認班之所系矣。駁陳氏奐説。至蔡邕《諫伐鮮卑議》云周宣王命南仲、吉甫攘獫狁、威荆蠻；應劭《風俗通》云《詩》美南仲，闞如虓虎，皆指宣王時之南仲，而非指文王時之南仲也。《後漢書·龐參傳》馬融上書，稱周宣獫狁侵鎬及方，南仲赫赫，列在周詩。彼以此詩及《六月》詩溷而爲一，然宣王時吉甫伐獫狁，見《六月》。南仲伐淮夷，見《常武》。謂南仲亦伐獫狁，失之矣。胡氏承珙亦駁是説。毛傳以文王、宣王時各有南仲，當時必有塙據。古書一經秦火，不傳於世者多矣，安得以今之經傳蔽周以來之事實乎？

鄭以文王時有南仲，而宣王時無南仲，謂用其以南仲爲太祖者。孔疏引孫毓云宣王之大將，復字南仲，傳無聞焉。且古之命將，皆於禰廟，未有於后稷大祖之廟者。仲達申鄭，而以孫説爲可取。然《白虎通》引《詩》云"王命卿士，南仲大祖"，并引《禮·祭統》

"古者人君爵有德,必於大祖",又引《王制》"受命於祖,言於祖廟命遣之"。如《白虎通》引《詩》,則南仲在宣王時,西漢之初諸儒已同毛説,而命於大祖,禮有明文,孫氏之評亦不足據矣。用李氏黼平説,見《紬義》。

漢宋以來,眾説沸騰,靡所定嚮,或言宣王時之南仲,而罕及文王之臣;或即以此詩之南仲,指為宣王時之南仲,胡氏承珙述田間詩學云,《竹書紀年》宣王三年命大夫仲伐西戎,後儒謬以為南仲,謂此詩為宣王時詩。考《史記》,仲指秦仲,與此無涉,信然。類皆妄為肊斷,而尟有當於古誼焉。漢代典籍,豈盡無稽,傳但曰"南仲,文王之屬",蓋古人釋經謹慎,不徒據當時師説以證前人訓詁也。

南東其畝解

周聲洋

《小雅》"南東其畝",傳曰:或南或東。孔疏:成二年《左傳》云,先王疆理天下物土之宜,故詩曰"我疆我理,南東其畝"。是於土之宜,須縱須橫,故或南或東也。嘉定陳氏奐曰:"或之言有也,或南者,有南其畝者也;或東者,有東其畝者也。"按《周禮》,遂人治野,夫閒有遂,遂上有徑;十夫有溝,溝上有畛;百夫有洫,洫上有涂;千夫有澮,澮上有道;萬夫有川,川上有路。鄭注云:"以南畝圖之,則遂縱溝橫,洫縱澮橫。"鄭雖於此詩無箋,然即其注《禮》以遂縱者為南畝,可知遂橫者即東畝也。長樂劉氏云:"其遂東入於溝,則其畝南;其遂南入於溝,則其畝東。"《集傳》引之,與鄭不合。歙程氏瑤田《阡陌考》云:"天下之川皆東流,故川橫則澮縱,洫又橫,溝又縱,遂又橫。遂橫者,其畖必縱,而畝陳於東,是故東畝者,天下之大勢也。"然天下之川,大勢雖皆東流,而河東之川獨南流。河為川之最

大者，而或南流，則其畝必南陳而爲南畝矣，南畝畍橫則遂縱。河至
大伾又北流，則畫畝之法與河東川之南流者，同爲南畝。而晉人乃
欲使齊之封内盡東其畝，此實媚人所以有無顧土宜之斥也。程氏
又作《阡陌圖》以明斯恉，陳氏《傳疏》服膺其説。

今按，程氏以川爲主，即以川流之南東，定畝之南東，深得先王
物土宜之意，且與鄭説相合，可謂精矣。但專以川屬河，稱河東之
川，南流田皆南畝。河自華陰以下，其川東流，田皆東畝。河自大
伾以下，其川北流，田亦皆南畝。是河東及大伾以下，無東畝之田，
華陰以下無南畝之田。竊未敢信。《韓子·外儲説右上篇》晉文公
伐衛，東其畝。《吕覽·簡選篇》晉文公東衛之畝，高誘注云："使衛
耕者皆東畝，以遂晉兵也。"考衛在河内，河經衛境，尚是東流，如程
氏之説，衛田本皆東畝，何待晉使之東？言晉使之東，則衛亦有南
畝之田可知。竊意此三方瀕河之田，自當緣河流以定畝，若田去河
遠，而别以入河之小水爲川，則當就小水之流所向，以定畝之所向。
如晉在河東，瀕河之田自皆南畝。若汾水過臨汾縣，東來西流，過
長脩、皮氏、汾陰三縣，西注於河，見《水經》。則長脩、皮氏、汾陰之田
以西流之汾爲川，不異以東流爲川，仍須東畝，方合土宜，豈必河東
之田皆爲南畝？毛公云或南或東者，亦指一方言之，非謂南畝之方
絶無東畝，東畝之方絶無南畝也。況溝涂以限戎馬，正取田畝縱橫
交午，不利長驅；若一方皆南畝，一方皆東畝，則華陰以下，不能限
東西之戎馬，河東及大伾以下，不能限南北之戎馬，又何以寓兵法
於井田乎？

惟萬夫其川之田，南則皆南，東則皆東，不如衡陽王氏夫之所
云，一夫之田或縱或橫，致與物土之宜有舛耳。程氏不誤於以川之
南東定畝之南東，而誤於以河之南東概川之南東。陳氏引以作疏，
未之見及，故其説曰："豳岐豐鎬在大河之西，其川與河東之川同是
南流，其畝必南陳。故《七月》《甫田》《大田》《載芟》《良耜》諸詩，皆

云南畝。"此蓋溺於程説，不知《詩》言南畝，所以該東畝。古書省文，此例甚夥。不然，齊之詩人亦宜祇言南畝，何以曰横從其畝耶？且此詩作於西周，何以兼言東畝耶？故必善會毛意，始可以得《詩》意。

南東其畝解

蕭榮昌

《詩·小雅·信南山篇》"南東其畝"。謹案，《説文》：畮，六尺爲步，步百爲畮，秦田二百四十步爲畮。从田，每聲。畝，或从十久云。畝者，田畮之名。田，陳也，樹穀曰田，象形，口十千百之制也。畮，耕治之田也，從田。弓，象耕田溝，詰詘也。弓或畮省田者，但象其溝洫縱横之形。

古者井田，於平衍之地爲之，方里而井，井九百畮，方一里爲一井，方百里則爲百井，《易》所謂往來井井也。凡天下之地勢，兩山之間必有川焉，大川之上必有涂焉。川者，溝洫く巛之水所通。涂者，田畮之畺界也。惟其有川，故其地平曠；惟其有涂，故便於往來。故知井田之制，必於平衍之地爲之也。古畝字作畮者，每，艸盛上出也，從屮，母聲。井田畟次，禾麥薿茂，若艸盛上出。晉輿人之誦所謂"原田每每"，《大雅·縣》之詩所謂"周原膴膴"，《文選·魏都賦》注引《韓詩》曰"周原腜腜"，古每、某同音，腜腜即每每。皆指原田之美也。六尺爲步，步百爲畮者，周時井田之法。秦田二百四十步爲畮者，秦變井田之法。漢因秦制也，畝或從十久者，田、畝同意。十者數之具也，一爲東西，丨爲南北，則四方中央備矣。千百之制，《周禮·遂人》夫間有遂，十夫有溝，百夫有洫，千夫有澮，萬夫有川；洫上之涂謂之百，澮上之道謂之千，言千百而夫間之遂、十夫之畎、萬夫之路悉包舉之。故田畎字，皆象千百之形。久者，言井田可垂久遠，《易》所謂改邑不改井也，久乃會意，以久爲聲者非是。

先王疆理天下物土之宜，田畎縱橫，四方悉備。《詩》獨舉南東者，傳以爲或南或東，疏以爲須縱須橫，説皆未諦。周起雍州、岐山之陽，徙都酆鎬之域，西北多山，東南多水。多山之地，必有廣谷大川，其閒平原，或數百里數十里，皆井以爲田。故畎必於東南，因水勢也。南畎而耕，則く、溝、巜皆縱，遂、洫、川皆橫；東畎而耕，則く、溝、巜皆橫，遂、洫、川皆縱。《齊風·南山》之詩所謂"橫縱其畝"，《韓詩章句》所謂"東西耕曰縱，南北耕曰由"是也。水絶大謂之澮，非人爲謂之川，故知南東其畎者，因川以制田。春秋成公二年《左氏傳》，晉人欲使齊之封内盡東其畝，齊人引此詩，責以唯吾子戎車是利，無顧土宜。可知井田之畎，溝洫縱橫，兵車阻礙，今使盡東其畝，則晉之伐齊，循東畝而行甚利。知者晉之西鄙與齊接壤，河閒一帶曠衍平夷，皆迤於西南。使齊畝果盡東，則不僅利晉之戎車，且盡廢齊之沃野。西界大河，北至無棣，土近斥鹵，不資灌溉，其田畝皆在西南穆陵、淄濰之閒，宜於種蓺，是亦因川以制田。適與此詩之恉相合，故齊人當日得以有辭，而孔疏發明毛傳，亦引此《左氏傳》文以實其義也。

南東其畝解

胡棣鄂

《信南山》"南東其畝"傳：或南或東。《正義》曰："成二年《左傳》曰'先王疆理天下物土之宜'，故詩曰'我疆我理，南東其畝'。是於土之宜，須縱須橫，故或南或東也。"

案，南山衡從其畝，《一切經音義》及《六帖》引《韓詩》作"從橫",云"南北曰從,東西曰橫",又《釋文》引《韓詩》作"橫由",云"東西耕曰橫,南北耕曰由"。則橫者東西,從者南北。此獨言南東,蓋就畝之水所注而言,非謂或南北其畝,或東西其畝。說見《稗疏》。案,毛傳但言"或南或東",《正義》釋經亦祇云"南東其畝",則非兼西北而言無疑。夫地之大勢,西北高,東南下。田中之畎,所以行水,《說文》:㽉,古文く,從田川,田之川也。畎,篆文く。多自西北而注於東南,故獨言南東。

古人制田始於一畝,行水始於一畎,即以一畝之畎言之。畎順水勢,畝順畎勢,畎縱則畝縱,畎橫則畝橫,本自然之理,不可強而易之。畎自北而注南,自西而注東,而畝亦隨畎而南,隨畎而東,曰南畝曰東畝。《七月》《甫田》《大田》《載芟》《良耜》等篇言南畝,《左傳》言東畝,皆其明證。此言南東爲縱爲橫,即爲廣爲長也。若執《甫田》"長畝竟畝"之傳以強合此詩,謂指畝之直長者而言,而斥橫陳南東之說說見胡氏承珙《毛詩後箋》,不知南縱東橫,訓詁塙不可易,何得謂畝皆直注,而無橫陳乎?至謂田事喜陽惡陰,東南向陽則茂遂,西北傍陰則不實見范氏補傳;又謂匠人之畎,爲每畝間行水之畎,與播種之畝不同見程氏瑤田《通藝錄》,皆非通論胡氏承珙均駁之。

朱子釋畝爲壟,徐氏文靖《管城碩記》引此說,以畝爲畎之誤。案,經無畎字,徐說非是。即今之田,所謂若干畝者,非必其中之高處。田中之畝,所以行水,其壟所以播穀,亦謂之畝。《書傳》云"終竟壟畝",《左傳》注云"使壟畝東西行"。每畝之中,畎壟相間,畎必順畝之首尾,而行水以入於遂。用胡氏承珙說。《考工記》匠人爲溝洫,始於廣尺深尺之畎,田首倍之爲遂,其制詳且盡矣。畝不爲方,蓋以畝注遂,遂在田首,故不能方;猶溝注洫,洫在通首,亦不能方。見錢氏塘《溉亭述古錄》。或謂畝廣五步,長百步,《稗疏》用《司馬法》及《考工記》說,且言開方之法最詳。或謂畝廣一步,長一步,錢氏塘引《韓詩》說。或謂畝廣一步,長百步,《稗疏》引朱子說,疏謂其制太狹,與井地不合。案,朱子與韓說畧同。皆畝不爲方之證。若步數各殊,則古尺今尺之不同,未可強而齊之也。《風俗通》云，南北曰阡，東西曰陌，河東以東西爲阡，南北爲陌。_{陳氏奐}引此説，謂與諸家單指南北爲阡、東西爲陌者較優。朱子謂阡言千，陌言百，遂人徑是百畝界，涂是百夫界，二者皆縱，即南北之陌；畛是千畝界，道是千夫界，二者皆橫，即東西之阡。正用應氏南北爲陌、東西爲阡之説。

劉氏云，遂東則畝南，遂南則畝東。蓋亦審其地勢，溯其水流，水道在此，則地畝在彼，南東交互，勢所必然。不得因遂縱溝橫爲溝洫之法，溝縱遂橫爲井田之法，而遂疑畝之爲制隨地區分，各相懸殊也。_{胡氏承珙之説最塙，見《毛詩後箋》。}馮氏云，畝即田之身，_{胡氏承珙引《名物疏》。}《巷伯》言"畝邱"，傳本《爾雅》邱名之訓以釋之，而李注《爾雅》云邱如田畝，亦指邱之身而言，則畝爲田身無疑。惟其爲田身，故朱子訓畝爲壟也。方氏注《禮記》引此詩，而以廬之所向而言，見胡氏承珙《後箋》。《公羊》何注及《韓詩外傳》皆云"廬舍二畝半"，則畝視廬之所向，亦本古誼。後人不察，籾畝以防水之説，_{胡氏承珙斥朱氏公遷《疏義》爲非。}而畝之畔又別有所謂畝，誤已。古有遂、溝、洫、澮、川以通水流，即於遂、溝、洫、澮、川之上有徑、畛、涂、道、路，以通車徒，而亦可以限戎馬。太公寓兵於農畝之設也，蓋有深意存焉矣。

要之，南爲橫，東爲縱，言南而北可類推，言東而西可例視。此《詩》云南東，不必兼西北言之，而東南之畝既分，則西北之畝亦由是分矣。傳言"或南或東"，漢宋以來訓故之家卒莫能易。懿哉，毛公之説深得古人物土宜之誼歟！

率西水滸至于岐下箋

李元音

《緜》詩："率西水滸,至于岐下。"毛傳、鄭箋訓詁略同,而其大意迴別。以今考之,所謂水者,當指岐周之漆、沮而言,非豳東北之漆、沮也。所謂率西水滸者,當是古公相宅時事,非始遷時事也。《禹貢》曰漆沮既從,《集傳》引《寰宇記》:漆水自耀州同官東北來,經華原縣,入沮水。沮水自坊州昇平縣北子午嶺出,俗號子午水,下合榆谷、慈馬等川,遂爲沮水,至耀州華原縣合漆水,至同州朝邑縣東南入渭。其地皆在今邠州東北。今之邠州即古之豳國,此豳東北之漆、沮也。《水經·漆水篇》:漆水出扶風杜陽縣,徐廣所謂漆水出杜陽之岐山者是也。酈注引闞駰《十三州志》:漆水出漆縣西北岐山,東入渭。注又以沮水即岐水,蓋由岐、沮音近而誤。皆與《禹貢》所謂又東過漆沮者,地勢不合,去豳甚遠。故《周頌》"漆沮之從",傳曰"漆沮,岐周之二水";本詩"周原膴膴",傳亦曰"周原,漆沮之間",凡以別於豳也,此岐周之漆、沮也。

而此詩漆沮,何以知其屬岐周而不屬豳也?首章曰"自土沮漆",《齊詩》土作杜,見《漢書·地理志》顏注,杜與漆、沮皆水名,此古義之僅存者也。《水經·渭水篇》注,雍水又東南流,與杜水合,水出杜陽山,其水南流,亦謂杜楊川,漢置杜陽縣,屬扶風郡,今屬鳳翔府,皆去岐山不遠。案,杜水惟岐周有之,不若漆、沮二水,有於岐周,復有於豳也。而首章既合杜、漆、沮三水言之,則此漆、沮亦必皆屬岐周,而不屬豳,故曰當指岐周之漆、沮而言,非豳東北之漆、沮也。

何以知其爲相宅時事,非始遷時事也?本詩首章曰"陶復陶穴,未有家室",案《史記·周本紀》由公劉居豳至古公,已歷十世,

豈有經營十世尚無家室,而猶陶復陶穴者乎?則所謂陶復陶穴者,
明是古公始遷於岐也。始遷於岐未有家室,則所謂率西水滸者,當
是相宅無疑,非自豳踰岐而渡此漆沮也。又《孟子》去邠踰梁山邑,
於岐山之下居焉。孟子言山不言水,異於詩也,明是始遷時事;詩
人言水不言山,異於孟子也,明是相宅時事。蓋自豳遷岐,必由梁
山,不由漆沮,古今之地勢可考也。夫古人遷都相宅,必近於水。
即以周室證之,方公劉之館于豳也,曰"逝彼百泉,瞻彼溥原,相其
陰陽,觀其流泉",及周公之營於洛也,曰"我卜河朔黎水,我乃卜澗
水東,瀍水西",非皆此章相宅之確證乎?

　　《史記》本紀乃合《孟子》與《詩》爲一事,曰"遂去豳,渡漆沮,踰
梁山,止於岐下"。其以爲豳之漆沮也,則在豳之東北,岐山則在豳
之西南,自豳遷岐,并不渡漆沮;其以爲岐周之漆沮也,則在梁山之
西南,而豳則在梁山之東北,亦祇可曰踰梁山、渡漆沮,而不可曰渡
漆沮、踰梁山。史公殆未深考《孟子》與《詩》之所以異也。至於漆
沮有二,證以《禹貢》。荊州有沱潛,梁州亦曰沱潛;既道雍州有雝
沮,而兖州亦曰雝沮會同,固不得獨爲漆沮疑也。後之解經者,若不
徧覽經傳,參考古今形勢,徒即漆沮傳疏轉相鈔襲,無怪其猶治絲
而棼之也。茲特据《齊詩》《水經注》以證此詩漆沮屬岐,而不屬豳。
据《孟子》及本詩以證,率西水滸是相宅,而非自豳遷岐,所以尊毛
傳、補鄭箋也。箋既成而並附圖於後,以備流覽焉。

率西水滸至于岐下解

曹廣權

　　《緜》之詩曰"率西水滸,至于岐下"。傳:率,循也;滸,水厓
也。箋云:循西水厓,沮漆水側也。孔仲達不詳循此沮漆之地,使

箋義茫昧。近儒休甯戴東原《毛鄭詩考正》、高郵王懷祖父子《經義述聞》、長洲陳碩甫《毛詩傳疏》、嘉應李子黼《毛詩紬義》，皆不依箋義爲説，蒙謂率之訓循，云循水側，據所經過而言，不必順流而下，不離此水也。鄭君云循西水厓，沮漆水側者，本按度地形所至，何緣得誤？

蓋公劉所居豳地，在今陝西邠州三水縣今邠州三水縣有故豳城；太王所遷之岐，在今陝西鳳翔府岐山扶風縣地。周原在岐山縣東。豳在岐西北，自豳遷岐，西南行，正東乃得至。四章"自西徂東"箋云"豳與周原不能爲西東，據至時從水滸言也"，其答張逸云："豳地今爲栒邑縣，在廣山北、沮水西，有涇水從此西南行，正東乃得周，故言東西云。岐山在長安西北四百里，豳又在岐山西北四百里。"此其所釋地。今以證之《禹貢》《孟子》《史記》《水經注》，皆無一舛錯，何以言豳地在沮水西，有涇水也？《禹貢·雍州》云涇屬渭汭，漆、沮既從，又導渭水東北至于涇，又東過漆、沮。是涇、汭、漆、沮皆在雍州之域。夏之雍州，跨周之豳地，其渭之東北至涇，又東過漆、沮，雖皆指涇與漆、沮下流，言與豳無涉。然渭自西來，東流入河，則涇水居沮水之西，審矣。《水經·沮水》云出北地直路縣，東過馮翊祋祤縣北，東入于洛。酈注沮水東注鄭渠，鄭國閒秦鑿涇引水，謂之鄭渠。据此，則沮在鄭渠西北，渠承涇水，涇在沮水之西益明。又"漆水"云出扶風杜陽縣俞山東北，入渭。酈注引《山經》曰"渝次之山，漆水出焉，北流注于渭"，蓋自北而南矣。据今地形，則漆亦北合于涇，自北而後南入渭。《元和志》：漆水出新平縣西九里，東北流注于涇。唐新平即今邠州，知經云"自土沮漆""率西水滸"，其閒尚須踰一涇水，故鄭云有涇水。傳不言涇者：漆水入涇，涇水受漆水處當亦名漆水，言漆而涇可略，故不言。非經之漆沮水滸祗指涇西之漆，不及涇東之沮水也。若泥漆水在今麟遊縣界，去沮甚遠，遂謂去邠始漆水之閒，割沮水不屬之邠，則皇澗、芮鞠實在直路沮水之西,非公劉所居豳地而何? 公劉夾其皇澗、芮鞫之即,箋皆略其地。

今考《寰宇記》大陵水下引《水經注》,大陵、小陵水出巡和南殊川,西南逕甯陽城,故《豳詩》云"夾其皇澗",陵水即皇澗也。今皇澗水在三水縣北,自甘肅徵甯縣流入,西南入于涇。三水縣,周郇國,漢置栒邑縣,正《鄭志》所指之地,則皇澗非在沮水之西、漆水之東乎?《漢志》扶風汧縣下云:芮水出西北,東入涇。《詩》芮陒,雍州川也。師古曰:陒讀與鞫同。今按,汭水出鳳翔府隴州西四十里弦蒲藪,東流過長武縣南,而東注于涇,則汭合涇水處,亦近在沮水西。《夏官》職方氏,雍州,其川涇汭。注云:汭在豳地是也。皇澗與汭皆在沮、漆之間,則去邠必自沮漆始。《毛詩釋文》,芮,本又作汭。又按《史記·周本紀》,古公去邠,度漆、沮,踰梁山,止于岐下。不仍《詩》"率西水滸"之文,而言度漆、沮者,明自豳遷岐,兩涉漆、沮之間,踰山越險,非直循漆水之逆流而東,故改稱度以別之。《孟子》云去邠,踰梁山,邑於岐山之下。第言山而不及水,尤與詩詞異。然考《漢志》好畤縣下云,崿山在東,有梁山宮,秦始皇起。《括地志》:梁山在雍州好畤縣西北十八里。《史記正義》云:梁山橫長,其東當陽,西北臨河,其西當岐山東北。今其山在乾州西北五里,緜亘於漠西,正由邠至岐,道經麟遊、美陽之間者始得踰之。不始涇東之沮,但循涇西之漆,則一踰漆渠,杜水遂已達岐,何故遠迂其道於乾州邪?《毛鄭詩考正》謂踰梁山,不浮涇入渭,邠之漆水北流注涇,非適岐所取道,於地形甚誤,非是。若《水經·渭水篇》注,漆水出杜陽縣之漆溪,謂之漆渠,漆渠水南流,合岐水,至美陽縣注於雍水云云者,亦一漆水也。然考其地,在今麟遊縣西南,爲周之岐境,與邠不相涉,故酈注但於東北入渭之漆水下,引《詩》"自土沮漆"。"率西水滸,至于岐下"於此不及,則亦安得以此漆釋豳之漆、沮耶?

然則大王避狄,實自沮水度涇漆之口,依漆水西南之濱過梁

山，東至於岐下。博徵羣籍，參考古今地志，知鄭箋碻不可易，故特
申之如此。

《皇矣》四章"維此王季"考

曾　濂

《詩·大雅·皇矣》四章"維此王季"，《左氏》昭二十八年《傳》
全引此章，作"唯此文王"，而繹其下文曰"心能制義"，曰"度德正應
和"，曰"莫《左氏》貊作莫。照臨四方"，曰"明勤施無私"，曰"類教誨不
倦"，曰"長賞慶刑威"，曰"君慈和徧服"，曰"順擇善而從之"，曰"比
經天緯地"，曰"文九德不愆，作事無悔，故襲天祿，子孫賴之"。《正
義》兩云經涉亂離，師有異讀。後人存之，不敢追改。今王肅及《韓
詩》亦作"文王"。

　　濂謹案，此詩有數疑竇。說經之書，莫古於《左傳》，其作文王，
當爲最碻。然下言"比于文王"，豈以文王比文王乎？劉炫知其說
之未安，云"比於上代文德之王"，以文王爲泛言文德之王。如此則
上一文王、此一文王，意似隨文改變。此一疑。

　　毛氏傳《詩》之例，嘗先《左傳》而後《爾雅》，故《皇皇者華》詢、
度、咨、謀、諏，皆用左氏內外《傳》，不用《爾雅》。此用《左傳》度、
順、比、文之繹文，而云"貊，靜也"，則取《爾雅》。《爾雅》作貉，《說文》無
貊字，《釋文》於本詩出貊字，云"本又作貉"，《爾雅義疏》："貊，定也。"下云貉通作
貊。又遺明、類、長、君等訓，未解毛於貊義何以棄《左》從《雅》？《毛
詩紬義》謂，毛取《周書》謚法解，其訓貊爲靜，蓋明知《左傳》而不用，以別於言文王。
然謚法惟無貊，長、明、類、君何以見遺？又度、訓、比、文四文，皆同《左氏》，即用謚
法，又何以與《左》別乎？此二疑。

　　"貊其德音"以下，《戴記·樂記》亦引之，惟貊作莫、比作俾。

《史記·樂（記）［書］》引亦同此。鄭君注亦用《左傳》，云“俾，當作比”，又云“文王之德，皆能如此”。此蓋本《韓詩》以“維此王季”爲“文王”，鄭君注《記》時未學《毛詩》也。《邶風·燕燕》“先君之思，以勗寡人”，《記》注以爲定姜之詩，《正義》引《鄭志》答炅模云：“爲注《記》時就盧君，先師亦然。後乃得毛公傳，記古書義又且然。《記》注已行，不復改之。”是其例。案，鄭君先從張恭祖受《韓詩》，見本傳。先師蓋指張，古書義蓋指《左傳》、諸子之類。此箋云王季，稱王追王也。又云“王季之德，比於文王，無有所悔”，必比於文王者，德以聖人爲匹，與注《記》異，當是改韓從毛，然毛傳亦頗同左氏，以度、順、比、文並爲九德，似亦可言文王。此三疑。

鄭君《詩》箋《記》注既異，明是毛、韓各有師傳，今箋於貊、類、長、君數文毛所未言者，鄭亦引用《左傳》足之，以同於注《記》。以云謂王季，則與下文王之文並列九德；以云謂文王，則下箋又明言王季。此四疑。

竊謂此詩，《韓詩》與《左傳》同作“文王”，《毛詩》自作“維此王季”。蓋如左氏説，兩作文王者，經有本義、有推衍之義，如《易》象“大哉乾元”以下釋元亨利貞之本義也，《文言》“元者，善之長也”以下並列四德，推元亨利貞之義也。此以度、順數文爲九德，亦是推衍之義，其本義則順與比當屬大邦言之。《爾雅》多詁《詩》，其云“順，敘也”“比，備也”，當是詁此。如此，則上言“維此文王”，是欲稱其德，先舉其人；下言“比于文王”，言文王之德至人歸而大邦皆備，比於文王也，其德靡悔者，大邦咸歸文王，文王自省其德而無所悔也。觀帝度其心，度者，帝度之，而左氏亦以度列於九德，足知其爲推衍之義矣。如毛公説，其用左氏亦是推衍之義，其稱王季之德而訓同左氏者，故訓必取前代，非可臆造。有此德，則爲此訓，故不嫌於同辭。《江漢》“矢其文德，洽此四國”謂宣王也，毛傳訓矢爲施，《記》引此言大王之德，矢作弛，弛與施古同。見《毛詩校勘記》《爾雅義疏》。亦所指之人殊，而字訓不異之證。據《爾雅》敘備之訓，言大邦之順，敘俌比直及俌比於文王，亦是王季之德所致，而無所愧悔。故下文又言"既受帝祉"，以發足"帝度其心"而大邦嚮化之意；言"施於孫子"，以發足"比于文王，其德靡悔"之意也。後人惟不知左、毛皆推衍之義，又因鄭君以王季比文王，有以父擬子之嫌，遂謂毛傳當同左氏，鄭箋有異毛本。《毛詩稽古編》議鄭以父擬子，誠當。惟謂王此大邦，惟文王可言。又謂下"文王"當從劉炫，泛指文德之王，則亦不知說經有推衍之義。

夫《毛詩》不作"王季"，鄭君何以改《記》注乎？況毛用《左傳》，鄭亦用《左傳》；毛用《左傳》，便同《左傳》，則鄭用《左傳》，不亦同《左傳》乎？王肅述毛作"文王"者，蓋王肅見毛傳未明言王季，文王又訓同於《左氏》，故變亂其說，思以難鄭。《經義雜記》論之甚允，《經義雜記》又云："《左傳》古文當同毛氏作'文王'者，漢時《毛詩》未立學官，淺人以三家《詩》改之，則無左證，不敢從。"習經業者當知《正義》"師有異讀"之義，未可據王肅以改毛也。

《皇矣》四章"維此王季"考

胡元玉

《詩·皇矣》"維此王季，帝度其心"，《左傳》昭二十八年引作"唯此文王"，《詩疏》《左傳疏》並云"經涉離亂，師有異讀"，後人因而兩存，不敢追改。今王肅注《毛詩》及《韓詩》，亦作"唯此文王"，近人如陳啟源、陳奐、范家相、鄭獻甫之徒，皆以作文王者爲《毛詩》之舊，臧琳、阮元、李黼平之徒，皆謂《毛詩》不作"文王"，當以作"王季"者爲是。

以愚考之，《左傳》《毛詩》《韓詩》本皆作"王季"，王肅本作"文王"自是故與鄭爲難，《左傳》之作"文王"即王肅所改。王肅有《左傳注》,《隋志》著録。《韓詩》之作"文王",則又後之淺人据已改之《左傳》妄改之也。臧、阮諸人,其識雖超越陳、鄭輩遠甚,特其所説於全篇上下文理及鄭箋旨趣,均未能通達無滯,又以文王、王季爲毛、韓之分,皆失其實。

謹案,毛序云"《皇矣》,美周也。天監代殷莫若周,周世世修德莫若文王",則此詩之作,本是專美文王受命。首章、次章言天將以命授文王,所謂天監代殷莫若周也。三章、四章言天所以必以命授文王者,以周世世修德莫若文王。五章以下,則皆言受命後事。此全篇大旨也。三章云"帝作邦作對,自太伯王季"者,此溯受命之始言之。蓋文王受命,雖由修王季之德,然非太伯能讓天下,則文王雖有聖德,太王亦無由傳位王季以及文王。故此詩不追美太王肇基王迹,而斷自太伯,始箋云"太伯讓於王季,而文王起",深得經旨矣。"維此王季,因心則友"七句,專美王季之友,正以美太伯之讓,著文王所由起也,故曰"受禄無喪,奄有四方"。四章"維此王季,帝度其心"八句,始美王季有興周之德,故天監之,而使君此大邦,即上文所謂帝作邦也。上文箋云:"作,爲也。天爲邦,謂興周國也。"作邦猶云建侯,王季之立,非由適嗣故也。"比于文王"四句,言所以必至于文王,始受天命之故。比,讀如比及三年之比,與上文"克比"字同而義異,"比于文王"猶云至于太王也。悔,猶改也,過貴自悔,又戒憚改,凡事非悔之而後改,即改之而生悔,故悔之與改,義實相成。"其德靡悔"猶云無改于父之道也。蓋僅有王季之德,積累猶未厚;至于文王,其德一如王季,無所改易,即無所悔恨。析薪能荷,王季之德不孤,于是始受天福,流被子孫也。

箋云王季之德比于文王,無有所悔也。必比于文王者,德以聖人爲匹。鄭君之意,即謂王季之德至于文王,無有所改,所以必至于文王。始受命者,正以有聖德之君在前,非復生聖德之君繼起相匹,則積累仍不厚也。匹即配也,配即對也,正釋上文"帝作對"之意也。上文箋云："作配，謂生明君也。"明君即指文王。詩中兩"維此王季"，即緊承"自太伯王季"而言，若作"維此文王"，即上無所承矣。兩"帝謂文王"，即緊承此"比于文王"而言，若不以爲周之文王，則"帝謂文王"亦上無所承矣。察上下之文理，暢鄭箋之旨趣，核之毛序，義自昭然。自後儒疏忽，莫達鄭旨，于是"比于文王，其德靡悔"之義不明，而"維此王季""維此文王"亦莫能真知其是非矣。

陳啟源譏鄭稱父而美其似子爲慎，固是繆説；即臧氏本劉光伯之説，謂王季之德比于古昔經緯天地之王；段玉裁又引"成王不敢康"非成王康王爲證，謂鄭非以父同子，亦不合經旨，並非鄭意，何也？《昊天有成命》作于成王之世，成王未没，不應預見詩中，故箋訓成王爲成此王功。《何彼襛矣》作于武王之世，去東遷更遠，故傳箋皆以平王爲文王，而訓平爲正。今《皇矣》作于武王之世，文王已没，豈得援彼例此？且序文明云"莫若文王"，詩中文王即序中文王可知。三見于詩，自應一律，豈得忽古忽今，文詞雜亂？即如其説，古昔文王既屬虛説，求之鄭箋，復無明文，勉强求合，其失甚矣。朱子訓"比于"爲至于，深得鄭意，非臧、段諸人所能及也。惟文王之德一如王季，無所改悔，故《樂記》引此詩"莫其德音"以下十句，鄭君注之云"言文王之德皆能如此，故受天福，延于後世"。《樂記》未引首二句，故鄭注亦不及王季，所謂皆能如此，即是靡悔之義。鄭注《禮》時，尚未治《毛詩》，《禮》注、《詩》箋文意相符，則三家《詩》經文必皆作"維此王季"，同于《毛詩》可知。段氏據《禮》注言文王、《詩》箋言王季，定爲毛、韓之分疏矣。成鱄引此詩，意在以文王之受帝祉、施孫子，喻魏獻子之德可流福于子孫，故于分釋九德之後云"九德不愆，作事無悔。故襲天禄，子孫賴之。主之舉也，近文德矣"，所及其遠哉，所重在文王，故但曰近文德，而不及王季。經緯天地，文王受命之德，王季所無也，故當時以文爲謚。成鱄復述爲九德之終，序稱周世世修德，莫若文王，此之謂矣。觀《毛詩》傳箋、《樂記》鄭注，悉本成鱄之言爲訓，則《左傳》本作王季，同于毛、韓；又可知王肅誤會《左傳》之旨，因疑王季爲誤文而妄改之；又以《毛詩》《左傳》同是古學，復私改《毛詩》以難鄭，而不慮其大悖經旨也。

自杜預以來，即爲王肅所惑，惟干寶猶明詩旨，故其作《晉紀·總論》云："以至于王季，能貊其德音，故其詩曰'克明克類，克長克君''載錫之光'。至于文王，備修舊德而維新其命。"至于文王，即比于文王；備修舊德，即其德靡悔；維新其命，即既受帝祉，施于孫子也。陳奐作《毛詩傳疏》反斥爲非，而徑改經文爲文王，范家相又謂上章"受禄無喪，奄有四方"既指文王，則此章亦指文王爲是。即毛傳亦全据《左傳》爲説，是《毛詩》本作文王，鄭獻甫亦謂毛傳于"比于文王"特解文字，必因上文本是"維此文王"，故不可曰"比于文王"而改爲有德之稱。此等謬説，在彼皆自謂深得毛意，而不知適爲王肅所賣也。李黼平据毛傳，訓貊爲静，不用《左傳》，因謂毛傳自依謚法解爲説，非用《左傳》，亦非《左傳》。貊作莫，與毛本經文不同，故毛不直用《左傳》之文，而訓爲静，與《左傳》義固無殊也。至孔沖遠所見《韓詩》作文王，乃隋唐間淺人見《左傳》與毛不同，又誤會《漢志》説三家《詩》有"或取春秋雜説，咸非本義"之文，直以古左氏爲今《韓詩》所本。《齊詩》魏代已亡，《魯詩》亡于西晉，隋唐間僅存《韓詩》。又不達《樂記》鄭注之旨，于是反以不誤之《韓詩》爲誤，而臆改之耳。臧氏謂《左傳》作文王，爲由當時傳左氏者多習韓、魯而誤。李黼平謂王肅自用《韓詩》述毛，皆非洞見癥結之論也。或曰徐幹《中論·務本篇》述九德之美，全用《左傳》之文，亦作"惟此文王"，並謂爲詩陳文王之德。偉長年輩大于子雍，豈亦据子雍之説，改《左傳》耶？曰《左傳》即作"唯此王季"，何嘗不是陳文王之德？蓋王季之德，止于度、貊、明、類、長、君、順、比八者，必至于文王，九德乃備、天命乃歸，雖王季舊德，文王無改，即可目爲文王之德矣，又何疑耶。《中論》作"惟此文王",自是後人据《左傳》校改,不足爲《左傳》本作"唯此文王"之證也。

其軍三單考

曾 濂

古者軍民不分,民亦可謂之軍,《詩·篤公劉》"其軍三單"是也。《左》襄十一年《傳》:"請爲三軍,各征其軍。"軍而有征,其軍即民可知。自毛公作傳云"三單,相襲也",後儒莫能解了其意,於是乎多所穿鑿。鄭云丁夫適滿三軍之數,無羨卒。王云止居則婦女在内,老弱次之,强壯在外,言有備也。胡承珙駁鄭云,此以單爲盡,乃後世掃境出兵之法,古必無此。其説良是。惟云用正卒爲軍,不及其羨,故曰單;又以傳云相襲爲相代,謂三單之中更有更休疊上之法。此則未免依違。王氏夫之謂即後世三丁抽一,相襲謂上役休罷,更番充伍也。失亦與胡同。夫公劉苟有三軍,何懼迫逐? 此鄭之不可從也。二章已言豳,不應此文猶言警備,此王之不可從也。竊謂自毛傳之詞深,而三單之義晦矣。

今案,三單仍當求之於毛傳,而證之以《周官》《孟子》《司馬法》,蓋三單言民事,而軍制在其中也。何以明之? 制有其義,義有其訓。毛《天保》"俾爾單厚",傳云"單,信也。或曰單,厚也",此云三單,單當亦訓信厚也。信厚相屬爲辭,見《麟趾序》。《司馬法》云"夫三爲屋,屋三爲井",蓋古者井田之法,皆以三起算,三以及三,雖萬井不外此矣。三而云單,言三三相與信厚,故毛以爲相襲。襲,習之假也。《周官·脊》"襲其不正者"注:"故書襲爲習。"毛於《天保》已明單爲信厚,以此義與同,故不重出,云相習者居處與同,而相與親習,親習即信厚之義。此毛申明三單之所以爲意,非即以相襲訓三單也。案,《葛覃》傳:濩,煮之也。《摽梅》傳:今,急辭也。《九罭》傳:衮衣繡裳,所以見周公也。《北山》傳：鞅掌，失容也。《行葦》傳：緝御，踧踖之容也。皆是直言其意，非正訓也。《孟子》云"鄉田同井，出入相友，守望相助，疾病相扶持，則百姓親睦"，即其義也。故《周官·小司徒》"九夫爲井"，言三三相積也，又云"考夫屋，及其眾寡六畜兵器，以待政令"，言出地貢者，三三相保任也。《載師》"凡田不耕者，出屋粟"，言空田者罰以三家之稅粟也。《旅師》"掌聚野之耡粟、屋粟、閒粟"，亦言民有田不耕作，所罰三夫之稅粟也。蓋古者於三家繫屬之切，而因相爲信厚如此，其法實始於公劉，而周公纘之，猶徹田爲糧，而即仍其制曰徹。其後，《大司徒》又有五家相保之法，與之疊爲聯絡。所以在鄉則盜賊屏迹，人安其業；在軍則同力一心，以致於死。此其軍法之良，即治田時而已備，風俗之所由正，而周之所以興也。

後之習《毛詩》者，不能明毛傳簡嚴，有義不重出之例，李黼平云《兔罝》好仇無傳，蓋《關雎》章君子好述原作仇，故下不復發傳，即是此例。徒從軍制以求三單之說。鄭首異毛，王則誤以毛云相襲爲正訓三單，《正義》以襲爲重衣，云"三行皆單而相重爲軍"，義本王也。下又云"至幽之日，無所用兵"，然則孔亦自明三單之非軍制矣。近人曾釗謂以重訓單，猶亂爲治、徂爲存，力主王說，究非毛傳意也。皆展轉附會而愈不得其解，不知此章皆言相地度田之事而言軍者。古人立制，期於常變可行，即度田之時而軍法已寓，故謂之軍，其實軍即民也。知軍即民，而後三單之義不泥於軍制，此毛意之當爲發明者。蓋訓明而後義定，義定而後其制可得而考也。以鄭、王釋毛，不如以毛釋毛，故爲據《天保》傳而證以經典如此。

其軍三單考

胡棟鄂

《詩·公劉》"其軍三單"，傳：三單，相襲也。箋謂爲無羨卒之名。孔疏引王肅申毛之説而駁之。自後胡承珙有更休叠上之説，王夫之有抽丁充伍之説，陳奐謂皆足明經傳之旨。蒙案，王肅説本非傳意，鄭箋破傳，孔疏從之，胡氏、王氏從而附會之，不知公劉避狄，豈得有三軍？胡、王二説，不過後世屯田、府兵之法耳，何得援以説夏制？

竊嘗反覆經文，撂繹傳、箋，覺箋之破傳，其可考見者，在"三單"二字；其不可考見者，實在"其軍"二字。蓋單厚、單心，傳皆訓厚，堛有明徵；且單，古無訓爲獨、爲一者。《玉篇》始訓一，訓隻。以相襲訓三單，即以相重訓三單，單爲重，猶亂爲治、徂爲存，皆相反爲訓。非若箋之以"無羨卒"爲單矣。故顯然破傳，人猶得援据古誼以申毛也。其軍，傳無明訓，人亦僅得据箋之以三軍言軍者，而傳意始隱矣。此後人依違遷就之説所由起也。然則將何以正之？曰：箋不足，證以傳；傳不足，證以經。

此經首章言自豳遷邠之事。二章言公劉相地，傳：胥，相也。以居繁庶。自順宣而無悔，由是從邠而出，陟巘降原，皆所涉之地也。言玉瑤及鞞琫，在塗亦備武事也，此接上章"啟行"言之也。三章言既已至豳，相立都邑，已得所處，賓得所寄，傳：廬，寄也。施政教於民也。四章言宮室既就，燕饗羣臣。立都邑以施政教，立宮室以燕羣臣，此言立國之大者，下乃敘其厚民之實。此章言治氏之田以厚民，六章言□民之居以厚民。細玩上下文，皆章法燦然，文義順承，絶無格塞，何以此章皆言治民之田，獨以"其軍三單"一句橫插於中？若謂明其軍制，因以定其稅法，則下文徹字，傳實訓治，並非稅法，義不可通。若謂寓兵於農，其軍即指其民，則民雖可爲軍，亦斷無統指其民爲軍之理。此皆臆度之説也。

今合文義而推之，上言溥長既定於日景，乃復登岡而相其陰陽、觀其流泉，則此句必言山川形勢之完固，即傳所云相襲之意，下乃言度其隰原，而治爲田也。軍者何？《説文》：“軍，圜圍也。”《廣雅》：“軍，圍也。”圍，實軍之本訓。《呂氏春秋》“其日有暈耳”，高注讀如君國子民之君。《淮南子》“晝隨灰而月運闕”，高注運讀連圍之圍。暈、運、軍、圍古音相近，義亦相通。豳既邑於岐山之下，登山脊而望，惟覺山環水繞，其圍之也層層相襲。故内而隰原，治以爲田；外而夕陽，度以爲宅，皆在山水圍繞之内外也。《常武》“如山之苞”，苞有包義。軍，从勹，亦言山水之包裹也。傳訓簡質，往往爲箋所掩。下文“止旅乃密”，傳：密，安也。言止豳之眾於是乃安也。疏乃以箋混傳，統釋爲止軍旅之役，乃安息其士卒。以旅爲軍旅，與此以軍爲三軍，其違失傳意正同。然尚顯而易見，故胡氏《後箋》得据傳意以諟正之。若此箋援引禮制，其破傳處隱而難窺，兹特据經文之可見者以申傳意如此，非敢有意踣駁先師之舊訓也。

二《南》中有刺詩考證

胡棣鄂

二《南》皆爲正風，《毛詩敘》及《詁訓傳》并無以爲刺詩者，但漢世説詩，毛公而外尚有齊、魯、韓三家，而毛傳未顯之前，則三家通行。三家亦出自七十子之徒，其説各有師承，非若後世之道聽塗説也。後人不察，輒疑三家之説，或藉以諷動時君，以正詩爲刺詩，違詩人之本志，故三家不得與毛抗衡。然三家《詩》學之微，固三家之不幸，而遽執是以譏之，亦良足慨矣。即以二《南》言之，其中有刺詩，三家說自確有據。《漢廣》，《韓詩敘》云"悦人也"，見《文選·七啟》李注引。又薛君章句以游女爲漢神，見《説文》《初學記》《御覽》及《文選·南都賦》《江賦》李注引。《韓詩内傳》取義雖與毛異，而亦不以爲刺詩也。又《芣苢》，《魯詩》以爲蔡人妻疾母改嫁而作，見《列女傳·貞順篇》；《韓詩》以爲傷夫惡疾而作，見《文選·辨命論》李注引。疾之傷之，而實非刺之也。惟此二條，魯、韓不以爲刺詩。今特依其篇次，述其意恉，臚列眾說，參考異文，亦以見三家《詩》義之未盡泯焉。匪遂棄毛而專從三家也，竊願説《毛詩》者，則以毛義還諸毛説，三家者則以三家義還諸三家。斯得之耳。劉日煇《唐書志》云平王東遷，諸侯侮法，男女失冠昏之節，野麕之刺興。案，此言實開歐陽本義之先，殆因下《何彼穠矣》之詩，亦疑此詩爲東遷時作，而究不足據矣。或又因敘言惡無禮，即刺無禮，不知惡與刺別。惡之則必將之以禮矣，亦何得爲刺也。章俊卿、鄭漁仲輩以《何彼穠矣》詩之平王爲東遷之平王，并以詩爲平王以後詩。朱傳本依古注，又坿或説於後，因有疑義而兩存之，蓋言慎也。至豐坊僞作子貢詩傳及申公詩説，《何彼穠矣》詩傳會以春秋事實，退而移入《王風》，則謬戾之甚者矣。此二條皆毛義之似刺而非刺者，兹特坿辨於此，以爲毛不主刺詩説之一證。

《周南·關雎》

《史記·十二諸侯年表》："周道缺，詩人本之衽席，《關雎》作。"司馬遷從孔安國問，故受《魯詩》學，《史記》多用《魯詩》。後各條所述《史記》，概以爲《魯詩》説。《列女傳》："周之康王夫人晏出朝，《關雎》預見，思得淑女，以配君子。"據《漢書·楚元王交傳》，《魯詩》出於浮邱伯，以授楚元王交，劉向乃交之孫，亦用《魯詩》。後各條所述《列女傳》及《説苑》皆以爲《魯詩》説。《漢書·杜欽傳》："佩玉晏然，《關雎》歎之。"李注后夫人雞鳴佩玉，去君所，周康后不然，詩人歎而傷之。徐氏璈《詩廣話》引此注，當水述《魯詩》。瓚注，此《魯詩》也。《後漢書·楊賜傳》："康王一晏起，《關雎》見幾而作。"又袁宏《後漢紀》楊賜上書："昔周王承文王之盛，一朝晏起，夫人不鳴璜，宫門不擊柝。關雎之人，見幾而作。"與此傳合。賢注,述前書。注且云此事見《魯詩》。又《皇后紀》敘康王晚朝,《關雎》作諷。賢注,述前書。注亦云見《魯詩》。則《關雎》爲康王時詩,皆本《魯詩》説也。揚雄亦以周康之時,《關雎》爲傷始亂。王充亦以爲康王德缺於房,大臣刺晏,作是詩。《初學記》《藝文類聚》《古文苑》引張超《誚青衣賦》云:“周漸將衰,康王晏起。畢公喟然,深思古道。感彼《關雎》,德不雙侶。願得周公妃,以窈窕防微消漸,諷諭君父。孔氏大之,列冠篇首。”王伯厚云:“近世説詩者,以《關雎》爲畢公作,謂得之張超,或謂得之蔡邕,未詳所出。”説見《困學紀聞》。或據《古文苑》,蔡伯喈作《青衣賦》,志蕩詞淫,故張子並作此以規之。其賦亦載集中,無畢公作《關雎》語。惠氏棟説,見《九經古義》。又翁氏元圻《紀聞》注引之。然伯喈習《魯詩》,後所述《琴操》乃伯喈作,故亦以爲《魯詩》説。書石經,本隸釋所收《魯詩》,殘碑與今毛本字句互異,以此爲畢公作,蓋亦本《魯詩》説,指爲康王時詩也。馬氏國翰《輯佚書》載李樗、黃櫄《集解》:“《關雎》,周衰所作。”鄭樵《六藝奧論》:“《關雎》,康王政衰之詩。”與此《誚青衣賦》之文合而爲一,且因《集解》引《齊詩》并此賦,亦指爲《齊詩》,失之矣。范逸齋謂畢公爲康王大臣,盡規固其職,而張、蔡皆漢儒,多見古書,必有所據。見《詩補傳》。信然。《路史》“康王一晏朝,而暴公作《關雎》之詩以諷”,雖以爲暴公作,説又不同,然亦以爲康王時詩矣。至薛士龍謂“康王晏朝,據《魯詩》所道,未可盡信”,遂疑《關雎》作刺,是賦其詩。諸家之説,亦多以作爲賦。若屬後人之説,疑爲不足據,猶可也;豈馬、班、劉、楊、張、蔡及范史之説,亦不足據乎?且果爲賦詩,史遷何不云賦《關雎》,而云《關雎》作乎?此又不辨而自明矣。《後漢書·明帝紀》:“昔應門失守,《關雎》刺世。”賢注引《春秋説題辭》:“人主不正,應門失守,故歌《關雎》以感之。”宋注:“應門,聽政之處也。言不以政事爲務,則有宣淫之心。《關雎》樂而不淫,思得賢人與之其化,修應門之政者也。”陳氏壽祺《齊詩遺説》亦引此。并引薛君《韓詩章句》言,雎鳩貞潔慎匹,以聲相求,隱蔽於無人之處。故人君退朝,入於私宮,后妃御見,去留有度。應門擊柝,鼓人上堂,退反晏處,體安志明。今時大人内傾於色,賢人見其萌,故詠《關雎》説淑女正容儀以刺時。《馮衍傳》注引畧同。此《韓詩》説也。又《詩考》引《韓詩敘》"《關雎》,刺詩也",則韓但以《關雎》爲刺詩,而未嘗指康王時言矣。至《詩補傳》及《詩考後敘》,謂韓、齊、魯三家皆以《關雎》爲康王政衰之詩,晁氏景迂説,亦與此同。然《韓詩》説《關雎》,不專屬之康王時,而匡稚圭學《齊詩》,其論《關雎》大旨,與《毛詩》合,胡氏承珙《毛詩後箋》引《外傳》謂,韓亦與《毛詩》説合,且云三家於開章大義無不同,毛特數經傳受之,後或不免所聞異辭。并不以爲刺詩。不知爲《齊詩》説者,亦何所據而云然也?陳氏壽祺《齊詩遺説》引《春秋説題辭》,則以《齊詩》但指刺詩,非指康王時詩。

《葛覃》

《詩考》引晁氏説:"《葛覃》,康王時詩而載入《齊詩》。"《漢書敘傳》述其家學云"伯少受《詩》於師丹",固父彪爲伯弟稺之子,班氏世傳齊學,《地理志》引《齊詩》"自杜洰漆""子之營兮"可證。且班傳言諸儒作《白虎通德論》,《白虎通》引《詩》有魯訓,有《韓内傳》,其不言何家者,以齊爲本。如《嫁娶篇》婦人所以有師何?學事人之道也,用《齊詩》義并引詩文,與毛同。則《白虎通義》述《齊詩》説。此詩與毛合,且與匡稚圭説《關雎》同例,必不以此詩屬康王時,而指爲刺詩矣。晁述《魯詩》而伯厚載入齊,當必別有所本也。

《卷耳》

《淮南子·俶真訓》:"今繒繳機而在上,罔罟張而在下,雖欲翱翔,其勢焉得?"故《詩》云"采采卷耳,不盈頃筐。嗟我懷人,置與毛作實異彼周行",以言慕遠世也。陳氏奂《毛詩傳疏》引此,謂此陳古刺今,本三家《詩》。信然。此主三家《詩》説,謂亂世之臣險阻憂危而不見體恤,因思慕古之時賢人寘之列位,各得其所而作是詩,蓋陳古刺今也。陳氏啟源《毛詩稽古編》謂,以《卷耳》爲后妃思念君子,與《伯兮》《葛生》《采綠》諸作同,當爲商紂刺詩。因駁《毛詩敍》義非是,敍言后妃思念,自得其正,何得以變風概之。又《詩考》引晁氏說《卷耳》康王時詩而載入《齊詩》,當亦有所據矣。胡氏承珙以爲是慕古而賦其詩者,亦泥於非刺詩之說。

《兔罝》

《鹽鐵論·備胡篇》:"匈奴下有數語未録。如中國之麋鹿耳。好事之臣求其義、責之禮,使中國干戈至今未息,萬里設備。此《兔罝》之所刺,故小人非公侯干城腹心。"此說與毛相反,蓋用三家《詩》義。陳氏奐謂桓釋《詩》與毛合,非是。考《左》成十二年《傳》,郤至述《兔罝》詩後,一說云及其亂也,前一說據治世言,正合毛義。諸侯貪冒,侵欲不忌,爭尋常以盡其民,暑其武夫,以爲己腹心股肱爪牙,故詩曰"糾糾武夫,公侯腹心"。又云天下有道,則公侯能爲民干城,而制其腹心,亂則反之。歐陽氏謂所引別自有詩,亦同此語,誤。是亦傷今之亂,而思古之治也。《釋文·敍録》謂左氏作傳,趙人虞卿以傳,荀卿名況,毛爲荀弟子,作《詁訓傳》,用其師說,多與左氏說《詩》合。毛於此蓋主左氏前一說,而後一說三家依之,則三家以《兔罝》爲刺詩矣。胡氏承珙謂,此言當時之臣異於周南賢人,不能折衝禦難,爲國干城,將不免爲兔罝。詩人之所刺,非以《兔罝》爲刺詩。其說亦泥。陳氏喬樅於《兔罝》刺詩,舉左氏說爲證,謂即《齊詩》之說所本,亦何所據而專屬《齊詩》也。胡氏承珙述《左傳》天下有道云云,指爲《兔罝》之本義,且以杜注舉詩之正以駁亂義,亦主治世言。不知杜所言舉正駁亂即亂極思治意,何得執以疑非刺詩?

《汝墳》

《列女傳·賢明篇》:"《汝墳》,周南大夫妻作。《詩考》引。大夫受命平治水土,過時不來,妻恐其懈於王事,蓋與其鄰人陳素所與大夫言。國家多難,惟勉强之,無有譴怒,遺父母憂。此義與箋説同,下有數語未録。生於亂世,不得道理而迫於暴虐,不得行義然而仕者,爲父母在故也。乃作詩曰'魴魚赬尾,王室如燬。與毛作燬異。雖則如燬,父母孔邇',蓋不得已也。"此《魯詩》説,謂生於亂世,不得已而作刺也。《後漢書·周磐傳》賢注引《韓詩》:"《汝墳》,辭家也。"并引薛君章句以王室政教烈火矣,猶觸冒而仕者,以父母甚迫,近飢寒之憂,爲此禄仕。陳氏奐引《列女傳》及此説,謂皆三家《詩》義,是矣。但云毛義亦然,則非。又《韓詩外傳》:"使賢女欲成其名,二親不待,家貧親老,不擇官而仕。《詩》曰'雖則如燬,父母孔邇',此之謂也。"又《塵史》引《韓詩》:"《汝墳》,思親之詩。"此皆《韓詩》説,謂因有憂思,是以作刺也,則魯、韓并以《汝墳》爲刺詩矣。

《召南》"鵲巢""采蘩""采蘋"

《詩考》引晁氏説:"《鵲巢》《采蘩》《采蘋》皆康王時詩,而載入《齊詩》。"案,《毛詩疏》云"《儀禮》歌《召南》三篇",越《草蟲》而取《采蘋》,蓋《采蘋》在《草蟲》之前,而《詩考》引曹氏詩説,謂《齊詩》先《采蘋》而後《草蟲》。胡氏承珙謂,曹氏雖不見《齊詩》,其言必有所本,信然。是《儀禮》以《鵲巢》《采蘩》《采蘋》相聯屬,孔仲達述之,蓋兼采《齊詩》説也。胡氏承珙謂,以《毛詩》論,《草蟲》述方嫁時在塗之情,《采蘋》陳未嫁時教成之祭,疑《毛詩》亦本先《采蘋》而後《草蟲》,漢以後學者亂其篇次。其説最當。《潛夫論·班禄篇》:"背宗族而《采蘩》怨。"臧氏琳以蘩爲蘋之誤。此言背宗族而怨生,作是詩以刺之,胡氏承珙引此,謂賦是詩以刺者,亦泥於非刺詩之説。當亦本《齊詩》説也。即此一條可知,伯厚以《鵲巢》《采蘩》《采蘋》爲康王時刺詩,必非無所本矣。

《甘棠》

《史記·燕世家》:"召公卒而民人思召公之政,懷棠樹不敢伐,歌詠之,作《甘棠》之詩。"又《説苑・貴德篇》引傳:"召伯述職,當桑蠶之時,不欲變民事,故不入邑中,舍於甘棠之下而聽斷焉。陝間之人皆得其所,是故後世思而歌詠之。"此《魯詩》説也。《韓詩外傳》:"召伯在朝,有司請營召以居。下有召伯語,未録。召伯暴處遠野,廬於樹下,百姓大悦。下有數語,未録。其後在位者驕奢,不恤元元,税賦繁數,百姓困乏,耕桑失時。於是,詩人見召伯之所休息樹下,美而歌之。"鄭箋與《史記》《説苑》《外傳》署同,鄭先習三家,故據以爲訓。此《韓詩》説也。一言後世思而歌詠之,一言其後見所休息處美而歌之,皆陳古刺今也,則魯、韓皆以《甘棠》爲刺詩矣。胡氏承珙述何氏古義,謂周、召分陝,在武王得天下之後,而《甘棠》頌召伯又當在康王時,并據《説苑》諸書言後世思召公。

《行露》

《列女傳・貞順篇》:"《行露》,申人女作。《詩考》引。既許嫁於酆,夫家禮不備,而欲迎之。女下有與人言云云,未録。不肯往夫家,訟之於理,致之於獄,女終以一物不具、一禮不備守節持義,必死不往,而作詩曰'雖速我獄,室家不足',言夫婦之禮不備足也。君子以爲得婦道之儀,故舉而揚之,傳而法之,以絶無禮之求,防淫慾之行焉。又曰'雖速我訟,亦不女從'。"陳氏奐引此,亦以爲三家《詩》説。此《魯詩》説也。《韓詩外傳》:"夫行露之人許嫁矣,然而未往也。見一物不具、一禮不備,守節貞理,守死不往。君子以爲得婦道之宜,故舉而傳之,揚而歌之,以絶無道之求,防汙道之行乎。詩曰'雖速我訟,亦不爾與毛、魯作女異。從'。"此《韓詩》説,同《魯詩》也。戴氏震《詩補注》以《韓詩》説爲非,則誤。《列女傳》言舉而揚之、傳而法之,《外傳》言舉而傳之、揚而歌之,亦陳古刺今也。則魯、韓并以《行露》爲刺詩矣。鄭漁仲謂,《甘棠》《行露》之美召公既没之後,在康王世。此説可從,不得因釋《何彼襛矣》詩而概以爲非。

211

《摽有梅》

《周禮·媒氏》賈疏引張融云："《摽有梅》之詩，殷紂暴亂，娶上當脱嫁字。失其盛時之年，習亂思治，故戒臧氏琳《經義雜記》云當作嘉。文王能使男女得及其時。陳晉棄《周禮》，爲國亂悲傷，故刺昏姻不及仲春。"呂記云："是詩也，其辭汲汲，如將失之，豈習亂而喜始治者邪？"東萊本諸張説，當亦據三家《詩》也，則三家以《摽有梅》爲刺詩矣。胡氏承珙述張、呂二説，而屬之毛義，非是。

《小星》

《韓詩外傳》："任重道遠者，不擇地而息；家貧親老者，不擇官而仕。故君子矯褐趨時，當務爲急。傳云'不逢時而仕，任事而敦其慮，爲之使而不入其謀，貧焉故也'，詩曰'夙夜在公，實命不同'。"此與《汝墳》外傳大恉相合，唯不逢時，是以刺時也，則韓以《小星》爲刺詩矣。

《騶虞》

《琴操》："《騶虞》，邵國之女所作也。下有古者聖王云云，未録。及周道衰微，禮義廢弛，强凌弱、衆暴寡，萬民騷動，百姓愁苦。男怨於外，女傷其内，内外無主，内迫性情，外迫禮義。欲傷所讒而不逢時，於是援琴而歌。"此《魯詩》説，傷讒即刺讒也，則魯以《騶虞》爲刺詩矣。《詩考》引晁氏説《騶虞》，康王時詩。晁稱《魯詩》，而伯厚載入《齊詩》，亦必有所本也。

鄭箋改毛傳考證

曹廣權

　　鄭君箋《詩》，其家法專宗毛，然與傳義亦時有異同。孔仲達《正義》引鄭氏《六藝論》云注《詩》宗毛爲主，如有不同，即下己意。今案箋所改毛之處，雖下己意，要皆各有師説，非憑肊虛造。撮其類例，大率從三家《詩》改毛者居多。其爰據他經，則往往證之《禮》説。武進臧玉林《經義雜記》云"鄭箋改字，皆有所本"，其言韙矣，顧其書考證箋改傳字處，僅十餘條，而於改傳義之大者，概未之及。愚竊以爲未盡，乃置臧氏所已引者弗録，獨於所疏漏者略舉大凡，類而列之。

　　《後漢書》鄭君本傳云玄從東郡張恭祖受《韓詩》，王伯厚亦謂鄭康成先通《韓詩》，故注二《禮》與箋《詩》異。閻百詩云，二《禮》謂《周禮》《儀禮》。今考箋《詩》據韓改毛者，如《外傳·衡門》云可以"療飢"，箋作"瘵"，療與瘵同字。吕氏《讀詩記·思齊》引《韓詩》云"古之人無擇"，今箋云古之人口無擇言、身無擇行，是亦以斁爲擇。《泮水》"狄彼東南"，《釋文》云："《韓詩》云，鬄，除也。"箋云："狄，當作剔。"鬄、剔古今字，是非從韓改毛之顯證乎？

　　本傳又稱其粗覽傳記，時睹祕書緯術之奧，是鄭君蓋好緯書者。毛公不信緯書，三家《詩》多出入於緯，而《魯詩》尤甚。故箋《詩》亦多據以改毛，如《十月之交》改刺幽王爲刺厲王。考《漢書·谷永傳》，建始三年冬，日食，地震，詔舉直言極諫。永對有云，昔褒姒用國，周宗以喪，閻妻驕扇，日以不臧云云。顏師古注《魯詩·小雅·十月之交篇》，言厲王無道，内寵熾盛，政化失理，故致災異也。又如《生民》"履帝武敏歆"，箋改云"帝，上帝。武迹敏拇，謂姜原履大人迹"。劉向《列女傳》實同此説,向固治《魯詩》者也,其《玄鳥》《長發》改帝及玄王皆爲黑帝,云簡狄吞卵生契,亦與《列女傳》同,是非喜緯書而改從《魯詩》之顯證乎?

《關雎》"君子好述",《漢書·匡衡傳》上疏引作君子好仇,《翼奉傳》云治《齊詩》,與蕭望之、匡衡同師。《藝文志》應劭注云:"后蒼作《齊詩》。"又《蕭望之傳》:"望之好學,治《齊詩》,事同縣后倉。"是《齊詩》"述"作"仇",箋云"怨耦曰仇",非改從《齊詩》之顯證乎?

其依據《禮經》改毛者,如《野有死麕》"有女懷春",傳云:"春不暇秋也。"箋云:"有貞女,思仲春以禮與男會。"其《行露》箋云謂二月中嫁取。時《周禮》仲春之月,令會男女之無夫家者,行事必以昏昕。《野有蔓草》箋引《周禮》亦同。又《東門之楊》傳云:"男女失時,不逮秋冬。"箋云:"楊葉牂牂,三月中也""失仲春之月"。是毛並以秋冬皆得成昏,鄭並據《周禮》仲春爲昏月,以改之也。《摽梅》孔疏引孫卿曰:"霜降逆女,冰泮殺止。"霜降,九月也;冰泮,正月也。孫卿、毛氏之師明,毛亦然,以九月至正月皆可爲昏也。今案,秋冬爲昏時,惟見《家語》,《家語》曰:"霜降而婦功成,而嫁娶者行焉。冰泮,農業起,昏禮殺於此。"而《家語》乃王肅肊改,不足爲據。《周禮·地官·媒氏》職云:"仲春之月,令會男女。於是時也,奔者不禁。"又云:"司男女之無夫家者而會之。"是鄭君先注《禮經》,後乃箋《詩》,《鄭志》答炅模云:"爲記注時就盧君,先師亦然。後乃得毛公傳記,古書,義又且然,記注已行,不復改之。"引《禮經》以改毛,此等處又其顯證矣。《公劉》"其軍三單",改三單相襲爲無羨卒,亦然。詳《其軍三單考》。至於解詁字義略異毛傳,如《小星》之"裯"改云牀帳,《既醉》之"壺"改云壺之言梱之類,難以毛舉,非關宏旨,姑從蓋闕之例云。

毛傳爲王肅所亂考

胡棣鄂

毛傳簡質，述者各有同異。鄭箋參用三家舊説，故申毛又易毛；而王子雍所述毛旨，往往與鄭不同。《正義》分釋傳、箋，閒采王説以明傳意，《釋文》亦然，凡王説之本申毛者，固可展卷而知。凡顯申毛者，不復贅述。今姑就其似易毛而實申毛者，畧舉數條爲證。如《周南‧關雎》，《釋文》引王云："善心曰窈，善容曰窕。"與傳"幽閒"文異，實則善心即幽，善容即閒。《唐‧椒聊》，《釋文》引王云："朋比謂無比，例也。此傳'朋比'與《秦‧黄鳥》傳'防比'，皆取比方義。"箋云朋黨，《正義》誤認爲申毛，實則王述傳義。《檜‧素冠》，《正義》引王云："素冠，大祥之冠。"諸儒以王説爲從鄭易毛，沿《正義》以毛爲思既練之人而誤。考《説文》，素訓白緻，繒練訓湅繒，則傳"練冠"謂湅此白緻之繒爲冠，即箋所謂縞冠素紕，亦指大祥言，非謂練祭之冠，則王依鄭，正以申毛。《小雅‧節南山》，《釋文》"是毗"下云"毛，厚也；鄭，輔也。王作埤，埤，厚也"，則王本異字，而訓依毛。即有申非其旨，而已見駁於《正義》中者，亦無煩置辨矣。《周南‧葛覃》，《正義》引王云："葛生於此，延蔓於彼，猶女之當外成也。"駁之云"下句喻女，當嫁此□□，喻外成於文，爲重毛意，必不然"。《小雅‧六月》，《正義》引王云："出鎬京而還。"斥其以鎬爲鎬京，未必是毛意。《大雅‧縣》，《正義》引王云："柞棫生，柯葉拔。"然指爲周之正月，柞棫未生，恐非毛旨。《周頌‧小毖》，《正義》引王云："以言才薄，莫之藩援。"謂傳本無此説。《魯頌‧閟宫》，《正義》引王云："犧尊，以犧牛爲尊。"指義與毛、鄭義異。《正義》中駁王説者多，但舉數條於此。

至無毛傳而但有王説，則又無從知其申毛與否也。《小雅‧十月之交》"日予不戕"毛無傳，箋云："戕，殘也。"《釋文》於不戕下云殘也。王本作臧，臧，善也。孫毓以鄭爲改字，《釋文考證》引惠、臧二説，謂王改經字；如鄭改字，宜云"臧當爲戕"。蓋三家《詩》作臧，王據以改毛。陸氏謂孫朋於王故，反誣鄭。案，此亦毛無傳而以箋合之，則王説非申毛者，特拊證於此。今姑就毛傳之爲王説所亂者，臚列數條，稍加辨證，亦以見古義猶存，庶不爲後儒臆説所涸淯云爾。

《周南·關雎》"鐘鼓樂之",傳:德盛者宜有鐘鼓之樂。王云："房中之樂,弦歌《周南》《召南》,而不用鍾磬之節。"陳暘《樂書》卷一百十三。案,傳明言宜有鐘鼓之樂,箋申之云"琴瑟在堂,鐘鼓在庭",則王說非毛旨也。房中之樂用鐘磬,諸儒援《周禮·磬師》爲證,是矣。又《笙師》"凡祭祀饗食,共其鐘笙之樂,燕樂亦如之",鄭注:鐘笙,與鐘聲相應之笙。此言燕樂別於祭祀饗食,則燕即房中,《磬師》注所謂"燕樂,房内樂"是也。若無鐘磬,何彼獨言共其鐘笙乎?《隋書·音樂志》稱毛萇、侯苞、孫毓故事,以明毛、韓二家詩説,皆指房中樂有鐘磬。牛宏不用,而取王説及陳統説,以爲不宜用鐘磬,失之矣。

《汝墳》"惄如調飢",傳:惄,飢意也。王云："飢而又飢,飢之甚也。"李樗《黃櫄集解》卷二。案,傳以爲飢,意本《爾雅·釋言》文,箋申之爲思,又本《釋詁》文,而王以爲飢之甚,則非毛旨也。《正義》謂惄本訓思,但飢之思食,意又惄然,故又以爲飢意。傳、箋義相接成是矣。《説文》:惄,飢餓也,一曰憂也。引《詩》"惄如朝飢"。段氏玉裁依李仁甫本,朝作輖。據此,則惄之本訓爲飢,而許引《詩》在"一曰憂也"下,惄之訓憂,本諸方言,憂義近思,正所謂飢意也。或因《釋文》於調下云"又作輖",偶《説文》訓重,疑調飢爲重飢,即飢而又飢義,不知毛訓調爲朝,本或有作輖者,李燾《五音韻譜》亦引作輖。亦假借字。《文選》注引薛君章句"朝飢最難忍",是韓與毛同。故許於輖下,并不偶《詩》,取重飢之義,以强合王説,殊失傳意矣。

《召南·鵲巢》"百兩御之",傳:諸侯之子嫁於諸侯,送御皆百乘。王云："御,侍本或作待。也。"《釋文》。案,傳言送御,《釋文》於送御下云,一本作迎。箋申之,訓迎。《正義》謂傳送迎探下章將之,則王釋御爲侍,非毛旨矣。《釋文》於御之下云"五嫁反,本亦作訝,又作迓,同迎也",又述王音魚據反。《釋文考證》謂王欲與鄭異,故御讀如字,而訓爲侍,雖述毛而失毛意,信然。《小雅·六月》《大雅·行葦》箋破傳而訓御爲侍,此獨訓迎,與《大雅·思齊》傳合,明是鄭申毛,而王說强以難鄭也。或又疑毛本作訝,鄭本作御,亦誤。

《衛·碩人》"螓首蛾眉",傳:螓首,顙廣而方。王云:"蜻蜻,如蟬而小。"《釋文》。案,傳言顙廣而方,即《君子偕老》傳所謂"廣揚而顏角豐滿者",箋易傳謂"蜻蜻",而王以爲蜻蜻如蟬而小,則涸鄭義而非毛旨矣。《說文》:"顉,好皃。《詩》所謂顉首。"許蓋偁三家《詩》,三家多本字,《毛詩》多叚借,此叚"螓"爲"顉"。故傳義與許訓"好皃"合,或疑《毛詩》本作顉,而鄭讀顉爲螓,其說亦泥。箋則直從螓立訓,而釋爲蜻蜻。《爾雅·釋蟲》:"蚻,蜻蜻。"舍人注"小蟬也"。青青者,郭注"如蟬而小,有文",孫注引方言云"有文者謂之螓"。孔仲達并述之,而謂此蟲額廣而且方,則誤認箋爲依傳也。後人因之,不知王之亂毛而以螓爲蜻蜻,又以蛾爲蠶蛾。其失古義甚矣。

《氓》"隰則有泮",傳:泮,坡也。此依《釋文》作坡。《正義》引《澤陂》傳"陂,澤障",以釋坡有陂義。阮氏元校勘記謂,傳文本作陂,誤。王云:"泮,破也。"《釋文》坡下云"本亦作陂",又云"本或作破,字未詳"。觀王述意,似作破。案,傳釋泮爲坡,箋讀泮爲畔,釋畔爲涯。《正義》謂箋易字以申傳,則王述毛意,別爲破訓,失之遠矣。泮與岸對偶,即厓岸之處謂之坡,亦謂之陂。《說文》:"坡,陂也。"《後漢書·張禹傳》注坡與陂同。《秦·車鄰》傳:陂者曰阪,下溼曰隰,皆坡。有陂義之證,至破義則經典無徵,且置訓於此,亦不成句耳。

《魏·陟岵》"陟彼岵兮",傳:山無草木曰岵。"陟彼屺兮",傳:山有草木曰屺。王云:"多草木岵,無草木屺。"《釋文》陟岵下云此傳及解屺,與《爾雅》不同。王肅依《爾雅》,又《爾雅正義》亦云王依《爾雅》。案,傳言山無草木爲岵、山有草木爲屺,王依《爾雅》,與傳義相反。《正義》以傳文當是轉寫之誤,亦爲王說所惑,而不知王非申毛也。《爾雅·釋山》:"多草木岵,無草木峐。"《三蒼》《字林》《聲類》並云峐即屺字。《說文》及《釋名》同毛傳，不盡用《爾雅》。《周南·關雎》傳"服，思之也"，《釋詁》云"服，事也"，箋用以易傳。《小星》傳"裯，單被也"，《釋訓》云"裯謂之帳，裯同襜"，箋用以易傳。皆其證。此詩岵、屺及《卷耳》之崔嵬與岨，訓皆相反，然《釋文》於《卷耳》傳謂與《爾雅》同，而於此傳謂與《爾雅》不同，則此傳本異《爾雅》，何得槩指爲傳寫之誤乎？《釋文考證》引段氏玉裁説，《爾雅》《説文》皆誤，反當從毛詩傳是矣。鄭康成謂《爾雅》非一人作，未可全據，是鄭亦有不信《爾雅》時者。此兩詩傳、箋皆仍之，王執《雅》訓以難鄭，而傳義幾湮矣。朱子用毛説，誠非無所見也。《韓昌黎集注》引施士丐説，所以言陟彼岵兮，無可怙也，以其無草木，故以譬之。正述毛義。段氏玉裁謂岵言匏落，屺言荄滋，其説亦合。

《秦·蒹葭》"所謂伊人，在水一方"，傳：伊，維也。一方，難至矣。王云："維得人之道，乃在水之一方。一方難至矣，水以喻禮樂，能用禮則至於道也。"《正義》。案，傳釋伊爲維，并云一方難至。箋云伊當作緊，緊猶是也，所謂是知周禮之賢人，乃在大水之一邊，假喻以言遠。此箋本非易傳。《正義》釋經用王説以推毛，實非毛意矣。《小雅·白駒》"所謂伊人"，毛以此篇立訓，故不復釋，然彼詩上文傳謂，賢者有乘白駒而去者，則毛意伊人即指賢人。且彼箋伊，訓與此同，并云所謂是乘白駒而去之賢人，亦申毛意也。如王所謂"維得人之道"，則必於經增一"得"字，訓始得通。孰若就維人義而引申爲是人，又引申爲賢人，無俟煩言而解乎？

《正月》"洽比其鄰，昏姻孔云"，傳：洽，合；鄰，近；云，旋也。是言王者不能親親以及遠。王云："言王但以和比其鄰近左右，與昏姻其親友，而己不能親親以及遠。"《正義》。案，傳釋云爲旋，箋易傳謂"云，猶友"，并云"與兄弟相親友爲朋黨"。《正義》推毛意以爲"協和親比，其鄰近之左右與妻黨之昏姻，甚相與周旋"，推鄭意以爲"會比其鄰近兄弟及昏姻，甚相與親友爲朋黨"。則王言昏姻其親友，明非申毛，且與箋訓倒置，亦非申鄭也。《正義》於釋箋下引王説，

以爲申鄭，非是。《左》僖二十二年《傳》引此詩，洽作協。富辰釋之云
"吾兄弟之不協，焉能怨諸侯之不睦"，兄弟謂鄰，諸侯謂昏姻。襄
二十九年《傳》亦引此詩，洽亦作協。子太叔釋之云"晉不鄰矣，其誰
云之"，言晉不親近諸姬，則諸侯其誰旅歸之乎？傳義與左氏説合，
釋鄰爲近，近即親也。箋言兄弟，當是申傳，王指爲鄰近左右，《正
義》援以推傳，亦失毛旨矣。

《四月》"廢爲殘賊"，傳：廢，忕也。王云："廢，大也。"《釋文》。
案，傳釋廢爲忕，箋申之云："言忕，本或作大，誤。今依阮氏元校勘記。於
惡。"《正義》云定本廢訓爲大，與鄭不同，當是依王申毛，而實非毛
旨矣。或據《爾雅·釋詁》"廢，大也"及郭注引此詩，疑傳文本作
大，後人傳寫誤爲忕。不知毛亦未盡用《爾雅》，不得執《雅》訓以槩
此傳也。《列女傳》引《詩》"廢爲殘賊"，而釋之云"言忕於惡，不知
其爲過"。此箋及《蕩》箋用《列女傳》，本三家義之同毛者，王特別
立一説，以難鄭耳。

《周頌·維天之命》"假以溢我"，傳：溢，慎。王云："溢，順也。"
《釋文》引王及崔申毛。案，傳釋溢爲慎，箋易傳爲盈溢，而釋下文駿惠
爲大順，傳義當然，則王以順釋溢，非傳旨矣。此傳本《爾雅·釋
詁》文，舍人注"溢，行之慎也，假以溢我"，言以嘉美之道，戒慎於我
也。《説文》及《廣韻》引此詩，作"誐以謐我"，《左》襄二十七年《傳》作"何
以恤我"。則謐爲本字，溢爲叚借。恤亦叚借。又誐爲本字，假及何爲叚借。
箋以溢訓盈，亦本《釋詁》，當是從三家義。三家用本字，毛用叚借
也。推傳意，蓋謂以嘉美之道戒慎我子孫。詩詞述及子孫，多取戒
慎意。故《螽斯》"宜爾子孫，繩繩兮"，傳訓戒慎；《抑》"子孫繩繩"，
箋訓戒。亦此意也。考之經典，溢無順義，王及崔所述毛，殆慎譌
作順歟。古書慎、順二字多互用。

卷四

歸餘於終解

陳煥奎

自漢以來，儒術二家言置閏之法，各有不同，而要莫外乎左氏"歸餘於終"一語，亦終不能違乎《堯典》以閏月定四時成歲之則。其不同者，或本秦曆而謂古時置閏皆在歲終，或謂當在四時之終，而總莫密於積餘分以歸於終，取無中氣之月以爲閏。蓋斗柄所建與日月之行，自古迄今，皆各有其度數，言曆者不能舍而別有所憑，而《堯典》言二至二分，又必在乎四仲之月。假如起算之始，氣朔分齊，斗柄方指於子，閱三百五十四日九百四十分日之三百四十八日，月已十二，合朔而成歲。此外餘分所積，尚有十日半強，則斗柄距下月所當建之辰，已較退於起算時三分之一。積而至於三十六月，餘分已有三十二日弱，若必待此時方置一閏，則閏後之月，斗柄雖不失其所當指之辰，而閏前第三月即爲仲秋。以兩月約減餘分一日計之，三月尚不能減盡二日稍弱之數，安見此年仲秋之月，斗柄必能入於酉，而秋分必在此月乎？古法縱較今法稍疏，諒其闊略必不至於是。

春秋經傳所載閏月，多屬於冬，亦有竟在歲末者。此殆適然相值，或由周室不頒正朔，列國自爲推步，故有不同。江慎修、錢竹汀諸人辯之已詳，不得於二百四十餘年中僅取數閏以爲據，亦不得謂各國置閏皆歸一例。杜氏刺取經傳之文，推爲長曆，置閏多在歲終，不得爲知曆理。顧震滄立《春秋閏朔表》，力爲糾正，其失自明。或猶泥於顧亭林、萬充宗諸人之説，以爲秦曆置閏於歲末，有所自來，抑何不善信古耶？夫秦曆之謬，《續漢志》已嘗斥

之,得近儒錢氏即竹汀。之言,而其旨益暢。沈果堂據《周禮疏》太
史職:閏月,詔王居門終月。疏云:"明堂、路寢及宗廟皆有五室十二堂四門,十二
月聽朔於十二堂,閏月各於時之門。"謂周時置閏本在四時之終,其說雖
較主乎歲終者稍密,而究不若《逸周書》"閏無中氣"之言爲最確。
閏無中氣者,即於當閏之年審其前月中氣在本月合朔之前,後月
中氣在後月合朔之後,而隨宜置之,不拘歲終時終,而但歸餘分於
積數之後,庶幾二分二至皆不失其在仲月之常。此後世之術所以
不悖乎陶唐也。

　古曆之不可以今法相測,惟以其有歲差耳。然每歲所差,實亦
無幾。嘗即邵子元會運世術與顓頊四分術覈之,相差之數,歲不滿
一刻。案,四分術歲周三百六十五日四分日之一,元會運世術歲周三百六十五日
二時七刻三分四十五秒。以每日十二時,時爲八刻,刻爲十五分,分爲六十秒,秒以
下皆以六十遞析而計之,則二時七刻有奇較四分日之一,僅差十一分零也。竊疑
春秋置閏,縱非隨月所宜,亦不過如沈果堂之言,在四季月之後,猶
不至大遠於法;何精於步算如梅定九,乃必謂考古以歲終置閏爲合
耶?左氏明就先王正時而言,則其說必本《堯典》,且細按下文"序
則不愆,民則不惑,事則不悖"等語,皆互相完備之辭。蓋民之不
惑,必由於序之不愆、事之不悖,不得拘執傳文,各屬三項爲說。假
令當時置閏,果皆在歲終,則分、至必不能皆在仲月,何得爲序不
愆、民不惑?而左氏亦何不聞,皆指爲非禮耶?所謂閏三月非禮
者,特以此年閏不當在三月耳,非必如長曆所推定在前年之末也。
梅氏歸餘於歲終之言,何足深信。

歸餘於終解

李元音

《左傳》言先王之正時，曰歸餘於終，繼舉正於中而言者。杜注："日月行有遲速，分爲十二月，舉中氣以正月，有餘日則歸之於終，積而爲閏也。"元音案，餘者，有中氣之月所餘也。凡月有中氣，無中氣則爲閏。中氣者，月半之候。然非指前月合朔至第二合朔之中，乃一歲之歲，實二十四分之爲節氣。今立春、驚蟄，上半月之候。中氣今雨水、春分，下半月之候。者也，歲實者一歲實行之數，亦曰歲周，謂日行天一周也。蔡沈《書傳》："天周圍三百六十五度四分度之一，繞地左旋，常一日一周而過一度。日麗天而少遲，故日行一日亦繞地一周，而在天爲不及一度，積三百六十五日九百四十分日之二百三十五而與天會，是一歲日行之數也。"推閏第觀日之度數，而終驗之於月，蔡氏曰："月麗天而尤遲，一日常不及天十三度十九分度之七，積二十九日九百四十分日之四百九十九而與日會。十二會得全日三百四十八餘分之積又五千七百八十八，如日法九百四十而一得六不盡三百四十八。通計得日三百五十四[日]九百四十分日之三百四十八，是一歲日行之數也。歲有十二月，月有三十日，三百六十者一歲之常數也。故日與天會，而多五日九百四十分日之二百三十五者爲氣盈（案，推步家所謂大餘五）；月與日會，而少五日九百四十分日之五百九十二者爲朔虛（案，推步所謂小餘，不及四分日之一）。合氣盈朔虛而閏生焉，故一歲閏率則十日九百四十分日之八百二十七；三歲一閏，則三十二日九百四十分日之六百單一；五歲再閏，則五十四日九百四十分日之二百七十五（案，孔疏亦詳盡，蔡《書傳》尤簡而該，故舍彼取此。孔謂日行遲、月行速，不可從，今西法亦然）。秦氏蕙田《觀象授時》曰天周、歲周，俱用奇零，勢難齊一。惟邵子元會運世，以三百六十爲率。蓋天周爲起數之宗，天度既整，然後以整馭零，爲法較易。故今時憲書定天周爲三百六十度（度爲六十分，分爲六十秒，秒以下俱以六十遞析），而歲周爲三百六十五日二四二一八七五（日爲十二時，時爲八刻，刻爲十五分，分爲六十秒，秒以下俱以六十遞析。二四二一八七五當十二時中二時七刻零

三分四十五秒）。日之度數，《堯典》所言者成數，以日行常不及天一度
之故，所以天漸差而東，歲漸差而西，餘分時各不同。

諸家因之，所定歲實各異，而有歲差之法。其謂數十年差一度
者，諸家亦各不同，而步算積久漸密。要之，歲實由歲差而定，歲差
由歲周而推。秦氏蕙田《觀象授時》論之甚詳，大要不外計恆星之
東行，隨時測驗損益以合天之一言。江氏永論歲實，有起冬至不如
測春分之說，江氏曰："歲實最難得其真崔之數。魏晉後，漸知一歲小餘不及四
分日之一。隨時測驗一法，必更一斗分，不久即有差，此蓋步天者泥履端於始之義。
但以歲冬至距冬至，計其小餘時刻，併入大餘，以爲歲實；不知冬至距冬至，所得者
活汎之歲實，非經恆之歲實也。經恆之歲實，宜於近春分時測之，又以前後遠年測
算之，春分計其日時分秒，均之各歲，則歲實之恆率崔矣。蓋太陽因有高卑而生盈
縮，近數百年間，春分平行，故所得歲實爲恆率。"秦氏從之。秦氏曰："江氏以恆
率者爲平歲實，均分之爲恆。氣者也，以隨時實測損益者爲汎，歲實準於定氣者也。
氣既有恆有定，則氣實有平有汎，宜矣。"梅氏文鼎論歲實，主測恆氣而不主
定氣，江氏辨之。其謂定氣，時日不均而度均；若均氣者，時日均而
度反不均，誠要言不煩。蓋平歲實者，每歲之常度，汎歲實則數十
百年而日輪之高卑不同。從曆元以漸推測可知，合算定朔定氣，視
其無中氣之月而真閏餘得矣。此法甚密，非渾天儀不能詳盡。至
江氏言曆，爲秦氏所推，實不能外左氏之三言，而反謂左不知曆法，
謂左習見當時置閏常在歲終，故以閏三月爲非禮。

音案，文公以前，據顧氏棟高所推，閏十二月者疊見外，其閏他
月者不少，左氏何得遲至文公時始正其失？如使當時之法如是，則
三年一閏、五年再閏，歸之歲終，雖流俗知之，何當時司曆猶至或前
或後或不置閏？此必不然者也。又謂正即三正之正，正月爲歲首，
而言舉正於中者，對冬至而言，歲終爲終，則正朔在其中閒也。且
傳云分至啟閉，啟者立春立夏，閉者立秋立冬，併二分二至爲八節，
則古只八節，未有二十四氣，左氏時尚未有中氣、節氣，不得以舉正

爲舉中氣。音案，左氏之履端，自是正月之冬至，而曆元之冬至自在其中，如謂左不知曆元，何以春秋僅兩曆元，而皆特書之？杜與孔謂履端僅指曆元，不指歲冬至，則又不求每年之歲實於冬至矣。至舉正之正，或謂即建巳之月，所謂正月之朔愿未作者，謂夏日長至之時亦通，然不及言中氣之爲當。蓋正者，平也，均平適中之謂也。如謂古無中氣，則二至二分之後非中氣乎？且後人言七十二候，以五日有奇一候，而漢已有六日七分之說，可謂六日七分爲非候氣乎？左氏之履端，乃教人於冬至求歲實，歲實定而中氣可推，中氣均平而餘分可推而置閏矣。左氏僅曰餘，安知其非小餘、大餘？左氏僅曰終，安得必其爲歲終？左氏謂十二年爲一終，使不自釋之曰一星終也，將亦謂爲歲終乎？

歸餘於終解

湯誠航

《左氏傳》原文：履端於始，舉正於中，歸餘於終。餘，《史記》作邪，音餘。謹案，經傳說時憲，僅有左氏此傳及僖公五年、襄公二十七年、昭公二十年、哀公十二年傳文數篇，略存殷周以上時憲大法。此傳說義尤深，故備錄原文。杜氏《左傳集解》原文有餘日則歸於終，積而爲閏。唐孔氏《左傳》杜注《正義》原義歸其餘，分置於終末。《史記》韋昭注、《漢志》顏師古注竝同杜氏。

案，諸家解終字，皆不立確訓。蓋以《周月篇》閏月不在終，故第相承爲說。据《漢志》，《左傳》出張蒼家。在漢初言時憲，張蒼最朔，嘗推五德之運以定漢曆。其後，賈誼請漢改正朔，賈誼亦故傳《左傳》。緯讖諸家，其出皆在後，則《左氏傳》最爲時憲學大宗。今欲求漢初人說，以證此傳，率不可得。即賈景伯、服子慎兩家舊注亦尟，因就杜氏爲始。國朝先進講求時憲，最爲精核，始確訓此傳歲終爲終。今就所見，録數家於下方。

王氏錫闡曰，上古置閏，恆於歲終，蓋立術疏闊，計歲以置閏也。梁氏玉繩云，《左傳》紀閏者六，僖七年、文元年、成十七年、襄九年、昭二十年、二十二年。皆在冬末，獨文元年閏三月，昭二十年閏八月，違歸餘於終之義。梅氏文鼎云，謂無中氣爲閏月，此据“舉正於中”爲説，乃術家之説也；謂古閏皆在歲終，乃經學家之詁也；而論春秋閏月，則以“歸餘於終”之説爲長。考本經書，閏皆在年終，趙氏坦、萬氏斯大説並同梁氏，謂紀閏六，梁不數哀十五年，不信續經故也。錢氏大昕通數爲七，趙氏並破襄九年閏月。杜注門五曰説萬氏增，辨昭二十七年七月後有閏，案，傳在八月後，萬氏偶誤。以是年二月己丑朔日南至，至不當入二月，知正月乃十九年歲終之閏。傳不言非禮者，文元年議已明也。此皆尋究經傳，其明證則以秦正建亥，而《史記》《漢書》並書後九月，意秦亦兼採古法。漢何氏《公羊傳注》襄二十八年十有二月甲寅，天王崩；乙未，楚子昭卒。何注云，乙未與甲寅相去四十二日，蓋閏月也。昭元年十二月，晉既烝，趙孟適南陽。下復出甲辰朔，萬氏亦以爲歲終之閏。

竊測議曰，考尋經傳，歲終置閏不爲無据矣。然則歲終可以置閏乎？曰以義測之蓋其可，然應屬天正，如此天正建子，周用天正，魯當同之。時憲大法以上古甲子年、甲子月、甲子日、甲子時，古無時，所稱夜半朔，即是子時。冬至爲元，冬至在十一月朔，則大雪節必入十月中，法應閏十月，十月建亥，周正爲十二月。古時憲自章、蔀、首、遂、極，皆以是紀。遂，《周髀算經》趙君卿注“遂者，終也”，言五行之德一，終盡極日月辰終也。極注，終也，言日月會辰，弦望晦朔，寒暑推移，萬物生育，終而復始，故謂之極。《漢志》亦云并終數爲十九，易窮則變，故爲閏法。孟康注“天數終九，地數終十。窮，終也”，言閏亦日之窮餘，故取二終之數以爲義。乾坤鑿度凡一千

五百二十歲終一紀，日月開闢，甲子爲蔀首。先王蓋以凡章、蔀、
遂、首、極之餘數，既皆置於亥月，則每章之第六閏以上，皆不妨以
亥月統之。其或少有不齊，而大法不外於義陰含陽，爲胎藏母腹，
貞下啟元，極雜之中生極純，旨甚美也。

　　以數考之，假如蔀首初章，古法案，古法對今法言也，而實諸所稱古法，
是由漢鄧平以來，未便是殷周上古法。入章第三年，九月置第一閏。夏正
九月，周正十一月也，後一月閏，未甚緩。第六年六月置第二閏，經
傳説皆言三年一閏，天道小變，五年再閏，天道大變。《易·繫辭》
固言五歲再閏，蓋先王法，於五年終置閏。今一章之閏，第十一年
去第九年，第十九年去第十七年，乃合五歲。五歲之閏在入章第二
閏，則節氣稍前，在末則節氣稍後，實則皆通第九年之閏，當置在第
八年終，第十七年之閏，當置在第十六年終。十九年爲一章，通古
皆知，其餘分整齊，則歲終置閏，在前六閏未甚舛，於末一閏則甚
協。由章以至蔀、遂、首、極推之，會元終始之義，皆可統紀。讖緯
家推秦爲閏位，必在亥月矣。

　　議者以閏月無中氣爲疑，曰推尋經傳，蓋皆以中星表四時。
《堯典》中星固爲經法，如《詩》紀定中流火，《禮》記奎婁虛昴，《國
語》之農祥天駟，《小正》之參中辰伏，皆是左氏固著。龍見火出，無
所謂廿四節氣也。蓋如子丑二正，春之時，可施於三微月，明王陽明
亦謂三微月皆可爲春。子、丑、寅三月也。而驚蟄不可施於丑月，穀雨不可
施於寅月，以及小暑、大暑、小寒、大寒皆不可隨二正之月移易。中
氣本以日爲紀，始於冬至，蓋建子之月，日月五星與天會於牽牛，天
以是紀日，爲陽宗，屬元氣所統。其後十有一月之中氣，皆由冬至
紀度，成一歲之政令。冬至既得，廿四氣已鉤其元，固無煩每月別
立中氣也。二十四節氣先輩謂始見《孝經緯》，然則子丑二正蓋不
用也，不用則固無容以閏月中氣有無爲疑矣。冬至，《左傳》曰"日南至"，
亦足證殷周二正改時，而冬之名因不被於子月。

議者又曰,閏月斗指兩辰之間,曰《堯典》紀中星而《舜典》紀玉衡,則斗建者,舜所製以輔中星。漢儒説天之大,雖立舉日、月、斗,然竊謂斗乃樞旁大星、天之端紐。自在樞斗者,不過藉樞旁大星所向,以測樞之四時旋運所向,謂斗爲群星宗可矣,謂斗所指即屬是月、即屬布是月元氣,豪不可易處,則未必然也。且逐月固有斗指兩辰間之日,舊説云,天正法日、地正法月、人正法斗,則隨斗建置閏,應是夏時。然以斗與日月竝言,是蓋亦未思量天樞在辰不在斗,姑不具論。曰然則歲終置閏信可矣,而必屬天正,何也?曰天正者,蓋天道始終自然之運也;十二者,天之紀,自子至亥,大撓以是紀甲子,後人極數之繁,不能外也。謂之子者,陽氣始孳,甲又五子之氣所自始,用子月朔,冬至爲曆元,取其中朔合氣,竝與天元日月五星同會,是謂大始。天正以是紀其時行,物生凡應天正者,必皆應此數,始於子終於亥,是天道終始。周正雖不可考索,其義必如此矣。春秋魯史必是周正,謂改用夏正者,宋儒也。未敢盡信,故推周正以合之。隋唐《志》引緯書,言孔子修《春秋》,退而修殷之故曆,則未知歸餘之義,於商有合否也?然建丑而以歲終置閏,則在子月,於義頗未安。《尚書疏》引鄭康成説堯正亦建丑,今中星、出日、納日諸法具在《堯典》,則殷或修堯法。《晉志》董巴議湯作殷曆,弗復以正月朔旦立春,更用十一月朔旦冬至爲元首,下至周、魯及漢皆從其節。然則元本冬至而次用星紀,此丑所以可建,而爲後代首朔之始意。孔聖修《春秋》,或參用其法,謂正改從殷正,或未然也。

竊謂天正之建,其起最早羅泌《路史》,稱上古時未有甲子,以一易草木爲一歲。案,天皇氏爰定三辰,其時已有焉。逢困敦、十二幹枝名夏正紀候,於農時爲宜,若原始要終,通天地之情,類神明之德,則必屬天正矣。蓋原文家近華,返從天統之質;故忠家近質,取從人統之文;至質家居天統人統間,能自建中。是乃參伍之妙用，上律之至當也。周人述天正，而歸餘於年終，其源蓋遠矣。《逸周書·周月篇》雖有斗指兩辰説，繹其文義，似非周初人作。《續漢志》載宋忠疏，秦置閏恆在歲後，不稽先代，違於帝典。案，秦雖好創，其事亦暗襲先代，如封建變爲郡縣，乃自春秋已然，《左傳》可考也。《漢志》謂秦用顓頊曆，則亦未必無本，而純私心刱造矣。

附考《春秋》閏似在歲終一條

隱公二年，經書"十二月乙卯"，明年，書"春王二月己巳，日有食之"。己巳雖不書朔，要不出前後二日。正月朔，對衝爲己亥；十二月朔，對衝仍爲己巳。己巳前二三日、後三十日皆無乙卯，計必歲終更有閏十二月，得己亥朔，從十七日乙卯也。右竝略伸終爲歲終之説，在本傳尚祇一解，其他解説互異，竝録於後。

沈氏彤云，"履端於始"謂測算斗建，以紀啓閉，在四孟月也。"舉正於中"謂曆象日景中星，以紀分至，在四仲月也。"歸餘於終"謂紀氣朔餘日以置閏，在四季月也。引竝證《周禮》閏月詔王居門，謂明堂十二堂四門，閏月各於其時之門。潘氏聖樟云，蓋孟秋此秋字疑是春字誤。非歸餘之終，故天正不能履端於始，地正不能舉正於中也。案，此又以三正釋此三句，"歸餘於終"句雖不言是人正，而意似屬之二説。備一解以博異聞，竊復別具一解，附録於末。

案，周正三月，夏正之正月也。正者，本取居正爲義。閏者，日數餘分所積，非天地中正之令。故閏月王居門，先王蓋抑遠之，使不得擬正。於今西法改用定氣，每氣長短不齊，冬至前後氣最短，故十一二月、正月置閏絶罕。然則先王蓋亦稽之理而合於數者，孟春置閏，以餘分擬先王之正令，本又非數有，故曰非禮。若曰御置閏偶失，但曰過足矣，何必斥曰非禮？傳兩書失閏，皆曰司曆過也，不曰非禮，若屬譏以夏正月置閏爲非禮，則下文重在"履端於始"句，此句與"舉正於中"竝爲因類連文，則終之義，亦易訓矣。秦改十月爲正月，則履端之義，重在正可知。

邱甲田賦考

沈克剛

《春秋》成二年，經作"邱甲，益兵也"，而《公》《穀》以爲使邱爲甲。哀十二年用田賦，計田斂賦也，而賈逵以爲井出邱賦，皆因文而誤耳。夫邱甲之甲，謂被甲之士，非謂造甲之人，如後世執兵之士，即謂之兵，不必造兵爲兵也。田賦之田，讀本如字，《左傳》季孫欲以田賦明屬計田斂賦，不必轉釋作甸也。古者授田均役之法，十六井爲邱，四邱爲甸。千二百八十人平居，皆教以戰陳之事，有事軍旅使之，共戎馬一乘，牛十二頭、甲士三人、步卒七十二人，以一邱計之，不及一甲也。魯以齊故，使邱出一甲，故謂之邱甲，則三甸而具四乘，不亦重乎？然猶以爲兵用也，至以田賦，則又重矣。

夫成周之賦有二，有粟米之賦，有泉幣之賦。粟米取諸農，泉幣取諸商，此周公之典也。哀公之世，國用不足，乃復計田斂賦，何休所謂若今漢家斂民錢，以田爲率是也。其所益之額，必不至視舊而倍。若如杜所云以釋本文，亦似諦當，然以全經合《論語》考之，而後知其必不可從也。夫魯自宣公稅畝以來，其賦已較成法爲重，儻哀更倍之，則盍徹之對，當云"三，吾猶不足"，不得云二矣。然何以知盍徹之對不居本文先也？案，哀十二年，經"冬十有二月，螽"；十有三年，經"九月，螽""十有二月，螽"。疊被凶災，遂成饑饉，經文明顯，不煩辭費。若必謂邱甲爲使一邱之人皆造甲，明屬強人所難，雖勢迫刑求，終不能就。謂田賦爲邱出甸賦，則是一日之間，頓增四倍之賦，小民之蓋藏有幾，豈能足此無厭之求？恐桀紂爲君，亦不至橫暴如此。且服虔之説邱甲，雖引《司馬法》爲言，不過取以證邱甸出甲之數，未云邱出甸賦也。元凱因之，又云此甸所賦，今魯使邱出之云云，則未免強作解事矣。《左傳》田賦下賈逵註云"欲令一井之間，出一邱之賦，并別出馬一匹、牛三頭"，則因誤會傳文而遂以甸釋田也。案，傳云如是，則以邱亦足矣。邱之云者，謂先王邱井之常法，非謂以邱賦也。如云以邱賦係對以田賦而言，則何以於邱下必奪一賦字？亦可以知其誤矣。然則何以知其以甸釋田也？賈云"井出邱稅"，則下云"邱出甸賦"無疑；借非云甸，不幾爲闕空之語乎？杜預《左傳註》、范甯《穀梁集解》因謂別其田及家財，各爲一賦，以證魯賦之什二，未嘗不合，然無解於稅畝之文也。

自服註引《司馬法》，云戈楯具備謂之乘馬。由是，後人之考邱甲田賦者，於兵器馬牛之數斷斷置辨，或謂自下共之，或謂自上授之，莫衷一是。不知《司馬法》穰苴亂之於前，秦火亂之於後，兩本歧出，無所適從，不得據爲周初典要也。且周室之籍已去於諸侯，當孟子之時，只聞其略，而數千載後轉得其詳乎？夫古今異時，斷不異理，後世所難行之事，即古所難行。如《公》、《穀》、賈、杜之説邱甲田賦，皆萬難行之事，而説春秋者明知其理而仍守之，考据家爲世詬病，未必不緣於此也。

歌鐘二肆考

陳煥奎

樂器之數，統以肆名者，必鐘磬皆備。《周禮·小胥》注已明言之，杜氏注《左傳》歌鐘二肆，乃僅依傳文數鐘而不及磬。《正義》雖據《小胥》注以申之，究未明著傳之何以僅言鐘，亦未辨《小胥》注何以必言二八十六枚而在一虡，又徒取《晉語》孔晁注以釋歌鐘，似亦未盡其義。

今案，傳不言磬，而特言鐘者，殆以當時用樂之人皆知肆必兼乎鐘磬，故但言肆而鐘即可賅乎磬，不必復出磬字。是亦古人省文之法。如《大射》西階之鐘蒙乎頌磬之名，即省一頌字而但曰鐘，人固知爲頌鐘也。且凡經傳言鐘磬，大抵鐘在磬先，又古人尚右，西尊於東，鄭氏《小胥》注云“諸侯之卿大夫，半於天子之卿大夫”“西縣鐘、東縣磬”，是可知鐘尊於磬，舉鐘以賅磬，亦即卑統於尊之義也。鄭注《周禮》必言二八十六枚，不似杜注《左傳》直云十六者，賈疏據《左氏》隱五年《傳》眾仲云“夫舞，所以節八音而行八風，故以八爲數”，又引《淮南子》云樂生於風，以爲樂縣取數，亦因八風。故聶氏《三禮圖繪》編鐘編磬各用八枚排比，共縣一橫木。一虡之間，有二橫木，高下相次，各縣小鐘或小磬八枚，此二八十六枚之説所由顯也。劉氏炫獨泥乎肆必鐘磬相間，以爲傳僅言鐘則不得稱肆，遂舉傳文歌鐘二肆及其鎛磬二語，牽連釋之，謂鎛磬亦同鐘數，不知鎛爲特縣之大鐘，詳見《説文》及《周禮·序官》、《大射儀》注、《初學記》引《三禮舊圖》。與歌鐘之編縣者異。況鎛自鎛，磬自磬，此磬亦特縣之，詳見聶氏《禮圖》。不得指鎛磬爲一物，而與歌鐘相對，以入二肆之中。

蓋《左氏》所謂歌鐘，即《磬師》之所謂編鐘，亦同乎《大射儀》之所謂笙鐘、頌鐘，頌字據鄭、賈之説補。知者鄭注《大射儀》云鐘磬皆編而縣之，故孔疏於《左氏傳》亦用其義。其特謂之歌鐘者，不僅就節歌之用言，異乎編縣之以體言，亦正足見鄭聲之淫，專以謳歌爲樂，非若大射之義，取物生於東、成功於西也。然則傳言二肆，如竝鐘磬數之，每肆實爲四八三十二枚，二肆共成八八六十四枚，分在四虡。若單以鐘言，則二八十六枚，祇當一肆之半，二肆中實祇有鐘四八三十二枚，分爲二虡也。杜、孔皆未甚晰，竊就二禮及諸先儒之説考之如此。

命公子郢爲太子議

沈克剛

周室之制,立子以適,無適子則傳重適孫,與商世兄終弟及例異。此定制也。衛世子蒯瞶得罪於父,於法當立輒,乃靈以南子之故,欲舍輒立郢,亦不敢揚言於朝,惟一再與郢公私議,良以所立不正,而又恐諸大夫之未必盡從也。觀於郢之言曰三揖在下,其爲有所指無疑。輒羽翼已成,一朝得位,即能拒父興師,外聯齊景之援,內結石氏之輔,其立心蓄志,豈甘居人下者哉?儲氏曰,郢非讓國也,避禍也。可謂窺見至隱矣。然輒之當立與郢之不當立,準諸經傳,其證有十。

平王之崩,太子早卒,桓寶嗣位,不聞立其次適。其證一也。《儀禮·喪服·大功》章,公子不得禰先君,明謂次適不得繼父。其證二也。《禮記·曲禮》支子不祭,《大傳》庶子不祭,《喪服小記》庶子不以杖即位,則支庶均有不得傳重義。其證三也。三年間宗子,死稱名不言孝。言宗子雖死,庶子祭廟,仍不敢稱孝子某也。不敢稱孝子於廟,其敢稱太子於國乎?其證四也。祭法,諸侯下祭三,適子、適孫、適曾孫,孫曾有適稱,則太子必無改易之理。其證五也。《儀禮·喪服篇》有適子者無適孫,謂適子在,雖長孫亦同眾孫,適子不在,則長孫當立爲適孫。蒯瞶出亡,惟輒當適。其證六也。又曰大宗不可以絕,蓋適子無子,猶必以其倫代之,乃明明有子,豈可以勿立而更立其弟乎?其證七也。又適孫下傳曰"何以期也,不敢降其適也",服不敢降,則名愈不可黜矣。其證八也。賈公彥、孔沖遠論傳重禮,云體而不正,立庶子爲後是也;正而不體,立適孫爲後是也。可知立輒正而立郢不正。其證九也。《書》曰罪人不孥，又曰罰弗及嗣，則蒯瞶有罪，不得並其子廢之。其證十也。且《禮記·檀弓篇》仲子舍孫立子，孔子明言當立孫。孔子之意，以爲兄終弟及，殷制之常，文王、微子身屬殷臣，故循殷制，仲子周人，當從周禮，豈得以文王、微子爲例。可知舍孫立子，固聖人所勿許也。且立郢爲太子，實夫人矯命，夫人衛太子，欲並其子廢之。惟恐郢不得立，或立而不能厭服人心，故駕言君命，名成公志，實則援立私人，非真奉靈遺言也。

上文公曰“余無子，將立女”，將之云者，未定之辭。下文郢曰“君没於吾手，若有之，郢必聞之”。可知顧命之時，原無此語，幸郢明決，不以一時私議爲然，故不及於禍。稍一遲回，恐石曼姑之師不在戚而在郢矣。或曰輒公嗣立，經無貶辭，子猛書王注稱其正，安見立郢之非也？不知太子無子，次及母弟，事之變也；太子有子，當屬適孫，禮之常也。立嗣，國之大典，顧可舍其常而從其變乎？或又曰蒯瞶猶在，則輒不得援適孫之例，適孫不立，則衛庶幾無父子之禍，安見輒之必不可不立也？曰蒯瞶得罪於父，已無返國之理，未亡猶之亡也，以郢言立輒，殆謂立蒯瞶之子猶之立蒯瞶也。立其子猶必争之，況異母弟乎？夫輒之拒父，罪無可辭，輒之當立，則稱名甚正。乃後之議之者，舍孔子立孫之言不信，而惟子服伯子是從。以商制兄弟相代之言，斷斷置辨，甚至强牽正名一語以爲左驗，正名之義，毛氏《論語稽求篇》言之最詳，兹不重贅。則真不可解者也。

質家立世子弟文家立世子子説

林系尊

五經異義，《公羊》説云質家立世子弟，文家立世子子，而《春秋》從質，故得立其弟。案，此即親親尊尊之義，而皆以宗法定之也。質家宗法，以位次爲傳重，故兄弟可爲昭穆；文家宗法，以世次爲傳重，故子孫必以世及。殷人最重位次，建立世子，且以既王生者爲適，故微子與紂同母而稱庶兄，此宗法異周之明證。周禮立適以長，同母無兄爲庶弟，爲適者。周則最重世次，爲父後者得爲長子，三年公子不得禰先君，此皆嚴適庶之明證。《喪服小記》疏引庾蔚之説曰，用恩則禰重，用義則祖重。此最足發明宗法之義。蓋禰重則孫雖適出不得以立，庶子爲徇於私恩；祖重則適子有孫而死，庶子雖長於孫，不得以立孫而生其覬望。此雖文質制度之異，而防愛爭之意則同。後人不究宗法之異同，但執傳重之義，以至議禮者聚訟紛如。蓋徒知爲人後者爲之子見於《公羊》，而不參諸《喪服小記》及《大傳》之文，何以明古制與？魯居殷故地，紀年用殷正，故治國亦多殷禮云。

合伯子男爲一考

湯誠航

《史記·漢興以來諸侯年表》云，殷以前尚矣，周封五等，公侯伯子男。馬融《尚書注》五瑞，公侯伯子男所執，是周五等倣於虞，《周禮·典瑞》五等圭璧蓋即虞之五瑞。夏制無聞，据鄭康成《王制注》此地，殷所因夏爵三等之制也。《禮記·王制》經義，公侯田方百里，伯七十里，子男五十里。以地別伯，自爲一等，不與伯子男合。故鄭彼注亦云，春秋變周之文，從殷之質，合伯子男以爲一。唐孔氏《王制》疏引《春秋緯·元命苞》，周爵五等，法五精；春秋三等，象三光。《禮緯·含文嘉》文同。漢儒書如《白虎通》及鄭《禮》注及何君此注，並本緯説。惟殷末有微、箕二國子爵，故鄭《答張逸問》以異畿内別之。

　　考殷初有巢伯,見《書序》;有葛伯,見《孟子》;殷末有脯侯,《史記》作九侯;有梅伯,見《楚辭》及《吕氏春秋》。《史記·高祖功臣侯年表》《春秋》《尚書》有虞夏之侯伯,皇甫謐《帝王世紀》封異母弟放勛爲唐侯,《國語》有崇伯鯀。侯伯二爵,《書傳》時見,子男殊尠,未審殷以前子男固未列爵,亦以國小名微,紀志少著歟?

　　考公之名,賈公彦《周官疏序》傎始人皇時,臣有三名,公、卿、大夫。司馬貞引鄭説注《史記》云風后,黄帝三公也。鄭注《尚書》三帛,高陽氏用赤繒,高辛氏後用黑繒,其餘諸侯用白繒。自非三公,無世爵得公者。虞賓之禮始見《虞書》,此當是二王後殊禮所自始,其秩恒比三公,故以公世其爵。餘雖元功懿親,世爵止於侯。《左傳》《史記》諸書記五帝時,亦統曰諸侯。殷禮久逸,考《曲禮》下,天子建天官以下,鄭皆注爲殷時制。其曰諸公東面,諸侯西面曰朝,與周《明堂位》及《周禮·朝士》所序均不合,意竝是殷制。其位無伯子男,則固以爲小國,其朝班不别序,應列爲一等矣。又記東夷、北狄、西戎、南蠻,雖大曰子,其敘次夷狄戎蠻,不合《旅獒》《周官》及《明堂位》,獨《爾雅》所次九夷、八狄、七戎、六蠻合《爾雅》,殷制据此。蠻夷雖大曰子,周因殷制,惟周與伯異等,故有中國之子、邾子、小邾子是也。商人不異等,同以小國隸之。

　　在中國之爵,卑止於伯,蠻夷始曰子。殷勢内重,其序二師在六官上。《左傳》三記宋官皆如此,周則三師下序於六卿,惟其外輕,故爵列三等已足。如《周禮》,公於上等,侯伯於中等,子男於下等。《孟子》及《周官》皆以子男同位,而《左傳》所傎已有鄭伯男之文,説又各異。案,禮五等之别,其儀數十。殷人合伯於子男,蓋以同爲小國,禮數無容過别,是之謂質。据經,杞由伯降爲子,是謂夷之,則子爵尚爲夷制,或殷法也。此與上卿、下卿不應周典,應竝是質家制。經無别證,而漢儒説自董傳以來必有所授矣。

子以母貴母以子貴論

林系尊

子以母貴、母以子貴者，無適之詞也。何以明之，上云立適以長不以賢，立子以貴不以長，曰適曰子，截然分明。此所謂子，即立子以貴之子，皆妾子也。魯之諸公以適立者惟莊公，《春秋》喜其有正，特書曰子同生其外，皆以妾子立。禮，適夫人無子立右媵，右媵無子立左媵，左媵無子立適姪娣，適姪娣無子立右媵姪娣，右媵姪娣無子立左媵姪娣。右媵以下，羣妾之秩次也；立者，立其子也。無適子可立，而右媵以下均有子，則擇右媵子立之；右媵無子，則擇左媵子立之。其下皆以秩次推立。爲夫右媵之秩貴於左媵，左媵之秩又貴於羣媵，其子得立，皆由其母秩貴，所謂子以母貴也。《左傳》曰"辰嬴賤，班在九人"，又曰"杜祁以君故，讓偪姞而上之；以狄故讓季隗而己次之，故班在四"。在九爲賤，則在四爲貴可知。

秩次雖貴，究於先君爲妾，不得備夫人之禮，其子成爲君，特以夫人禮，書卒葬。文五年，夫人風氏薨，葬我小君，成風之類是也。其子未成爲君，則雖書卒葬，不得備夫人禮。定十四年，姒氏卒葬，定姒是也。亦有終不爲君，則書夫人卒，而不書葬。隱二年，夫人子氏薨是也。爲其子而尊其母，此質家親親之義，所謂母以子貴也。然一切典禮仍不敢同於適，故不祔於祖姑，而特立妾母之廟。隱六年，考仲子之宮是也。禮，妾祔于妾祖姑，今特立廟，則貴于羣妾；不祔祖姑，則仍屈於適。

然則子以母貴者，無所私立也；母以子貴者，伸其私恩也。此聖人防萬世之愛爭，正適庶之名分，固深切而著明者矣。自范武子不解母以子貴之義，妄摘妾母爲夫人，爲《公羊》病，謂適庶可得而齊;而世之迎合意旨者,又附會妾母可爲夫人,遂以妾有子者升配太廟,適無子者納主別廟,啟千古篡適之禍,致大義湮滅之久。今悉闢諸謬說,而詳釋其義例如此。

春秋無將論

湯誠航

春秋之法,尤嚴於疑似之間。蓋以世變風移,人心習詐,不審其實,使昭然於國人之耳目而後治之,則不足以服人心而彰天討,故可有疑獄而必不爲武斷之獄。鄭伯髡頑,如會,未見諸侯,丙戌卒于鄵。据《左氏傳》,則公子騑所弒也。然而《春秋》隱騑之獄,蓋騑既以瘧疾赴,則其逆謀甚密,而其黨與秘藏亦甚固。据人言而坐之,坐之何足惜,所惜者或有無罪疑似,爲國人所誣,援例而治之,不亦枉無罪乎?民言之曲直參半,其得失亦不必盡賢於國書也,故甯遺騑獄而必不開武斷疑似之例。然則公子牙今將爾而辭,與親弒者同,遂定春秋無將之律,何哉?曰此固不與疑獄同。車之能踰山也,凌夷以其漸。公子翬之弒隱公,先於專命率師。《春秋》書曰"翬率師",《禮》曰"齒路馬有誅",謂其意起於微而其流浸不可長。若公子牙者,公然敢於弒械成,固不等鄭騑之爲秘謀,又不同翬率師之起於漸,特一凶頑鹵莽,若唐元吉輩耳。坐以弒逆,豈得爲枉?細審公羊無將之律,亦甚明白。其曰弒械成,則固顯有弒械可据。君親之重,其律自不得與凡律成未成加功、首從有別等法爲例,公子牙弒械成既無疑,似亦非漸積,無將之議,永爲定讞。至後世,姦臣引無將以陷害忠良者,則又深文武斷,其誣經也亦甚矣。

《公羊董仲舒治獄》舉例

蕭榮昌

《漢·藝文志》:《公羊董仲舒治獄》十六篇。《七錄》作《春秋斷獄》,《隋志》作《春秋決事》,新舊《唐書》作《春秋決獄》,《崇文總目》作《春秋決事比》。蓋一書而異名也,其書原載引《春秋決疑》,凡二百三十二事。至吳時汝南丁季、江夏黃復平正得失,所存者七十八事,則其書已殘逸矣。迄宋,而其書不傳,王伯厚所見僅三事。據《太平御覽》載二事,其一引《春秋》許止進藥,其一引夫人歸于齊。《通典》載一事,引《春秋》之義父爲子隱。以外如《藝文類聚》載一事,或以爲無《春秋》之義,與所引盜强弩、乙杖甲皆後人附會,與《公羊春秋》之義無涉。故惟浚儀所見三事皆合於《春秋》,惜其書不傳,不得其比例。

經解載孔子之言曰"屬辭比事,《春秋》教也",漢人多治《春秋》,而以《春秋》治獄則自董仲舒始。其所作二百三十二事,當時必有凡例、條目,如《春秋左氏傳》例之比。今其書不存,而其取義於《春秋》以治獄,猶可即《繁露》之書、三策之對,舉其犖犖大者以例其餘。考《繁露·玉杯篇》,《春秋》譏文公以喪娶,難者曰喪不過三年,三年之喪二十五月,文公四十一月乃娶,何以爲喪娶? 曰事莫重乎志,納幣之月在喪內,故曰喪娶也。三年之喪,肌膚之情也,思念娶事,《春秋》之所甚疾也。此正《公羊》治獄之例也。三策引《春秋》以論天人,引《春秋》"春王正月"以求王道,引《春秋》以正本始,以警利害以懲怪異,引《春秋》"改正朔,易服色"以定制,而正誼明道、任德正心皆《春秋》之微恉。它如引兩觀桓、僖亳社火災,亦皆慎刑之意。其本傳可參考而得,此亦《公羊》治獄之例也。

江都爲西漢大儒，其於《春秋》屬辭比事，必有深探其蘊者，非徒附會經術以苛刻爲能，若終軍以《春秋》之義結徐偃、公孫以《春秋》之義繩臣下也。是故，以《公羊》治獄，自董仲舒而外，惟雋不疑引蒯聵違命出奔，輒拒而不納，《春秋》是之。蕭望之引士匄侵齊，聞齊侯卒，引師而還。君子大其不伐喪，丞相御史議封，馮奉世引大夫出疆，有可以安國家，顓之可也。皆本《公羊》，似亦可舉以爲治獄之例者。而孔季彥斷梁人之獄，御史中丞衆議薛況之罪，尤爲例之彰明較著者歟。

犂牛之子騂且角解

曹廣權

《論語》子謂仲弓曰"犂牛之子騂且角"，何晏《集解》云："犂，雜文。騂，赤色也。角者，角周正中犧牲。……言父雖不善，不害於子之美。"案，此解最古，《史記・仲尼弟子列傳》云仲弓父賤人，述孔子曰犂牛之子云云。《漢書・樊酈滕灌□□□□》贊曰："仲尼稱犂牛之子騂且角，雖欲勿用，山川其舍諸？言士不繫於世類也。"王肅注《家語》承用之，故朱子《集注》亦仍何氏舊説。然《語類》中載問《家語》"仲弓生於不肖之父，其説可信否？"曰"聖人必不肯對人子説人父不善"，是朱子亦疑此説未安，特重古説，不欲肊解耳。

近世惠氏士奇《禮説》云："犂，《説文》作犁，耕也，犁牛爲耕牛。犂牛之子犢，體騂而角繭栗，此天牲也。仲弓可使南面，故舉天牲以況之。"依訓詁立説，爲此創解，劉氏台拱亟讚其卓識。其云以天牲而用之山川，近於非禮，故有勿用之疑。劉氏亦駁之，謂猶沿襲舊注，未合語意。而劉氏之説則云："郊廟大祀也，山川次祀也，耕牛之犢而有騂角之材，縱不用諸上帝，山川次祀亦豈得舍之？三代以下，未有起畎畝膺天子之薦者，論匹夫遭際，至於得國而止，五嶽視三公，四瀆視諸侯，故有山川之喻。"引荀子"聖人得勢者舜禹，聖人不得勢者仲尼、子弓"及《説苑》"云'雍也，可使南面'，南面者，天子也"爲證。蒙謂惠説體貼聖言，不以稱人子而訾其父，曲當人情，非好作別解、矜異前人者可比。而劉氏駁惠，則不免有求勝之意，請更推闡惠説。

蓋犂訓雜文，雖始揚雄，經典實無他顯證。即《史記·南越列傳》"犂旦"，《索隱》訓犂爲黑，似近雜文之解，然犂旦與犂明、黎明皆爲邌字假借，猶遲明也。故《齊太公世家》"犂明至國"、《晉世家》"犂二十五年"，《索隱》但云比也，遲也，皆不仍黑義。惟黎，《説文》以之釋黔，是有黑訓，而究與驪、黧字同音叚借，非履黏之本詁。故《釋文》於此犂，第云色如貍，亦不得已而用叚借也。《史記·弟子列傳》冉耕字伯牛，司馬耕字子牛，《顏淵篇》司馬牛，孔注曰"宋人司馬犂也"，《説文》耒部"耕，犂也"，是犂、耕互訓，的爲古誼。且《公羊》宣三年《傳》"帝牲在于滌三月"，何注"滌，宫名，養帝牲三牢之處"。《周禮·牧人》掌牧六牲，而阜蕃其物，以供祭祀之牲牷。是祭祀之犧，非取方耕之犢，於"勿用"之語亦不背。又莊子辭使者曰："子見夫犧牛乎？衣以文繡，食以芻菽，及其牽而入於太廟，雖欲爲孤犢，其可得乎？"則又見耕牛之犢，視犧牲有貴賤之別，與孔子以騂角稱仲弓，寓雖賤終貴之意亦合。是惠説於言爲近理，於經典爲不失實，信乎其爲確解矣。但其釋騂角爲天牲，不宜用於山川陰祀，其説頗泥。蓋《牧人》云"望祀各以其方之色牲"，毛之後，鄭云望祀五嶽四鎮四瀆也。是望祀南方山川，當用騂牲。劉氏以此折之，允矣。然何以云"雖欲勿用"？爲惜仲弓之不能爲天子也。孔子修《春秋》書春王，學禮從周，斥子路使門人爲臣爲行詐，安有稱其門弟子可爲天子之理？《檀弓》記周人尚赤，牲用騂，與夏后尚黑牲用玄、殷人尚白牲用白不同。《明堂位》亦然，稱仲弓騂角，是仍以周制爲尚，重當王之貴，豈稱人可使臨天下？顧其辭若此。顏淵問爲邦，子雖告以四代禮樂，此通論爲邦之道，故得並及，烏可援以相難？知稱人子而誣及所生，爲曲説；不知爲人臣子妄擬所天，尤曲説之甚也。

或曰孫卿、劉向之言不足據乎？曰古人異説亦多虛造，王充《論衡》云："母犂犢騂，無害犧牲；祖濁裔清，不妨奇人。鯀惡禹聖，叟頑舜神。伯牛寢疾，仲弓潔全。顏路庸固，回傑超倫。孔墨祖愚，敬避。丘翟聖賢。"竟以犂牛指伯牛，云仲弓爲伯牛子，何並與史公弟子傳異也。然有仲壬此説，而犂牛之子非斥父賤行惡益明，何也？伯牛與顏、閔、仲弓同稱德行，其疾《韓詩》以爲癩，則非名賤行惡，淺人能曉。謂漢人之説雖自離異，各有師説，必非緣文生義。竊未敢信，然則釋"山川其舍諸"將何説？曰包注"雍也可使南面"言任諸侯治，則以山川喻諸侯。劉台拱引"五嶽視三公，四瀆視諸侯"，比喻固合。云仲弓雖賤，其才實可任治諸侯。言若民間耕牛欲勿用，以共祭祀，然生而騂角，山川之祀未可舍也。如此，似較劉氏説爲不迂曲矣。

犂牛之子騂且角解

胡元玉

此章之義，惟劉台拱《論語駢枝》所説深得夫子發言之旨，其從姪楚楨作《論語正義》，本其家學，發明犂牛即耕牛，仲弓父賤而行不惡，至精至確，足正何注之謬矣。但釋且、角二字，仍用舊説，尚未盡善。按，何注云角者，角周正中犧牲。不釋且字，蓋以且爲兼及之語詞也，皇疏釋注云角周正，長短尺寸合禮也。周柄中《典故辨正》云角爲周正，如《春秋》鼷鼠食郊牛角，則不周矣。《爾雅》：

"角一俯一仰曰觭,則不正矣。"今考《公羊》僖三十一年《傳》注云:"《禮》,祭天牲角繭栗,社稷宗廟角握,六宗五嶽四瀆角尺。"疏云:"皆《王制》與《禮説》文。"《穀梁疏》云:"出《稽命徵》。"又宣三年《傳》注云:"別天牲,主以角。"由是言之,祭祀之牲以角短小爲貴。故祭天用之,所謂用犢貴誠也,角長大則非犢而不誠矣,故不貴。《王制》亦云:"祭天地之牛角繭栗,宗廟之牛角握,賓客之牛角尺。"以角長尺之牛,供賓客之用,其不貴長大也,尤明顯矣。合禮之角,不過繭栗、握、尺三等而已,以周正爲貴,於《禮》經無明文。長短尺寸合禮,不得謂爲周正。訓角爲角周正,于文義亦不順;況繭栗之角,尤不得有一俯一仰之狀耶。劉氏《正義》引皇疏周説以明注義,而不覺其非,是其失矣。

竊謂古者以且爲祖,古鐘鼎彝器款識如祖己、祖乙、文祖、皇祖之類,皆假且字爲之。故祖亦訓且,《檀弓》"夫祖者,且也"是也。《白虎通·崩薨篇》:"祖者,始也,始載于庭也。"祖者,始也,故且亦得有始義。《莊子·庚桑楚篇》"與物且者",《釋文》云"且,始也"是也。且角,猶云始角耳,即所謂繭栗也。犂牛之子,言其犢也。騂,言其色赤,周所尚也。且角,言其角初生,若繭栗也。三者備矣,非天牲而何?劉氏叔姪説此章最精,竊病其猶有漏義,聊著此説匡救其失,以證成其美焉。

子之武城考

曹廣權

《論語》"子之武城",《七經考文》曰:"古本作子游之武城。"《文選》古詩注及謝宣城《臥病詩》注引《論語》略同,然《藝文類聚》述《論語》亦作"子之武城"。詳翟灝《四書考異》。《史記·仲尼弟子列傳》

子游"爲武城宰,孔子過,聞弦歌之聲",是古本游字爲衍文無疑矣。魯有兩武城,《史記·弟子列傳》澹臺滅明武城人,曾參南武城人。顯判爲二,近人猶以爲同一武城。

愚思子游所宰,若爲曾子之南武城,則澹臺滅明亦南武城人也。史公何故單省南字?蓋子游所宰之武城,乃東武城,單舉之,則直曰武城而已。南武城不見經典,惟一見《史記》,故疑之者多耳。魯之南武城,蓋在今嘉祥縣,於曲阜爲西南,故曰南武城。東武城在今費縣,於曲阜爲東北,故曰東武城。小司馬《索隱》曰:"武城屬魯,當時魯更有北武城,故言南是也。"然則,何以知《史記》之確也?據《孟子》,曾子居武城,有越寇,或曰:"寇至,盍去諸?"曰:"無寓人於我室,毀傷其薪木。"以祖宗邱墓之鄉,輕棄如傳舍,曾子大賢,必不出此。

《春秋·哀十三年》:"吳會於黃池,越亦造舟師,浮海入淮以邀之。"《國語》:"夫差起師北征,闕爲深溝於商魯之間,北屬之沂,西屬之濟,以會晉公午於黃池。"淮水與沂水通,沂水去今費縣近,去嘉祥縣絶遠,且不相通。是當時越寇實在費邑,與曾子之南武城比邑不相驚,故得避去也。又《戰國策》甘茂曰:"曾子處費,費人有與曾子同名族者。"以本邑土著之人,自不得云處;費以同邑同名族之子,亦不得云費人。則斷曾子所居武城即子游所宰邑,非曾子本邑之南武城,豈待兩言而決乎!且《史記》書澹臺滅明爲武城人,與書曾子爲南武城人,推考事實,尤有可證,其非省文者何也?《漢書·地理志》泰山郡無南武城,有南城縣,屬東海郡。《續漢志》作南城,屬泰山郡。至晉,始爲南武城。史公生當西漢,何由遂有南武城之稱?必春秋時魯邑舊有南武城,曾子爲其邑人。散典遺文,史公猶及見之,故據實特書,苦爲分明,非故爲南武城省也。然此猶未爲顯證也。至《大戴禮·衛將軍文子篇》注則直云"曾參,魯之南武城人;澹臺滅明,魯之東武城人",截然以東南對言,極爲犁晰,益無可置喙矣。《大戴禮注》，朱子初疑爲鄭康成作，王伯厚斷爲北周盧景宣作，然即爲景宣之注，其精核要不可及，必非無據而肊解也。雖然，張守節《史記正義》引《括地志》，南武城在兗州，誤以爲即子游所宰邑，又何也？蓋彼特沿晉京相璠所云，今泰山南武城縣有澹臺子羽冢，因傅會其説，不知晉時泰山郡南武城實在今沂州府。費縣非即《史記》所云南武城，乃《史記》所云武城是也。春秋南武城故城，在晉泰山南武城縣南，爲任城國。第據稱名偶同，便以解《史記》，未思南武城之名非漢時所有矣。顧亭林《日知録》於此亦未細考。

凡地名後先互易，或名同地異，或地是名非，踵訛襲謬，往往而有。即以東武城論，漢以後亦以名縣，在冀州之地，此又可據以釋子游所宰邑乎？故不知《史記》書子羽武城人爲東武城，則亦不知《論語》之武城爲何地矣。因考其大略如此云。

子之武城考

胡元玉

《陽貨篇》"子之武城"，孔注"子游爲武城宰"，鄭注"武城，魯之下邑，是子之所之，即子游之所宰。澹臺滅明即此邑人也"，《史記·弟子列傳》云"曾參，南武城人；澹臺滅明，武城人"，《正義》云"《地理志》定襄有武城，清河有武城，故此云南武城"，《大戴禮·衛將軍文子篇》注云"曾參，魯南武城人；澹臺滅明，魯東武城人"，即本《史記》，而於滅明下增東字，蓋以《史記》之南武城、武城爲兩地也。後人承襲其説，莫不謂魯有兩武城：子游所宰爲東武城，曾子所居爲南武城。顧棟高《春秋大事表》定南武城在今嘉祥縣，於曲阜爲西南；東武城與邾吳接壤，在費縣，於曲阜爲東南。

今考魯止一武城，曾子所居、子游所宰非有兩地也。按《太平御覽》一百六十引《論語》此文注志云"武城今在費縣"，此注不知誰氏，宋于庭定爲亦鄭注。《通志》引《闕里志》云"武城在費縣西南八十里關陽川之旁，子游所宰邑也。有古石刻云'仰視高山，俯聽流泉，絃歌之聲，宛然如在'"。《説苑·尊賢篇》有魯人攻鄪，曾子辭於鄪君之事，與《孟子》曾子居武城事相類，魯蓋即越字之訛。《國策》甘茂亦言曾子處鄪，《後漢書·王符傳》南城之冢，注云南城山。山字衍文也。曾子父所葬，在今沂州費縣西南，則曾子所居與子游所宰，同一武城明矣。

又考春秋及戰國地名，武城者凡六。僖六年《傳》蔡穆侯將許僖公以見楚子於武城，注"楚地，在南陽宛縣北"。此一武城也，今在南陽府北，亦名武延城，俗呼西城者即是。《一統志》信陽州東北二十五里有武城，江永以爲即定四年《傳》武城黑之邑。此又一武城也，皆楚地也。《漢志》馮翊有武城，師古云"即《左氏傳》所云秦伐晉，取武城者也"，見文六年《傳》。此又一武城也，當在今同州府境，晉地也。《趙策》趙王封孟嘗君以武城，注云"屬清河"，即下東武城。按，下文云秦攻趙，章君無覆車殺將之功，而封以東武城。此又一武城也，春秋時屬衛，戰國時屬趙，今尚爲武城縣，屬臨清州。《漢志》定襄郡有武城，此又一武城也。今朔平府平魯縣西北，塞外歸化城東南有漢武故城，平魯縣即漢中陵縣，屬雁門郡，後漢改屬定襄郡，皆戰國時趙地也。當即其地，皆趙地也。趙人因趙有兩武城，因名在清河者爲東武城，乃就趙地言之，非因魯有南武城而云然也。若魯則僅有一武城而已，而《漢志》自馮翊之武城、清河之東武城、定襄之武城外，亦不聞復有武城，不僅南武城之名不見于《漢志》也。惟費與南成，均屬東武郡。据《王符傳》及注觀之，則魯之武城在漢改名南城，故《漢志》無之，後漢改屬泰山郡，《續漢志》、宋齊隋《志》皆作南城。城、成，通假字也，《左傳》哀十四[年]傳注："泰山南城縣，西北有輿城。"《續漢志》注引《左傳》襄十九年城武城，注亦作南城縣，今本杜注作"泰山南武城縣"。唯《晉志》作南武城。然考之列傳中亦但有南城，無南武城，此必因泰山郡又有南武陽，相涉誤衍。《水經注》二十二引京相璠曰"今泰山南武城縣有澹臺子羽冢，縣人也"，此武字必傳寫人沿《晉志》之誤妄增之，與襄十九年杜注同矣。

參互考校，曾子、子羽實是同邑人，隋已前又實無南武城，則《史記》之南字、《大戴記注》之南字、東字，皆非其舊可知。蓋後人据誤本《晉志》增《史記》，而加之未盡，滅明下尚作武城。後人据誤本《史記》，疑魯有兩武城，因又妄增東字於滅明下也。豈知東武城固趙地，非魯地哉！而世儒習譌不察，真可歎也。至嘉祥縣之南武城，乃因其縣有南武山，山上有阿城土人，亦名爲南武城。後之淺人不知城名由山得，誤以爲即《晉志》之南武城。於是，或附會爲曾子所居，僞爲曾子祠墓；或附會爲子游所宰，立弦歌鄉之名。其謬妄更不足置辨。顧氏据以爲説，殊無識矣。趙佑《溫故錄》謂曾子居武城，即今費縣之武城，爲子游、子羽邑，而非南武城曾子本邑。則自爲南武城非武城人調停兩可，竊所不取。

趙注廬井、邑居各二畝半考

蕭榮昌

《孟子》"五畝之宅"，趙注："廬井、邑居各二畝半，以爲宅。冬入保城二畝半，故爲五畝。"朱子《集註》因之。謹案，趙氏之説本《漢書·食貨志》，謂公田内以二十畝爲廬舍，而《漢志》又依《穀梁傳》。古者三百步爲里，名曰井田，井田者九百，公田居一，公田爲廬舍、井竈、蔥韭，皆在焉。遂意公田既授民爲廬，則邑中不宜尚有五畝，當是田與邑各半。故謂公田二十畝，八家分之，得二畝半爲廬舍，而城邑之居，亦二畝半也。

竊以農夫大率田居,未必皆有宅在城中,城中之地有數,勢不
能徧容鄉遂遠近之民,而予之宅。《豳風》紀農人居止,節次至十
月,則入此室處。蓋言其不復爲前此之露宿,室即在野之室,未嘗
言入城也。上入執宮功,第爲公室、官府之役言上入也。若必令三
時在田、一時在邑,方將盡撤蓋藏,紛紜扶挈,行同轉徙,止若僑寓,
而小民且多不便。殆非先王地邑、民居必參相得之意。即就《漢
志》言,公田實止八十畝,而二十畝自爲民舍,何必假公田之名?一
家分得二畝半,已盡九百畝之數,其二畝半在邑,豈別增數外邪?
抑折除在數內邪?質諸何休《公羊注》,亦第云公田十畝、廬舍二畝
半,合爲一頃十二畝半,未嘗別有二畝半在邑者。是古説之不能無
疑也。

　《穀梁》言民居在公田中,乃本《小雅·信南山》"中田有廬"以
立説,謂公田在井之正中,有廬在其內。明是以公田爲廬舍,不知
自田而言中,則爲田內;自邑而言中,不過如田閒云爾,非必在田之
中也。《國語》管子曰:"先王處農,就田野野處而不暱。"韋注:"國
都城郭之域,惟士與工商而已,農不在焉。"則冬入保城之説,亦不
能無疑者也。《周官》遂人掌邦之野,造縣鄙形體之法。注:"形體,
謂制分界也。五家爲鄰,五鄰爲里,四里爲酇,五酇爲鄙,五鄙爲
縣,五縣爲遂,皆有地域,溝樹之。"此明明有村落里居,與後世相
同。所謂以田野安甿夫一廛者,當皆指此也。若民居必在井之中
田,則一井八家,以五家爲鄰,其餘三家與異井爲鄰乎?二十五家
爲里,取於三井而不足,更取於異井之一家乎?皆其説之不可通
者也。

　然則廬井、邑居各二畝半者,以《豳風》《漢志》《周禮》《穀梁》諸
説參互考訂,大約農作之時,民皆就中田之廬舍以爲棲止,以便耕
耘,故曰廬井而不曰宅。至農畢後,仍歸於鄰里縣鄙之中,各隨其
田之所在而保守蓋藏焉。所謂邑居也,邑者,四井爲邑,邑不必定

爲國都也。《易》稱改邑不改井，井有定制，故不可改；邑有大小，改邑而井固在焉。故趙以廬井、邑居合之爲五畝之宅，而執諸經以相詰難，似甚覺其牴牾。合諸經以相會通，而疑竇自可渙釋，古人注經，不爲無本之説如此。

趙注國馬公馬解

陳焕奎

《孟子·盡心下篇》"兩馬之力與"，趙注据《春秋外傳》以兩馬爲國馬、公馬。疏無所釋。今案，《國語·楚語》韋注云："國馬，民馬也。公馬，公之戎馬。"此二語頗爲明晰，而未甚詳核。竊以爲民馬即民所出，而仍畜之民間，第以其時供關隘郵驛之用，與行軍之戎馬畜於公家者不同。《周禮》閭師、縣師、遂人、遂師、遂大夫、里宰諸職，各有掌稽，登比六畜，以待政令之語，而司關之職又云"凡四方之賓客敏關，則爲之告"。此以知馬固有賦諸民，而爲國供往來之令者；惟其爲國供往來之令，而又不外一國之民之所供，故謂之國馬。亦可謂之民馬，而混稱戎馬則有所不可也。

韋氏《楚語》注又以邱出戎馬爲説者，因所据《國語》本乃"國馬足以行軍"，與趙氏所据本作"行關者"異，韋氏隨文釋之，故得引邱有戎馬一匹之説。其實《楚語》本當以趙氏所据者爲正，因可見行關之馬異於出軍之馬也。毛氏大可《四書賸言》云："古關隘郵驛皆有都鄙所賦馬，供往來之用，謂之國馬。"以此爲民間所出馬也，其説蓋亦本於韋氏，而正足發明趙注之義，但惜其於民間所以出馬供往來之用，未及詳言，故先證諸《周官》而仍折衷於其説。至若公之戎馬，則馬質、馭夫及校人以下諸馬官之所掌者，皆有之。牛人之職掌，養國之公牛，鄭注云公猶官也，賈疏云訓公爲官，是官牛也。

馭夫分公馬而駕治之，鄭不復爲公字作訓者，知必蒙夫公牛之訓也。公牛既是官牛，則公馬亦猶治官馬也。第公馬原不僅指戎馬而言。凡校人職中所稱六馬，皆爲公家所畜。韋注獨舉戎馬者，《楚語》固云"公馬足以稱賦"，韋氏訓稱爲舉、訓賦爲兵，舉兵僅須戎馬，故祇謂爲公之戎馬。實則六馬中，惟駑馬給役宮中，與城門之軌無涉，其餘五馬分駕五路，詳見《巾車》及《校人》注。皆有出入城門之時。故以公馬屬城門之軌言，則不得專指戎馬也。毛氏《膰言》所謂公家乘車及鄉遂賦兵、牽載任器，則馬皆官給，謂之公馬，以爲總之公牧者也。此亦最爲善説公馬之義，由其不僅以行軍之戎馬言也。

顧毛氏又謂，《周禮》牧人所掌皆稱國馬，而馭夫趣馬又分公馬而駕治之，雖無大分別，要之行城之馬，則祇此兩等。然則，兩馬謂兩等馬耳。据此諸語，則未免令人滋疑。牧人所掌，祇是六牲，鄭注雖以六牲爲牛、馬、羊、豕、犬、雞，然既列諸牲則爲專供祭祀，而非牽載任器者可知。惟《校人》疏引鄭氏答趙商云"《司馬法》甸有戎馬四匹，長轂一乘，此謂民出軍賦，無與於天子國馬之數"，似鄭氏以校人所掌六馬皆爲國馬。《膰言》豈本稱校人而誤作牧人與？若然，何以焦氏理堂《孟子正義》述《膰言》，亦仍作牧人而不改耶？此其可疑者一。

分公馬而駕治之，本馭夫專職，趣馬之職，並無此文。《膰言》連稱之，豈以趣馬職中有"掌駕説之頒，辨四時之居治，以聽馭夫"諸語，而遂牽涉致誤與？然鄭氏於《馭夫》"駕治"句注云"乘調六種之馬"，此語説公馬最塙。於"趣馬駕説"句注云"用馬之第次"，"居治"句注云"治，謂縶駒攻特之屬"。事既各異，稱引者何得連文？此其可疑者二。

鄭答趙商語，誤以《校人》六馬爲國馬，固不免與公馬相混，然或因其弟子撰述《鄭志》偶有譌傳。若鄭氏之注《馭夫》，公馬固未嘗誤也。毛氏既知國馬出於民間，僅供關隘郵驛往來之用，公馬皆由官給，以爲五路任載之需。又何以異於鄭答趙商之説，而謂兩等馬無大分別耶？此其可疑者三。

《禮》王度記言，天子至庶人，駕馬各有定數，雖其數不必皆有碻證，而士庶人皆得駕馬，古所固然。士庶人之馬，不必皆受之有司，《馬質》云，凡受馬於有司者，書其毛齒與價，此蓋崗指出軍而言。則行城之馬，斷不止國馬、公馬兩等。毛氏乃謂祇此兩等者，何也？此其可疑者四。

約而言之，趙氏所謂國馬、公馬，固有民畜、官畜之分，而行城之馬又非僅趙氏所稱之兩等得而盡者也。國馬、公馬既不足盡行城之馬數，則所謂欲張馬力之多者，仍未至其極；不若就少者而反形之，以見其用之久。故城門之限切深，猶覺與當日詰問語氣相合也。夫既就少者而反形之，何以不取庶人之一馬，而必言兩馬？蓋孟子或就己所得用者立言，聖賢罕譬示人，往往就眼前指點，故無事他及也。朱子《集註》獨取豐氏一車所駕之説，義固無疑。姚氏秋農《求是齋自訂稿》復加徵引，更爲詳碻，第無有就孟子己身言之者耳。若曹氏寅谷之摭餘説，据《詩·干旄》正義謂“夏時止駕二馬，孟子若曰不知禹聲，盍觀禹迹。彼城門之軌，禹以來閱千八百年於茲，而謂門限切深，猶是夏先王兩馬之力與”？此雖未爲無徵，然大賢數典之言，未必如此顢頇。如“夏后氏五十而貢”“夏曰校”等語，皆必以時代著之，此而果言禹迹，何不曰“夏后氏之迹”，或曰“夏車之迹”，或曰“夏兩馬之力”耶？既釋趙注之國馬、公馬，而於經文之所謂兩馬，特取豐氏説以求合於孟子立言本旨，有如是焉。焦氏獨取曹説，以爲與先王樂器後王皆用之説尤切，終不免拘執太甚耳。

卷五

獸畜分篇解

胡元玉

《爾雅》,《釋文》云:"《釋獸》《釋畜》二篇,俱釋獸而異其名者,畜是畜養之名,獸是毛蟲總號,故《釋畜》唯論馬、牛、羊、雞、犬,《釋獸》通説百獸之名。"《書·武成》疏云:"《爾雅》有《釋獸》《釋畜》,畜獸形相類也。在野自生爲獸,人家養之爲畜。"《左傳》昭二十五年疏云:"《爾雅》釋畜馬、牛、羊、犬、雞五者之名,其豕在《釋獸》之篇。畜,養也,家養謂之畜,野生謂之獸。豕有野豕,故因記之於《釋獸》耳。"邵二雲又據《祭義》及《獸醫注》謂獸畜對文則異,散文則通。

是數説者,於獸畜之分,言之當矣;然於《爾雅》所以必爲分二篇之故,則猶有未盡也。近人周中孚据《釋畜》篇末總題六畜而篇中闕豲屬,定《釋獸》篇"豕子豬"三十五字爲《釋畜》錯簡。説頗近是,然力斥豕有野豕,故記於《釋獸》之説爲非。謂《爾雅》雖獸畜分篇,仍屬隨類而釋,不屑屑區而別之,則誠所謂楚既失之,齊亦未爲得也。按《周禮》,庖人掌共六畜六獸,注云:"六畜,六牲也。鄭司農云'六獸,麋、鹿、熊、麕、野豕、兔',玄謂獸人冬獻狼,夏獻麋。又《内則》無熊,則六獸當有狼而熊不屬。"今考《釋獸》篇,首詳釋麋、鹿、麕、狼、兔、豕,與鄭注合,文法亦正與《釋畜》篇同。《爾雅》《周禮》皆出自周公之手,則《釋獸》以釋六獸爲主,《釋畜》以釋六畜爲主,斷可知矣。"虎竊毛"以下,廣説獸類不盡周公之舊也。六獸六畜既皆有豕,則《爾雅》自應兩列之。《釋畜》無豕屬,自是錯入《釋獸》篇中,然謂豕子豬三十五字皆是《釋畜》篇文,則六獸不又將闕其一乎? 知不然矣。

考《爾雅》之例，無同釋一物之類，兩標其目，文復相承者。今既云"豕子，豬。豬，豶。么，幼。奏者豱"矣，又云"豕生三，豵；二，師；一，特。所寢，橧。四豴皆白，豥。其迹刻。絕有力豟。牝豝其爲"，後人不知《爾雅》分釋六獸六畜，因以臆併合兩篇之文於一處，決無可疑。然其文亦有脫倒，蓋併合時所亂也。竊謂當以"豕牝豝，今本無此二字，據牟廷相說補。《說文》引《爾雅》"豚，豭短脰"可證也。牝豝其子豬，其字據上文補。所寢橧，郭注云"橧，其所臥蓐"，《詩》疏引某氏注云"臨淮之間，謂野豬所寢爲橧，《淮南·修務訓》'野彘有艽莦'，注云'艽，蓐也'"。此可證《釋獸》所釋，確是野豕。其迹刻，絕有力，豟"爲《釋獸》篇文。"豕生三，豵；二，師；一，特。豬，豶。么，幼。奏者豱。四豴皆白，豥。"爲《釋畜》篇文。如此，庶可以復其舊。至於野馬、野牛雜於《釋畜》，乃附益者之失，非製篇名時所本有也。觀野羊廲羷是也、野狗豺是也、野雞雉是也，分列鳥獸篇中，自見周氏不知以《周禮》證《爾雅》，不達獸畜分篇之故，是以有此失矣。往頗以周說爲是，惑之有年，近始覺其非，爰攄所見，發明《雅》義如此，且以補陸、孔之疏焉。

獸畜分篇解

胡棣鄂

《爾雅》釋獸釋畜分篇，《釋文》云："《釋獸》《釋畜》二篇，俱釋獸而異其名者，畜是畜養之名，獸是毛蟲總號。故《釋畜》唯論馬、牛、羊、雞、犬，《釋獸》通說百獸之名。"邢疏亦用陸說，以釋獸畜之異篇。邵氏晉涵《正義》述《周禮·獸醫》賈疏："《爾雅》在野曰獸，在家曰畜。據此兩篇分釋而言，其說最爲精當。"又引《獸醫》鄭注"獸，牛馬之類，及祭義養獸之文，以爲散文則獸畜通，對文則獸畜異。《獸醫》賈疏云"對文異，散文通"，邵蓋本此。郝氏懿行《義疏》說同，皆不知《周禮·獸醫》之獸、《獸醫》鄭注“畜，獸”，賈疏謂此家畜，非野獸，是矣。《禮記》養獸之獸，皆畜之叚借字，而非畜之可通稱爲獸也。《説文》嘼部“嘼”下云：“㹌也，《釋畜》篇《釋文》引作牲也，段氏玉裁本作“獸，牲也”。象耳頭足厹地之形。”“獸”下云：“守備者。”《釋獸》篇《釋文》引作“守備也”，小徐依之。《釋文》又引云“一日兩足曰禽，四足曰獸”，今段依陸所引，補十部。田部“畜”下云：“田，畜也。”小徐云“畜養起於微也”。據此，則獸訓守備，能守能備，皆毛蟲之屬。小徐云“獸，守山也”，段云“能守能備，如虎豹在山是也”。嘼訓㹌，《書》歸嘼，今作歸獸，二字不分，誤。即畜牲字，《左傳》《禮記》皆云畜牲，《釋畜》篇《釋文》引，知畜牲即嘼牲。㹌亦訓畜牲，段於㹌下作畜㹌，畜牲也。又於嘼下引作嘼牲也。兩歧其説，誤矣。於六書爲轉注。《釋文》於畜又作嘼，下引《字林》云嘼產也。案，產即㹌之省。畜訓田，畜本字之義，《説文》畜下又引《淮南》説，以明從田，會意。引申之，爲凡畜養之稱。《易》大畜、小畜、畜德、畜眾，《詩》畜我，《左傳》“天下誰畜之”。又《易》畜牝牛，《禮記》畜鳥者，皆畜養字。叚爲嘼字，《左傳》《禮記》畜牲，《左傳》《周禮》六畜，又《周禮》掌畜，《逸周書》畜不食穀，及此釋畜、六畜，皆叚畜爲嘼。是可本《説文》以釋《爾雅》矣。

蓋《釋獸》言守備之獸，《釋畜》言畜養之嘼，不得溷而爲一也。朱氏駿聲謂，獸中可畜養者則曰嘼，見《説文通訓定聲》。亦就在野曰獸、在家曰畜之説推而言之。獸本在野，而獸之可畜於家者，則謂之畜，其實即嘼。陸氏以二篇俱釋獸，而畜是畜養之名，獸是毛蟲總號，知爲篇名所由異，亦此意也。案，陸云異其名，指篇名而言。

獸畜之分，即於《釋獸》之中分爲釋畜，其與《釋器》之分釋樂，《釋地》之分釋邱、釋山、釋水，同一例矣。至《釋獸》篇載豕類，而《釋畜》篇無彘屬，明以豕類已盡於釋獸，別無可稱。舉獸中之豕，可概畜中之彘，而於《釋畜》篇之六畜，祇云“彘，五尺爲豟”，夫復何疑？邵乃采孔氏野豕之説，《左》昭二十五年《傳》孔疏云野有野豕，故因記之於《釋獸》耳。以野豕非可常畜，而實爲豕類，故豕見於《釋獸》。見《爾雅正義》。周氏中孚引此説，以爲此自敘所謂耳目所接，時或失焉者。并駁孔説，謂馬屬之駒騋亦野馬，并引《釋文》云“一曰野馬也”。牛屬之犘牛、犩牛亦野牛，何不記於《釋獸》？邢疏絶不言及野豕，尚屬有識。見《詁經精舍文集》。是矣，但以《釋獸》寓屬，所云“豕子豬至牝豝”，文法與《釋畜》篇相似，指爲錯簡，歸入羊屬之下，題曰彘屬，亦見《精舍文集》。亦何所据而云然也。周又謂《爾雅》雖獸畜分篇，仍屬隨類而釋，不屑區別。案，此説亦誤，即如釋獸而及鳥與魚，并及人，正舉他類以别此類之異稱。郝謂豕爲六畜之一，宜入《釋畜》而誤置在此，見《爾雅義疏》。是以啟後之學者改經之漸矣。今而知陸氏所謂《釋獸》通説百獸之名，《釋畜》唯論馬牛羊雞犬者，正以明《釋獸》載豕類、《釋畜》無彘屬之由，而於篇次第未嘗移置，蓋其慎也。

《爾雅新義》糾正

胡元玉

宋代訓釋《爾雅》之書，自邢叔明《正義》外，傳於今者惟農師之《新義》、漁仲之注而已。王元澤雖有注，於今不傳也。二家之書均精駁互見，而《新義》穿鑿之處尤多，蓋農師本新學中人，故務爲創解，好作奇語，其中多引王文公説，並書名亦襲用《周官新義》之號。陳直齋痛詆之至，擬爲戲笑之語，未免太過。然目爲王氏之學，則不誣也。余古農曾作《注雅別鈔》八卷，專攻此書及《埤雅》等書，後悔其少作，不以示人。見江鄭堂《漢學師承記》。阮太傅作此書提要，亦譏其以“樸枹者謂”爲句，注云“謂之”而後知；以“鼅鼄鼌”爲句，注云“鼅老”而後眠；以螗蜋蜙蝑爲句之失。則其可議者，誠不少矣。然如以予字爲一名兩讀，分台、朕、陽爲予我之予，賚、畀、卜爲取予之予，立説精確，實爲近儒説《雅》之先聲，則其書亦非絶無可取者。

特刻意求新,故爾謬誤,不免近儒竝其精當者亦忽之,直以爲不足辨,過矣。然較所作《埤雅》,實遜其奥博,而附會過之,無怪古農之著書攻之也。今試就《釋詁》一篇言之,其可糾正者即不少。

如權輿,始也。注:"權,量之始;輿,車之始。"按,權輿二字,當連文爲義,王懷祖《廣雅疏證》、錢辛楣《答問》引孫淵如説,皆以爲草木之始,即《釋草》其萌蘆蓫之聲假,引《大戴禮》"百草權輿"爲證其説,極是。引申之,則凡始之通稱矣。今分爲二義,非也。《書傳》固無分舉權輿爲始之用者也。

剸,大也。注:"剸,竹倒種之則大。"按,邵二雲、桂未谷、郝蘭皋諸人皆據《釋文》《玉篇》《廣雅》,定《説文》菆字、《爾雅》剸字皆爲菿字之誤,至爲精確。此注緣誤立説,疏矣。從竹之剸,乃捕具之名,見《玉篇》,並無大訓。蓋即《釋器》箄謂之罩,罩字之聲假耳。《玉篇》捕具當作捕魚具。

綝,善也。注:"綝,處獨之善。《中論》曰:'肅肅兔罝,施于中林。'處獨之謂也。"按,《廣韻》訓綝爲繕,《詩·鄭風》箋、《周禮·繕人》注皆云繕之言善。然則綝者,繕治之事也,並無處獨之義。綝、林字殊,不可牽合也。

紹武,繼也。注:"紹若《韶》,武若《大武》。"按,紹雖繼統,武自是足迹之繼,豈得以《韶》《武》爲説?釋訓武,迹也,注亦引"《武》未盡善"之文,更屬可笑矣。

禧畛,祈請謁告也。注:"畛,祈請謁告,纙之告禧,喜之也,其譴告也。是乃所以爲福也。"按,畛,祈告於神也,請謁告於人也,何得以爲告纙之告?禧爲禮告,見於《説文》,亦非譴告。

虺没孟勔,勉也。注:"蛹化而後已没,死而後已,孟則能勉,幼或不能,面則可勉,心或不能。"按,郭注虺没,猶黽勉。則二字亦當連文爲訓,即《韓詩》"密勿同心"之聲假也。孟,錢辛楣《答問》以爲即《洛誥》"汝乃是不蘉"蘉字之聲轉,其説良是。《説文》有恼無勔,則愐、勔乃通假字，此注皆失之，所謂望文生訓也。

神弼，重也。注："精先而神重之，輔先而弼重之。"按，《文王世子》正義引《書大傳》云"左曰輔，右曰弼"，《白虎通·性情篇》云"精，静也，大陰施化之氣也。神者恍惚，大陽之氣也"。由是言之，精、神皆氣也，輔、弼皆官也；有陰陽左右之分，無先後之分也。神者，身之重，郝蘭臯《義疏》、洪筠軒《讀書業録》説之最詳確。輔、弼義同，其訓重也，猶加之訓重矣。

虺頹，病也。注："虺，兀而不能行；頹，憒而不能立。虺頹其隤之病也。"按，《詩》《釋文》虺，《説文》作瘣，《説文》今無瘣字，蓋瘣之誤也。《小弁》傳壞瘣也，謂傷病也。頹，《説文》作穨，云秃皃。是即二字之義，今牽合記文以爲説，非悠傷憂思也，注"始則悠悠然，已而傷久，乃有憂爾"。按，《爾雅》之書總釋羣經字義，無數字相承，爲義由淺而深者，下文挋拭刷清也，注亦同此例，皆不可信。

載，僞也。注："凡書所載，皆僞也。"按，此見《孟子》，有"盡信書，不如無書"之文。食詐當以僞爲義而云，然爾不知古者僞、爲音義皆通，此文載謨當以爲爲義。錢辛楣《答問》、郝蘭臯《義疏》言之詳矣。

衛蹶假，嘉也。注："衛武王之嘉，蹶文王之嘉，假成王之嘉。"按，蹶字見《詩》者，自文王蹶厥生外，尚有良士蹶蹶之文。傳訓爲動而敏于事，義自與嘉相成。《一切經音義》卷十云："蹶，古文作躛。"《说文》："躛，衛也。"故衛亦有嘉義。假樂雖指成王，然《雝》又云"假哉皇考"，傳云"假，嘉也"，箋云"嘉哉君考，斥文王也"，則三字皆不得如此注所説。下文"乂亂靖神，弗淈治也"，注亦以神農、黄帝、禹、稷、湯、武、成、康分配言之，皆穿鑿之論也。

妯，動也。注："妯，女所由小動也。"按，《説文》《詩·鼓鐘》傳説妯字，並宗《雅》訓。《方言》："妯，擾也。"此注臆造無據。

契，絶也。注："有合而已，有時而絶。"按，《釋名》："契，刻也。"

《説文》："挈，刻也。"契、挈古通，刻之則絶矣，並無合義。

歷，傅也。注："師教之而已，傅以身歷而審示之。"按，《文王世子》："大傅審父子君臣之道以示之，少傅奉世子，以觀大傅之德行而審諭之。"身歷之説，蓋即附會此文也。然必以歷訓傅，其説乃可通。今經文明以傅訓歷，則不合矣，不若郭注"傅，近之"，説之爲安也。

隕，墜也。注："損無墜也，益乃有之。"按，經文無損益字，蓋釋隕字之義，語殊不可解。

祔祪，祖也。注："祢祖爲祔。祪，遠祖也。親在高曾之上，危矣。"按，祔自是新死，祭名祪，自是毀廟之稱，不得以爲祢祖、遠祖之號。且祪祖也，當作一句，謂祔之祭也，將毀其祖廟也。《説文繫傳》引郭璞曰："祪，毀也。祔新廟毀舊廟也。"今本郭注作"祪，毀廟主"，文有衍脱也。義最明顯，此注非是。至祢祖之稱，乃指近祖，對遠祖而言，猶《尸子》云悦祢而來遠也。校者或以爲傳寫之譌，非也；或見下文即祢也，與此相承，又謂爲合上文以助成其義，亦非也。《新義》雖新，無此例也。如倫，率也。注末句云"惟而見罔焉，毒矣"；饙，酒食也，注末句云"雩有舞，有號"。皆確係下文注中首句誤脱於此，不得援爲祢祖之證也。

伊，維也。注："伊，彼也。正指之爲伊，旁指之爲維。"按，伊、維皆語詞。維，古通作惟，《離騷》"惟庚寅吾以降"，《九思·悼亂篇》"伊余兮念兹"，《詩·谷風》"伊余來墍"，豈指他人之詞耶？

凡此，皆其附會之迹顯然易見者也。余氏之書既未行世，兹故略糾數事，以著於篇。

《説文》及《爾雅》注引
《詩》與毛異同考

周聲洋

《説文》及《爾雅》注引《詩》與毛異者甚多，悉以毛爲譌誤，則許、郭亦未必盡可依據。按，兩家引《詩》，各有義例，逐件證明，各以類聚，庶無右許、郭而左毛之失。

《説文》引《詩》與毛異，其例十一。一曰引三家《詩》，非引《毛詩》，如艸部藿下，引"六月食鬱及藿"，毛作薁。按，《爾雅》邢疏謂"《韓詩》作藿"，則此乃引韓。口部呬下，引"犬夷呬矣"，毛無其文。案，馬部駯下引"昆毛作混，借字。夷駯矣"，確是《毛詩》，則此乃三家也。芌部韖下引"尊不韖"，韖尊，毛作鄂。按，蔡邕《彈碁賦》用《詩》語，作尊。邕習《魯詩》者，則此乃《魯詩》。厂部瘝下引"譬彼瘝木"，瘝，毛作壞。案，《詩正義》某氏《爾雅》注引譬彼瘝木，臧鏞堂曰"唐人義疏引某氏《爾雅》注即樊光也，其詩並與毛、韓不同，蓋本《魯詩》"，則此乃《魯詩》。瞿部矍下，讀若《詩》"穬字当从犬，形误。彼淮夷"之穬，毛作憬。按，《文選·安陵昭王碑文》注引《韓詩》曰"獷彼淮夷"，此乃引韓。心部憬下引"憬彼淮夷"，乃引毛。人部俟下引"佅佅俟俟"，佅佅，毛作儦儦。按，《後漢書·馬融傳》注引《韓詩》"駓駓俟俟"，則此乃引韓。佅佅，駓駓之異文也。衣部禧下引"載衣之禧"，毛作裼，《釋文》云《韓詩》作禧。按，禧即禧之俗體，則此乃引韓。豸部犴豻重文。引"宜犴宜獄"，犴，毛作岸。《釋文》云《韓詩》作犴，音同。火部焜下引"王室如焜"，毛作燬。按，《後漢書·周磐傳》注《韓詩》曰"汝墳辭家也"，其卒章曰"魴魚赬尾，王室如焜"，《韓詩外傳》同。此據馮氏登府《三家詩異文疏證》，今《後漢書》注及《外傳》皆作燬，後人依毛改。焱部燊下，讀若《詩》"莘莘征夫"，毛作駪。《韓詩外傳》引作莘莘。心部怖下引"視我怖怖"，毛作邁邁。《釋文》邁，如字。《韓詩》及《說文》並作怖怖。水部淒下引"有渰淒淒"，毛作萋萋。《韓詩外傳》引作淒淒。女部嬌下引"碩大且嬌"，毛作儼。按，《御覽》三百六十八引《韓詩》曰"碩大且嬌"。此皆引《韓詩》也。

二曰毛本二句，許引合爲一句。如口部聑下引"聑聑幡幡"，即《巷伯》三章"緝緝翩翩"、四章"捷捷幡幡"二句之合。聑，正字；緝，借字也。走部趚下，讀若《詩》"威儀秩秩"，即《假樂》"威儀抑抑""德音秩秩"二句之合。攵部贛下引"贛贛舞我"，按，贛贛即坎坎，乃"坎坎鼓我""墫墫舞我"二句之合。日部昌下引"東方昌矣"，即"東方明矣""朝既昌矣"二句之合。水部湝下引"風雨湝湝"，即"風雨淒淒""雞鳴喈喈"喈引爲湝，蓋音同而誤記。二句之合。酉部醺下引"公尸來燕醺醺"，按，《鳧鷖》末章當是"公尸來燕欣欣""旨酒醺醺"，今本誤倒。醺，今作薰，燕作止。《說文》所引即此二句之合。此皆許君一時誤記，後人不得援以爲例。

三曰誤引他書以爲《詩》辭。角部衡下引《詩》曰"設其楅衡"，乃《周禮·地官》封人文。來部倈下引《詩》曰"不倈不來"，乃《爾雅·釋訓》文。馬部騋下引《詩》曰"騋牝驪牡"，乃《爾雅·釋畜》文。心部愍下引《詩》曰"相時愍民"，乃《商書·盤庚》文。愍，《古文尚書》作愍。

四曰《說文》引《詩》而毛無其文，後人疑以《詩》辭當之。如言部譀下引《詩》曰"有譀其聲"，毛無此文，王伯厚《詩考》以爲即《雲漢》"有嘒其星"之異字。鳥部鷖下引《詩》曰"鳧鷖在梁"，毛無此文，吳玉搢疑爲逸《詩》，段玉裁謂梁當作涇。禾部稷下引《詩》曰"稷之秩秩"，秩下再見。毛無此文，吳玉搢疑即《良耜》"積之栗栗"之異文。馬部駛下引《詩》曰"四牡駛駛"，陳瑑疑即"駉駉牡馬"之誤。火部夭下引《詩》曰"憂心夭夭"，陳氏《九經考異》以爲《節南山》"憂心如惔"之異文。水部瀆下引《詩》曰"敕彼淮瀆",《詩考》以爲即《常武》"鋪敦淮濆"之異文。女部晏下引《詩》曰"以晏父母",段玉裁以爲即《葛覃》"歸甯父母"之異文,皆是也。

五曰毛從重文,許引毛以證正文,遂從正文。如示部綮下引"祝祭于綮",毛作祊。艸部藻下引"于以采藻",毛作藻。彌部彌下引"亦有和彌",毛作羹。肉部膫下引"取其血膫",毛作脅。角部觼下引"兕觥其觼",毛作觥。觼字別見。疒部瘇下引"既微且瘇",毛作尰。即重文尰,但許從童,毛似重。网部罦下引"雉離于罦",毛作罣。彡部參下引"參髮如雲",毛作鬒。赤部經下引"魴魚經尾",毛作赬。夂部㥄下引"納于㥄陰",毛作凌。女部嬌下引"婉兮嬌兮",毛作孌。糸部緶下引"縞衣緶巾",毛作綦。虫部蠣下引"蠣蠃負之",毛作蜾。

六曰毛從正文,許引從重文。如蓐部薅,重文茠,引"既毛作以。茠茶蓼",毛作薅。人部伎下引"籩人伎毛作伎。忒",毛作鞠。欠部歗下引"其歗也謌",毛作歌。

七曰毛、許俱從重文。如鼓部藞下引"藞鼓藞藞毛作淵",藞,毛作鼛。鼛、藞皆輂字或文。

八曰毛用假借,有同義假借,有同音假借,有偏旁假借。許引用正字。玉部玭下引"新臺有玭",毛作泚。瑟下讀引"瑟彼玉瓚",宋槧大徐本作瑟。毛作瑟。瑲下引"鞗革有瑲",毛作鶬。珃下讀若《詩》"瓜瓞奉奉",口部再見。毛作唪。土部壿下引"壿壿舞我",毛作蹲。艸部蕙下引"安毛作焉。得蕙草",毛作諼。芰下引"芞蘭之杖",毛作支。薺下引"牆有薺",毛作茨。蘜下引"卬有旨蘜",毛作鵻。蕣下引"顏如蕣華",毛作舜。薾下引"彼薾維何",毛作爾。蒐下引"蒐蒐山川",毛作滌。蓁下引"葛藟蓁之",毛作縈。菉下引"菉竹猗猗",毛作綠。口部嶷下引"克岐克嶷",毛作嶷。呭下引"無然呭呭",毛作泄。嗔下引"振旅嗔嗔",毛作闐。唸下引"民之方唸呎",毛作殿屎。走部趡下引"不敢不趡",毛作蹐。足部引與毛同。足部蹩下引"管磬蹩

蹡”，毛作鏘箋將將。躓下引“載躓其尾”，毛作疐。言部諶下引“天
難諶斯”，毛作忱。諰下引“諰以溢我”，毛作假。諰，假聲之轉，此同音
借例。謍下引“謍謍青蠅”，毛作營。爻部棥下仍引作營，乃傳寫誤。詍下
引“無然詍詍”，毛作泄。詍當與呭一字。言部與口部相通之字甚多。丵部
業下引“巨業維樅”，毛作虡業。又部𠬠下引“𠬠兮達兮”，毛作挑。
隶部隸下引“隸天之未陰雨”，毛作逮。爻部棥下引“止于棥”，毛作
樊。目部耻下讀若《詩》“泌彼泉水”，毛作毖。瞋目㫃下引“國步斯
瞋”，毛作頻。瞹下引“瞹婉之求”，毛作燕。歺部殲下引“尚或殲
之”，毛作墐。肉部臠下引“棘人臠臠”，毛作欒。曰部曆下引“曆不
畏明”，毛作憎。鼓部𪔛下引“𪔛鼓𪔛𪔛”，毛作淵。𪔛字前見。鼖下
引“擊鼓其鼖”，毛作鏜。金部引與毛同。來部部首下引“詒我來麰”，
毛作牟。夊部憂下引“布毛作敷。政憂憂”，毛作優。夊部夃下引“我
夃酌彼金罍”，毛作姑。木部枖下引“桃之枖枖”，毛作夭。槮下引
“槮差荇菜”，毛作參。邑部郃下引“在郃之陽”，毛作洽。日部晤下
引“晤辟有摽”，毛作寤。禾部稺下引“植稺未麥”，毛作植穉菽麥。
穄下引“黍稷種穄”，毛作重穋。穋即穄之重文。秠下引“誕降嘉穀”，
毛作種。林部襟下引“衣錦襟衣”，毛作褧。衣部引與毛同。宀部㝱下
引“甍甍在㝱”，毛作嬛嬛在疚。女部引與毛同。穴部竄下引“陶竄陶
穴”，毛作復。窒下引“瓶之窒矣”，毛作罄。缶部引與毛同。疒部瘩下
引“瘩瘩駱馬”，毛作嘽。口部引與毛同。黹部黼下引“衣裳黼黼”，毛作
楚。人部佖下引“威儀佖佖”，毛作怭。侗下引“神罔時侗”，毛作
恫。偏下引“豔妻偏方處”，毛作煽。優下引“優而不見”，毛作愛。
佝下引“佝佝彼有屋”，毛作仳。佻下引“視民不佻”，毛作恌。僻下
引“宛然左僻”，毛作辟。俄下引“仄弁之俄”，毛作側。催下引“室
人交徧催我”，毛作摧。傅下引“傅沓背憎”，毛作噂。口部引與毛同。
匕部𣀷下引“𣀷彼織女”，毛作跂。卬下引“高山卬止”，毛作仰。衣
部襃下引“是襃祥也”，毛作紲。祥引與下毛同。袾下引“靜女其袾”，

女部引此作姼，袲下引此亦作袾。毛作姝。毛部毧下引“毳衣如毧”，毛作璊。欠部欥下引“欥求厥寗”，毛作遹。頁部顟下《詩》所謂“顟首”，毛作螓。髟部髮下引“紞彼兩髮”，毛作髧彼兩髦。鬼部魌下讀若《詩》“受福不儺”，毛作那。广部庈下引“召伯所庈”，毛作茇。厂部厝下引“可以爲厝”，毛作錯。馬部驈下引“有驈有騜”，毛作皇。騯下引“四牡騯騯”，毛作彭。駾下引“昆夷駾矣”，昆，毛作混。駉下引“在駉之野”，毛作坰。犬部猲下引“載獫猲獢”，毛作歇驕。獜下引“盧獜獜”，毛作令。火部烰下引“烝之烰烰”，毛作浮。大部戴下讀若《詩》“戴戴大猷”，毛作秩。心部愃下引“赫兮愃兮”，毛作咺。忱下引“天命匪忱”，毛作諶。怞下引“憂心且怞”，毛作妯。懕下引“懕懕夜飲”，毛作厭。惄下引“惄如朝飢”，毛作調飢。悬下引“信誓悬悬”，毛作旦。水部潧下引“潧與洧”，毛作溱。洍下引“江有洍”，毛作汜。汜下引與毛同。濫下引“觱沸濫泉”，毛作檻。湜下引“湜湜其止”，毛作沚。灘下引“灘其乾矣”，毛作暵。砅下引“深則砅”，毛作厲。瀀下引“既瀀既渥”，毛作優。永部羕下引“江之羕矣”，毛作永。永下引與毛同。雨部霝下引“霝雨其濛”，毛作零。手部攕下引“攕攕女手”，戈部𢦏下再見。毛作摻。搯下引“左旋右搯”，毛作抽。揥下讀若《詩》曰“蝃蝀在東”，毛作蝃。掔下引“赤舄掔掔”，毛作几几。已部巹下又引作已已。摡下引“摡之釜鬵”，毛作溉。女部姼下引“靜女其姼”，毛作姝。媄下引“桃之媄媄”，毛作夭。二字互見。嬒下引“嬒兮蔚兮”，毛作薈。艸部引與毛同。戈部𢧢下引“實始𢧢商”，毛作翦。系部緀下引“緀兮斐兮”，毛作萋。綝下引“毳衣如綝”，毛作菼。虫部虒下引“胡爲虒蜥”，毛作蜴。螣下引“去其螟螣”，毛作螣。蟘下引“螟蟘有子”，毛作蛉。土部坺下引“武王載坺”，毛作旆。圪下引“崇墉圪圪，毛作仡。堀下引“蜉蝣堀閱”，毛作掘。壇下引“壇壇其陰”，毛作曀。田部畻下引“天方薦畻”，毛作瘥。金部鍠下引“鐘鼓鍠鍠”，毛作喤。錞下引“厹矛沃錞”，毛作鋈。鉞下引“鑾聲鉞鉞”，毛作噦。斤部所下引“伐木所所”，毛作許許。

九曰毛用俗字，許引用正字。言部譌下引“民之譌言”，毛作訛。䰜部䵻下引“我埶黍稷”，毛作藝。雈部雚下引“雚鳴于垤”，毛作鸛。土部引與毛同。鳥部鷻下引“匪鷻匪鳶”，毛作匪鶉匪鳶。肉部膻下引“膻裼暴虎”，毛作襢。刀部刮下引“白圭之刮”，毛作玷。角部觓下引“兕觵其觓”，毛作觩。觲下引“觲觲角弓”，毛作騂。木部椓下引“隰有樹椓”，毛作檖。臼部臼下引“或簸或舀”，毛作蹂。网部罧下引“罧入其阻”，毛作罙。川部州下引“在河之州”，毛作洲。女部娑下引“市也媻娑”，媻，毛作婆。虫部蜀下引“蜎蜎者蜀”，毛作蠋。

十曰毛用省文，許引不省。玉部琇下引“充耳琇瑩”，毛作琇。食部䬼下引“飲酒之䬼”，毛作飫。金部鐊下引“鉤膺鏤鐊”，毛作鍚。

十一曰許引與毛異，而毛舊本實不異，因傳寫而譌。玉部瑱下引“玉之瑱兮”，今《毛詩》作也。段注云女部又引“邦之媛兮”，可知此篇也，字古皆作兮。艸部苿下引“言采其苿”，今作茆。此因形似而譌。衣部襛下引“何彼襛矣”，今作穠。唐石經本作穠。馬部驕下引“我馬維驕”，今作駒。《釋文》云：“駒，本亦作驕。”心部慉下引“能不我慉”，今作不我能慉。此因寫倒。黽部䵶下引“得此䵷䵶”，今作戚施。《御覽》引《韓詩》作戚施，則《毛詩》本作䵷䵶，今作戚施，因《韓詩》而誤。

他如示部禂下引“既禡既禂”，此小徐《繫傳》文引，大徐誤入正文。水部淲下引“淲池北流”，毛作滮。按，淲本從彪省，毛不省。漪下引“河水清且淪漪”，毛作猗。《説文》無漪字，當從毛正。漘下引“寘之河之漘”，毛有兮字，許脱。糸部絢下引“素以爲絢兮”，此逸《詩》。

更有可疑之句，無緣究考，不敢定斷。如人部俅下引“弁服俅俅”，毛作載弁。女部㚨下引“屢舞㚨㚨”，《毛詩·賓筵》有“屢舞僊僊”“屢舞僛僛”“屢舞傞傞”之語。《説文》人部僛、傞二注，各引《小雅》無異，此亦非僆僆異文。糸部紽下引"素衣其紽"，毛作絲衣。若此類者，仍從許氏闕如之例。與毛同者不錄，一從篆體，一從隸體者不錄。

《爾雅》注引《詩》與毛異，其例亦有二：一曰引三家，非引毛。《釋詁》注引"遂幠大東"，毛作荒，邢疏以爲當在齊魯韓《詩》。"君子好仇"，毛作逑，《漢書·匡衡傳》作仇，衡習《齊詩》，此乃引齊。"陽如之何"，毛作傷，郭已自明爲引《魯詩》。《釋樂》注引"應鎛縣鼓"，毛作田，《周禮注》亦作鎛。臧庸堂曰："鄭初注《禮》，多用《韓詩》。其箋《毛詩》，亦以田爲聲轉字誤。"是此乃引韓。《釋艸》注引"山有蕌"，毛作樞。按，石經殘碑作蕌。朱彝尊謂蔡邕石經悉本《魯詩》，則此乃引魯。

二曰毛用假借，郭引用正字，毛用正字，郭引用假借。如《釋詁》注引"悠悠我悝"，毛作里。"祓禄康矣"，毛作茀禄爾康矣。"召伯所稅"，毛作説。"以我剗秠"，毛作覃耜。"先公爾酋矣"，毛作似先公酋矣。《釋言》注引"蕭嗺和鳴"，毛作雖。"齊子愷悌"，毛作豈弟。"戴弁俅俅"，毛作載弁。《釋親》注引"聿嬪于京"，毛作曰。《釋器》注引"錫爾玠珪"，毛作介。《釋天》注引"泰風有隧"，毛作大。"先集爲霰"，毛作霰。《釋水》注引"居河之湄"，毛作麋。《釋艸》注引"齒如瓠棲"，毛作犀。《釋蟲》引注"趯趯皇螽"，毛作阜。《釋鳥》引注"畱離之子"，毛作流。《釋畜》注引"騜駁其馬"，毛作皇。至於《釋詁》注引"胡不承權輿"，毛無胡字。《爾雅正義》謂疑有闕字，以文義求之，當以郭氏所引爲舊本是也。

以上各條，《説文》多從吳氏玉搢、陳氏瑑諸家之説，《雅》注多從邵氏晉涵、郝氏懿行諸家之説。特爲著明，不敢掠美也。

《儀禮》鄭注用《爾雅》文考

胡元玉

《爾雅》者，六藝之關鍵也，不通《爾雅》，即不能通羣經，是以兩漢碩儒莫不覃究。鄭君後出，獨冠當時，集漢儒之大成，綜周孔之遺典。其于《爾雅》，既有撰述而取以訓釋羣經，尤難悉數。雖一羽有名注《禮》曾譏其蓋失而四時異號駁許按，此句疑有脫誤，終推爲不誤。其專宗《雅》訓，殆非率爾矣。然其注經，亦有實用《爾雅》而文與今本不同者。蓋鄭所見本如是，不得以鄭未明稱《爾雅》，而疑爲取自他書也。今試即《儀禮注》略舉一二。

如《鄉射禮》"乏參侯道"，注云："容謂之乏，所以爲獲者御矢也。"此用《釋宮》文也。今本乏作防者，防、乏古聲近字，芝、泛皆從乏得聲，防、芝、泛又聲轉。此其明驗也。郭注用鄭説，良是。郝蘭皋乃謂"防乏異名，殆非同物，失之矣"。

"豫則鈎楹內"注云："凡屋，無室曰謝。"此亦用《釋宮》文。《春秋》"宣榭"，《公羊》正作"宣謝"，《左》《穀》古本亦作宣謝。見《釋文》。《荀子·王霸篇》云"臺榭甚高"，《禮運》、《泰誓》、襄三十一年《傳》，《釋文》皆云"榭，本又作謝"，則《爾雅》古本必當亦作謝字。蓋謝本行射禮之處，故未造本字時，即假射字爲之。《邾敦銘》云"王格于宣射"，即其證也。射、謝同聲，故又假謝字爲之，後人習見有木者，謂之謝之文，始增造從木之榭字，故《説文》無榭字，《玉篇》始有之也。鄭益以"凡屋"二字者，明其非臺上有木之謝耳。

《公食大夫禮》"實于鐙"，注云："瓦豆謂之鐙。"此用《釋器》文也。今本作登，《釋文》本作登，云"本又作鐙"。按，《説文》登、鐙皆非瓦豆之名，別有㽅字，云禮器也。從收，持肉在豆上，讀若鐙。蓋即瓦豆之本字，今作登者，隸變移収于上，而省其左耳。登、鐙皆聲假字也。

《有司徹》"二手執挑匕枋以挹湆"，注云："挑謂之歃，讀如或春或扰之扰字。或作挑者，秦人語也。挑長枋可以抒物於器中。"經注挑、桃之異，各本不同，今定從《釋文》本。此亦用《釋器》文也，今本作𣒍，謂之𣚊。郭注云"皆古鍫、鍤字"，《説文》云"𣒍，斛旁，有𣒍，一曰突也，一曰利也。《爾雅》曰'𣒍謂之𣚊，古田器也，𣚊𣒍也，'"。今按《詩·臣工》"痔乃錢鎛"傳云："錢，銚也。"則田器當金旁作，不當斗旁作，明矣。且田器焉有古今之分，鍫鍤亦非後世所無之物。疑《説文》所引《爾雅》當在"一曰突也"之上兩"古田器也"之文，皆後人據郭注增，非許書之舊也。郭注蓋因《方言》有"𨰻，燕之東北、朝鮮洌水之間，謂之𣒍"之文，故爲此説。其實《方言》𣒍字乃銚之聲假，非本字也。《方言》多非本字。《玉篇》又緣郭説，直以𣚊爲𨰻字古文，豈知𣚊若果是𨰻字古文，則《説文》何以不收入𨰻下，而別出此字云𣒍也乎？其非明矣。世人習譌不察，故聊復辨之，以申許説。鄭本作挑謂之歃，與許本不同，故不以爲量名。据《説文》云："挑，撓也。撓，擾也，一曰捄也，捄盛土于梩中也。"一曰擾也，則捄、挑聲近義通。《詩·大東》"有捄棘匕"傳云"捄，長貌"，"有捄天畢"傳云"捄，畢貌"，畢形正似匕而長枋，故詩人亦以捄字形容之。禮文稱挑匕，則挑爲長枋之匕可知，今人猶謂長枋小匕爲挑子，即其物矣。歃爲匕之別名，則歃血之歃當以匕爲訓，謂以歃挹血注于尊，飲之也。以歃挹血謂之歃，猶以兵《説文》云"兵械也"。擊人謂之兵，《左氏傳》曰"兵其從兄"，又曰"士兵之"。以厲《禹貢》鄭注云"厲，磨刀石也"。磨刀謂之厲也。《左氏傳》曰"勝自厲劍，子期之子平見之，曰'王孫何自厲也'"。許君所見《爾雅》不同于鄭，故《説文》訓歃爲歠，不以爲匕矣。

凡此數者，皆鄭本與今本異者也，而挑歃之義尤學者所置而不道，故今辨説尤詳。其明稱《爾雅》者，則僅《士昏禮》注引"繡領謂之襮",《鄉射禮》注引"笙小者謂之和",《有司徹》注引"繹又祭也"而已,皆與今本無殊。若夫襲用《雅》詁,文復不異,如"介、景,皆大也""厥,其也""夙,早也""元,首也""崇,充也""徵,召也""妥,安坐也""善父母爲孝,善兄弟爲友""長婦謂稺婦爲娣婦,娣婦(爲)[謂]長婦爲姒婦""東西牆爲序""楣謂之梁,肉謂之羹""未成毫狗"之類,舉不勝舉,且非宏旨所關。悉爲臚陳,無裨經術,徒費楮墨,有損大雅。置而不錄,或不致來漏略之譏也。

舍人樊孫李郭注異同考

胡元玉

　　《爾雅》之學隆於漢氏,景純以前注者十餘,宋崇性理,此學遂替,古注悉亡,僅存郭注。近儒講求實學,屏絕空談,破除宋明陋習,直與兩漢同風。於是《爾雅》古注叠經余仲林、王汝上、臧在東、張介侯、章逢之諸人廣爲蒐輯,殆無所遺。然廢絕已久,十餘之名不可詳聞矣。西京之注,僅舍人一家,其餘樊光、李巡、劉歆、孫炎皆東漢人也。《五經正義》援引舊注,又有某氏注及鄭康成注,或以爲某氏即樊光,鄭注爲《春秋緯注》,皆不可信。由是言之,兩漢之注,可考見者僅七家耳。邵二雲《正義》、郝蘭皋《義疏》,其於古注片義隻詞悉行採入,旁徵博證,古義復明,諸家異同,瞭如指掌。讀《雅》者人人知之,無煩枚舉。大抵舍人多與郭異,李孫多與郭同,此其大較也。竊嘗尋繹諸家輯存之注,見有實與郭同,而説者誤以爲與郭異者;又有疑其與郭異,而不能真知所以異者,是則亟宜考正者已。

　　如謔浪笑敖,戲謔也,郭注云謂調戲也,邢疏引舍人曰:"謔,戲謔也。浪,意明也。阮校云注疏本明作朗,此誤。《詩》疏作萌。笑,心樂也。

敫，意舒也。戲笑句，邪戲謔笑之貌句。"据此，則舍人本《爾雅》作
"謔浪笑敫句，戲笑也"。《詩·終風》疏引舍人注，邪戲下多一也字，
蓋誤衍耳。《詩》疏雖在邢疏前，其衍字當在邢疏後也。臧在東、郝
蘭皋皆据《詩》疏引舍人注而以戲笑之笑字爲衍，郝氏又云"郭氏不
從舍人，而以調戲詮釋，與毛傳合"，則誤以舍人爲於戲字、絶句字
別爲訓矣。其實舍人注何嘗如此哉？且即如其説，以句中謔字釋
謔浪笑敫（戲），《爾雅》亦無此例。謔字從言，尤不得釋爲笑之貌。
至於戲笑連文，其來已舊。《一切經音義》三引《倉頡篇》云"倡，能
也，按十四卷引能作俳，此誤。優，樂也，戲笑之伎也"。《列子·黄帝篇》
云"子華之門，徒見商邱開，狎侮欺詒，攮拟挨扰，亡所不爲。商邱開
常無愠容，而諸客之技單，憊於戲笑"。皆是，更不得以笑字爲衍文
也。莊姜此詩，正傷州吁之侮慢，"謔浪笑敫"即承"顧我則笑"而
言，舍人本《爾雅》以戲笑釋詩，正合詩之本旨。舍人注以邪戲謔笑
釋戲笑，正與調戲義合。郭本雖作戲謔，義固與舍人無殊，臧、郝
誤矣。

　　又"芼，搴也"，某氏注云"搴猶拔也"。臧在東輯本"拔"誤
"援"，郝據臧本亦引作援，並云"援引與擇義近"。今檢原文，實不
作援。且《説文》撲即搴。字解亦云拔取也，於衆菜中獨拔取此，即
自有擇義；不必訓援乃與擇義近，訓拔取即不與擇義近也。郝氏緣
誤立説，疏矣。凡此，皆實與郭同，而咸誤以爲異者也。

　　"崇，充也"，郭注云"亦爲充盛"。《左傳》文十八年疏引《釋詁》
"崇，充也"。舍人曰："威大充盛大，亦集聚之義，故崇爲聚也。"按，
二大字皆誤，上大當作"之威之充盛"，舍人釋《爾雅》文也。下大當
作"充充，亦集聚之義"，二句乃仲達引《爾雅》以釋杜注"崇，聚也"
之語，漢人訓充，有盈也、滿也、備也、足也諸訓，皆與集聚義近。故仲達以"崇，充
也"爲"崇，聚也"之證。此其故甚明，而採輯者皆不知改正。臧在東乃
疑舍人本崇作威，郝蘭皋雖以崇、威聲義不相應，不深信臧説，然亦

不能正大字之誤而發明之也。今按舍人之意,乃專以崇爲威儀充盛之名,故曰"威之充盛"。威即威儀,《學記》"收其威也"注"威,威儀也",是其證。威儀可法,則故《釋言》云"威,則也矣"。《周語》云"容貌有崇,威儀有則",《楚語》云"威儀之則,容貌之崇",韋注皆云"崇,飾也"。人之威儀即存乎容貌,《國語》特互言耳。此即崇爲威儀充盛之確證,與郭注泛以充盛爲説不同。臧氏可謂疑所不必疑,而不疑所當疑矣。此又實與郭異而人莫能真知所以異者也。

近儒訓釋《爾雅》之書多矣,郝氏稍後出,最爲精審,竊猶病其於此三事未能別白。後人習譌不察,亦莫知訂正,故聊申管蠡,詳爲考之。

《爾雅》《説文》異字考

胡元玉

《爾雅》,釋字義之書也;《説文》,釋字形之書也。專釋義,則必合聲音通假,以辯章六藝,囊括九流,所以暢其流也。專釋形,則必分形聲事意,以譔稽故訓,包管古籀,所以溯其源也。故《説文》皆本義,《爾雅》多借義。《爾雅》雖作自元公,成於孔徒,然自漢以來,傳述之本已有異同,遞因隸變改易點畫,增益偏旁,轉多俗體。《説文》則分別部居,不相雜厠,雖流傳至今,不無舛誤,而宏綱大旨終未混淆,故書成漢世之末,而實足上翼周代之經也。魏晉以還,人咸重而習之,以《説文》與《倉》《雅》並稱,豈虛譽哉。

抑有由也。蓋六經聲假之字,非《爾雅》不能通其義,而《爾雅》之俗文借義又非《説文》不能得其本字。故往往有《説文》有此字義殊《爾雅》,而《爾雅》此義《説文》實別有本字者;又有《爾雅》此字《説文》無之,而以其義求之《説文》,則又實有一字足以當之者。不求其異,烏知其同哉? 此所以有《爾雅》《説文》相爲表裏之説也。間嘗参稽二書,則必求之異字乃通者,不勝枚舉,不僅錢辛楣所舉"埱"即俶落之俶等二十字,陳恭甫所補舉"媅"即妉樂也之妉等四十八字矣。《釋詁》《釋言》《釋訓》三篇,較他篇尤多,更治詁訓者所亟宜研究。聊舉所知,具列如左。錢、陳已舉者不録。若矩即巨或文榘之省,遏即遾之古文,夙即殂之隸變,酬即醻之或文,侑即姷之或文,疆即畺之或文,栫即欁古文桙之變體,迓即訝之或文,譽即愆之籀文,征即延之或文,域即或之重文,矤即弞字,弞从矢,引省聲。俟即竢或文竢之省,菱即薳或文蘵之省,尰即瘇之籀文,刈即乂之或文。皆筆迹之異,人所易知,今於此類不復録也。至《説文》所引《爾雅》,有與今本異者,則所見之本異耳,與必求之異字乃通者不同,故亦不録。

《爾雅》借義	《説文》本字附《説文》釋《爾雅》借字本義
哉,始也。	才,艸木之初也。哉,言之間也。《書》哉生魄。《晉書·夏侯》傳作才生魄。
介,純㢊大也。	夰,奄奔大也。介,畫也。純,絲也。㢊,屋頓也。
弔,格至也。	迅,假至也。弔,問終也。格,木長貌。
貢,賜也。	贛,賜也。貢,獻功也。
淑,介善也。	俶,价善也。淑,清湛也。介見前。
般,樂也。	昪,喜樂皃。般,辟也。
賓,服也。	嬪,服也。賓,所敬也。
遹,循也。	述,循也。遹,回避也。
刑,範法也。	型,鑄器之灋也。笵,法也。刑,罰辠也。範,範也。
諶、亮、詢,信也。	燕、代、東齊謂信曰訦。諒,信也。恂,信心也。諶,誠諦也。亮、詢均不見於《説文》,新附始有詢字,云謀也。後於此類,皆不復出。

续表

《爾雅》借義	《説文》本字附《説文》釋《爾雅》借字本義
邰,合也。	佮,合也。邰,左馮翊郃陽縣。
纂,繼也。	纘,繼也。纂,似組而赤。
溢,静也。	佾,静也。溢,器滿也。
摽,落也。	受,物落上下相付也。讀若《詩·摽有梅》。摽,擊也。
壞,毁也。	毇,毁也。壞,敗也。
尸,主也。	屍,終主。尸,陳也,象卧之形。
勔,勉也。	恤,勉也。
騖,瞀强也。	敄,彊也。騖,亂馳也。瞀,冒也。
疇,誰也。	弓,誰也。畤,耕治之田也。
藐,美也。	懇,美也。藐,茈艸也。
畢,盡也。	敤,盡也。畢,田网也。
蕉,豐也。	霖,豐也。蕉,蔽也。
摹、蒐、褏、鳩,聚也。	揟,聚也。按,衆意也。捊,引聚也。今本作引取,此從《玉篇》所引。勼,聚也。摹,束也。茅,蒐。茹,藘。鳩,鶻鵃也。
齊,疾也。	齋,炊餔疾也。齊,禾麥吐穗,上平也。
竦,懼也。	慹,懼也。《春秋傳》曰:"駟氏慹。"竦,敬也。
虺、痳、疧、癉,病也。	瘣,悝病也。欠,貧病也。癉,病也。虺以注鳴者。《釋文》虺,《説文》作痕。按,《説文》無痕,蓋"瘣"之誤也。
盱,憂也。	忓,憂也。盱,張目也。
寅、熯,敬也。	夤,敬惕也。戁,敬也。寅,髕也。熯,乾皃。
篤,厚也。	管,厚也,讀若篤。篤,馬行遲頓也。
監,視也。	矙,視也。監,臨下也。

续表

《爾雅》借義	《説文》本字附《説文》釋《爾雅》借字本義
射，厭也。	斁，解也。躲，弓弩發於身而中於遠也。
夷，易也。	徎，行平易也。夷，平也。
鮮，寡也。	尟，是少也。鮮，魚名。《易·繫辭上》《釋文》云"鮮，鄭作尟"。
酢，報也。	醋，客酌主人也。酢，醶也。
儀，榦也。	橪，榦也。儀，度也。
串，貫習也。	毌，習斁也。遺，擯習也。毌，穿物持之也。貫，錢貝之貫。串即毌之隸變。
暨，與也。	臮，眾與詞也。《書》曰：臮皋陶。暨日頗見也。
憩、呬，息也。	愒，臥息也。呬，或作嘻，大息也。《釋文》云呬，《字林》以爲嘻，又作嘻。
騷，訛動也。	慅，吪動也。騷，擾也。譌，譌言也。訛即譌之隸變。
乂，溷治也。	嬖，治也。汩，治水也。乂，芟草也。溷，濁也。
頤，養也。	宧，養也。臣，篆文作頤，顄也。
抨，使也。	傋，儷使也。抨，彈也。
烈，餘也。	裂，繒餘也。烈，火猛也。
薦、摯，臻也。	瀳，水至也。臸，至也，讀若摯。薦，獸之所食艸。摯，握持也。
卒、徂落，死也。	大夫死曰殚。殂，往死也。隸人給事者爲卒，迉或作徂，往也。
右《釋詁》	
徇，徧也。	旬，徧也。
蒙，奄也。	冡，覆也。蒙，王女也。奄，覆也。
翦，齊也。	歬，齊斷也。翦，羽生也。

续表

《爾雅》借義	《説文》本字附《説文》釋《爾雅》借字本義
媵,送也。	倴,送也。
憯,曾也。	贊,曾也。憯,痛也。
兆,域也。	垗,畔也。兆,分也。今本《説文》兆爲州古文,此從段茂堂所訂。
偁,舉也。	爯,并舉也。偁,揚也。
逮,及也。	隶,及也。
樊,藩也。	棥,藩也。舛,騺不行也。
跋,躐也。	跟,步行獵跟也。跋,蹎也。按,蹎跋之跋謂僵仆也。獵跟,謂踐踏也。
寋,跲也。	躓,跲也。寋,礙不行也。
飫,私也。	醧,私宴也。飫,燕食也。
虹,潰也。	訌,讃也。虹,螮蝀也。潰,漏也。
聘,問也。	娉,問也。聘,訪也。
干,扞也。	戬,盾也。盾所以扞身蔽目。戬,止也。《書》曰:"戬我于艱。"干,犯也。扞,忮也。
跰,刖也。	跀,斷足也。刖,絕也。
餬,饘也。	鬻,鍵也。餬,寄食也。
藁,翳也。	鼗,翳也。
芼,搴也。	覒,擇也。
右《釋言》	
穆穆,敬也。	睦,和敬也。穆,禾也。
優優,和也。	憂,和之行也。《詩》曰:"布政憂憂。"優,饒也。
晏晏,柔也。	宴,安也。晏,天清也。《釋詁》云:"柔,安也。"

续表

《爾雅》借義	《説文》本字附《説文》釋《爾雅》借字本義
憢憢,懼也。	嘵,懼也。
桓桓,威也。	狟,犬行也。《書》曰:"尚狟狟。"桓,亭郵表也。《玉篇》:"狟,武皃也,威也。"
萌萌,在也。	简,存也。从心,简省聲,讀若簡。萌,艸木芽也。《釋詁》:"在,存也。"
坎坎,喜也。	戁,緂也,舞也。《詩》曰:"戁戁舞我。"坎,蹈也。《釋詁》:"緂,喜也。"
儦儦,愭也。	儦,愭也。
仳仳,小也。	伽,小皃。《詩》曰:"伽伽彼有屋。"
旦旦,悔爽忒也。	怛,憯也。或从心,在旦下。《詩》曰:"信誓怛怛。"旦,明也。
蠢,不遜也。	愻,順也。《書》曰:"五品不愻。"遜,循也。
美女爲媛。	媄,色好也。美,甘也。美士之美同。
襢裼,肉祖也。	膻,肉膻也。《詩》曰:"膻裼暴虎。"但,裼也。祖,衣縫解也。
馮河,徒涉也。	淜,無舟渡河也。馮,馬行疾也。
邌餗,㕸柔也。	胹,面和也,讀若柔。柔,木曲直也。面柔體柔之柔皆同此。
戚施,面柔也。	䵷黽,詹諸也。《詩》曰:"得此䵷黽。"
婆娑,舞也。	娑,舞也。《詩》曰:"市也媻娑。"
緘,羔羊之縫也。	羬,羔羊之縫也。
殿屎,呻也。	唸㕧,呻也。
右《釋訓》

今本《爾雅》《説文》異字考

胡元玉

今世所行《爾雅》即郭注本也，然亦有失郭本之舊者。陸氏据郭本作《釋文》，而今本多殊于陸，即此可見，蓋傳寫之失也。以校《説文》，每多異字異義，其爲《爾雅》舊本如是。或因傳寫致異，均有之矣。大抵《釋詁》《釋言》《釋訓》三篇，皆由《爾雅》用借義，《説文》用本義。《釋親》以下，則不盡由《爾雅》用借義，或由許所見之《爾雅》與今本不同，或由今本《爾雅》字之偏旁後人時有附益。而附益偏旁之字，草木蟲魚諸篇尤多，此其略也。前作《〈爾雅〉〈説文〉異字考》曾將《釋詁》三篇異字表而出之，今仍前例，復將《釋親》以下詳列于左，而不題本義借義之目，其明引《爾雅》而與今本不同者，亦附載于後，以備參稽。若夫土夫王綦黭鼠豹文，句讀雖與郭注不同，固無與于經文也。今於此類，皆不録焉。

《爾雅》	《説文》
妻之姊妹同出。	妻之女弟同出爲姨。郝蘭皋云："變姊妹爲女弟者，蓋古之媵女取于姪娣，姊爲妻則娣爲妾，同事一夫，是謂同出。"按，郝説非也。同出，謂各自行嫁，並無同事一夫之義。觀《詩》"邢侯之姨"及《左傳》"吾姨也"可見。故《爾雅》以姨與私對舉釋之，《説文》變文爲女弟，殆無義例，隨舉一端以實之耳。下文以姪爲兄女，亦猶是也。
女子謂晜弟之子爲姪。	姪，兄之女也。
	右《釋親》
東南隅謂之突。	宦，户樞聲也。室之東南隅，突宦突深也。按，突字雖亦見《説文》，然許所見《爾雅》自作宦。

275

续表

《爾雅》	《説文》
柣謂之閾。	閾,門榍也。榍,限也。
楣謂之梁。	楣,門樞之横梁。《釋文》楣或作眉。
樴謂之杙。	弋,橜也。樴,弋也。
閍謂之門。	𥛱門内祭先祖,所以徬徨。祊,或从方。郝氏据《郊特牲》疏、《禮器》疏所引《爾雅》及李孫注,疑古本《爾雅》作"廟門謂之祊"是也。
宮中衖謂之壼。	𡥈,宮中道。𡇮,里中道。
猷,道也。	𨖹,行𨖹徑也。
一達,謂之道路。	道,所行道也。一達謂之道。
四方而高曰臺。	臺觀,四方而高者。疑許所見《爾雅》有觀字。
右《釋宮》	
木豆謂之豆。	梪,木豆謂之梪。
瓦豆謂之登。	㽅,禮器也,讀若鐙同。
翼謂之汕。	汕,魚游水皃。《詩》曰:"烝然汕汕。"
椮謂之涔。	槮,積柴水中以聚魚也。郭注今之作椮者,聚積柴木於水中,魚得寒入其裏藏隱,因以薄圍捕取之也。
衣眥謂之襟。	衿,交衽也。
衿謂之袸。	紟,衣系也。䘳,籀文。
鑣謂之鑯,載轡謂之轙。	鑣,馬銜也。轙車衡,載轡者,鑯或文。
米謂之糱。	炊米者謂之糱。
澱謂之垽。	瑾謂之垽。澱,滓垽也。按,澱雖亦見《説文》,然許所引《爾雅》則自作瑾。

续表

《爾雅》	《説文》
玉謂之雕。	琱,治玉也。按,《文選·思元賦》注引《爾雅》雕作琱。
璆,玉也。	球,玉磬,璆或文。
金鏃。	族,矢鏠也。束之族,族也。
璋大八寸謂之琡。	瑂,玉器也,讀若淑。
璧大六寸謂之宣。	珦,玉器也,讀若宣。
繸,綬也。	綬,韍維也。繸,綬維也。
青謂之蔥。	蔥,帛青色。
右《釋器》	
大籥謂之産,其中謂之仲,小者謂之箹。	龠,樂之竹管,三孔以和眾聲也。籥,三孔龠也,大者謂之笙,當作簅。其中謂之籥,小者謂之箹。箹,小籥也。
右《釋樂》	
春爲蒼天,夏爲昊天。	春爲昇天,元氣昇昇。郝氏謂許、鄭及張揖所據《爾雅》作"春昊夏蒼",郭與李巡作"春蒼夏昊",是也。
扶揺謂之猋。	飈,扶揺風也。
天氣下,地不應,曰雺;地氣發,天不應,曰霧。霧謂之晦。	霿,地气發,天不應。霚,籀文霧。天气下,地不應,曰霿。霿,晦也。按,霚霧一也,對文則別,散文則通。《説文》與《爾雅》不合,蓋所見本異也,如春昊夏蒼之例。後人於此紛紛致辨,皆可不必。
蜺爲挈貳。	霓,屈虹,青赤也。一曰白色,陰气也。
暴雨謂之涷。	瀑,疾雨也。
祭天曰燔柴。	燒紫焚燎以祭天。
既伯既禱。	禡,禱,牲馬祭也。

续表

《爾雅》	《說文》
秋獵爲獮。	獮，秋田也。
右《釋天》	

《爾雅》	《說文》
邑外謂之郊，郊外謂之牧，牧外謂之野，野外謂之林，林外謂之坰。	邑外謂之郊，郊外謂之野，野外謂之林，林外謂之坰。《毛詩·駉》傳、《叔于田》箋、《周禮·遂人》注、《文選·西都賦》注皆與《說文》同，無"郊外謂之牧"一句。
廣平曰原，高平曰陸。	邍，高平之野，人所登。陸，高平地。
陂者曰阪。	阪，坡者，曰阪坡，阪也。陂，阪也。按，《釋文》云，陂又作坡。
三歲爲畬。	畬，二歲治田也。此條易《釋文》所引。按，《坊記》注二歲曰畬，三歲曰新田。蓋許、鄭所見本如是也。
右《釋地》	

《爾雅》	《說文》
如陼者陼邱。	如渚者陼邱，水中高者也。
水潦所止，泥邱。	宛，反頂受水。邱从泥，省聲。
岸上，滸。	汻，水厓也。
濆，大防。	坋，大防也。
窮瀆，汜。	汜，窮瀆。瀆，通溝也。瀆，古义。
右《釋邱》	

《爾雅》	《說文》
一成坏。	坏，邱再成也。
巒，山墮。	墮，山之隋隋者。
多小石磝，多大石礐。	敖，山多小石也。礐，山多大石也。

278

续表

《爾雅》	《説文》
多草木岵，無草木峐。	岵，山有草木也。屺，山無草木也。
土戴石爲岨。	岨，石戴土也。
泰山爲東嶽，華山爲西嶽，霍山爲南嶽，恆山爲北嶽，嵩高爲中嶽。	嶽，東岱、南靃、西華、北恆、中泰室。
右《釋山》	
氿，泉穴出。穴出，仄出也。	厬，仄出泉也，讀若軌。沇，水從孔穴疾出也。
湀闢，流川。	湀辟，流水處也。
水醮曰厬。	漦，盡也。氿，水厓枯上也。《爾雅》云"水醮曰氿"。按，此許所見《爾雅》，氿、厬互易也。
順流而下曰泝游。	汓，浮行水上也。泅或文。
水中可居者曰洲。	水中可居者曰州，周遶其旁，从重川。昔堯遭洪水，民居水中高土，故曰九州。《詩》曰"在河之州"。
水坁曰坻。	坻，小渚也。
右《釋水》	
藿，山韭。	鐵，山韭也。
葝，王薲。	藗，王薲。
拜蔏，藋。	藋，一曰拜商。
薢茩，大薺。	薢，析薢，大薺。
茹藘，茅蒐。	茹藘茅蒐。

续表

《爾雅》	《説文》
果蠃之實栝樓。	菩蔞,果蓏也。
萑,蓷。	蓷,萑也。
蘦,綬。	蘦,綬也。
戎叔謂之荏叔。	朮,豆也。
蔍,雀麥。	蔍,爵麥也。
葵,蘆萉。	菔,蘆菔。按,郭注云"萉宜爲菔"。
筍,竹萌。	筍,竹胎也。
蒚,丁癸。	芋,癸胷也。
竹,萹蓄。	萹,水萹。茿,讀若督。
㼎,瓟。	㼎,瓝也。瓝,小瓜也。
蘱,薡董。	董,鼎董也。
藆,芺。	稀,芺也。
攺,虰蛵。	攺,虰蛵也。
須,薚葑。	葑,須從也。
茨,蒺藜。	薺,蒺黎也,《詩》曰"牆有薺"。
虉,芄蘭。	芄,蘭莞也。
蕁,莐藩。	蕁,莐藩也。蔏或文。
薗,鹿藿。	藭,鹿藿也,讀若剽。
薃,侯莎。	莎,鎬侯也。
莞,苻蘺。	蒍,夫蘺也。
荷,芙蕖其莖,茄其葉,蔤其本,蔤其華,菡萏其實,蓮其根藕。	茄,夫渠莖;荷,夫渠葉;蔤,夫渠本;菡藺,夫渠華。未發爲菡萏,已發爲夫容。蓮,夫渠之實也;蔤,夫渠根。按,合觀《説文》之文,許所見《爾雅》"芙蕖"上無荷字。芙蕖乃其總名,以下乃分別其莖葉諸名也。

续表

《爾雅》	《説文》
莐,藆實。	蘱,藆實也。按,上文云紅藋古,其大者蘱。疑許所見《爾雅》蘱、莐互易。
蒤蕍,馬尾。	蒚,艸也。枝枝相值,葉葉相當。按,郭注云:"《本草》云'別名蕍'。"
萍,苹,其大者蘋。	萍,苹也。苹,萍也。無根,浮水而生者。蘋,大萍也。
釐,蔓華。	萊,蔓華也。
薜,牡贊。	薜,牡贊也。
茵,山莓。	蔣,山莓也。
茥,蒛葐。	茥,缺盆也。
荸,麻母。	芋,麻母也。
蘵,黄蔭。	蔭,黄蔭職也。《釋文》蘵,又作職。
藕車,乞輿。	藕芺,輿也。芺芺,輿也。《釋文》車本多無此字。
篠,箭。	筱箭,屬小竹也。
其萌虇,蕍。	薎灌渝,讀若萌。按,郭以蕍字屬下句。
茍,蔆。	茍,芰也。
右《釋草》	
栲,山樗。	梳,山樗也。
杻,檍。	檍,杶也。
時,英梅。	柍,梅也。蓋許所見《爾雅》無時。
楥,柜柳。	柳桜,椐木也。
栩,杼。	柔,栩也,讀若杼。栩,柔也。
狄,臧槔,貢綦。	楷,木也。《釋文》槔,樊本作楷。

续表

《爾雅》	《説文》
棆，無疵。	棆，母杶。按，棆即母杶之合聲，無疵，殆誤字也。
權，黄英。	權，黄華木英，草榮而不實者，一曰黄英。郝蘭皋云："《説文》於《爾雅》權黄英作華，于《釋草》之權黄華作英，是也。"
杜，赤棠，白者棠。	牡曰棠，牝曰杜。
杬，魚毒。	芫，魚毒也。
檖，羅。	椽，羅也。
旄，冬桃。	楙，冬桃，讀若髦。
還味，棯棗。	櫏味棯棗。
棪，槤其。	棪，遫其也。
唐棣，栘；常棣，棣。	栘，棠棣也。棣，白棣也。
右《釋木》	
蛣蜣，蜣蜋。	渠蝌，一曰天社。按，《廣雅》云："天社，蜣螂也。"《玉篇》云："螂與蜣同。"《廣韻》螂有其虐、邱良二音，然則蛣即渠之聲轉，蝌即蜣之正字。
蝎，蛣蝠。	蛣蚍，蝎也。蚍，蛣蚍也。
蜉蝣，渠略。	蟲蟟，一曰蜉蝣，朝生暮死者。
蛂，蟥蛢。	蛢，蟠蟥以翼鳴者。蟠，蟠蟥也。
蛄簹，强蛘。	簹蛄，簹强芈也。按，《釋文》引《説文》芈作羊。
蝝，蝮蜪。	蝝，復陶也。
蟋蟀，蛬。	蛩，悉蛩也。
莫貈，螳蜋，蛑。	堂蜋，一名蚚父。
虰蛵，負勞。	丁蛵，負勞也。

续表

《爾雅》	《説文》
蟶，蛄䘉。	蛄，斯螽也。
蟠，鼠負。	蟠，鼠婦也。按，《釋文》云："負又作婦。"
蚹，蝴何。	蚹商，何蟲。
次蟗，鼅鼄，鼅鼄，鼄蟊。	蠾鼄，作罔蛛，蟊也。鼅鼄，蟊也。
蟥，螪蟥。	齎，齎蟲也。
伊威，委黍。	蚜威委黍。
蠨蛸，長踦。	蠨蛸，長股者。
蝚，尺蠖。	蝚，尺蠖，屈申蟲也。
蚅，烏蠋。	蜀桑中蟲也。四字從《釋文》所引。《詩》曰："蜎蜎者蜀。"今《詩》亦作蠋。
蠅醜扇。	蝙，蠅醜。蝙，搖翼也。
食苗心，螟；食葉，蟘；食節，賊；食根，蟊。	螟蟲，食穀葉者；蟘蟲，食苗葉者；蟊蟲，食草葉者。蚄，或文；蜉，古文。穀葉、草根，疑是誤字。
右《釋蟲》	
鱧	鱧，鮦也。
鮥，鮛鮪。	鮥，叔鮪也。
鮤，當魱。	鮤，當互也。
蜎，蠉。	肙，小蟲也。
鼁䗯，蟾諸。	蜦，鼁詹諸以脰鳴者。
蚹蠃，蜾蝓。	蝸，蝸蠃也。蝓，虒蝓也。

续表

《爾雅》	《説文》
貝，居陸贆，在水者蜬。	貝，海介蟲也，居陸名猋，在水名蜬。
蠑螈、蜥蜴。	榮蚖，蛇醫以注鳴者。易，蜥易。
右《釋魚》	
隹其，鳲鴶。	雛，祝鳩也。
鳴鳩，鵧鶋。	秸，鶏尸鳩。
鶌，鶌鳩。	鴒忌，欺也。
鷚，天鸙。	鷚，天䳗也。
鶉鸚，鶕。	䳯，萋鵝也。
鴢，鸀鶪。	鷞胡，污澤也。
翰，天鷄。	翰天雞，赤羽也。
鶷，鶡老。	鶷，欺老也。
雝渠。	鸆，鸘鸆也。
鷾斯，鵱鷜。	鶹，卑居也。《釋文》斯本多無此字。
生哺，鷇。	啄鳥食也。
鴛，澤虞。	舫，澤虞也。
晨風，鸇。	鸇，鷐風也。
鵖，鋪豉。	䳏，鋪豉也。
鷂，諸雉。鷂山雉、鵫雉……江淮而南，青質、五采皆備成章曰鷂……東方曰鶅，北方曰鵗，西方曰鷷。	盧，諸雉。翟，山雉。卓雉，江淮而南曰搖，東方曰甾，北方曰稀，西方曰蹲。

续表

《爾雅》	《説文》
鶷鶡,鴟鶀。	雗專,鄙蹂。
鳥少美長醜,爲鶹鷅。	鳥少美長醜,爲鶹離。
右《釋鳥》	
虎竊毛謂之虦貓。	虎竊毛謂之虦苗。
魋,白虎。	魋,白虎也,讀若冡。
魋,如小熊,竊毛而黃。	魋,如小熊,赤毛而黃。
狻麑如虦貓。	狻麑如虦苗。
羱如羊。	莧,山羊細角者,讀若丸。按,《繫傳》云俗作羱。
豝,脩毫。	希,脩毫獸。鬚豕,鬣如筆管者。豪,篆文。
彙,毛刺。	帚,蟲似豪豬者,蝟或文。
猱、蝯善援。	夒,母猴似人。
羊曰羝。	齝,羊粻也。
右《釋獸》	
牡曰騭。	馹,牡馬也。
驪馬黃脊,騜。	騜,驪馬黃脊,讀若箁。騜,馬豪骭也。
陰白雜毛,駰。	駰,馬陰白雜毛黑。黑字衍。
蒼白雜毛,騅。	騅,馬蒼黑雜毛。黑字誤。
一目白,瞷。	騆,馬一目白曰騆。
皆踊,馵。	馵,一角仰也。
體長,牬。	牬,二歲牛。
羊:牡,羒。牝,牂。	羒,牂羊。牂,牝羊。
右《釋畜》	

285

覞髳弗離。八下見部。今本弗作茀。

偍，則也。二下彳部。今本偍作是。

鼙，華也。五下舛部。葟，或文。今本鼙作皇。

褊褊襀襀。八上衣部。邵二雲云："即儚儚洞洞之異文。"

懂懂慆慆，憂無告也。十下心部。今本懂作灌。

跋，謂之擷。二下足部。今本跋作扱，謂上有衦字。擷作襭。

餃，謂之喙。五下食部。今本喙作餰。

西至於汃國，謂之四極。十一上水部。今本汃作邠，謂之四極，與上句不連。

讀若《爾雅》小山馺大山峘。十上馬部。今本馺作岌。

水醮曰汑。十一上水部。今本汑作屚。

汝爲涓。十一上水部。今本涓作濆。

小州曰渚。十一上水部。今本州作洲，渚作陼。

𩠐𩠐如人被髮。十四下内部。今本作狒狒。

狐貍貛貉，醜其足，躓其迹𡲬。十四下厹部。今本作貍狐貛貉，其足蹯。

玃父善顧。十上犬部。今本作玃。

讀若《爾雅》麞貚短脰。八下欠部。今本貚作麠。

短喙犬謂之猲獢。十上犬部。今本無"犬謂之"三字。

《爾雅》云尼薄也。八下見部。今本無此句。

右《説文》引《爾雅》與今本異。

古人韻緩不煩改字説

曾　濂

陸氏德明《經典釋文》"《毛詩·邶風》出于南"云"如字沈"云"協句，宜乃林反"，今謂古人韻緩，不煩改字。濂謹案，韻緩之説，世之知者鮮矣。陳氏振孫以爲今之讀古書者，但當隨其書而讀之，此謂今音不必改作古音者也。楊氏慎非吳才老改古音以就沈約之韻，以爲古韻寬緩，如字讀自可協，此謂古音不可改合今音者也。濂鄉嘗窺二家之緒論，略有所思，而所以爲緩之故，迄未能明。近考鄉先生鄒叔績五韻論曰韻緩之説，今之言古音者罔不斥之。愚謂其言亦有當也，夫固謂同韻異類者也。

蓋韻有五，五而三之，爲十五類。第一宮韻，宮類，魚虞模。第二宮韻，徵類，歌戈麻。第三宮韻，商類，支佳。第四商韻，宮類，陽唐及庚之半。第五商韻，徵類，東冬鍾江。第六商韻，商類，庚之半耕清青。第七角韻，宮類，真臻文欣先。第八角韻，徵類，寒桓刪仙。第九角韻，商類，諄元魂痕山。第十徵韻，宮類，脂皆。第十一徵韻，徵類，微灰。第十二徵韻，商類，齊之咍。第十三羽韻，宮類，蕭宵肴豪幽。第十四羽韻，徵類，侯。第十五羽韻，商類，尤。此據《八呼表上》其《緩急同韻異類圖》。宮韻宮類不列虞，徵類商類同表。商韻宮類不列庚之半，徵類同表，商類亦不列庚之半。角韻宮類不列文欣。徵韻下列仙，多列元山先，商類不列先山，多列文欣，徵韻三類同表。羽韻宮類不列幽，徵類多列虞，商類多列幽。

凡五韻十五類，同韻異類者爲緩急，同類同韻者爲疾徐。角聲居大小之中，宮爲大，商次之，羽爲細，徵次之，此疾徐也。徵，地道也，五音相生之次。首宮終角，而徵、商、羽包其中，故宮、角爲一類，象天；徵、商、羽爲一類，象地。故角從宮道，自宮而倍徵而商，若商、羽則從徵道。故自宮而徵而商，宮、徵、商者，相生之次，而五韻之緩急在焉。此緩急也。又判徵入商之韻蒸登，判商入羽之韻，宮類凡，商類侵覃咸，徵類銜鹽添咸銜嚴。此據《八呼表下》其《緩急同韻異類圖》。談鹽添嚴銜咸，列商韻宮類；陽唐下侵覃凡，列商韻徵類；東冬鍾江下又表。咸咸銜銜重見，當有譌誤，從圖爲是。此四類皆自徵、商二韻判入於商、羽，又自羽還之商，而不能自商還之徵。然談鹽添嚴銜咸入商，古音本在陽唐庚部，爲宮類，故爲急；蒸、登，古讀近之。咍實同灰，則亦徵之徵類也。侵、覃古音在東冬江部，凡從侵覃，此據《緩急同韻異類圖》。表云"凡，古音在陽唐庚部"，考《詩·禾黍》"芃芃"，《説文》芃從屮，凡聲。而《廣韻》入東部，音薄紅切，又音馮。知古音在東部，圖不誤也。《一切經音義》"八梵"孫淵如校謂："梵即芃字，讀如諷，諷、風通，即八風也。"段茂堂注《説文》芃下云："《衛彈碑》梵梵黍稷，隸變從林，而葛洪《字苑》始有梵字，潔也，凡泛切。"又《説文》風從凡聲。颿，馬疾步也，從馬風聲。而《廣韻》諷入凡部，亦凡古在東冬江部之證。則亦商之徵類也，故皆爲緩。

夫韻有緩有急，故古韻與今異，而陸氏不言急者，舉緩以見急也。若是而韻緩之説乃昭然矣。惟陸氏施之於侵覃，則知今而不知古，宜乎爲近之談古韻所排擊，以其同類同韻，更無俟乎緩急疾徐之言也。今取段氏玉裁《詩經韻分十七部表》與之互參，則尚有本音有合韻。邪之協且狐烏馬，下之協處，慶之協皇饗疆，本音也而相爲緩急焉。膴之協飴謀龜時茲，造之協士，茂之協止，合韻也則又先轉緩急而後轉疾徐焉。舉此而三百篇咸視之矣。鄒又云："四聲本具五音，而入聲在宮，則歌麻無入，而魚模之入爲鐸，支佳之入爲陌。在商則陽唐之入爲葉，東侵之入爲屋，而耕清無入。在角則真先之入爲質櫛，元寒之入爲曷爲祭，案，黠韻有察，屑韻有屑，皆從祭聲，而《廣韻》去聲有祭第十三，入聲無祭部。未審鄒何所本也。而諄文無入。在徵則蒸登無入，而脂微之入爲術，緝之咍之入爲職德。在羽則宵豪之入爲葉，尤幽之入爲屋沃，而侯虞無入。此據入聲十類，合《正韻》十五類説，虞列羽韻與緩急同韻異類，圖同。其無入者，非斷然無入也，字少而借緩急爲入，或借疾徐也。濂以此例求之《詩》，以驅驅韻續轂玉曲，緩急之借；以若韻賦、以沃韻阿、以瑕韻人、以生韻颭，疾徐之借。然則緩急爲治韻學者所不可忽，即讀詩者所不可略。究古之功，其在乎此，而改字協句之説，可不必辨矣。

《爾雅·釋地》已下至九河皆禹所名考

蕭榮昌

《禹貢》所紀九州及高山大川諸名，見於《爾雅》者十之八九，而《爾雅》稱"從《釋地》已下至九河，皆禹所名也"，《禹貢》中多所未見，今以經傳考之。幽州見於《書》，營州見於《禮》，圃田、焦護、坰、阪、旄、阿、宛、湝、隩、涘、氿、崧、崒、堂、隋、岵、屺、岡、崔嵬、砠、澗、夕陽、朝陽、濫、氿、肥、湝、沱、濆、漪、渝、湄、洲、陼、沚見於《詩》，蔔蒥見於《易》，溴梁見於《春秋》，具區、昭餘祈、楊陓即弦蒲。見於《周禮》，息慎、雁門、醫無閭、會稽、邠國、濮鈆、祝栗、舩竹、北戶、西王母、日下、齊州、丹穴、空桐、大平、大蒙、窮漬、湨翮、瀵、徒駭、太史、馬頬、覆鬴、胡蘇、簡、絜、鉤盤、鬲津，雜見於《國語》《吕覽》《淮南》《史記》《文選》諸書。其名皆原於《爾雅》，而欲實指爲禹所名，則無所據。

《史記·大宛傳》言："[河]出崑崙，[崑崙]其高二千五百餘里，日月所相避隱爲光明也。其上有醴泉、瑶池，而自張騫使大夏之後，窮河源，惡覩所謂崑崙者乎？《禹本紀》《山海經》所有怪物，余不敢言之也，此太史公引《禹本紀》之言，與《爾雅》河出崑崙虚相合。疑《釋地》已下至九河諸名，皆原於《禹本紀》，故撰《爾雅》者於九河之末注云："從《釋地》已下至九河，皆禹所名也。"《禹本紀》之書存於漢代，謂之古圖書，《(史記)[漢書]·張騫傳》"天子案古圖書，名河所出山曰崑崙"是也。《離騷》"朝濯髮於洧槃"，王叔師注引《禹大傳》曰"洧槃之水出崦嵫之山"，而《離騷》亦有"望崦嵫而勿迫"之句。《三禮義宗》明天地歲祭義，引《禹受地記》云："崑崙東南五千里之地，謂之神州。"洧槃、崦嵫、神州之名，又皆不見於《爾

雅》,然所謂《禹大傳》《禹受地記》,則其爲禹所名無疑。《虞書·益
稷篇》"娶于塗山",《春秋左氏傳》"禹合諸侯于塗山",則塗山當是
禹所名,而《釋地》無之。或謂即當塗梧邺,非也。然則《禹本紀》之
名繫於《釋地》已下者,多所闕佚矣。若夫《釋山》之篇,應有鳥鼠同
穴之名,而其文乃厠於《釋鳥》,可知其鳥爲鵌,其鼠爲鼵,與《(五
方)[九府]》之鶨、鰈、卭卭岠虚,皆禹所名也。至於岣嶁,禹碑科斗
文字,譯釋家謂其中有宿嶽麓亭句,則嶽麓之山當是禹所名,而《釋
山》有嶽無麓。《詩·旱麓》傳云"山足曰麓",或謂此毛引《爾雅》
文,蓋古本《爾雅》有之,然則"皆禹所名"之説又在考古者多識而善
辨矣。

卷六

古今御天下者其政有四論

湯誠航

昔宋邵雍堯夫作《皇極經世書》，以皇帝王霸分道德功力。後之學者，猶或疑之，以爲王與帝皇同道，不可別爲三，而天下不可以力經營。霸者非有力，霸者之力藉王者之力也，且霸者以輔王爲功，若王已在功之列，霸者安所從輔之？又若豕彭桓文，三代時霸者本無統。

邵說已如此，乃《舊唐書・酷吏傳序》所論古今御天下者，其政有四，則曰：五帝尚仁，體文德也；三王仗義，立武功也；五霸崇信，取威令也；七雄任力，重刑名也。夫詐力之設，始於五霸而流極於秦，秦自殽之戰，不復與中國通，其意以爲中國之信義不足與。始尙事戎翟，其後蠶食六國，即其驅馭西戎之術也。而當五霸時，首隳中國之信義，厥罪不得不薄歸於楚。至晉文城濮之役，則已染楚習，而不能復以義勝矣。五霸之詐力設施如此。秦之強，非能自強也，秦知天下之民被五帝三王教，其習知君臣上下有素，而農桑山澤之利民，由五帝以來能自職也。知民以眾智而不能合其智，以眾力而不能合其力，於是起而一之。值周人遺澤已竭，五霸之民其驅虞於富強之自得者，固非智力威之不靖也，秦之用已如此。若六國者，其虐用其民之心，若非有外敵，其內潰自亡亦決不在秦并後也。秦穆悔過定功，其初起亦未嘗不以德，其使秦人應敵於外，而使六國來歸之民耕織於內，亦未嘗不養之以仁。是秦之所以得，固非純由詐力；而其得而即失，則詐力蹙之也。

周人以文統得天下，其後過於屠弱，而餘民崇飾繁文，此在李

悝、商鞅輩已稍菲薄其僞，而睥睨其易與。至敢公然疾之而辱戮翦
棄，絕不以介意，則以李斯曾爲儒而厭常矯戾之心，有以壯之也。
竊嘗謂秦之制天下以勢，漢人承而參用之，其勢固度彼時之民未有
能出其右，而仁治之施不能强其德所不能。又以蠻酋雜處，非復純
屬王者之民，故甯卑以出之。以漢祖之聰明，豈不知五帝三王之道
之美，然而不行者，度其質不能也。然固已行之矣。過曲阜、祠孔
子、購《詩》《書》、聘遺逸、尊崇儒官，其福澤明慧，故懸殊秦人之蔑
古。而東京文治，其醖釀於二祖三宗之心者，亦未可謂非德業，而
漢治之純，必遠後於周人，而三代之隆，全不可彷彿也。魏晉值不
靖之際，啟天下擾攘者三百年。七雄如秋霜敗葉，凋零不可復榮，
安足語力？可語力者，獨五霸耳。秦尚法令而佐以刑名，其勢固謂
上之使下，力固足以齊之也。然而驪山之禍，發不旋踵，而斬木折
竿，皆天下匹夫之民，而後知力不足恃，苛法虐令之設不衷於道者
之不能終鉗服天下也。

　　是故法令刑威，所以輔仁義，未可尙科分任，而以五霸七雄竝
稱爲能，各得所長也。乃以是四爲古今通御天下之政，不亦失哉！
居嘗取邵子之說而參之，以爲三皇本仁，五帝崇禮，三王仗義，五霸
設智，信行乎其間。刑名者，禮之弼；兵威者，義之用；法令者，智之
設。仁通四德，而恆爲之宗，有德此有人，有人此有力，力可用而不
可狎也。是古今御天下之道也。

古今御天下者其政有四論

龍廷弼

　　五帝之世如夏，三王之世故秋，皆得天地之正氣，而仁以體之，
義以行之，文以經之，武以緯之。由是而著焉之謂政，固足立千萬

世治平之基，而爲後王之所當法者也。若五霸，則非其倫矣。其會盟征伐，始以討不庭而尊天子，繼乃奪天子之勢，而自予其威令之蹙迫，亦甚矣。然猶可藉口曰尚信，觀其服鄭拒子華之奸，降原退一舍之師，亦非純以詐力經營也。至五霸降而七雄公然剖仁鑿義，相尚以力。於是申子、商鞅、韓非、李斯之徒，各以刑名之術愚弄世主，而秦遂用以席捲天下。卒使天下後世，國運中衰；藩臣乘釁，思以自帝自王。求如桓文之飛仁揚義，以推戴共主者，且不可得；而持帝王之道以立朝者，無論矣。

夫帝王仁至義盡，宜爲法而後人不法，而彼犯衆怒、任衆怨，恣然行刻覈之心，而不少顧忌者，宜一敗塗地，而無與接踵矣。乃其術卒與帝王爭勝者，大抵人主喜其功之易成，而忘其禍之至速也。奚以明其然耶？蓋刑名者，乍勞乍逸之術也。李斯曰"行督責之術，然後諫諍之路絕"，申不害曰"有天下而不恣睢命之"，曰"以天下爲桎梏"。夫至於諫諍絕、桎梏脫，則雖衡石程書，日殫其精力，而瑤臺琁室，寵柳驕花，酣歌恆舞，奇技淫巧，傾無涯之興以博有涯之樂。自予其身以至安，而苛繩天下以至苦，人畏其威之不敢輕嘗也，相與蒲伏震懾，而盜賊斂跡，忠直寒心，無識者遂稱之爲已治已安矣。人主未有不以此爲捷得之術也。乃高枕方安，而奇禍突起，不旋踵而天下瓦解。在爲刑名之說者，固已先就誅夷，而宗社亦隨之而踣覆，若秦之以戍卒而亡是也。而二世刃未交頸，猶以爲羣盜鼠竊狗偷不足憂也，不亦愚乎？此所謂喜其功之易成，而忘其禍之至速也。

若五霸者，其國祚雖不若帝王之延於無窮，而齊自桓公、晉自文公以後，各歷十餘世而後見篡於田氏，分爲韓、趙、魏。則以其原於道德之意多，猶足以支持而歷久，而非若刑名之神怒民怨，方煽以起，旋撲以滅也。然而天下自有申商之說，而人多邪趨矣：酷如郅都，刻如趙禹，嚴如張湯，悍如義縱，苛如杜周，強如董宣，其力反黃老之治之過於委隨，而爲申商之推其波而助其瀾者，不待言矣。乃至賈誼之賢也，而爲其學；鼂錯之忠也，而用其術。是故支流曼衍，小人爭相趨附，而以狠戾睚眦，鷹擊毛摯爲長策。舞文法，陷善類；貪墨者以責苞苴，懷怨者以報睚眦。甚或沿李斯私學之議，爲一網打盡之謀，如漢末之禁錮諸賢，指爲朋黨，而罪名於以連及，其有正氣孤行而無由羅織其獄者。荀悦又倡三游之説，等學問志節之士於儀秦劇郭之流。由是，曹操師之以殺孔融，闚漢鼎；朱溫師之以殲清流，移唐祚。下及蔡卞之編管舊臣，逮及子孫；韓侂胄之禁革僞學，竄及門徒。與夫張居正、沈一貫之傾毀書院，皆承其遺風餘燄，以橫行者也。

嗟夫，自秦以來，世道多趨於權譎，士大夫各騁其機略辯數，以簧鼓人心，而刑名之學常勝。雖一時負重望者，亦恆操其術而諱其迹，而懲不顧其盡絀聖賢之旨，以崇法律、課名實，竟以其説排擊詆訾，歷千百年而不廢也。異端之害道也，可不深慨哉！

蕭俛段文昌請銷兵論

胡棣鄂

孔子曰以不教民戰，是謂棄之。又曰足食足兵，民信之矣。然則欲廢兵以治國，雖聖人不能，況兵制窳弛如唐之憲、穆時乎？況宰臣如蕭俛、段文昌輩之徒事補苴塗飾於目前者乎？故兵以禦國，無論常變，非銷兵難也，治兵則難。

兵制之善莫如唐，唐之兵制凡三變。始以府兵，府兵廢而爲彍騎，彍騎廢而方鎮兵盛。府兵之善，夫人而知之，然虛語寓兵於農者，乃書生迂闊之説，豈有當於實用哉？府兵起於西魏後周，而備於隋，唐興，因之。無事則安居田畝，每府各領以折衝，農隙教戰。

有事徵發，將帥按閱，有不精者罪其折衝，甚者罪其刺史。故十二道都尉，率五校兵馬而訓練之，步伐擊刺，秩然有條。此所以能橫行天下，而莫之禦也。觀其居處教養，畜材待事，動作休息之間，實能得井田之大意。國以是固，民以是安，謂非得治兵之要法，而即以銷兵於無形者乎？

至劉仁軌禦吐蕃，始有久戍之役。又牛仙客以積財得宰相，邊將效之，苦役戍卒，利其死而沒其財，戍卒還者什無一二，由是兵多亡匿。開元之末，張說議募長征兵，而府兵以廢。議者每謂爲更代之不時使然，而不知實由高宗武后以來訓練無法，簡閱不精，有不得不廢之勢也。後雖李泌輩屢欲議復，豈可得哉？由是，元宗西幸，德、代播遷，皆賴方鎮之力，而方鎮不得不盛。方鎮盛而天子無以自衛，禁軍又有不得不盛。及憲宗倚任裴度，擴清兩河，是時方鎮雖稍戢，而反側未安，中官弄權，禁軍日肆。晉山濤云“吳平之後，方勞聖慮”，此殆其時矣。

穆宗乘章武恢復之餘，慎簡將相，修明政刑。元臣宿望如裴度，名將如烏重允、李光顏輩，尚不乏人。專其委任，以協措置之，宜行之十數年，庶幾外收方鎮之權，內息禁軍之燄，然後上稽祖宗成法，以求復府兵遺制。此則百年無弊之規也。不此之務，專肆荒縱，偷安目前。可蕭俛、段文昌銷兵之奏，致令軍士落籍，相聚爲盜，而當時之兵制，至一蹶而不可復振。讀史者固不待河朔再失，而知唐之不復中興矣。夫蕭俛性既深刻，文昌又復依阿，鼎折覆餗，無足深論。而舊史以河朔再失專歸咎於銷兵一舉，則又不然。

夫朱克融之反，始則激於崔植、杜元穎之不知大體，繼則成於張宏靖、韋雍之驕侈縱肆。王庭湊之反，一則誤於崔倰不肯給衛兵之糧，再則激於勞軍之緡錢不時，致一切錯置乖方。方鎮斷難驟靖，即無銷兵一舉，豈能終保其帖然而服哉？自獷騎一起，兵不土著，不自重惜，忘身徇利，禍機已伏。一旦限以逃死，流亡四散，其後朝廷欲再收之，而皆不可用；方鎮且并挾之，而益不可。當止亂不足，長亂有餘，於是天子欲倚禁軍以制方鎮，而中人又挾兵權以制天子。僖宗以還，方鎮與宦官相仇讎，方鎮舉兵犯闕，宦官劫天子而奔亡。天下之兵，無復勤王者，大抵由於銷兵以後，天下無復可用之兵。後即欲斤斤自爲捍禦之計，而不可復得，而唐室遂以滅亡。則銷兵又有唐一代之大變局，而天下治亂存亡之所係也。豈僅區區河朔一隅之得失哉！然則有天下者，當求治兵之要，而毋徒高語銷兵以爲太平之長策也。冉有用矛，子路治賦，孔門推爲政事之選，亦可知其意矣夫。

蕭俛段文昌請銷兵論

湯誠航

嘗觀後世事理，益歎六經所載古聖慮事周布，政密而制治得也。古者司馬掌兵，而致民則屬司徒，司空則度地居之，故出無募兵之事，而入無散兵之弊。讀《唐書·蕭俛傳》載俛與段文昌主限逃亡，名曰銷兵，益歎其計之左也。夫兵非強悍果敢，則不得爲精兵；強悍果敢，則難言馴擾易制。授之戰爭之器，教之殺伐之技，驅之惟恐其不猛，用之惟恐其不利。舊屬編伍，有所畏而不敢爲者，今皆毅然得爲，業已習爲固然矣。一旦憑尺一紙書，稱法令而散之，欲令其安歸乎？此輩行止，本半不齒於父兄，其愚又足爲鄉曲姦猾所弄。故每每相率去而爲盜，累朝皆然，不第唐一代之覆轍也。嘗竊謂勇必不宜多募，但視其精。春秋三軍二軍一軍，布在牧伯，其武足以應天地之義德，如是而止。少則弱，多則黷，故出則掌之司馬以張武，入則歸之司徒以明農。今雖封建異勢，宜移之縣官，量置田宅，妥爲安插。抑豪猾無得侵削，諭令儒學，務使文武相

安，得古侯國鄉遂休兵遺意而用之，庶乎其可。古稱兵士也，豈是
爲媚乎？非是則無銷。然竊謂山澤川原，原有未開之利，不如簡其
無父母妻子者，率以質厚近農之帥，食兵之俸而行農之事。數紀以
後，漸成編籍，是亦一策也。至於姦民挾左道，百王所通誅，不在
此科。

蕭、段以書生之見經國，徒知兵冗宜汰，而不知措置奚宜，固難
乎其言智矣。或謂無銷則若何？曰昔儒者嘗言，管子善因敗以爲
功，天下事都無一定之局，在觀時審勢耳。如元和以後，尤爲易見。
是時淮蔡雖平，而河朔之不稟命如故也。假而内主以裴度、李德裕
之相，外主以李愬、李光顏之將，天子馭而用之，何患無成？俛前爲
舍人，則與錢徽力沮裴度，度功既成矣，曾不思反，而爲此詭譎動聽
之謀。策之不臧，貽誤人國，意見之爲害烈哉！

蕭望之爲社稷臣論

曾濂

謹案《漢書》贊曰："蕭望之歷位將相，藉師傅之恩，可謂親昵無
間。及至謀泄隙開，讒邪搆之，卒爲便佞宦豎所圖，哀哉！望之堂
堂，折而不撓，身爲儒宗，有輔佐之能，近古社稷臣也。"愚竊以爲班
氏斯言過矣。夫天生眾民而立之君，君有庶政而設之佐。蓋帝業
至重，國事至難，難不可以獨肩重，必有以共載，況乎遺詔憑儿，委
裘在朝。當是時，天下屬目老成而已。是以成王冕服，厥有顧命之
篇；高宗諒陰，用示弗言之教。蓋天子虚席，所以崇其儀也；百官總
己，所以專其責也。於是乎權柄有獨持，勞怨有不避。虎賁綴衣之
屬，必受成於姬公；左右前後之士，必待命於伯囧。威震人主而不
爲專，罰及親近而不爲薄。故能用襄大業，克定遠猷，艱難宏濟，身

名俱泰。

蓋元臣代君司化，爲國執衡，聖賢以此鏤金版而鐫盤盂，書玉牒而刻鐘鼎。若乃備位折衝，承恩前席，退不能終老荒野，以訂《論語》《禮服》之編；進不能決議巖廊，以紓外家宦者之禍。勢疑隙起，忽焉戕喪，遠比管仲；詒寺人內寵之傾邪，近懟霍公。弭上官蓋主之變亂，嘻其陋矣。愚又聞蓄寶莫大於善善，病國莫甚於妒賢。是以相如棄小嫌以從廉頗，祁奚謀十世以宥叔向。彼豈不知舊怨之難忘，而常刑之不宥乎？固知國之需賢才，猶魚之需水；民之望司牧，若農之望歲。故鋤奸惟恐不力，崇善惟恐不至。懷奸者，雖有善而弗庸；守善者，雖有過而不廢。所以爲民命，惜人才也。蓋大臣之規模，異小臣之職守。小臣以才能爲最，大臣以器度爲先。弗能容人者，人亦弗容；將欲妒人者，人必反妒。故進賢者受以上賞，挾私者謂之不忠。惟舍瑕而後天下有全璧，惟棄疵而後天下有成材。古先良輔，靡不明此，乃至遷御史之班，起馮翊之獄。吏民悲送，酒炙紛騰，豈非心忌其名出己上，而陷以罪法乎！人既陷矣，己亦隨之。

然則遇相無禮，不得謂其非失於自尊；教子上書，不得謂其非急於見用也。夫需者，事之賊；躁者，德之凶。是故上自后牧，下洎伊呂，畎畝可以終身，圭組非所介意。事不成則有所弗爲也，功弗就則有所勿始也。何則？器宏則萬物有弗屑，量狹則纖介以自撓。宏不可以僞成，狹亦不可以自揜。君子觀其左遷而移病，諭意而視事，而具有以知望之之爲人也。惟其學術足以文言，節義足以守己，後世猶有稱焉。然其負氣太過，寡識已甚，直而多疏，忠而無術。主柔而不能輔之以剛，主闇而不能導之以明。知朝政之有宜更也，而不能裁之以豫知；刑人之不可近也，而不能威之以猛。而惟遠本經文，敷爲奏議，拾夏侯之遺說，效翼奉之封事。水以水濟，絲以絲協，再世而後，漢業闋焉。

議者以爲孝元之儒術不如孝宣之法律,豈非望之輩有以啟之口實故邪?夫身爲大臣,無所匡救,以負先帝;朝有倖位,無所裁斷,以殃己身。强弱皆不能爲,而機密亦復自露。以言其力,則不毅;以言其智,則不深,而稱之社稷臣,其然,豈其然乎?然而漢自開世,吕氏顓制,籍孺得幸,蓋亦貽謀之不臧,豈盡人臣之過拙。故若爰盎之下趙談,汲黯之非田蚡,其亦鮮矣。夫弊久則習爲故常而不可革,亂定則雖有才智而不能爭,遂至自相傾軋,未有休止。鄭眾謀誅梁冀,何進思殺張讓,雖勢力不侔,究極各異,及其偕亡,國亦無有矣。所謂疽在吭,割則同斃;鼠在器,投則俱碎。君子有以咎始禍者也,於望之又何責焉。

劉向請封甘延壽陳湯論

龍廷弼

上

夷狄之與中國,自古不能相下,而要其屈伸消長之機,莫善於因時。時者,中國與夷狄共之者也。中國有時而弗乘,則坐以自歸於漸滅;夷狄得時而思逞,則寖以大肆其憑陵。事勢之所必然者也。昔匈奴在周時,爲戎爲狄,一列國之一大都已耳。迨楚漢爭而冒頓起,伏莽倏興,雷迅風烈,而慭無疑畏。高帝亦幾罹其虎口,何者?鬬不出於其穴,知其力之已疲,而乘之以訌也。元帝之世,匈奴不幸多故。五單于爭立,而呼韓邪力詘請降,願守北藩。郅支以獷悍狠戾之性,陽附漢而陰圖自彊。浸而擊烏孫,漸而服烏揭,又西破堅昆,北降丁令,憑其威稜,遮殺漢使,幾乎有其鋒莫當之勢矣。幸而呼韓邪之强逼處其右,自度不能略定全宇,逃往康居,而適启釁招怨。此正漢室興衰、夷夏存亡、三軍進退之機所宜決者也。值其羽翼之未成，而置爲緩圖。郅支知康居之怨己，轉而求所以安全之術，不得已釋戰鬭之仇，修骨肉之好，反旆匈奴，并力旁吞，而漢事去矣。

昔趙充國之告武帝，曰："羌人所以易制者，以其種自有豪，數相攻擊，往三十餘歲。西羌反時，亦先解仇合約，攻令居與漢相距者，五六年迺定。臣恐復結聯他種，宜及未然爲之備。"然則延壽、湯之誅郅支也，其爲未雨之綢繆，夫人而知之矣。且夫佛狸之寇，不能拔盱眙；完顏亮之眾，不能渡采石：此庸君懦將痿痺之謀臣所引以藉口。偷旦夕之安，而膺專閫之任，慷慨而思成功者，睹便宜而弗爲。惟恐稍失於矯激，此岳武穆之所以不能收燕雲，而早爲叩馬書生所料也。湯知請命之必爲當路所撓，而挾延壽以從己，甘置其身於危地，而予天下以至安。臣罪可誅，臣心可諒，而石顯、匡衡以生事招難短之。

嗚呼！負莫大之功，蒙不白之冤，顯固不足誅；衡以明經之大儒，而執文法以苛繩彼誠無具。而身爲宰輔，睥睨將士，□處其上，日思裁抑之以自安，而一二建樹非凡者，必使無挾奇勳而分主眷。是則私心所竊喜者也。劉向有慨於此，毅然上疏請封，封不足爲延壽、湯榮也。時之所在，天啟之，天不能自成之，則必假手於智力之士，以相與有成，稍遲焉而不可復得。千古禍胎，平以一朝。威震百蠻，聲施後世。安得國家有事，而復有其人之卓識定力，行權而不背乎經哉！

中

劉向曰立千載之功，建萬世之安。誠哉是言，足以表彰延壽、湯也。夫以北狄之橫也，五帝不能臣，三王不能制。在漢則高帝有白登之圍，高后有嫚書之辱，文帝有甘泉之警。至武帝雄才大略，始命衛青、霍去病等出雁門，築朔方，踰居延，攻祁連，排捷陷扃，入穴取子，窮極其地，登臨瀚海而還。然亦棄上谷斗辟之地，而縻內府數十百萬之餉，得失蓋相半焉。延壽、湯不煩漢士，不費斗糧，提孤軍、出萬死，直薄康居之城，斬獲名王貴人以千數，致元帝十六年邊境之安。垂及哀平之世，而單于之朝服不絕，使後之踵事者，盡能如其所爲，雖至今無北狄之患可也。

昔趙充國破羌，後二十年而復反。馮奉世決意大舉，而其鋒立摧，用是不爲邊害者久之。延至東漢，張奐、段熲繼之，并力殲滅，虜氣頓沮。其後雖姚弋仲之雄桀，不乘劉石之餘，而不敢起。歷千百年，秦隴河岷階文之間，巖險甌脫，而防閑不設，其明證也。然而匈奴之歷代窺邊者，非以其國大於羌，而無以震懾之也。惜乎如延壽、湯其人者，不間世而出耳，而漢廷議者輒惡其矯制。夫矯制而用以自恣，奸雄之不可縱者也；矯制而用以報國，雖聖人猶將諒之。昔在春秋，狄跳梁於幽燕，戎竄踞於河雒。其時天子守府，不能司命討之權，而一二強侯往往奮戈而起。蹯孤竹之場，蹈離枝之壘，探義渠之壁，艾潞子之旆，屋陸渾之社，犁瞍瞞之庭。赫赫乎邇安遠肅，文同軌通。彼其挾尺捶而鞭辟，目四裔而抗棱者，雖不足與於聖王陛制，荒服裘領，神皋之盛德；而代之北、粵之南、海之東、磧之西，終十有二公之世，初未有若後世之窮兵驅撻者。爲先有以杜其猾夏之漸，而無所施其窺伺，而聖人修史亦於是多恕辭也。然則劉向之請封延壽、湯也，其亦竊斯意也夫。

下

石顯、匡衡阻議封之詔，謂郅支竊號絕域，非真單于，蓋以其西阻康居也。夫漢之圖西域，張騫所謂斷匈奴右臂，而揚子雲亦云非爲康居、烏孫能踰白龍堆而寇西邊，乃以制匈奴也。説者謂匈奴之犯漢，自遼左以至朔方，皆可闌入，奚其南繞玉門而窺河西？然當其先，有陰山以爲之屏蔽，東西橫峙，極千餘里而遙，在在可恣其出没。故凡邊於遼左朔方一路者，如雲中、雁門、代郡、上谷、漁陽、右北平等處，皆時被其蹂躪。自陰山攘而逃歸幕北，其地多沙少水，無所依阻，以思逞欲瞰中原。大要從塞而南以擾敦煌，此東漢之世所以三絶西域，而北虜連率，諸國頻寇河西也。剥牀以辨，浸而及膚，然則西域不靖，而欲匈奴之帖耳伏漢，必不可得。

　　東漢之禍，延壽、湯所燭照數計，而龜卜於當日者也。故至成帝時，康居寖益驕黠，不爲漢禮，而匈奴聞之，單于亦旋悔其自下。及建昭之年，而不圖火蘊於積薪之下，勢一炎上，焦頭爛額而不可撲滅矣。方湯之與延壽謀曰："今郅支侵陵烏孫、大宛，如得此二國城郭，諸國危矣。"夫冒頓不并樓煩，不能侵燕；苻秦不吞慕容，不能寇晉；蒙古氏不滅女直、收汴蔡，不能臨江淮而攘宋。夷狄之起，恆先并其醜類，而後及於中國。地益廣，人益眾，屢勝之氣益壯，攻擊之術益工。其病中國也，猶疥癬之毒聚爲一癰，而腹心之疾成，有垂死而不可救藥者矣，而猥云斷彼之右臂乎？由是觀之，中國之勢，一人身之腹心也，而沿邊諸部落，亦即其肘腋。昔者武帝西收三十六國，而匈奴鼠竄酒泉、武威之區，屹然雄鎮，關徼不閉，羽檄不行，肘腋之護衛嚴也。而後之人多以其勞師傷財而罪之，因並罪延壽、湯之矯殺郅支。嗟乎！事不經大挫之餘，無以見豪傑之深謀遠慮。唐失安西北庭，而患注於畿輔；宋失銀夏靈武，而禍鍾於秦隴。無其人以圖之於萬里之外，而其敗旋見於眉睫之間也，可慨也夫！

孔子廟廷去揚雄祀董仲舒論

黃忠浩

古稱不朽之業，曰德與功與言。聖賢之所以卓絕於眾人者，則惟安於爲德，未嘗外德以求功與言也。又即自言其德之所得，非以文言竊其似，而千古立功立言者，卒莫能尚。此孔子之徒所以廟祀萬世也。其或規規以爲言，絜絜以爲功，厚自期許以爲有合於聖賢之爲，而識者往往譏之。然則學聖賢者，求其安不求其似而已；教天下之學聖賢者，於其安焉者進之，似焉者黜之，以是風之而已。

嘗觀明祖定孔廟從祀，登董仲舒而去揚雄，竊有感焉。仲舒對策大廷，慨然以勉强行道爲請，其言四方遠近，莫敢不正，必推本於正心。蓋聖賢相與精意，是以兩事驕王，均致敬重，正身率下，所居而治。及去位家居，乃以修學著書爲事，以明經道。蓄道德者能文章，當時推之，後世亦無有議其後者，從祀孔廟宜矣。

惟雄之去，人多辯之。論者以雄辭淵而懿，不詭於道，陳賦規風，忠愛悱然。當成、哀、平間，與王莽、董賢同官，莽、賢旋位三公，而雄官三世不徙，豈所謂不恆其德，或乘之羞者歟。《劇秦美新》之論，無待辨矣。或又以雄遊京師，年七十餘，卒於天鳳五年。雄至京見成帝，自成帝建始改元至莽天鳳五年，計年五十二，合四十餘，將近百歲，牴牾難信。《法言》稱漢公，雄當卒於元始間，適年七十餘，足明不及事莽也。愚嘗思之，寂寞投閣，京師爲之語，傳贊所載綦詳，詎皆子虛？元后之崩，莽詔雄作誄，《外戚傳》班班可考，均不具論。自雄至京師，大司馬王音奇之，署門下吏，《羽獵賦》奏，除郎，給事黃門，與王莽、劉歆並。音以陽朔三年秋繼鳳位，永始二年卒。未卒以前，位大司馬如故。莽承鳳垂卒，託爲黃門郎，久之，成都侯商願分戶邑封莽。永始元年五月，始封新都侯，則五月以前，雄與莽適並爲郎，何乃自建始數之？且音尚未爲大司馬也。詳觀雄傳《甘泉》《羽獵》諸賦，蓋一年作。其上《甘泉賦》也，趙昭儀方大幸，常從屬車豹尾中，故云屏玉女卻虙妃，以微戒齊肅之事。漢昭儀位婕妤右，趙婕妤以永始元年爲后，其娣緣進昭儀，雄賦云然，轉郎蓋以是年。今自永始元年乙巳計之，至天鳳五年戊寅，凡三十四年，以年七十一乘除之，未合者四三年耳，安有所云近百歲者？且年四十餘遊京師云云者，亦約略之辭，不爲深據，即據以求之，永始距天鳳二十餘年而已，何遽不及事莽耶？

又嘗平心以觀雄之所爲文，有以微窺其隱矣。雄蓋自異於流俗之爲，而汲汲爭名之心，固未嘗斯須去也。觀其與《易》爭名而作《太元》，與《論語》爭名而作《法言》，與《倉頡》爭名而作《纂訓》，與《虞箴》爭名而作《州箴》。與屈原、相如爭名，於《離騷》則反而廣之，且作四賦以奏，以至《解嘲》諸作，莫非急欲自見。是皆不可以已乎。司馬溫公曰其汲汲於名者，猶汲汲於利也。其間相去，何遠斯言！

諒哉，雄固不失爲文章之士，惜乏侃侃之節，祀之孔廟，誤矣。而後人每阿好其文辭而曲護之，抑又過矣。夫惟明祖，於危素則譏之，於揚雄從祀孔廟則去之，其所爲風焉而教天下者可知。此方正學等所以接種而報，明末節義之風，因之盛於歷代也。國家之所以爲教者貴審，豈偶然哉！

《通鑑·漢紀》書王必討斬吉邈等論

曾 濂

《通鑑·漢紀》建安二十二年，魏王操使丞相長史王必典兵，督許中事。時京兆金禕覩漢祚將移，乃與少府耿紀、司直韋晃、大醫令吉本、本子邈、邈弟穆等謀殺必，挾天子以攻魏。二十三年春，吉邈等率其黨夜攻王必營，射必中肩。會天明，邈等眾潰，必討斬之。

案，此蓋依《三國志》之文，《綱目發明》非之曰："如此，是晃等為賊，非討賊也。"獨范史載紀、晃起兵討操，不克，夷三族。立義頗精。今覩《綱目》書起兵、書討操死之，是以全節予紀、晃也。陳壽志魏，大抵謬妄不足論。《通鑑》主魏，紀事未免與《魏志》相出入，蓋欲待後人折衷之耳。濂竊謂尹氏之論，用以尊《綱目》則可矣，然未可以議司馬公。何也？《後漢書》自《後漢書》，《三國志》自《三國志》，《通鑑》自《通鑑》，《綱目》自《綱目》，四家之史必不可以併而為一也。

蓋自周漢以來，史家之體有二，曰斷代，曰述古。而述古之體，又自有二，曰以敘述示法，曰以褒貶見意。此其所以不同也。凡斷代之史，雖世至污，而不可以無君，無君是無統也，無統不可以為史也。是故以朱溫之竊也，而歐陽氏不絕其為君；以曹操與丕之篡也，而陳氏不貶以為傳。夫既已帝之矣，則危帝者安得不以為賊也。陳氏之以討斬予王必也，非不知邈等之忠漢也，為夫以魏太祖而賊之也，此斷代之史之體也。然則范氏又何以書起兵誅操？范氏《漢書》也，陳氏《魏書》也。書為《魏書》，魏之所賊，書亦賊之；書為《漢書》，漢之所義，書亦義之。范氏之志，亦猶夫陳氏之志也，則亦斷代之史之體也。

若夫伊古以來，天下治亂得失之迹繁矣，學者每欲考求之，以為立身行己、齊家治國之鑑，而苦其無章也。司馬公乃取周秦以來之史，博考參觀，殫畢生之力，排比穿貫，成為一書。使後之人知治之有所由，治而其故不可不思也；知亂之有所由，亂而其事不可不懲也。治亂得失之迹明，而法戒固已昭然矣。是故魏篡也，而不嫌列之於紀；諸葛之出師討也，而不嫌書之為寇；吉邈等之謀操而死義也，而不嫌書之曰討斬。凡皆沿舊史之文也，沿之而不改者，意主於宏徵，以明治亂得失之迹，而不在於筆削之間也。是以敘述示法也。

雖然，自古治時少而亂時多，何也？凡人，賞之使爲善，猶弗能也，況乃阻之；罰之使不爲惡，猶弗禁也，況乃勸之。夫賞罰之不明，則朝廷亂；是非之不明，則風俗壞。賞罰乖，則有司之責也；是非混，則儒生之過也。然則何以正其是非？曰綱目是也。是故揚雄，漢之所謂大儒也，而書曰"莽大夫"。張承業，宦者也，而書曰"唐特進"。蜀漢偏安也，而尊之以爲帝。少府、司直，微官也，而予之以討賊。如此而天下之人皆曰以楊雄之學而不可以苟免也，以宦者之污而不没其心乎唐也。以曹魏之正朔相承，而以逆見黜也；以紀、晁之微且不克，而不廢其節也。如此而天下之善庶可以勸，而惡可以沮矣。

且是書之大也，尤在於不帝魏；不帝魏，故書討操。此其所以與《通鑑》異也，是以褒貶見意也。尹氏惟不知史家之各有其體例，而欲取四家之史併而一之，以符乎《綱目》。夫以魏之爲帝，而責范氏之必爲陳氏，則悖矣；以遜等之忠漢，而責陳氏之必爲范氏，則犯矣。以事在《漢紀》，而責司馬公之必依《漢書》，則其後爲《魏紀》已同於陳氏。其終同之，其始異之，則自亂其例矣。故曰《後漢書》自《後漢書》，《三國志》自《三國志》，《通鑑》自《通鑑》，《綱目》自《綱目》，四家之史必不可以併而爲一也。夫四家之史併而爲一，則史之法必窮。惟四家之史判而爲四，然後各從其體例，並而不相背，異而互相發也。誠不知尹氏何以力詆陳氏，而並議及司馬公也？雖然，尹氏發明《綱目》者也，發明《綱目》則尊《綱目》，尊《綱目》則議諸家。尹氏之論，是亦一家之注記之體也。

嘉靖九年歐陽修從祀聖廟議上

陳焕奎

一代聖典不幸而肇自佞倖之臣，雖其人生平志行磊落，誠足當之無愧，即就其一事而論，亦可爲斟酌至當，不激不阿，足爲法於後世。而究其推崇竊附之本意，終不能無所詆訾。明張璁請以歐陽修從祀聖廟，斯其大驗也。璁當嘉靖初，希旨梯榮，力沮羣議，請追尊興獻，立廟京師。既乃復與桂蕚比，請去本生名號，渾稱皇考，陷君上以豐昵亂統，璁實爲之罪魁。越數年，更定孔廟祀典，既請爲先師之父別立一堂於大成殿後，以安聖人之心，又特進歐陽文忠公與後王、胡、蔡諸儒並列兩廡。璁意豈不以文忠之議濮不主稱皇伯，適與彼之議興獻不主稱皇叔同。宋英宗之卒從文忠議，亦與嘉靖之從彼議同。後人不能斥文忠，安能斥彼；不能責英宗爲悖謬，亦復何能責嘉靖耶？

堅己之説，飾君之非，計誠狡矣。然而文忠自非璁所能牽合者，何也？文忠不主伯濮，第謂其於禮經令制皆無所稽耳，第謂所生之名不可諱，以其本於天而理有不容誣，即恩有不容絶耳。如所謂朝廷本議，未及去國號而立廟京師，言事者不當眛其本末，衆口呶呶。若止稱親置園，固爲漢儒所許，正足見其善諷英宗，而豫爲之防也。是皆但求於人子至情與國家正統，兩無所迕，其心遂安，而他無少覬覦，天下萬世之公議，不出乎此矣。璁之不主叔興獻，由其揣知帝意，專欲以議禮爲進身之階，遂至妄謂一子不得爲人後，利天下而爲人後，將自絶其父母。又刱爲繼統非爲人後之邪説，以迎合乎帝。是皆偏執私情，不復計及大義，天下萬世所共得而誅者也。

大抵姦佞之徒，常巧取前儒一二言以附己説。如桂萼取范純仁告英宗語，亦謂入繼之主異於爲人之後，與璁取文忠不主伯濮之議，其意正同，而不顧前人之於大義固甚凜凜也夫。璁之於文忠，所謂可行者，衹屬何事，其必不可行者，又爲何事，豈不能按而詳知？特其一意營私，故徒竊與己近似之言，没其相反之義，是不啻知而故昧，直悍然滅義，以便其詭謀也。孔子曰巧言亂德，又曰小人之過也必文；孟子曰逢君之惡其罪大。若璁者，豈非巧言文過以逢君惡之謂乎！

苟僅責以昧於大義，猶爲璁所樂受也。向使璁果據文忠濮議爲世宗委曲求全，於所後之人，無論生前爲子、身後入繼，一斷以義而正其名。於興獻則僅稱親，而不去其國號，置園其塋，就園立廟，別爲立後，奉祠不絶，所爲仁之至義之盡也。如此而引文忠從祀聖廟，以爲有裨於君國大事，亦復誰敢置議。而無如其不出於公而出於私，卒至干亂統紀，徒欲援前儒以逭其責也。然則文忠不爲璁一請祀厚被其誣乎！曰兩人所議，略具於前，一一比勘，得失自顯。於文忠乎何傷？且文忠之所以無愧從祀，義既較然；則璁之罪逾無可貰，亦猶聖人未嘗爲人後，故鄪邑大夫得於大成殿後別立一堂，適形夫立興獻廟於京師者。未知其本小人行事，欲蓋彌彰，比比然矣，豈誠可遁飾乎哉？至若宋明諸臣有狃於伯叔之稱，竟斥文忠爲邪議，直與璁議等者，此固由持論偏激。藉非能明大義之君，鮮不激成其僭統奪宗之舉，而璁等當日亦正以此藉文忠爲口實也。君子立言，可不慎與！惟文忠不爲過激之論，故英宗於濮王卒無大謬之處。蓋先王制禮，所以防人情，亦未嘗絶人之情也。竊願持大義者，不自蹈於抗言市直之非，致其君墮姦佞計中而不寤，庶其有濟焉爾。

嘉靖九年歐陽修從祀聖廟議下

陳焕奎

或有問者曰：朱子亦嘗以文忠濮議嫌於兩父子，獨深有取焉，何也？答之則曰：竊嘗恭讀高宗純皇帝御評，固疑朱子此説或爲門弟子所附會。聖語煌煌，固非淺見所能及。謹案，爲人後者，謂所後者爲父，典禮固無明文，第於所後之人既曰爲之子，一切皆以子道行之，則以我爲子者，不儼然有父道乎？有父道而父之名烏可避乎？其於所生之父，不容竟没其父之名。雖亦無明徵可據，然以喪服按之，爲人後者，爲其父母僅一降而爲齊衰期，而後於人之等至不一，服固有遞輕於此者。且如以從父昆弟之子爲後，則爲後之人於其父，已在大功九月之列。若以從祖昆弟之子爲後，則爲後之人於其父，又在小功五月之列。倘更以族昆弟之子爲後，則爲後之人於其父，更在緦麻三月之列矣。況推而益遠，尤有至於無服者耶！然而爲人後者，必爲其父母齊衰期，不聞更有降絶，豈非恩莫重於所生乎？恩莫重於所生，則其名又胡可没也。

且夫古之天子於同姓諸侯，固有伯父叔父之稱矣。伯亦謂之父，叔亦謂之父，曾不嫌於生者，有兩父之名，何獨疑於所後者與所生者不得並以父名耶？即令仁宗與濮王並在，而英宗既出爲仁宗太子，則子也兼有臣道矣，其稱仁宗於濮王前，奚不可謂之爲君？而濮王於仁宗亦有臣道，英宗稱濮王於仁宗，亦何不可用君前臣名之例？蓋論所生所後之分，固不妨並有其名；而遇所生所後於一堂，又各循其所當稱之禮，而顧疑其有未便耶？如謂有兩父，即疑爲二統，抑知不立濮廟於京師，別立後以奉祠其園廟，正所以從重於繼統也，正無妨於存所生之名也。重繼統者，斷之以義；不没所生之名者,全乎其仁。仁義兼盡,復何嫌於文忠之議乎!

彼明興獻之稱考不已,並於京師立廟;立廟不已,至於作世廟於大内,此誠亂統之大者也,抑亦文忠之所深斥也。豈容假濮議以掩其過乎?若夫明世宗之所當後者在武宗,不在孝宗,段氏茂堂論之詳矣。

嘉靖九年歐陽修從祀聖廟議

曾　濂

《明史·禮志》:嘉靖九年,世宗從張璁上言,以歐陽從事聖廟。愚請議之。夫張璁之有此請者,爲乎歐陽修之議濮王典禮,可取以附合其邪説,而因以關外廷之口也。愚聞事不合經謂之舛,心不秉公謂之回。自漢以來,藩子入繼大位,所議尊崇本生之禮,未有若前明之謬者也。武宗在位十餘年,而不聞諸臣請爲之後;獻王以臣子之卑,儼然號爲睿宗,祔於太廟,躋於武宗之上。此其於禮經何如?乃至誣前代之大賢,竊據爲論説之本,奉之於廟廷,列之於從祀,藉萬世之公,以行一己之私,則張璁者,真所謂小人無忌憚之尤者也。

愚嘗考其事類,歐陽修之宜從祀也有三,而其議禮之異於張璁也亦有三。

從祀之例,首重有功。於經,歐陽修著《易》《詩》傳義,議論純矣;請刪讖緯,以彰聖言,尤足羽翼經傳。此宜從祀一矣。孔子曰先行其言,而後從之。歐陽修立朝數十年,惓惓忠愛,正直無私。今披其章奏,皆可想見其理純詞直。又生平行誼氣節,具有本末,昭然而無可疵議。此宜從祀二矣。韓愈之從祀,以觝排佛老之力;歐陽修著《本論》,則以爲人君當修明禮樂刑政,而自有以勝之。蓋孟、韓之後，能排斥異端以崇正學者，修也。此宜從祀三矣。

若夫典禮之議，歐陽修以爲禮無加爵；而張璁則附和世宗，追尊獻王爲皇帝。歐陽修以爲考古典禮，雖有明據，亦未敢信而自專；而張璁則謂非天子不議禮，而願其奮獨斷。歐陽修以爲立廟京師，干統亂紀；而張璁則謂宜別立聖考廟於京師，以隆尊親之孝。然則拂禮悖經之事，實皆張璁輩刱始爲之，而非本於歐陽修也。惟禮"爲人後不没其父母之名"一語，頗爲張璁輩邪説所由依附。然此言出於歐陽修，則爲稱述禮經以破皇伯無稽之稱；在張璁則爲窺合意旨，以爲取寵干位之計。何也？宋英宗入繼仁宗，其名爲皇子也，仁宗之所定，然詔書固曰濮王允讓子也。或者譏修議，以爲兩統二父而不知父之有二，乃名號之窮而無所於改。此乃天也，非人也。聖人於名之窮也，乃降服以明其統，服既已降，斯父名有二，而無疑於兩統矣。是故禮言降服之文，統曰齊衰期。假使必爲伯叔之稱，則爲人後者，有從父兄弟之子，有從祖兄弟之子，勢必從伯叔父之等而爲之服，又何以例皆齊衰期也？此足以證降服以避大宗，而父母之名不改者，歐陽深於禮之言也。

至於明世宗之繼武宗，舉前世兄終弟及之典，則世宗自當後武宗，而不當後孝宗。然所謂爲之後者，非必有父子之名也，以君臣定之，其義猶父子也。是故其世次則相爲昭穆，其廟號則依然祖禰。《春秋》隱三年《傳》，宋穆公稱宣公爲先君，文四年《傳》論閔僖之事，曰子雖齊聖，不先父食。久矣。蓋天子諸侯與士庶人之嗣續不同，以其有統也。天下有大倫五，而父子、君臣均。父子之名，雖天子不得而奪之，所以明親也。天子諸侯臣諸父昆弟，皆不得以戚屬通，所以明尊也。惜乎楊廷和諸臣不能明正君臣之義，而令世宗考孝宗而兄武宗，遂使桂萼上言滅武宗之統，奪獻帝之宗，邪説紛起而莫之能持也。此其與宋異也。

夫《禮》明曰爲人後者孰後，後大宗也。所謂後大宗者，支子不祭,大宗無後則其祖幾乎絕祀矣,故必爲之後也。有祖而後有父也,推其孝於父之心,又推其父所以孝於祖之心,故慭舍私親而大宗必不可絕。後之者,非特子若弟也,即兄即諸父亦當爲之後,所以尊祖也。甚矣張璁之言,以爲長子不得爲人後,獻王子惟陛下一人,利天下而爲人後,將無自絕其父母乎?若然,則知有父母而不知有祖者也,己不可以無父,而父又可以無父乎?禮意之不明,而立論乖亂如此,又況其紛呶萬言,皆不過揣合帝意。其於禮制,更何嘗實意推求也。吾故曰,在張璁則爲取寵干位之邪説也。

夫歐陽修與張璁,其立論不同如此;明之立廟稱宗,干統亂紀,與宋世不同又如此。然且重誣大賢,以爲彼論説之本。愚謂歐陽修宜從祀,而張璁不可以樹黨於古人;世宗可以列歐陽修於從祀,而不可以祀典遂張璁之私計。何則?緣諸人情,本諸天性,準諸禮則。匪特歐陽修之立身行己可無遺恨,即其所爲濮議,亦天理人情之至,而非若明世附和之邪説也。奈何誣焉。謹議。

區處流民議

曾 濂

嗚呼,流民之爲患,豈不亟哉!區處之得其術,周宣王之所以中興也;區處之不得其術,張角之所以亂漢,黃巢之所以亂唐,李自成、張獻忠之所以亂明也。蓋嘗思之,處可以復業之流民易,處無可復業之流民難。其在今日,河災之民爲尤難。古之處流民者,則有道矣。寒爲之衣也,飢爲之食也,借屋舍而爲之止居也,借土地而爲之種藝也,興土木而雇之工作也,補軍伍而資之捍衛也。散則憂其恩惠不及,而設之官也;聚則恐其彊悍難制,而立之禁也。爲之醫藥,以救其疾也;爲之棺槨,以恤其死也;爲之糗糧,以遣之歸也。當是時，主之者殫思竭慮，夜以繼日，力亦瘁矣。然其後災禍既定，民皆得反其鄉，翹首而望，歡然如赤子之見父母。是以雖有大災而無奇禍，故曰易也。若夫無可復業之流民，彼其支取無盡，而國家之經費則有窮矣。曠日累月，老弱轉死溝壑，而其壯且悍者，始惴惴然于無以爲家；旋且欣欣然，幸其孑然于一身，凡可以恣其惡者無不爲也。是以恩盡則慢，勢窮則變，故曰難也。

今則尤難者何也？凡救荒之政，以財足而事舉。財之集，曰取之國儲，捐之富民而已，見司農告匱，天下所共知也。而求捐于民，亦鮮應者。夫彼非不知災患之可憫，而濟人之可爲也。今天下皆竭矣，彼自顧之不暇，能顧人乎？若此，雖有巧婦，不能爲無米之炊；雖有良吏，不能爲無財之用。此愚所謂難也。且今雖稍有財，事亦不濟，何也？今之流民，必以河復故道乃有所歸，其大要也。今河決亦數月矣。治河諸員紛紛建議，及其爲功，則莫不束手。若是，豈待河自治耶？河既不能自治，而又無術以治之，若是則流民終于流耶？夫河自北流，而國計亦稍紓矣。今則復南漸而壞運道，浸而壞鹽場，而諸流民又復千萬爲羣，無以爲業。聞當事欲復河北流，而北人梗議，羣起洶洶，豈有天之大災、國之大政聽細民之妄論耶？國家每當財用虧竭，事難措手之時，則愈有阻撓之人，豈不危哉！今春水方漲，無所施功，積日以月，積月以歲，而南流之勢成矣。南流既成，愚不知江淮之何以爲生，而流民之安置何地？恤亂之不暇，而況救災，此愚所謂難也。

然則遂無術乎？曰有。今疆臣議以工代賑矣，以河災之民使之治河，彼于河近而習也，河治矣而彼亦不失其業，此要策也。雖然，愚請推而廣之。計河工所役，多不過數萬人耳。通計被災之民，自鄭州中牟、尉氏諸州縣，以至歸陳、鳳淮之間，無慮六百萬人，老弱無論，即少壯亦未能盡用也。聞流民稍散各省，而羣聚于畿輔，則莫若乘今之時、因今之勢，轉歉而爲豐，轉害而爲利，曰畿輔興水利,何以明其然也?古之治天下,未有不興農桑而可以富國者。國家建都在北,轉粟自南,一石之儲,常縻數石之費。惟畿輔諸地類皆有水,可以墾田,倉庾既富,南北均安。況乘此飢民畢集之時,萬夫合作,尤易爲力。此之不可以不講求也。

然以今日爲之,愚又知其難矣。每觀國家近日舉動,未嘗不求富強,然行之有年矣,而愈見支絀者,不能端其本也。彼當事者,河工一事之不能集,肯墾田乎?故不曰前已爲之事不可行,即曰財用不濟,事之所必有也。夫畿輔水利,在古人行之而有效者,漢張堪守漁陽,開稻田八千餘頃,則畿輔水利之嚆矢也。其後魏將軍劉靖,道高粱河造戾陵,遏開車箱渠,灌田歲二千頃。幽州刺史裴延儁修督亢渠,戾陵諸堰溉田萬餘頃畝。其後唐裴方行引盧溝水,宋何承矩開易河蒲口,趙彬分徐河水,金劉弃引唐河,明胡思伸疏淪保安西二渠,皆溉田萬餘頃,或數千頃。在當時,豈非今畿輔之土地乎?我朝自怡賢親王爲之,後遂不行者,浮議□之而無以善其繼也。今國家災患愈急矣,正惟其急,則愈宜思所以變通,豈可漫無籌策,坐待困窮?昔慕容恪治燕,王猛治秦,彼其於亂亡之後,尚且勸諭農桑,以至殷富,況一時之災,未甚於亂亡者乎?即在畿輔,若劉靖、何承矩之徒亦莫不從虧竭之後,開其利原,教之樹畜,遂至邊儲以足,國用不竭。然則,無流民尚且必行,況有流民,奈何不因而爲之用哉!此計若行,則今數百萬之流民,日從事於鍬鋤版鍤。引易水以溉金臺,引滹沱水以溉恆山,引唐水以溉中山,引滏水以溉襄國。至於永定河時有改決,當令安流以及諸渠堰。今所宜復與夫山下之泉、地中之水,隨地設壩建閘,通渠築堤,即用賑費少少益之,以償工作,便已足矣。及今爲之,彼畿輔之民與畿輔之官司,皆患流民之爲害,必且盡力以圖,且亦不甚費,彼亦無所惜也。況畿輔間,蘆場隙地往往而有,康熙時李光地嘗言荒地一畝售不過二百錢,今亦當然。若令官司勘定官民地界,措置明白,與之印文,令流民得以開墾。官地勿論，民地歲少與之田租，田主向既廢地，不得以田既成熟遂至爭奪。如此則流民可以永業，河即不北，業即不復，亦無所害。凡此又不僅流民之利而已，可以省漕運，可以備旱潦，可以富國儲，可以裕軍餉。畿輔根本既堅，天下人心漸漸而靖。外夷聞之，亦且畏懼，俯首帖耳，惟恐不和。愚故曰轉歉而爲豐，轉害而爲利也。

昔邵靈甫嘗於荒歲出己粟，雇傭浚蠡湖、橫塘等水道八十餘里，通罨畫溪、入震澤，人得其利，此猶鄉人也。李泌嘗言復府兵之策，以因土番之市牛，而令卒屯田，不減戍卒，不擾百姓，糧食皆足，府兵亦成。蓋驟變則難爲力，善因則易爲功。因其人與因其時、因其勢，同出一轍。未有謀富強而不出於農桑者也，未有爲天下之大計，而不始自畿輔者也。愚所欲推而廣之者此也。

若夫水利難興，請言其次。曰塞上游牧，曰隨地安插。河南雖近江淮，然風氣近北，頗耐寒苦。聞彼輩出亡之習，每百十人輒有事首，羣共相推。若令其督率諸人，與以牛羊，責令游牧，直隸近口諸地，牛羊既藩，即有生業。若彼地有水泉者，亦任其墾田種稻，或爲畦町，種諸菽麥。生業既定，彼遂晏然不復思歸。昔馬援耕種北邊，不數年間有粟數千石、牛羊數千頭，其明驗也。若彼中更有智傑，思爲豪富，更推此法咨送新疆，以實邊地，曠土既開，流民亦少，亦一策也。然此路遠費重，任其自便，不必強行。設有身願出關，即令其官司善爲料理，亦是招徠之道。大凡中土患人多，而新疆患人少，但如漢時徙粵民于江淮，徙豪傑于關中，今無此例，勢不行耳。招徠之風一倡，流民或有羣起而應者，未可知也。

愚又聞軍興以來，廢地之多莫過江浙。愚嘗詢之江上人，曰彼田盧荒廢，蓋謂賦重而不歸者也。今天下平定既已二十餘年矣，彼不復業，則不欲有其地可知也；彼不有其地，則國家又不能有其賦，又可知也。以已廢之地、已缺之賦，若令官司勘實其地，召問鄰里，賦無所承即取具結文，更爲印册，一一載記，以後概憑此册定爲荒地。如有流民失所，撥與居耕，田主即歸，不許與競。且官司必爲明文，諭令十年以内必不升科，後即升科，亦必數倍減省。然則流民有不欣欣然開墾者乎？此非市恩，彼既畏重賦，二十餘年而不歸，則豈可以人之成功而居然坐享；國家既已二十餘年而無賦，則何必以民之一開墾，而必令其復初？故前此之不開闢而棄爲草萊者，實以此也。彼淮上之民安插江浙，莫便于此；即河南諸亡户，彼自遠來，即從此例，彼亦樂於得所。其餘諸省州縣無地者，咨令他行，有隙地者，遇有流民，皆視此舉行。賦視江浙既輕，民尤必趨之若鶩，特恐其地少耳。此又一策也。

雖然，凡此數端，皆言之易而行之至難夫，愚非欲今爲其難也。處今之時，度今之勢，萬不可苟且因循，但求訖事而已。是故非寇恂不能綏河内之衆，非羊祜不能解襄陽之敝，非張全義不能救河南之乏。曾鞏所謂百姓一切棄百事，而專意于待升合之食，以偷爲性命之計而已，況又有中飽者，即求食亦不能哉。遂至竊盜成羣，一夫煽之，禍延天下；與其勞師費餉，勦之于後，何若撥置土地，安之于初。且柔愛不可以訓驕少之子，姑息不可以治衆聚之民，故承平之時，或可坐鎮；災患之日，大需人材也。知天之變而思所以儆懼，知人之流亡而思所以綏輯。德以安之，威以儆之，則治天下其庶乎。謹議。

卷七

皇上謁陵禮成頌 謹序

周聲洋

臣聞孝光四海，必殷本始之忱；德洽億年，首重尊親之禮。雞彝龍勺，入清廟以明虔；玉色金聲，宿齋宮而展事。先王制作，美矣備矣。若乃穀林莘莘，頳魚噴漱玉之泉；梧野眛眛，丹雀築銜珠之壘。橋山劍舄，永愴升龍。原廟衣冠，長歆肸饗。蒼姬祭畢，彰瑞兆於烏流；赤伏上陵，表崇基於麟臥。永平舊制，華鐘鏘畫漏之聲；貞觀新儀，仙仗擁黃麾之彩。所以馳思軒鼎，奉柔牷而達精禋；仰矚湯楹，式容物而欽丕烈。清明霜降，在前朝雖有常期；黼構璿題，惟盛世益隆右饗。恭維皇帝陛下配京襲，慶建極，調鴻景，焕丹繩。遠紹雲雷之業，祥抽翠籙；坐膺海岳之符，椆鼓銷氛。握翔烏而傳兵法，笙鏞練響；召儀鳳而播休徵按，疑有脫文。虎武龍文，衙室運璣衡之化；鶡飛鰈走，爻閭開蓑幣之賤。紈牛菌鶴之珍，雕題納款；窳木流沙之域，白阜呈圖。

由是至孝通神明，禋衍祖。雍雍肅肅，聿昭玉豆之嘉容；鬱鬱蔥蔥，更挹珠邱之瑞氣。蓋以大清之有天下也，三靈錫祉，八表同文。二祖肇命於維新，列宗承基於有秩。運乘箕緯益疆，而紫塞風馳；稜抗天戈廓社，而黃巾電埽。受丹書於東面，典學單心；御翠輦以南巡，省方問俗。庸成冊府，蒐羅金匱之編；太紫殊庭，焜耀銅渾之器。駿厖大烈，蒼牙鮮並轂之因；懿鑠殊猷，黃序入扶輪之列。史宬實錄，詎罄鋪張，寢殿靈衣，允畱精爽。石壇岌業，蔭瑞靄於松杉；碧澗潺湲，度洪音於鐘磬。金燈玉匣，象耕之靈隧深閑；釦城彤階，虎旅之周盧環列。神軒靖謐非時，未敢輕臨雲闕。

巍峩大禮，尤當明備。粵以歲占柔兆，寅杓回紫極之宮；月旅夾鐘，丙御啟黃靈之館。奉先思孝將奏，假以無言，因事告虔，匪游觀之爲美。

蓋光緒十二年二月二十七日，皇上奉皇太后祇謁東陵，禮也。時則七騶沛艾，萬騎趁趨。金母雲軿，下崑閬而班六驥；玉皇降節，出閶闔而馭雙虯。複道焚香，飄寶鑪之醃餲；行廚視膳，斝瓊液之芬芳。華祝嵩呼，跋安輿而鼓舞；山輝川媚，助愛景以煙熅。扈從雍容，上相應三台之位；嚴更肅穆，列屯周五夜之防。遂撰良日以陳羷，爰致吉蠲而申慕。高煙泱鬱，樵蒸熿煬乎東西；廣牡腯肥，鼎俎秩齊乎奇偶。淵蜎邃宇，金支暎翠葆之華；訣蕩神霄，玉瓚布黃流之祕。天球大訓，臚兩序而璘彬；犧象山罍，列重檐而儵烻。金貂赤芾牽牲，贊采之禮全；虎瑟龍篪晨露，承雲之樂備。煒煒乎，煌煌乎，濟濟乎，蹌蹌乎，洵可以絪縕人祇，發舒愛愸者也。既乃川迴雷動，風舉雲搖，俯察山川，周睇城邑。歡騰夏旬，衢童和鼓腹之謳；俗採春圻，太史順陳詩之典。控弦破的，較期門韋弁之長；賞獲張旟，散織室水衡之積。屬車遠屆，軫供億之艱難；溫詔親頒，溥湛恩之汪濊。菖葉杏花之地，趣耘耨以因時；丁錢口賦之科，予蠲除而惠下。然後移麾崗嶺，振轡康衢，翊鳳輦以遵塗，拖虹斾而復路。蒿宮茅屋，萬年享有道之期；紫闕金根，六幕頌無疆之祚。乾坤由其合撰，川嶽以之懷柔。帝諟皇煌，莫能尚已。

昔者周庭吉甫，播瑤什於清風；魯國奚斯，纂瓊篇於新廟。馬融廣成之作，發藻漢京；鮑照河清之章，雕華宋禩。臣雖不敏，忝預斯文，効蠡測與蛙撞，殫管窺與錐畫。岱宗渤澥高深，容流壤之微；樂石精鏐璀璨，□圖書之盛。敢拜手稽首，而獻頌曰：

茂矣聖清，緝熙重光。道閟姚嫣，德峻炎黃。玉璇啟運，銀甕疏祥。六合扃牖，兆姓軒翥。其一

明兩蹈符，登三拓迹。業照瑤緘，祜緜金策。廚篋斟元，階蓂

應魄。二曜緯經，八區光宅。其二

役休務簡，歲阜人和。功融鳳藹，瑞極麟吔。琛輪侮食，賮納屠何。芸籤校簡，蘭綺韜戈。其三

上治迭隆，孝思彌篤。反本修古，延釐受福。圜郊升配，神宮進馽。俎豆莘莘，冠裳肅肅。其四

鮒鮰舊壤，子午崇邱。鸞巢翠篠，魚涌瑤流。蒼蒼栝柏，隱隱松楸。遺弓允奠，卦石恆畱。其五

漢典視奩，唐規薦俎。鐵馬宵汗，玉衣晨舉。蹟炳前圖，儀盈曩矩。星燦影縷，雷訇會鼓。其六

矧伊聖主，式典恭先。肇禋惟烈，對越有虔。軒陵路直，畢隴基連。雕楣晃日，繡桷凝煙。其七

爰降乘輿，載奉慈輦。葆吹北吟，鑾斿東轉。榮鏡川濆，臯牢原巘。帳殿春融，旌門漏緩。其八

靈壇既庋，閟殿迺開。熊羆拱衛，樞電昭回。階庭紫落，觀闕蓬萊。謨符玉兆，彩漾金罍。其九

襲袞致嚴，奉璋贊事。朝獻通誠，皇僚就次。蕭火求陽，鬱金祼地。普淖明粢，喬皇宗器。其十

大房在列，清酤斯陳。泰尊沺淡，梮豆玢豳。爵移夏琖，牲滌周騂。睟容有穆，嘉覒爰臻。其十一

間戞鯨鐘，徐調鳳律。樂按六莖，舞宣八佾。青帝司琴，朱襄拊瑟。叔磬聲諧，媧簧韻逸。其十二

既匡既飭，如見如聞。黃闓罨霧，碧瓦棲雲。信孚藻潔，理貫蒿焄。上和下悅，福聚神欣。其十三

謵感寰埏，儀超編牒。仁孝源同，天人契協。清畎黎甿，庶邦臣妾。待澤徊徨，瞻天屏懾。其十四

八鸞徐動，九駿長驅。璇宮返斾，寶極回輿。恩周賚帛，喜溢躅租。祉緣慶集，德與時俱。其十五

赫赫天曦,泱泱巨海。光氣逾新,波瀾不改。玉斗闌珍,珠衡標彩。治暢九垓,壽彌億載。其十六

皇上謁陵禮成頌

何承道

光緒紀元之十有二年春二月,皇上奉皇太后自京師詣遵化,祇謁東陵。橋山綴祀,式綏劍舄之靈;鶴觀康禋,聿展霜露之慕。肅飛龍而啟駕,藹藹紫雯之郊;睇耕象以臨軒,鬱鬱蒼梧之隴。祇適之性彌篤,惇睦之化允釀。卓哉煌煌,誠鉅典也。遵化州者,襟無終之秀,翼普陀之峪。珠躔表度,應箕尾以分基;瑤牧開圖,跨幽營而奠壤。蔥蔥鬱其淑氣,隱隱粲其崇墉。赫矣壯乎,泰媼之神皋,黃圖之奧域者也。昭代列祖,山陵翼然,式廓用增,神其攸宅。虹翔鼎水,黃靈啟聖之鄉;鳳跱盦山,似帝頒祥之宅。雕甍藻宇,森拱北之皇規;合閟浮蘭,馨追養之隆享。

維我皇上體膺上聖,運鐘下武;洊銀潢而承寶籙,負黼扆而握珍圖。內持外紐之化光,廓五恢三之治楙。乃者島夷外化,狡弄南瀛,皇上運柔遠之睿謨,妙不殺之神武。赫斯一怒,鯤壑之膽已寒;噓惠八埏,鼇極之和斯煽。揍碧霄而鍊石,風雨助其威靈;洗翠水以銷兵,晷緯增其糾縵。固已丕顯丕承,善繼善述,隆孝思於維則,慰陟降之在天矣。然猶以縮茅影廟,終挈列聖之歡;輠禮高原,詎篤曾孫之慶。嘉薦之典或闕,配京之德惄焉。爰詔秩宗,有事苾享。考浮鑒之裔典,備芬滫之茂儀。聳誠流思,表裏悅穆。

粵以歲紀柔兆,月宿單閼,旌帛告出,鰷狼肅涂。皇上乃奉皇太后騰沛艾之八鸞,控威蕤之六鳳。言如西漢,載修上食之儀;爰狩東都,行邁小黃之柵。朱芾皇而銅街瀞,非煙駁而瑤漢暉。雷

殷流豹尾之車，星爛轉魚麗之隊。含飴帳殿，欽依文母之慈；問膳帷宮，淒感從臣之孝。時則河間弱女，蒲氏齊民，爲父申讐，籲天瀝膽。皇太后特原冒觸，立予平反。豈特緹縈孝烈之嬡，專盛於曩朝；益見翠嫣孺慕之仁，流化於微息者已。已而塵清道灑，岳運川迴。既浥慈雲，旋經隆福。蠲居人之供帳，賜賁衛之餐錢。警前驅於綠野，不輟穮耘；獻壺醑於黎髫，俱邀矜賚。加以皇情飭儉，去泰去奢。紫宮壯麗，即軫勞民。翠釜和甘，惟隆養士。於時黃人抱珥，彤蔭扶輪，榮光曜而寶鼎浮，祉昴臨而河圖覘。爰乃練辰綏饗，吉蠲行事，鬱祼升禮，銷玉登聲。中琴大瑟之鏘洋，瓊鈒金麾之郅藹。聲容宛接，懷精氣於瞻依；愾愾如親，節樂哀於愛懲。雝雝焉，秩秩焉，備哉燦爛，真神明之式也。夫猗蘭誌慕武皇，已在盛年；南頓告虔世祖，曾非綺歲。不聞幼沖之聖主，即頌憑翼之慈孫。

我皇上德配紹庭，義炤率祖。經筵論孝，已油殿之緘恩；陵露溥甘，畬視匜之劭感。似褒敬承，姬頌錫類；騰采遝牒，曾何足云。是舉也，以二月辛卯啟鑾，三月庚子回蹕，式禮即畢，精誠洋洋。周覽川原，晬容有穆。蕭鳳蓋以言旋，不忘餘敬；受鴻鼇而告至，始計徵車。舊制以三月八日會試天下舉人，至是改以三月十日舉行，孝孫徂賚，懸知夢弼之英；天室崇親，隱溥興仁之教。舒絕德，發榮號，敦薄俗，章至仁，美矣至矣，蔑以況矣。草野微臣，望風逖聽，誠欲推有道靈長之自，昭達孝純懿之德。藻被絃管，潤色鴻業，昔隨漏凝華於漢册，薦衣甄美於唐典。猶且遠希猗那，近擬清廟，雍容揄揚，述爲詠歌。矧皇上奉先思孝，蒸蒸尊履。躡堯跨舜，垂慶無極者哉。恭秉柔翰，備敘盛烈。才愧遒麗，敢效庭堅之拜颺；躬際泰時，願續卷阿之嘉頌云爾。

於鑠皇清，遐慶洋洋。德厚流輝，篤生我皇。穆穆我皇，熙靈高曜。化光八埏，匪幽匪隩。自南自北，自西徂東。赫矣桓撥，泱泱帝風。蠢彼島夷，敢是昏椓。闞虓海瀛，虐我鯢弱。皇赫一怒，萬國咸讋。不戁不竦，爰定膚公。維帝紹庭，遹追來孝。劬勞夔慄，精通穹昊。無終蔥鬱，有翼高原。東睇緀疉，言惓至恩。鸞鈴有鏘，蜺旌有喬。諏禮練辰，式綏大糦。璆縣凝會，蕭芳嚮晨。流化羣侍，悽懷二人。匪般而游，曰妥以侑。邐迤八龍，駕言春狩。春陵聳蹕，九嵕薦馨。曷不純孝，豈伊綺齡。伊暇我皇，蒸蒸罭格。鴻祜遐鬯，駿聲烜爗。我民訴籲，皇則煦之。我民瞻扈，皇則豫之。匪惟煦之，氾濩澤之。匪惟豫之，又飲食之。皇祖其歆，文母其訢。繁祉溶溶，用答帝釐。大孝烝哉，允殷天縱。小臣不敏，敢獻嘉頌。

皇上謁陵禮成頌謹序，集《文選》

靳德淦

元巳之辰《南都賦》，月軌青陸顔延年《曲水詩序》。時和氣清《歸田賦》，雲動風偃《劇秦美新》。天子有事於柴燎《閒居賦》，盍加隆於園陵《西征賦》。惟孝饗親宋《郊祀歌》，業光列聖顔延年《讌曲水詩》。禮也《藉田賦》昔明王以孝治天下《藉田賦》，崇嚴祖考《典引》，茂德淵沖陸士衡《讌元圃詩》，湛恩汪濊《難蜀父老》。發采揚明《琴賦》，著於後嗣《兩都賦序》，真神明之式也《典引》。

伏惟聖朝《陳情表》，拓世貽統顔延年《曲水詩序》，炳海表岱宋《郊祀歌》。紹伊唐之炎精《魯靈光殿賦》，踵羲皇而齊泰《七啟》。明並日月《石闕銘》，邁三代之英風王元長《曲水詩序》；同量乾坤《七啟》，受四海之圖籍《東都賦》。光有神器《石闕銘》，垂範後昆《謝靈運傳論》，皇上以叡文承基顔延年《曲水詩序》，繼明代照《七命》。憲先靈而齊軌《東京賦》，掃雲物以貞觀《弔魏武帝文》。川流海淳《劇秦美新》，雲布霧散《封禪文》。揚清風於上烈《西征賦》，班正朔於八荒《晉紀總論》。於是仰叶三靈《石闕銘》，洋溢八區《長楊賦》，九穀斯豐《華黍詩》，庶物時育《東京賦》。道德之富《東都賦》，游於六藝之囿《上林賦》；衣食之源《西都賦》，委以紅粟之秩《赭白馬賦》。總集福命《東京賦》，爰考休徵《靈臺詩》。白麟赤雁，芝房寶鼎之歌《兩都賦序》，導氣以樂《七命》；禎莖素毳，并柯共穗之瑞顏延年《曲水詩序》，世載其英《蜀都賦》。保生萬國王元長《曲水詩序》，罔不率俾《求賢良詔》。箕坐椎髻之長《石闕銘》，蹶角受化《與陳伯之書》；離身反踵之君王元長《曲水詩序》，抗手稱臣《羽獵賦》。天下書同文車同軌《晉紀總論》，翼百神禔萬福《石闕銘》。眾庶悅豫《兩都賦序》，喁喁如也《劇秦美新》。

歲三月東巡狩《景福殿賦》，采吉日《西都賦》，協靈長《甘泉賦》。發思古之幽情《西都賦》，望先帝之舊墟《東京賦》。天子乃御玉輦《藉田賦》，倚金較《西都賦》，蔭華蓋《藉田賦》，撞鴻鐘《羽獵賦》。春官聯事顏延年《曲水詩序》，乘輿乃出《東都賦》。萬騎龍趨《西京賦》，屬車鱗萃《藉田賦》。大丙弭節《東京賦》，風伯清塵《東都賦》。天迴地遊張茂先《勵志詩》，星羅雲布《西都賦》。扈從橫行《上林賦》，糾錯相紛《鵬鳥賦》，若日月之麗天也《魯靈光殿賦》。載懷平圃王元長《曲水詩序》，迄於仙都《天台山賦》。躬追養於廟祧《東京賦》，映興鏐於松楸《齊敬皇后哀策》。禹穴神皋《齊安陸王碑》，度宏規而大起《西京賦》；山庭寢日《宋孝武宣貴妃誄》，體河岳之上靈《齊安陸王碑》。增輝日月《求自試表》，充奉陵邑《西都賦》。澄神定靈《七啟》，則天地之隩區焉《西都賦》。元祀惟稱《東京賦》，翼亮孝治《齊竟陵王行狀》，禮官整儀《東京賦》，掌舍設栢《藉田賦》。鐘鼓喤喤《東京賦》，俎豆莘莘《東都賦》，九官列序宋《郊祀歌》，百僚先置《藉田賦》。韶濩舞象之樂《上林賦》，六莖九成之奏顏延年《曲水詩序》，罔不具集《東都賦》，薦享王衷宋《郊祀歌》。

於是天子怖然改容《封禪文》，望崇嶺之嵯峨《西征賦》，矚櫨燎之炎煬《東京賦》。聿脩祖宗之志《晉紀總論》，思對上靈之心顏延年《曲水詩序》。神歆馨而碩德《東京賦》，景命也《典引》；祇聖敬以明順《閒居賦》，極孝也《劇秦美新》。宗文考以配天《閒居賦》，順大名也晉武帝《革命論》；歷五帝之寥廓《上林賦》，其德厚也《求自試表》。翱翔乎禮樂之場《劇秦美新》，馳騖乎仁義之塗《上林賦》。甄殷陶周《典引》，系唐胄楚宋《郊祀歌》，體元立制《西都賦》，發祥流慶《典引》。詠世德之駿烈《文賦》，紹唐虞之絕風《劇秦美新》。援日月而齊暉《弔魏武帝文》，祚靈主以元吉《東京賦》。茂矣美矣《神女賦》，唐哉皇哉《典引》！天人之際已交《封禪文》，而帝王之道備矣《東都賦》。

既而帝暉臨幄顏延年《曲水詩序》，司儀辨等《東京賦》，百禮暨《東都賦》，肴樂胥《長楊賦》，出德號《上林賦》，宣皇風《東都賦》。慨長思而懷古《東京賦》，設神理以景俗王元長《曲水詩序》。昧旦丕顯《東京賦》，以光先帝遺德《出師表》；翼新大猷《謁五陵表》，肇自昊穹生民《封禪文》。協氣橫流《封禪文》，仁風潛扇應吉甫《華林園詩》。穆穆焉，皇皇焉《東京賦》，帝者之上儀《典引》，而王制之鉅麗也《閒居賦》。於斯之時《西都賦》，萬流仰鏡顏延年《釋奠會詩》，函夏無塵陸士衡《讌會詩》。下舞上歌《東都賦》，散樂移風《七啟》。聯顯懿於王表王元長《曲水詩序》，咸含和而吐氣《東都賦》。故言語侍從之臣《兩都賦序》，經綸訓典《魯靈光殿賦》，啟發篇章《西都賦》，蹈德詠仁《東都賦》。抽毫進牘《月賦》，傾羣言之瀝液《文賦》，流管弦而日新《文賦》。抑亦雅頌之亞也《兩都賦序》。

頌曰：顯朝惟清《七啟》，篤生我皇曹子建《責躬詩》。緝熙帝圖《王文憲集序》，功臣百王《典引》。誕隆駿命陸士龍《讌會詩》，體暉重光陸士衡《宴元圃詩》。永言必孝《褚淵碑》，穆穆煌煌《東京賦》《明堂詩》。告奠聖靈顏延年《釋奠會詩》，君祖郊祀《封禪文》。感物增思《東京賦》，以介丕祉《南陔詩》。彝倫攸敷應吉甫《華林園詩》，四方所視《東京賦》。寅威寶命宋《郊祀歌》，道在則是《閒居賦》。祝宗諏日《藉田賦》，天行星陳《東京賦》。羽旄掃霓《東都賦》，華蓋承辰《西京賦》。昭章雲漢王元長《曲水詩序》，我澤如春《七啟》。敬躬祀典顏延年《釋奠會詩》，王道遐均《七啟》。正位度宗《典引》，靈祖皇考《西京賦》。宏亮洪業《典引》，寔光斯道《藉田賦》。規天矩地《東京賦》，化溢四表《聖主得賢臣頌》。玉燭陽明《華黍詩》，民望如草《七啟》。神光耀暉《四子講德論》，禮儀孔明《東京賦》。喬嶽峻峙《齊安陸王碑》，望影揣情《漢高祖功臣頌》。來顧來饗《東京賦》，三光宣精《靈臺詩》。靈慶既啟范蔚宗《光武贊》，治定功成《石闕銘》。大君戾止《藉田賦》，饗我明德《王仲宣誄》。恢恢皇度應吉甫《華林園集詩》，中述祖則《典引》。萬物熙熙《封禪文》，以藩王國曹子建《責躬詩》。各得其所《西都賦》，乃宴斯息《東京賦》。天人竝應《四子講德論》，萬祥必臻《聖主得賢臣頌》。鳳鳴朝陽應吉甫《華林園集詩》，龜龍載文王元長《曲水詩序》。嘉穀靈草《典引》，白虎麒麟《西都賦》。游彼靈時《封禪文》，綺組繽紛《西都賦》。帝曰俞哉《景福殿賦》，儀型祖宗陸士衡《宴元圓詩》。竭情盡敬《白華詩》，有來雍雍陸士龍《讌會詩》。旰食晏寢潘安仁《關中詩》，庶士傾風顏延年《釋奠會詩》。惟清緝熙《封燕然山銘》，與唐比蹤曹子建《責躬詩》。

皇上謁陵禮成頌 _{恭序}

何維畯

皇上御天下之十有二載，聖學徽顯，耿光昭昭，表裏禔福，繼繼承承。羣生儷頌，藻耀乎隆平。九重穆然，將推錫類之恩，覲在天之靈。詔以仲春吉日，奉皇太后祇謁東陵，所以鋪揚景鑠，端儀聳成者也。於是遵舊典，降綸書；召太史，使諏辰；警甸師，使清塗；命宗伯，使議禮；戒典路，使贊輿。翠蓋林萃，青陽藍敷。乃掫堯門，備金根；集嘉服，排中宸。六龍前驅，從者如雲。溫颸靜柯，甘雨灑塵。千品萬官，殊事旷分。肅肅習習，總總摶摶。赫兮若綺錯，縵兮若星連。前眺朝陽，大駕乃東。偈玉泉之清泚，軼金臺之嵷巃。萬靈禁聲，八神景從。先旬日而遣重臣，詔周視乎紅椿。駐蹕慈雲之宇，進膳燕郊之宮。輦白澗而夕息，帷桃寺而晨鐘。經獨樂與隆福，懿行殿之攸崇。黍麥縟野，桑麻被區。鳧踊鶰跂，天動風趨。彼木向榮，陽和濩之；彼草擢秀，膏露濡之。覽訊牒下，刊章敕從。吏平奏當，約法祖帝。闓綱宗皇，訓俗彝義。聖謨孔彰，將使民與庸乎比純，世與虞乎侔康。緜緜遙阡，翼翼繡陌，長幼遵衢，頒斌交集。彼塗歌邑誦，冀得瞻屬車之清塵者，蓋非一日。俄而慶雲舉，丹霞霂，增巒張，僛仗列。蔥蔥然，鬱鬱然，赤帟虹斾，紛縕瞵瑘，遮集於陵園。上迺升壇致齋，將事上卿贊采，庶官獻幣，蕭芳薦芬，傳祝已具。婁謁珠邱，用伸斯慕。疊俎駢坒，舞佾謌雍。晉璇闔而告瑞，聯金葉以篤恭。凡百臣下，大小從公。罔不巡階羅拜，跽仰天容。

上方儲精凝神，感物□□。□然羨貽謀之光大，惕明德於孔懷，念夫西□雄勝，京邑上腴，光崇帝里，表正辰居：斯乃列聖之所以肇洪圖也。鏡海安瀾，冰天順軌，西獻東來，布德修禮，斯乃列聖之所以光治理也。番番良士，休休宰臣，出征入輔，亮節令聞，斯乃列聖之所以慎官人也。蔬果盈疇，鹽帛羅肆，有倉斯千，有畝斯億，斯乃列聖之所以勸民事也。大弓寶玉，天球河圖，璘彬房序，焯爍璠璵，列聖所受命於乾符也。煌煌祖訓，粲粲王綸，珠玉文苑，冠帶橋門，列聖所垂裕於後昆也。既僾聞而愾見，復考德而思齊。澄心凝慮，恭默雍祇。宜乎宸思上恪，神人允諧矣。禮葉繽敷，樂華桃普，五精歆饗，九賓聯序。登降飫宴之儀，於是乎具舉。

上觀臣庶之寅恪與民物之蕃昌，爰下明詔，沛龍光，賚耆英，寵班行。頒紫玉與黃裳，紛爛朗以景彰。遂乃鸞和曉奏，虎衛晨征，清道天衢，回輦禁城。百爾竣事，溢闕而填庭。蓋上儀咸秩，凡十日而禮成。是故報本追遠，隆典也；雍宮肅廟，極孝也；垂恩逆釐，盛儀也；行慶施惠，嘉會也。皇上道縵虞華，學淳孔海，糾宗綏族，展敬如此。法祖勤民，教孝如彼。巍巍乎崇功，顯顯乎德容。信丕天之大律，靈庥之所鍾也。尤伏願皇上屢省萬幾，包舉藝文，俞咨故老，謀訪臣鄰。肴覈仁誼之林藪，斟酌道德之淵源。聖不自聖，新益日新，昧旦孜孜，夕惕乾乾。務在隆孝治，求直言，慎儉德，柔遠人。顯謨而承烈，圖易而思艱。此爲親政之大摹，非列祖列宗所默鑒而思歆者乎！

草茅頑陋，躬際清時，緬奚斯之作，誦來雍之詩。類能揚述先烈，宏闡崇徽。不揣愚昧，謹抽思而獻辭。頌曰：穆我皇，闓道綱。泰階平，媼靈康。歲柔兆，月重光。練時日，糾儀章。清蹕具，蔥荈鏘。奉珠軒，躋福陵。麗澤布，春陽升。集禮囿，登頌堂。乾情肅，祀事明。告嘉栗，颺炎煬。效犧牲，薦馨香。靈之來，奠桂漿。簠斯齊，簋斯盛。靈之歆，顧以饗。穆將愉，降百祥。祝慈庭，壽康強。願烝黎，百穀成。錫祉福，惠無疆。緬盛德，景前皇。絣萬嗣，綏四方。和五品，威八荒。嘉祥阜，人瑞昌。博我道，宏我京。吏樂政，民厚生。頌時雍，永延長。春之祺，膺天慶。

擬楊子雲十二州牧箴

何承道

冀　州

芒芒冀州，三聖攸宅。陽紆盤迴，呂梁崒屼。大禹疏淪，肇功龍門。覃懷底績，神歔在勤。周封叔虞，翦桐斯地。史軼有言，天子無戲。太康之戒，詠歟山樞。勿笑良士，思深慮劬。爰逮衰姬，靡弗自聖。朱襮素衣，霸圖始競。六國既敝，秦築長城。騷我大陸，斯民弗康。我民維何，島夷皮服。胡辜於天，哀此秦酷。崇墉仡仡，厥力孔多。寇不能上，秦亡奈何。憑高作昏，鮮不隕越。措國之安，亦曰觀德。牧臣司冀，規唐矩虞。敢告趣馬，懲嬴弊圖。

兗　州

洋洋兗州，鬲津湯湯。北綴碣石，南通沛陽。漆絲貢繁，廬維浸廣。宛彼龜蒙，壯哉莽罠。於鑠禽父，粵荒大東。露冕觀政，爰蒞魯邦。靡怠靡違，敬恭匪懈。芹芬藻芳，流於海岱。侯度惟恪，天王聖明。姬緒中墜，宗邦亦傾。皇天無親，宣輔有德。居安慮危，能懼斯哲。無矜爾勳，炎炎者焚。無侈爾盛，攫挐者病。辛以肆而亡，姬以畏而昌。鳧嶧兀而魯邦不常。牧臣司兗，敢告侍傍。

青　州

海岱伊青，嵎夷既略。望諸修衍，沂沭趺踔。天子曰俶，作我屏翰。俾爾孫子，奄長東藩。岱畎枲絲，鉛松怪石。三載一庭，罔敢越職。幽厲回遹，視天夢夢。嗟我王國，遂夷於東。小白崛興，周綱再振。九合威棱，夸亦太甚。葵邱歃血，功罪皆魁。名震侯伯，雄圖遠恢。誰柄太阿，而使倒執。曾是聖皇，伊墜王迹。凜若馭駿，騰驤險巇。一念失慎，癁憂以隨。牧臣司青，敬告綴衣。

徐　州

矯矯徐州，粵鄰青土。乂彼淮沂，藝此蒙羽。泗濱浮磬，嶧陽孤桐。泱泱表海，風威以雄。在昔帝辛，昏湎自聖。胡憯悔愆，猶侈天命。靡昏靡朝，燕喪威儀。烈烈昭考，戎之一衣。維此爽鳩，于錫尚父。亦越中衰，姜實侯緒。靡禍匪細，靡愆匪微。噸怒弗謹,烝生屬階。恃武黷兵,鮮弗敗績。姜既絕苗,田亦孔棘。牧臣司徐,維垣維藩。仰覽前模,敢告藝人。

揚　州

維揚沃衍,圻兼江淮。東帶甌越,南襟全吳。震澤汪洸,具區踔絕。端委開基,猗我太伯。惟此太伯,克廣德心。三以國讓,民稱至今。卓卓延陵,風高不競。金絲鏘洋,邦教以振。如何季葉,一誤夫差。色荒內作,顛危室家。烏喙何人,爰奮厥武。膽盡薪枯,聿荒吳土。故有國者,彊不可威弱,高不可獨崇。居危如燕巢,敵國在舟中。綾繒崔嵬,姑蘇之臺。豔妻煽處,越寧人不來。有民自殘,有土弗牧。朱絃未終,游者麋鹿。牧臣司揚,敢告君側。

荊　州

衡山楚鎮,正南曰荊。僻陋多棘,奄錫楚名。九江既疏,沱潛既道。畇畇稻田,納秸來告。鬻熊啟宇,蔚爲帝師。烏奕來耳,雄風煽時。會盟中原,侯謹侯恪。卓哉南風,毋曰氛惡。祖龍遠撫,赧夷庶人。威挾區夏,載臣載鄰。維彼荊人,仗義斯起。無陋三戶,彊秦以靡。觥觥南荊,氣慄以剛。地扼上游,雄瞰八紘。誰與撼吭,敦尹斯邑。萬夫趢趚,渡豈張翼。沄沄天塹,匪賢勿居。毋俾虎翮,終嗟噬臍。荊牧守職,獻芻執維。

豫　州

堯堯華山,在豫之陽。滎波既豬,荷澤洋洋。綴以熊耳,謹舉是環。廬廬隱賑,邑邑綏安。姬水亶興,召公卜洛。相彼鶉墟,修其雉郭。維王居正,潤東灗西。如何弗慮,幽厲陵夷。坶野亡殷,湯王以亳。豈伊地靈,岡不在德。我有土宇,莫或荒之。我有蒼赤,莫或康之。讒人幡幡,彼婦晏晏。甘酒嗜音,奈何弗喪。牧臣司豫,作孚維翰。敢告庶府,黽勔宣贊。

益　州

導流黑水，幅隕爲梁。枕輢岷嶓，跨躐墔牂。玉壘巉巖，雙江
夾瀉。六合交會，拓此沃野。上應井絡，鹽池瀯然。稉稻莫莫，芬
菣厥田。嵯峨劍門，既駭且峻。一夫荷役，盰者萬乘。杜宇闢國，
傳聞有無。鳥化荒忽，傷哉霸圖。秦惠西討，蜀緒中絶。昏昏爾
侯，國乃不臘。故有國者，惴惴皇皇，猶虞弗昌。矧貪險巇，以俟太
康。惟驕惟泰，人莫余奈。蠶叢魚鳧，一勝千敗。牧臣司益，宣我
皇德。敢告秉鈞，庶凜退食。

雍　州

弱水既西，恢雍之野。遥遥龍門，積石如庌。汧隴聊浪，沙黃
草稀。高秋大牧，牛羊茁肥。天慸暴秦，據國以戾。彊狐一跳，六
國顚沛。東越先喪，西羌載排。銅狄兀兀，蠧於金闈。譬驅韓盧，
搏彼蹇兔。長平之坑，無太睢恣。皇帝萬世，臣斯勒功。磨石未
鑱，輼輬已逢。中原揭竿，誅彼無道。猶憾驪山，恕此狂獠。故有
國雖險，必懼天譴；有威孔皇，必畏人殃。奈何乘險如履夷，殺人如
割菅。牧臣司雍，敢告太常。

幽　州

渺渺北荒，粤惟幽都。氣冽以栗，厥民隩居。在昔伊耆，申命
和叔。奚養徂征，朔方攸宅。一男三女，其利魚鹽。無閒蓊鬱，乃
產琅玕。獷矣蚩尤，闞若虓虎。九澤之原，盜我皇弩。南車一指，
涿鹿伊平。爰及千載，獯鬻内侵。維我大王，能仁以育。避戎西
岐，匪懼匪辱。皇漢受命，平封大藩。猗彼曲逆，既安且敦。晉溺
匪文，秦踣豈武。毋啟邊萌，乃曰善撫。牧臣司幽，扞此戎鹵。是
職是圖，敢告執矩。

并　州

莽泱嘔夷，戎羌是鄰。恆嶽遙振，畫爲并垠。維此并垠，居國北鄙。自昔甯王，有截其旅。桓桓赫赫，威彼四夷。有不庭方，嘽嘽視師。八駿遐征，犬戎輕睍。躓于貊原，亂是用厲。不有采芑，王綱乃夷。方叔秉鉞，玁狁來威。展也宣王神武桓撥胡，然子孫乃是昏椓。驪阿一擾，周轍東遷。翹領涇北，千秋泫然。德化不遐，又不振武。謀之弗臧，寧不余侮。戰亦不可黷，兵亦不可韜。戎狄驛騷，靡弗悴彫。牧臣司并，餘祁作鎮。戰款有策，敢告執政。

交　州

炎炎明都，厥州爲交。平秩南爲，欽哉帝堯。丹蛇蓁蓁，含沙吹蠱。荒荒裔遐，行子亦苦。周德懷遠，沄波不揚。白雉之貢，遙修越裳。重譯來王，有震且業。季世爽蹉，翡翠斯絶。逮我皇漢，臣曰尉佗。抗威不庭，黃纛高牙。帝哀其愚，爰以德款。不震不懟，果置賓館。彼不悖謾，我乃恕之。彼有攜貳，我乃固之。弗威以兵，弗苟以禮。德化既深，來牽其兒。招之懷之，羈之縻之。牧臣司交，敢告在朝。

擬楊子雲十二州牧箴

周聲洋

冀州牧箴

芒芒冀土，雄蒔河内。霍山作鎮，橫漳渺瀰。伊耆宅京，咨妝汩鴻。既載既修，以施於家邦。降及有周，爰列侯服。馬之所生，

代無興國。六王相牙,趙奠厥都。有遷信讒,開庸牧誅。秦戈北
揮,剗爲榛虛。秦亦不鑒,猶築長城。城土未乾,守者漢兵。炎漢
肇祀,以王壤子。險不可怙,彊不可怗。一州之地,而置如傳舍。
去者未愒,來者已騖。牧臣司冀,敢告贄御。

兗州牧箴

濟河惟兗,鎮以岱宗。專質信謙,秉禮之邦。昔旦勤施,俾侯
於東。傳十而踣,系失厥武。大夫臚岱,雍徹佾舞。柴望無秩,明
堂遂毀。姬赧不綱,爇彼烏火。有暴曰秦,盜我鎮圭。孰以德諛,
丞相臣斯。驪繹刻石,泰山立頌。皇帝制曰可,臣敢不供。輜軨既
歸,狡童弗悟。瞲然東巡,曾不卹顧。勒成甫終,隕首望夷。天益
其疾,造我漢基。故曰無其德而用事,鬼神弗享。曾謂泰山,不如
林放。牧臣司兗,敢告懸象。

青州牧箴

青州竝海,是饒蒲魚。斥鹵迥莫,近鹽之區。姒后作貢,惟鹽
及絲。職方所稱,曾是不思。曰王者不言有無,不計多寡。與民爭
利,利不盈指,害乃拱把。昔在管子,匡桓定霸。實始煮海,富溢區
夏。作法於貪,視民弗堪。況祈望與舟鮫刀啟,毛而剔脊。姜府其
怨,陳市其德。歌舞不歸,禪此雄國。利在民服,民財匪利。牧臣
司青,敢告主計。

徐州牧箴

淮水湯湯,東赴於海。岱蠹其北,徐土攸底。厥性安徐,州以
錫名。禹貢先於揚,而周并於青。昔宣中興,有夷不庭。爰命南
仲,整師東征。東征伊何,震驚徐方。車騎千乘,旟旐央央。兵不
可以黷,武不可以縱。徐方既來,言釋厥控。於傳有云,不戢自焚。

蓋以德懷遠，遠亦不復反；以力威近，近亦不用命。故袵席有兵戎，敵國在舟中。牧臣司徐，是究是圖。敢告掌轄，思靖外虞。

揚州牧箴

具區稽天，惟江外方。會稽嶔岮，作鎮於揚。羽毛齒革，二男五女。其穀宜稻，厥田下下。風剽以悍，氣輕以躁。曰不余有，羣聚而嘯。粵若大禹，始探靈書。翩然乘樏，來會於塗。裔實沈湎，玉帛不承。大犧可以移，尺圭弗能勝。禋祀不可不康，繼述不可不良。禹之明德遠矣，而桀祚不長。鼻伯啟宇，周章纂緒。夫差罔念，爰肆呂鉅。句踐既臣，施女既妃。甬東一顛，吳人不哀。故曰內作色荒，未或不亡。夏以妹喜覆，吳以西子喪。東南竹箭，取之不竭。所寶惟賢，則莫我敢曷。牧臣司揚，敢告太常。

荊州牧箴

荊衡雙蹲，其下維州。遠挹漢波，邇襟江流。邑邑相踦，都都相離。我山我城，我川我池。厥土塗泥，物產以贏。杞梓所蔭，餘波猶清。黃軒合符，熊湘爰屆。禹荒度土，來建隆碣。有叛曰苗，阻險洞庭。罔有馨德，虐民以刑。莽莽三危，闃寥無人。重華是經，庸竄苗民。歷姒子姬，芈宗肇基。圉不念祖，卒殞乾谿。山以德峻，川以義浚。天命之不乂，於山川乎何有？牧臣司荊，遐覽遠迹。敢告執簡，服之無斁。

豫州牧箴

豫瀕大河，南界荊山。伊洛交流，衛以轘轅。太室峨峨，孟諸潢漾。穀宜五種，厥土惟壤。周召營宅，聿勉我王。有德易興，無德易亡。迄周更秦，戍卒叫野。碭山興雲，載誕民主。西略褒斜，東奄徐揚。據粟敖倉，搤項之阨。重瞳既躓，文軌遂一。屬車西

333

轅，克定京室。祖宗尸其難，子孫丁其成。勿謂貴而莫予侮，勿謂安而莫予傾。器覆自滿，月虧自盈。牧臣司豫，敢告維屏。

益州牧箴

巍巍岷山，江水之源。岡阜重複，靈關爲門。前跨犍牂，後阻劍閣。側綴峻坂，仰聯井絡。柏濩蒲澤，歲歷綿曖。黿令纂宇，惚怳神怪。秔稻黍稷，既豐且饒。交讓蹲鷗，蔓莚平皐。既號天府，又擅地嶮。一戟塞關，萬鏃自斂。阻隘如此，豐蔚如彼。萬祀一君，古胡不聞。秦惠西略，孱王以奔。故有國者，無曰我富；膏壤我食，無曰我彊。塹舟我藏，重閉之不戒，而他人是康。牧臣司益，敢告保衡。

雍州牧箴

巨靈遠蹠，關山通河。涇渭雙川，同流異波。奧區神皐，左崤右隴。夷夏兩界，岐梁汧雍。昔君文武，豐鎬是京。旦奭作伯，成康仰成。厲胡不道，防川於口。幽胡不綱，嬖孽而荒。有斃在猇，有殪在驪。宜曰東轍，阿柄遂移。秦水滔滔，周鼎潛渝。謀之靡藏，再世亦隕。路無平而不陂，理無往而不復。危以懼存，安以驕覆。牧臣司雍，敢告攜僕。

幽州牧箴

崝嶸幽都，北錯獯虜。堯命平在，和叔攸處。昔有蚩尤，拒命軒朝。椆鼓逢逢，兵氛聿消。亦越成周，召虎維翰。既出我車，揚武江漢。王曰咨汝，虎紹爾考。勳錫山土，田租邕芬芬。保义王家，世濟其烈。昭築碣館，休問爰發。荆劍輕摘，王喜爲俘。甘棠之仁，不祀忽諸。弱國肉之，彊國食之。我王不怒，莫或翼之。席卷并吞，咎由威夷。牧臣司幽，敢告尚衣。

并州牧箴

泱泱并州，冀鄰其南。虖池嘔夷，厥川廣深。自古在昔，王政有紀。歲貢時享，於是焉在。白狼歸周，荒服不庭。玁狁孔棘，軼我於涇。太原出車，國乃用匡。驪阿舉烽，身乃用亡。豈伊弱疆，惟德之行。漢興定制，粵簡良守。雲中五原，邊畔時有。裹糧坐甲，亦既嬋疽。曷弗念德，而勤民於遠。牧臣司并，敢告職衮。

交州牧箴

炎荒際海，厥州惟交。墨齒雕題，往來消搖。雄魍九首，封狐千里。是皆甘人，云不可止。周成爰立，河海夷晏。越裳來王，白雉是獻。自時歷祀，不通中國。豈憚絕遠，弗馨其德。秦絕周綱，庸置象郡。一尉負固，逮漢猶償。陸賈銜命，璽書乃遺。太宗柔克，復致其犀。九真日南，元鼎攸置。翡翠珠貝，府無虛歲。不寶遠物，遠人斯格。不懷遠人，遠物亦罔。獲爾貪人之寶，人將蹈爾隙。牧臣司交，敢告典客。

卷八

擬左文襄公神道碑

湯誠航

今上光緒紀元乙酉十有一年秋七月某辰，欽差大臣督辦福建軍務、太子太保、東閣大學士、前軍機大臣總理各國事務、南洋大臣、錫封恪靖伯晉封恪靖侯左公卒于師，木稼爲祥，妖星告變。事聞，皇太后、皇上震悼，特恩加贈太傅，予諡文襄，遣官致祭。法部羽葆，備元宰之上儀；内府賻錢，準東園之秘器。其年，嗣冢孫侯某奉公襯葬于某原，某爲文勒于外碑。

謹案，公姓左氏，諱某，字某，號某，始祖某。編籍湘陰，代爲著姓，繇占畢萬，世應陳完。曾祖某，祖某，父某，廩膳生。庠序式其詒謀，詩禮隆其家業，三代皆追贈如公官爵。公以道光某年月日生，毓精昴宿，著蕭相之奇；含曜嶽靈，顯茹侯之異。及長，動行端恪，資性嚴毅。道光壬辰年，廿一雋省試，爲鄉貢士，與伯兄某同舉國賓絶席，爲出處正途。經義閑閲見，對揚伊始。明年，試禮部不第，益發篋陳編，廣搜秘録。性好地志，職方覽其險要，郡國識其保障。

咸豐初，洪逆肇亂，蟻趨楚皖，竊踞江南，妖氛肆凌，匪捻滋蔓。故侯相曾文正公受文宗顯皇帝詔，徵師湘澧，籌筆潭衡，扉屢齎糧，率支南楚。公時疊佐撫軍張公名亮基、駱公名秉章，諡文忠幕，與文正意氣非投，公義相取，補苴饋餉，唧接舳艫。昔藺生不介私交，是識公忠之體；南陽無嫌後進，用成謀斷之猷。於是當路知公，優敍超階，專登薦剡。

顯皇帝聞公名，特詔出幕，由四品京堂陞授兵部郎中，幫辦江

南軍務。公感生沉勇，武薘中含，陣雲斂太白之精，劒氣吐蓮華之
鍔。轉戰江皖，懋績屢登。旋假太常寺卿，領軍職如故。會越省淪
陷，閩粵震動，遂遙授浙江巡撫，俾由閩趨浙，以繞賊後。公使節霜
嚴，軍符雷動。金戈所指，鯨波靜而滇海澄；虎節遙臨，蜃氣潛而山
罕偃。絳袍後殿，赤幟先升，控縱自如，好暇以整。於是肅靖全閩，
聲援兩浙。同治三年甲子春，克復杭州省城，血蛟族於錢江，排銀
浪於虎阜。岳軍山立，檀陣城橫。髮逆嶺表之望既絕，蘇常之圍益
合。是年夏六月某日，江南復，正言者謂鄧艾陰平暗援，藉鍾會之
牽制；王濬益州直下，藉王渾之摧鋒。續以平捻，朝廷先後論功，錫
封公爲一等恪靖伯，禮也。

公以奇才受張公知，首列賓席；駱公辟聘，信任尤深。嘉謨辰
猷，潛陳天聽。位未通顯，裨益已多。自離客座，恆在戎軒，中更陞
遷，特就易資階，不別職守。至是，遂建牙旍以撫軍，列畫戟而開
府。手批吏牘，躬訪民瘼。學校農桑，隨在修治。巡撫浙江若干
年，總督閩浙若干年。

公賦性樸質，侍御乏綺羅之華，簠簋有廉隅之飭。閨幃嚴肅，
內行篤修。同治中，俄羅斯寒盟誘煽回部，擾掠關外。哈密巴里貢
道不通，秦隴以西烽燧時警。穆宗毅皇帝詔公移節陝甘，公手揮天
戈，躬巡王旅。轅門設而風雲壯，旗旐建而日月明。元戎啟行，虎
賁作衛。初至噶準，卅餘部未知趨嚮，意怡狐疑。公執牛耳以登
壇，持虎符而出令。宣布威惪，諭以至誠。諸戎且懼且懷，悉聽約
束。單騎受盟，回紇識汾陽之面；南人不反，孟獲嚴諸葛之威。於
是殖艾渠帥，安集熟番，北盡伊犁，南接戈壁。築開化、康阜、迪化、
綏來，列城數十，教之耕織，誘以科名。肇造荒要，擬治中夏。受任
凡十四易寒暑，躋協辦大學士。

新疆大定，天子益才公，晉封二等恪靖侯，加太子太保銜，召爲
東閣大學士，軍機處行走。科非元甲，得援廷推，異數也。遂乃翼

赤楎而作輔，贊黃閣以垂綸。桓圭袞裳，居人臣之極地；富貴壽考，爲盛世之耆英。洪惟宗臣，涵濡元氣。公薦士不爲私黨，而有保護之功。袋册記名，瓊筐獻繭，及時弗覺，事後斯知。庚辰入直軍機，復以使相制兩江，未幾内召。上年，法蘭西生事越南，潛師閩粵諸島嶼，濱海戒嚴。公力言主戰，奏中有“防所即死所”等語。禮樂冠裳之義，匪以爲名；方叔召虎之行，自足持重。得旨，視師福建，羣策雲合，舊部星馳。方擬殄此蠢夷，鴻我皇烈，而公竟卒。

夫自古貞元作會，賢聖膺圖，必有名世逸材，經綸弼助。是以陟扈著庸於商代，吉甫發軔於周朝。西漢則麟閣繪形，東都則雲臺銘烈。在唐有若鄂裒英衛，在宋有若曹趙范韓。莫不戀官鼎鉉，輝煌竹帛。聖清延洪景命，際遇明良，重德元功，駢譽比美，業已簡在帝廷，戀昭草昧矣。乾嘉以後，勳賢代興，若其上將載師傅之銜，儒臣縮通侯之印。湘鄉發軔，接武惟公，同地同時，殊非率爾。是蓋會萬年中興之運，荷列聖培養之仁。洛吐苞符，坤流閒氣，八柱擎天以熙績，六鼇駕地以集勳。假而營平竟行，馬服不老，則懸南越于漢闕，俘突厥于唐樓；而一等酬庸，大烝配食，不益康公晚節，極將相偉業矣乎。然而豪傑代興，功成則退。金甌匪闕，無事作渡河之呼；玉燭方隆，有人續請纓之緒。公且休矣，復何恨云。

公壽七十有四，夫人氏某，子子女子若而人。長子某前卒，冢孫某嗣。銘曰：

衡嶽位離，上應軫翼。洞庭重湖，九水薈萃。爲英爲靈，以毓而人。將相同業，武德含文。義旗東指，協贊湘鄉。埽彼粵氛，以靖吳疆。澄戈西向，諸戎受序。闢土開疆，輿圖萬里。皇帝曰咨，朕戀乃績，錫兹茅土，及爾褉葉，交功未竟，代有英賢，四序流行。公其康于，而天於戲，旂常鍾鼎，祠廟馨香。陵谷不改，石城永臧。壽于千齡，視此貞珉。

擬左文襄公神道碑

李長郁

大風吹垢，龔運掃海甸之氛；箕尾歸天，自來秉星精之瑞。元良合德，旂常績昭，名世應期，竹帛勳爛。珧弓拜賜，休駃枸邑之銘；寶鼎鐫功，祥躍昆吾之冶。今得之文襄公矣。

公姓左，諱宗棠，字季高，湘陰人也。代儕右姓，籍屬名宗，解呂虔之佩刀，應辛廖之吉兆。曾祖某，祖某，父某，儒門世保，碩德不逢。以公貴，誥贈皆如其官。公挺秀異之姿，著岐嶷之表，絳袍翼運，本協嶽靈。弱冠觀書，深明史事。道光壬辰科中式本省鄉試，兄宗植領解，集成華萼，香染桂叢。舉首無媿于仲舒，巍科相期于鄒詵。既而試禮闈不售，歸途橐筆，絕意桃李之陰；發篋讀書，轉起風雲之志。

咸豐初，佐署湖督張公亮基幕。壯懷落落，獨善馬周之條陳；雅致翩翩，何論元瑜之書記。息駱文忠公秉章來撫斯土，委任尤深，言聽計從，轉圜流水。時粵逆犯順，蹂躪東南，烽火通于沿江，陰霾積于鐘阜。羣盜乘發，將軍死綏。蜿蜿駮鼉，隆隆天狗。文宗顯皇帝特詔公出幕，以四品卿治軍東征。旗影招而腥風繳，鼓音壯而毒霧消。進攻賊于粵之嘉應州，殲之。同治元年，曾文正公收復金陵，敘功，公封一等恪靖伯。鷩冕七章，躬圭三就，位齊凡芮，功懋甫申矣。旋移師關隴，追平捻匪于燕齊間。縱田單之火，騎劫就擒；聽平陰之烏，齊師其遁。白波青犢，咸隕首以乞降；赤眉金繩，盡俛躬以受縛。穆宗毅皇帝謂公才，將大用公矣。漢光武之壯耿弇，在拔祝阿之時；宋藝祖之官曹彬，期平太原以後。

同治某年，由閩浙總督調任陝甘總督，進勦回匪。軍書旁午，鋒鏄從衡，沙莽彌天，旌旗滿地。公提兵四布，士卒歸心，杖節一麾，羣酋落膽。今上光緒某年，伊犁淪於俄部，公以狡夷之思逞，獷俗之難馴，疏請移駐肅州，毅然以恢復回疆自任。行兵直西，運糧漠北，都護開府，受降成城。擴戊己之邊郵，增庚戌之土斷。戈揮焉耆之穴，刀刺疏勒之泉。呼屠墨而郅支梟，屯渠黎而兜訾破。康居遣質，願效前驅，于寘依天，盡尊漢使；而公疆分郡縣，業務農桑，驛遞防秋，羈留善後。張仁愿之規朝，那置烽候千八百屯；斛律羨之守庫，堆立戍邏五十餘所。奧鞬窳匿，都襲冠裳，煎鞏黃牿，亦興庠序。戰容暨暨，威望棱棱，通右臂於涼州，本升卿之慮遠。留屯田於羌種，實充國之謀長。以功進二等恪靖侯，旋加太子太保、東閣大學士，奉詔還朝，備顧問。科非甲榜，榮高獨拜，異數也。郭忠武功權蓋世，天下係其安危；裴文忠忼慨立朝，外夷詢其老少。

尋兩江總督命下，居中寵茂，任外才長，舟楫江淮，棟梁華夏。衛驃騎之張幕，方此蔑如；羊叔子之督荊，勛惟卓爾。時法夷侵食越南郡縣，擾及王都，疏請募勁旅赴援。罕羌求復故地，正破先零之機；項党用作前行，可通谷渾之路。剖符而封南粵，任趙佗以保邊；搖櫓而出尋陽，奈呂蒙之多病。然鞠躬盡瘁，死而後已，臣之節也，公之志也。遂乃扶病趨朝，仍參樞密，兼領神機營。中台鎮元武之宮，上將列文昌之宿。疇咨亮采，召自南郊，燮理陰陽，爲開故閣。時中外方策，和戰不能決，犬羊騷擾，豪傑愴懷，鴞獍肆行，寰瀛飲恨。跳梁邇爾，大義誰無。秦惠興伐蜀之師，嘆張儀之議阻；晉武建平吳之策，惟杜預之謀同。閩軍既挫，命以欽差大臣督福建軍務，諭駐閩浙交界調度。蓋以相臣賭墅，謝元已足破秦；節度督師，李愬無難入蔡。而公潛運韜略，彌矢忠貞，就江南集舊部，設糈臺，鼓行入閩。朝闕何日，不共此賊以俱生；擊楫中流，願與強胡而并命。攻守齊肅，部署嚴明，鐵櫓禦衝，戈船橫海，將血日逐以釁鼓，取金人以祭天。而所調兵輪迄不至，澎湖隨陷。朝廷以珠厓可捐，不廢君房之論；匈奴難破，遂從婁敬之言。蓋和議已定矣，公乃疏請拓開船礮大廠，盛設礦務，爲補牢計。疆邑有駭，陶侃展運甓之圖；中夜以興，祖逖滋枕戈之慮。猶當營開八陣，劍杖三軍，蒼兕召呼，黃龍痛飲。既而星芒告變，木稼爲憂，晉寢夢熊，楚雲飛鳥。光緒十一年七月二十七日子時薨，壽七十有四。事聞，兩宮震悼，詔贈太傅，賜諡文襄，禮也。

公秉性堅强，立身果毅，縣鐘待叩，璣鏡特明。在爲秀才之時，即以天下自任。班定遠之投筆，雅事長征；終子雲之棄繻，惟期建節。其學不爲章句，歸於世有用，兼通輿地，書輒數紙。覽封疆於《禹貢》，披實録於燉煌。軍陳方圓，隨堪指畫，山川形執，宛在目中。出定邊防，入參廟算，允可謂國家柱石、江漢英靈矣。聞督兩江時，有"防所即死所"之奏。用家何爲霍侯，中懷勃勃；出師未捷宗澤，襟淚浪浪。哀哉！天子憫其勤勞，襃賜有加。題凑黃腸祕園，啟將軍之典；輕車元甲內府，班元相之儀。

妻氏某，子某某，長子某先公卒，冢孫某嗣爵。以某年月日葬于某所，於乎！古柏蒼然，誰葺武鄉侯之廟；人倫無媿，爲題郭有道之碑。銘曰：

聖清受命，二百餘年。陪京不靖，有寇在垣。曾帥總師，鄂皖震闐。公掎于粤，厥功懋焉。西夷蠢動，叵測罔定。羊很豨突，野心狼性。俄塵起污，日漸以盛。天子曰："咨，惟女督臣，其往宣朕命。"公敬承命，移屯肅州。惟威惟信，籩筶彄裘。塞靖蠟蝛，谷量馬牛。三十六部，罔不懷柔。仁貴冑冕，令公戈投。方之于公，其匹其儔。時維法夷，爭我屬國。粤海騰沸，南垂孔棘。整我六師，爰討爰震。甲耀鋌彗，馬蕭車轔。能戰能和，以義以仁。昔周之宣，有方有虎。載秉斯干，克揚其武。逮漢之興，曰鄧曰馮。氣鍾斗宿，晢晢熊熊。衡鎮火維，嶽配崧高。神降堯堯，是生英豪。人言曾度，亦云公才。八垓以奠，九有以恢。勛齊麟閣，畫宜雲臺。

四時之序，功成者退。勤事考終，誰起作乂。茫茫邱隴，鬱鬱佳城。
何用不朽，金石永貞。

左文襄公神道碑文

何承道

聖清受命二百載，有侯相曰左公，德光本朝，勳被來葉，蜀相中
興漢緒，令公再造唐宗。手扶赤日而重光，志炯丹霄而不泚。古聞
其語，今見其人。

公諱宗棠，字季高，湖南湘陰人也。父觀瀾，廩生，素節彌貞，
隱德不仕，老儒服其名業，識者卜有達人。公生而奇俶，長且憪定，
秉日星之異采，鍾河嶽之靈姿。自其少時，凡卻縠詩書，軒轅營陣，
闚驪地志，尚父兵鈐，莫不心領元關，智周淵鏡。學成，試於省，中
式道光壬辰科舉人。澹墨題名，神鋒露穎。高談燕市，早驚押虱之
姿；小隱南陽，便識臥龍之器。由來國士，不藉先容，亦有賢侯，能
知辟客。

咸豐初，張公亮基、駱文忠公秉章先後撫楚，耳公名，辟於幕。
事無巨細，悉以咨之，是訓是行，小試小效，天子襃其奏牘，州郡頌
其神明。於時聖朝運際中葉，物眾地大，文愉武嬉，虎賁之劍久囊，
蜂蠆之毒滋肇。首禍大藤之峽，揚竿八桂之林，鶴唳皆兵，狐鳴亦
盜。既狼奔於兩粵，遂豨突於三湘。時則曾文正公遙領王師，旁羅
方雋，才公之略，表爲郎中。西僚辭揖客之班，北望拜夕郎之職。
咸豐十年，特詔以四品卿襄辦江南軍務，公之治軍自此始。當是
時，宿將既已盡死，文吏又無可爲，蘭錡磨窺惡之兵，柳幕養怯恇之
卒。蠢茲醜虜，益肆披猖，充斥江淮，鉤連章贛。渡黃河而犯闕，揕
秣陵以爲都。化六朝繁麗之場，作羣盜跳梁之窟。公左甄右落，箕

張翼舒,一戎而淝水清,再捷而盧雲破。是年遷太常卿,督師援浙,晉公秉鉞淮蔡,料其成禽,許遠嬰城,鄰將聞而墮涕。十一年,杭州陷,舊撫死綏,授浙江巡撫。穆皇御極,神武載敿,公仗天威,粵平大憝。同治三年克杭州,天子曰:"嗟,維我元臣,實佐王室,錫一等恪靖伯,總督浙閩。"維時渠魁雖夷,逸寇仍眾。閩之漳州者依巖負漵,淵藪逋逃,雲梯之所難窺,戈舶之所莫敵。公赫然震怒,嘯吒風濤,盪滌羊城,摧焚兔窟。蓋嘉應之賊殄,而浙閩以綏。未幾,公亦移督陝甘矣。夫留侯辟穀,即尋黃石之僎;新息貪功,終抱壺頭之憾。功成身退,哲士所箴,公忠爾忘家,老而益壯。據鞍示勇,誰知元老之心;聚米成圖,不餒孤忠之氣。

其蒞陝甘也,途經晉豫,撚燄正張,今大學士合淝李公督討未平,朝廷命公會勦。大人戾止,小醜殲焉。驅零雨之神兵,復燕雲之舊部。寇平,赴都陛見,入承恩於北闕,出鞠旅於西陲。先是,回擾陝甘,適值內訌之秋,遑修外侮之禦。負彼崵險,虐我黔黎,枯髏積而沙月黃,新鬼號而陰山碧。獻馘破姎徒之笑,求援飛都護之書。蓋以飛狐塞遠,元兔城遙,久貸鼃令,餘生未殄,犬猺遺孽。公方按部,即命治師,并示恩威,兼資勸諭。婆馳一奏,延陀之妖雪驚飛;黃竹三聲,身毒之游魂盡落。勳亦偉矣,略亦雄矣,而公擅盧牟六合之才,挾彈壓八埏之力,謂普天莫非皇土,即異域孰匪王民。怒雕虛之不庭,恥匈奴之未滅,爰率五陵豪儁,六郡良家,來焚老上之廷,誓掃天驕之穴。然而絕塞鮮歸禾之頌,懸軍成畫餅之憂。豈有黳桑之餓夫,克賈破竹之餘勇。公信孚鬼方,德動天鑒,創飛芻之奇策,助犁穴之膚功,貸款夷商,齎糧大漠。比其偉畫,汾陽兼劉晏之勳;方厥雄才,淮陰奪酈侯之智。克城數十,殺敵數萬,再莩回部,平月氏漆飲器之頭,贊普曫銅之柱。凡五丁未闢,九折不經,迄是咸懷德威,博我皇道。

天子聞捷,進公爵爲侯,俄由協辦大學士拜東閣大學士,餘官如故。舊制，漢人非甲科不相，公起鄉舉，卜金甌、調玉鉉，殊數也。公督陝甘者十四年，大難初夷，善後尤亟。絕俗喬野，羣生劫彫，置金城之亭鄣，易玉門以郡縣。耦十千而種麥，株八百以栽桑。觀風勸俗，人迎旌節之花；畫畝開屯，家累朽紅之粟。維公之澤，生民戴之。

尋召入都，直軍機，管兵部，總理各國事務。會兩江闕帥，命公臥治，未一歲解任，仍入直軍機。孔光賜杖，原許優游，充國請行，偏忘衰耄。光緒乙酉法夷渝盟，犯我閩嶠，公以欽差大臣蒞閩視師。廉頗雖老，仍留兵法之名；富弼猶生，應悸單于之膽。積勞既久，嘔血皆枯，是年七月二十七日薨於師，春秋七十有四。天不憗老，人之云亡。昔罷市以慕羊公，劓面而嗟鄧訓。矧公被澤四裔，光輔三朝者與！以此言哀，哀可知已。遺疏入朝，天子震悼，詔贈太傅，謚文襄，賜祭葬如例，禮也。

公少負偉略，抗懷武鄉，卒其所成，亮符斯志。澹泊寧靜，鞠躬盡瘁，以方古，何以加茲！某誼忝鄉人，禮爲後進，載仰宏業，爰懷德芬。愧弄翰之不文，感逝川之無舍。是冀辰精感運，再鍾殷相之祥；所慚步陸鐫碑，有異蘭成之筆爾。銘曰：

堯堯嶽宗，磅礡鬱積。毓鍾秀靈，偉人間出。維嶽降神，誕我湘陰。藏智能武，訏謨克深。粵公始興，爰贊開府。名敻諸侯，氣轢遙古。九服晏謐，誰需異才。隆中高隱，觀時自哀。百僚嘻嘻，亦已太甚。胡知剝膚，災伏於寢。黃巾突擾，百粵雲昏。望影先竄，伊帥何人。英雄相時，乘勢斯起。聿來仗師，南衛皇圍。虎嘯淮北，龍驤越西。荔浦殲寇，堂堂義旗。召平淮戎，甫捷獮狁。詠歌於詩，萬禩猶凜。矧若公怒，爓蠹以焚。矧若公喜，冰山以春。破易撥蠮，動比摧朽。古人則無，公也則有。戈壁苦饉，呼韓早霜。載菽荏菽，爰求女桑。蠢彼蝦夷，寇攘屢歲。不有我公，嘻甚矣憊。外拓荒服，內綏中原。皤皤一老，撐乾摭坤。維楚有才，出佐天子。

曾胡聯鑣，羅李方軌。芳烈同炳，公才實那。星耀倏隱，蒼蒼奈何。
神歸上清，勳蓋區夏。我銘不諛，以詔來者。

左文襄公神道碑

周聲洋

　　湖南川原盤鬱，地氣疏明，户分衡嶽之秀，家飲洞庭之渌。命
世挺生，異人間出。海水羣飛之日，皇輿再造之年，或負羽關河，或
運籌帷帳。奇猷特起，洪伐紛綸，莫不迹炳旂旗，徽騰鐘萬。至於
抱緯地經天之略，具迴瀾障川之才，申伯降於崧高，傅説乘其箕尾，
則益陽胡文忠公、湘鄉曾文正公外，又得之文襄左公矣。公諱宗
棠，字季高，長沙湘陰人也。父觀瀾，廪生，名德不仕，蟄居授經。
王仲淹之著書，粥餬自樂；周續之之勵操，巾褐無悶。爵位不副，識
者惜焉。公幼承楹誥，夙植棟材。稟川嶽之淑精，負湖海之豪氣。
九流七略之藪，經目無遺；青紙赤軸之書，服膺不釋。若乃闞駰州
志，裴秀輿圖，兵法六十三家，形埶十有八卷，爰在弱冠，早窺津涉。
詎同蘇子，陰符簡練之方；雅似陳侯，攬轡澄清之志。蓋其建樹已
肇基於此矣。

　　年二十一，中道光壬辰恩科舉人，公兄宗植即是科領解。雙丁
兩到，方軌齊鑣，遂使雅陳莘野，並歌《常棣》之詩；鄉獻賢書，如編
《花萼》之集。既而三試禮部，未預甲科，歸棄舉子之業，益窮當世
之務。沈吟梁甫，名已噪乎臥龍；幣聘莘郊，遇猶遲乎緣鵠。巡撫
張公延致入幕，禮貌有加，規畫必中。駱公再任，禮公愈篤，軍府之
事，一以咨之。河西州牧，資畫策於班彪；水北山人，被禮羅於重
裔。視夫信陵執轡，以下侯生，陳蕃設榻，以迎徐孺，不是過也。公
以道自任，為謀必忠。凡夫郡縣之吏治，閭巷之民情，飛芻輓粟之

煩,尺籍伍符之碎,任勞任怨,必躬必親。駱公倚之如左右手焉。
未幾,曾文正公奏公爲兵部郎中。

時也黄巾肆擾,青犢爲羣,低玉弩之寒芒,覬金陵之王氣。以
虎踞龍盤之域,爲狼奔豕突之場。咸豐某年,特旨加公四品京卿,
襄辦江南軍務。一辭幕府,遂歷戎行,麟振江淮,鷹揚廬霍。屢殲
劇盜,連下大城。遷太常寺卿,擢浙江巡撫。時以越疆陷賊,舊撫
死綏,特簡尸臣以規恢復。公乃率奇材劍客,選武義衞兵,莘莘隆
衝,堂堂旗鼓。龍韜制勝,陣四正而四奇;虎士乘堙,布再懸而再
上。九天兵下,讙聞鏷鉟之聲;百雉城頹,競奏短簫之樂。韓信開
基於歷下,耿弇發迹於祝阿。遂以同治三年三月克復杭州,詔加公
一等恪靖伯,進閩浙總督。

某年,調陝甘總督,公自名記御屏,手持使節,忠肝貫乎金石,
奇謀發如風雨。初臨閩浙,仍殲逋寇於粵東;將涖陝甘,復勤捻酋
於河北。詔書慰勞,宣子儀入朝;御製詩篇,賜建封還鎮。當是時
也,論者謂公威騰闔外,勳綿區中,任寄方隅,榮分節鎮。亦可以胡
牀嘯咏,慕庾亮之風流;緩帶雍容,比羊公之德範矣。然而公心未
安也,公才抑未盡也。先是,陝甘回匪乘間竊發,毒如蜂蠆,起甚蝟
毛。聲勢沸騰,種落煽熾。鞏更虢闉建威,則好疇喪元;樊崇恣睢
陽夏,則回豭垂翅。公之始至,決計蕩平,坂上走丸,胸中有甲。裕
蕭何之饋饢,破王元之丸泥,役不踰時,陝甘悉定。而準夷回部舊
奉王靈,及兹內訌,相率外叛。防秋猶亟,猾夏誰懲。虎負嵎間,燕
巢幕上。李陵臺畔,燧火頻驚,明妃塚邊,宵燐欲泣。公以爲祖宗
之土畾未復,即國家之邊圉不安。非埽穴而犁庭,曷抗稜而布德。
於是練兵集饟,駐節肅州,遣飛將於龍城,料都軍於馬邑。耿金吾
出師之道,破釜前行;蘇屬國持節之區,吹笳徑度。血尸逐斬溫禺,
函其韇鞬之丸,飲其留犁之酒。流荒蒲類,立大漢之旄旗;山據祁
連,奪焉支之顏色。一平哈密,再堉伊犁,命規矩以貢黄麟,盟呼韓

346

而刑白馬。復銀麾之版宇，唱朱鷺之鐃歌。雖古之築壘三城，懸旌萬里。班定遠深探虎穴，威振匈奴；竇車騎直擣龍庭，勒留磧鹵。乘槎博望，尋牛斗之河源；絶幕冠軍，刻狼胥之石碣。高掌遠蹠，豈得同年而語哉？猶復俗與更新，策求善後。置金城防戍，設玉門亭鄣，列區脱於土訓之圖，化侮食爲華言之侶。天子嘉之，進爵爲侯，俄由協辦大學士拜東閣大學士，餘官如故。漢人非詞館起家者，例不廷推，以公高勳，特破常格，海内榮之。

公在陝甘十餘年，政教具修，蕃漢咸悦。尋入爲軍機大臣，總理各國事務，又出爲兩江總督。未一歲，解任，仍入直軍機。燮理陰陽，當樞掌轄，夷吾見於江左，仁傑在於斗南。時公已以積勞沾染末疾，雖孔光賜杖，優禮耆年，而馬援據鞍，猶思大用。值法夷背約，侵及閩甸，大帥築樓以籌邊，天子鑿門而命將。公忠義激發，固請自行，朝廷不得已，以公總理福建軍務。獫狁孔棘，吉甫行師於太原；蠻獠相煽，武侯渡兵於瀘水。既抵福建，與總督楊公昌濬、將軍穆公都善詳察機宜，備籌防禦。借洋款，編漁團，通臺灣之援，固澎湖之險。納款之議垂定，補牢之計尤周，而公心已瘁矣，公疾益以深矣。無何，岸蹶山摧，榱崩棟折，隕將星於寒夜，掩卿月於游氛。光緒十一年七月二十七日薨於軍，春秋七十有四。皇太后、皇上覽公遺表，追悼元功，地柱傾頹，天容慘淡。詔贈公太傅，謚曰文襄，賜祭葬如例，一切卹典俱從優渥。較之投綠沈而痛彦升，賚黄腸以葬博陸，雖矜寵同符，尤威儀絶等焉。

公屢殄凶頑，兼都將相，勳庸既盛，綜理尤精。然官燭以治文書，宵分不寐；權度支以充軍食，歲計有餘。威惠所留，西垂最著，比召公之棠舍，邁朱邑之桐鄉。故其薨也，陝甘民相率巷哭，焚楮夜祭，萬家隕涕，一路銜悲。五羖大夫之死，秦俗罷其歌謡；諸葛丞相之亡，蜀民祠之道陌。所謂其生也榮，其死也哀者非與！洋分聯桑梓，誼託松蘿。子瞻當總角之年，即欽文正；太白有上書之願，未

識荊州。綴功德於貞珉,仰光塵於宗布。管窺錐指,蠡測莛撞。感深子美,來瞻蜀相之祠堂;才愧盈川,遂表宇文之神道。銘曰:

衡嶽之峯,洞庭之淵。鍾毓奇秀,實生哲人。翳彼哲人,雄略蓋世。佐我中興,宣威遐裔。爰初發迹,棲遲幕府。假翼高衢,陳師鞠旅。轉戰江皖,電埽赤眉。經略關隴,風馳島夷。恢拓境宇,萬有餘里。年逮懸車,壯心未已。自方葛亮,盡瘁鞠躬。絜大度長,時殊迹同。晉公進退,安危所係。富弼猶存,契丹奪氣。蒼蒼夜色,大星落營。荔浦寒雲,賸此廞旌。醜虜未滅,没而猶視。公身雖去,公名不死。飾終之典,震古燿今。太常紀成,比烈商霖。書邑納棺,萬世是賴。甲卒起塋,祁連冢大。圖徽撰懿,樹以豐碑。讀者墮淚,惟無愧辭。

擬劉勰《辨騷》

胡棣鄂

《離騷》之文,上沿風雅,體製固然而隸事譎誕,俗學淺識嫌乖彝訓。王逸獨謂依經立義,見蓋卓矣。然隨文合經,半屬坿會,重華陳詞,昆侖指地,强比《書》旨,奚與要妙。竊謂體曼宗《詩》,辭奇酌《易》,蓋具此忠直,出以詠歎,敘其情怨,託之幽微,此固楚辭之大恉也。自逐末競勝,寖失本意,體密而近縟,辭鷙而墮險。遂令左徒悟主,孤懸此心,弟子悲秋,並成絕響。固惟楚之多材,抑去聖之已遠也。爰本斯意,擬爲《辨騷》,非敢立異,亦以補彦和之闕云爾。

六經語樸而《詩》《易》特華。《詩》之比物也,雜辭婉而妍;《易》之造象也,幽語驚而刱。《離騷》踵事,取則不遠,蓋正直感君,符采飾己。主文譎諫,遂爾結瑤構瓊,曲中肆隱,不惜鏤心鑄象,其斯爲藝林之鴻寶,哲士之驪淵也乎!史遷以爲憂愁幽思而作《離騷》,憂愈切者其詞婉，愁彌鬱者其意微。想柔心弱骨之儔，闡闓道方德之蘊，窮鑿空乘虛之致，飾披匈瀝血之悲。史稱幽思，誠千古之知己也。昔漢武好古，淮南作傳以爲兼擅風雅，爭光日月。而班固敘駁斯論，謂過其實；故事刻責，詆斥高賢，覈理稽詞，其失有四。

攝提庚寅，天界以美，正則靈均，父錫之名。芳芷扈其好修，木蘭搴夫晚節，懼虧昭質，豈曰露才。其失一矣。屈平楚族也，懷王君父也，景純粹於三后，傷遲暮於美人，惟幸君之一聽、俗之一改。既哲王之不寤，何私怨之可鳴？其失二矣。太師見斥於南山，寺人顯懲夫貝錦，而椒蘭競進，蕙茝不言，則是事必面從，心甘容悦。其失三矣。至於不見容納，忿恚自沈，固伯夷之守志，於世無憾，抑比干之剖心，與國爲戚。猶謂虧其高明，損其清絜。其失四矣。班固云羿澆等事，與左氏不合，謂劉安《離騷傳》耳。彦和失引，今故不著於説。

王逸以爲提耳登之大雅，婉順即是風人，近諦疑端，未暢全恉。又以紉蘭方之佩玉，駟虬擬之乘龍，則依經溯其淵源，剗義達其堂奥矣。試畢其説，可得而言。夫陳堯舜，稱湯武，譏桀紂，傷羿澆，義正論篤，此其可知者也。若夫靈修鬱邑於故主，佚女繾綣於賢臣，猶伶官榛苓之懷，即太叔蔓草之賦。喻君子以鸞鳳，儕小人於雲蜺，朝陽蔚其蕃姜，終風感其霾曀。茲類所繫，蓋得於《詩》教焉。朝蒼梧而夕縣圃，雜瑤象而鳴玉鸞，艮背行庭，登天入地，游心幽藹。夫豈偶然？況因帝妹之歸而求宓妃，因配主之遇而媒娀女，傾地彈日，肆載鬼張弧之奇，誕九首三目，窮宣髮廣額之形容。茲類所繫，蓋深於《易》教焉。變幻成文，此其難知者也。論其比興則如彼，語其幽元則如此，此固知楚詞者。衍風流於鳳律，追邃理於犧文，乃詞賦之榘范，而聖經之雲礽也。是以《騷》經絕豔而驚才，《九章》含悽而激憤。攬色於古秀，造境於幽遐。招恨九天，徵遊四海，通辭帝子，修怨天人。雲旗示以陸離，煙雨致其緜渺。《卜居》以喻特立,《漁父》以志獨往。忠怨之怡,與瀟湘競深;駘宕之致,挾雲龍俱遠。豈直乞靈於山鬼,取鑒於雲君已哉?

自《九懷》以下,追躡逸步,結幽慕於山阿,寄遥情於木末。枚賈能工其製,揚馬亦獵其華。葉落湘江,問源於汨水;佩貽香草,取實於楚材:亦其澤於古者深,而流於今者遠也。故縱情墨林,振采文囿,儉學得之以拯貧,高才得之以伸慧。山川供其嘯傲,荃蓀發其芬芳,則廓基於遺經,拓宇於先哲。中聲協乎雅頌,奥怡抉於乾坤。文繊而生以至情,事奇而得其理實,亦庶幾假寵於宋玉,無貽悔於子雲矣。

贊曰:正則挺生,情韻高朗。碧宙凝睇,蒼波結響。樹笵金鎔,霏詞玉盎。藝苑馨香,千秋景仰。

擬劉勰《辨騷》

周聲洋

自風雅道熄,詞賦未興,靈均作騷,蔚焉特起。振遺響於三百,闢盛軌於兩京。洵文囿之鈐鍵,藝海之津涉也。昔史公論騷,以爲文約旨微,行廉志潔,稱文小而旨極大,舉類邇而見義遠。志潔,故稱物也芳;行廉,故死而不容自疏。濯淖汙泥之中,浮游塵埃之外,皭然泥而不滓者也。及楊雄讀騷,慨然流涕,以爲君子得時則行,不得則隱,遇合有命,何必湛身。班固亦謂君子全命避害,明哲保身,屈原露才揚己,怨刺其上,崑崙杳冥,宓妃虚無,乖經典之義,失法度之正,特其文博麗,爲後世宗。宋、唐、枚、馬,皆莫之及。王逸謂其優游婉順,言博識遠,華藻模範,後儒取焉,可謂名垂罔極,永不刊滅者矣。

尋揚班之説,則褒少而貶多;繹馬王之論,則有褒而無貶。貶者固爲未得，褒者亦有不盡。必推其義，可晷言焉。夫其高陽苗裔，比義生民，秋蘭爲佩，連類瓊琚。玉虬叶時乘之象，流沙符敷土之謨。固已依託五經，卓然大雅，叔師所著，無煩贅言。至於述甯戚之謳歌，思齊桓之得士，春秋之事也。恐鵜鴂之先鳴，憂百草之不芳，《月令》之文也。天津西極，飄風雲霓，史家《天官》之書也。赤水懸圃，閬風蒼梧，《夷堅》《山海》之志也。蘭蓀蕙茝，申椒菌桂，《爾雅》名物之詁也。豐隆飛廉，宓妃娀女，莊生寓言之旨也。是以語其博大，則上配羣經；觀其蕃變，則下賅子史。匪惟六義之後勁，蓋亦《七略》之尾閭矣。

若乃專宗詩教，同符風雅，則怨靈修之浩蕩，傷衆女之謠諑，敦厚之意也。嫉黨人之偷樂，斥時俗之工巧，非刺之義也。鷙鳥以譬中正，椒糈以喻姦回，比興之旨也。慕三后之純粹，哀五子之失家，興觀之則也。伏清白以死直，從彭咸之所居，怨悱之遺也。其藻耀也既如彼，其純質也又如此，然則《離騷》者，原本於忠貞而根極於學道。辭雖博而理則約，語雖誕而性則真，乃先聖之茂矩，而後學之典式也。他若《九歌》樂神，旖旎而悽愴；《天問》呵壁，諔詭而切至。《九章》昭晰而彬蔚，《遠遊》怳惚而纏緜。《卜居》標其孤直，而寄意談諧；《漁父》抒其憤懣，而繫情閑放。並皆辭與理附，情在文先，洪筆峻旨，難可並駕。

自宋玉而下，遞相祖述。《九辯》得其婉摯，《招魂》得其瑋麗，《大招》得其綺靡，小山得其幽秀，亦能仰蹈令軌，俯宏來裔。至於賈生《惜誓》、方朔《七諫》、嚴忌之《哀時命》、楊雲之《畔牢愁》，逮乎王褒《九懷》、劉向《九歎》，或典而無實，或簡而易盡，或采掩風骨，或奇乖律度。是知撮土取之山嶽，而山嶽非撮土可齊；杯水挹之江海，而江海非杯水能測。世有作者，亦可以識源流之分定，取舍之準矣。

贊曰：天生縶臣，樞紐文明。卿雲霄爛，天葩春榮。不有放逐，焉垂正聲。後賢踵武，斠源性情。

卷九

笙磬同音賦 以"善建嘉謀，能斷大事"爲韻

李長郁

微客卿既覽宮縣之編，特聆樂部之呟噌。稽女媧與毋句，捫遺制而懷興。覷相歌相和之迭起，有會於宰執之力，合而心朋也。自謂通音樂之妙，於鑑衡而獨能矣，負其所學，過非是公而詡詡以矜。維時析精子在焉，殊嘿嘿不爲鷹也。微客卿毅然自表曰：夫有美必合明良，所以膺帝眷也。相得益彰，英豪所以慶利見也。是必華夷樂綏，朝野安奠，君臣一心，威德廣徧。其大烈則震震闐闐，其小心則兢兢戰戰；其持躬則圭璋，其行事則靁電。宜乎度越古今，名溢郊甸，純懿倬躒，羌莫得而後先。異哉，史稱房杜之和衷，而贊以笙磬之獨擅也。夫笙象萬物之生，律應大簇，生氣之所鼓煽。磬象萬物之成，律應夷則，成孰于焉饒衍。一匏一石，悠揚琳琅，宜若不相入。誰聽之而云不知倦也，竊恐輶軒失察，而舊史擇言之未善。

非是公愕然曰：惡虖，客所云然乎！夫拘於形色者，不足與觀牝牝驪黄之外也；滯於聲音者，不足與聽武濩韶咸之大也；膠於際遇者，不足與徵苔岑之合、慶風雲之會也。在唐武德，則暴亂削平，貞觀則上下交泰。于時池臺鐘鼓，閭里冠蓋，舞九功以用休，樂破陳而反旆。鳴太和於饗軒，聲鏗鋗以硍硠。帝用嘉哉！曰：是維一二輔臣是賴，疇典記室以審機，疇參帷幄而稱最。蓋有房以謀，斯奠山河於砺帶；有杜以斷，斯灼事情於蓍蔡。之二人者，盉醬則爲豫，麗澤則爲兑，濟川則舟楫，歲旱則霖霈。今必吹笙擊磬以求之，恐刻宮削羽而音未精，咀文吮詞而義尚害已。

析精子莞爾而笑於其列，曰：若是乎！客固域於見聞，而公亦

隘於睹記也。美矣哉，大矣哉，笙磬之爲用也，笙磬之爲器也。考
眠瞭之掌擊，偕頌磬以一致，頌通容而讀爲庸，詁庸功而從以類。
粤大射之定儀，戒澤宫而有事。宿樂人於阼階，束笙磬而縣肆。緊
磬之陳於東，秉陽中之取義。笙之爲言生，贊陽氣而出地，律修絜
以納賓。春三月而氣備，雜鐘鑄與鼓鼙，迤西南以鱗次，惟笙磬之
特尊。振諸樂而駢比羣聲，是之統宗，羌可約略而縷誌。若夫和同
而化，亦有其由。昔者楊隋失馭，李唐觀政而憂于時。擇房杜而相
之，經營六合而資其英謀。宣觀其定封禪，操典選，官僕射，冠瀛
洲，固已擅風雅之宗韻，戛戛而振琅璆矣。且夫勛高者英與衛，一
鼓角之肅以擊也；學博者孔與顏，一絲竹之清以幽也。有魏王之善
諫，足息羣喙之嘵唭焉。有褒鄂之治兵，可想邊聲之勁遒焉。外此
許子工讒而淫靡，君集樂亂而煩愁，非不嘈嘈續續，唧唧啾啾，案衍
呦嘲，訣屬繆綢。紛汜艷而獵攦，欻駢田以颺颰。憻靁咬而不適聽，
豈水石之輕投？萃雅諝於明堂，允律度之罕疇。彼哀屬以蕩志，湛
無與乎壯猷。故舊史氏珥筆而贊曰：惟房與杜，布政憂憂。抗情固
喬，比迹鄹留。大吕趙重，泗濱玉浮。希世而貴，宜公宜侯。爾其
調之以鹽梅，儲之以楨幹。先之以神諶之謀，繼之以韓簡之斷。紆
乎蚡緼，和壎篪也；皎乎瀏漂，遠冰炭也。禽乎而堅，漆膠雷陳也；
沛乎而懽，魚水蜀漢也。然此統羣音而長之，猶未極大成之巍焕。
若夫韶簘之舞，關雎之亂。悠悠乎闞幽入微，而莫名其參贊；洋洋
乎蟠地極天，而莫得其畔岸。師摯奏之而變，吳札顧之而歎。其惟
相虞之禹稷，佐周之奭旦。厥道至於翔洽流通，轢漢陵秦，孕商甄
夏，迥絕而爲之冠。故舉一器而擬不倫，方一音而義未粲。斯非其
至歟？房杜之清清冷冷，尚難仿佛其大半。夫冥昧以圖，妍醜相失
奚翅千萬也；惝怳以度，修短相去何止尺寸也。子既闇於經傳，矇
於國憲，顧瞽說樂曲之離合，恣議前賢之樹建，不其僶歟？視皮測
囊，信夫無足與於高言深論也。

二子逡巡意降，惶愧有加，曰：先生笙簧六籍，貫串百家，其細入則罔間，其大含則靡涯。抑若春霆振音而蟄啟龍蛇，鈞天張樂而響息淫哇。走雖不敏，今日見教，謹佩德音之孔嘉矣。

朝錯從伏生受《尚書》賦
以"齊人語多與潁川異"爲韻

曾　濂

有微斯客卿問於文園主人曰：蓋聞《尚書》之爲教也，疏通知遠，昔者孔尼父之所品題矣。爾其籀之以繼跋，繢之以赫蹏。理至者其辭多晢，語精者其意必犖。是故君則《禹謨》《湯誥》之警惕，臣則《伊訓》《説命》之提撕。精一危微，則前聖之統緒焉；性學仁誠，則後儒之階梯焉。若乃殷盤周誥，聱牙佶屈，率乿費而不可以讀絕。胡一書之儳互而難易不齊也？將毋乃伏女之所口授，朝錯之以意屬，而文義乃翳與蒙？竊惑焉，主人亦朝與考而夕與稽乎？

文園主人囅然而笑曰：客殆未深考乎授受之源流，貴耳而賤目，信塗説而議前人者也。今將與子稽傳經之表，識聖澤之真。往者上下相嘔，爰初生民肇命，民主寂寥，而亡詔者逌哉，其威蕤紛綸矣。若夫上稽乾則降承龍翼，而炳諸典謨以冠德卓絕者，莫如陶唐。純唐舍嗣而禪有虞，虞亦命夏，子孫永賓，至於稷契熙載，天乃用昌，厥後長幅員而發岐幽。蓋四代之書凡有百篇，焕乎其麟麟如也。帝有醉焉，乃爲金策，翦諸鶉首而畀諸强秦。於是乎并吞六國，盛從鞅、儀、韋、斯之詐術，馳騖起、翦、鶩、賁之虎旅，劃滅儒林，燒書刮語，黮除仲尼之遺籍，廢墜先王之令緒。是以伏生心有懼焉，用藏其書而肥遯以微幸脱免於一炬。當此之時，禮官博士爲之卷舌，耆儒碩老遺棄仁義禮智道德而不舉也。故下人號而致訴，上帝

怒而弗許，遂乃雷震雨河，電熛三楚。坑灰未寒乎風霜，廟貌已移
其鐘虡。蓋先哲之業如日月懸象，江河經流，千秋万祀，雖金石糜
爛而不爽其序也。乃假力乎漢皇，於是漢皇乃贖典籍而黜干戈，游
六藝之囿，崇孝弟之科。悲《伐檀》，樂《菁莪》，撝羣雅，甄休和。耆
舊四應，巖穴畢羅，沛乎其若時雨降而萬姓驩歌也。遂制詔太常，
若曰："蓋聞濟南有秦博士焉，而黃髮番番，朕不之就教，是使堯舜
禹湯文武之道委於草莽也，朕咎多矣。夫三代導人，教學爲先，欲
使卿屬采一人受《尚書》，令學者得共切磋其往，欽哉！"於是太常乃
使掌故朝錯承命以往，發天子之都，訪碩人之蕍，皇帝降尊而問道，
禮也。爾乃撰良辰以啟行，夕宿瓠谷之陰，旦越崤函之阻。瞻成皋
之旅門，時矯首以延佇。近撫景亳之蒽蒽，河流洶其莫拒。南望江
漢，則茂樹蔭蔚，隱然有周之遺聲，時動合乎鐘呂；北望冀并，則坱
比無垠，莽乎古唐虞夏之故墟，悵停車以容與。遂乃遠紆回以樛
流，行造乎處士之墅。

　　時則伏生已脫大兵，歸求諸壁中，而已亡數十篇也。方且教於
齊魯之間，而歷有年，所曰蓋聞我漢有聖人焉，儻其咨台而先聖之
遺文以就叙也，而朝錯實來。於是乎闢講学之堂，發汲古之綆，僮
子在後而遷屨鳩杖在前。而祝哽錯"汝尚惟日孳孳，勉仰高而蹈
景，其克敬紹薪，傳無書燕而説則郢也"。朝錯於是乎拜受乎庭階，
歸陳乎禁省，蓋備哉粲爛，凡二十有九篇，臣錯用敢拜手稽首，昧死
以請。天子曰："俞，其足令朕覽而有省也。"乃黜諛佞，錄忠鯁，昭
節儉，罷游騁。捐珍貝於山淵，招處士於箕潁。欽天則四時易其
宅，定賦則九等挈其領。力稿則盤庚所稱，彝酒則武王所警。遂令
海內盛務乎修明，淫業乎棄屏。詠歌及乎陂滣，禮教行乎荒憬。是
則《尚書》之有益於國，而得立学官昭兹來許者，伊伏生之力。天所
以假之長年，而聖道熸焉復炳也。且夫馬史班書皆稱壁藏，而衛宏
乃云口授，安所秉與？今客又復信梅賾之所上，稱穎達之所詮，申

孔叢僞説之陋，執董鼎舊論之堅。溫故知新已難，而通古紹先者誰
與？夫世閲人而爲世，川閲水以爲川，四代之書安有平緩一體，而
序稱巫蠱，則安國已卒，事在征和二年也。是以韋昭、杜預之所未
見，才老、晦庵之所疑焉，梅鷟《考異》之所指摘，吴澄《纂言》之所棄
捐。人心道心，荀子以爲道經之語；帝心帝臣，墨子以爲《湯誓》之
篇。且是古文也，淵源厥惟孔壁，問故厥有史遷。然而《湯誥》具載
乎《史記》，較諸今本甚懸也。斯誠汾陰之贋鼎，奈何以涸我伏生先
魯之遺編乎？客徒知張霸之造百兩，而不知孔傳非西漢之文也。
徒知豐熙之援石經，而不知蔡碑無古文之字也。《漢志》別録古經，
而後知古人謹慎之意；劉向嘗校中文，而後知文字不過科斗之異。
然則非星宿而濁河何源，非松柏而蔦蘿何寄也。

　　主人之言未終，微斯客卿逡巡而退避，忘乎其所以爲議。良久
乃曰："鄙哉！予乎混魚目於真珠，而莫辨其真僞也。得侍左右，幸
聞古義，今乃知伏生之功，比之晉文納王而益熾也。朝錯之名成於
附驥，不亦宜乎！"

堯舜湯禹各職一時賦 以題爲韻

湯誠航

　　謹案，《漢書注》應劭曰：四時各舉所施行政事。服虔曰：主一
時衣服禮物，朝祭百事也。顔氏雖斷从服説，然竊考本傳，上文則
主説衣服，而下文引文帝以二月施恩惠於天下，則主説政事。是二
説者皆通也。蓋服其服，即行其政，當畧似秦月令舊法。因準此意
而賦之。

　　在昔漢氏，炎精應運，赤統中霄。爰乃埽閏餘之氛，靖猾國之
囂。洎乎印銷六族，章約三條。西都西建，東服寅朝。惠風煽景，

□□按，疑脫二字气調。若春始孟，如日在朝。於是羣臣建議，謂道莫深於宸極，德莫顯於魁杓。物始蒙而終泰，氣有息而必消。流形呈於五緯，吹律中乎九韶。是宜法時行之妙，用準月令而宣昭。乃足立隆漢，典稽古紹。堯制曰可。由是博士詳覆，儒官競進，察生王，考正閏，謂夫玉燭之四調，必協璇樞之大順。先天何以朔夫乾，後天何以初乎震。火入戌而元還，土生寅而數進。皇帝馭大宅中，抱仁踐信，恭己無為。惟明克允，威發乎日暄，澤流夫雨閏，潛乎陰之藏，奮乎陽之振。乃以四時為柄也，四德備，四端濬，四氣環，四方鎮。若景運之中天，萃美善於大舜。

夫四時以春為首，春，蠢也。在昔明王，分三正之運，辨五德之章，謂建莫善於夏后，物莫盛於春王。核胎於亥部，發育乎卯方。乃參天地，正木統，為仁提網。帝曰：咨爾堯，朕將御紫禁，坐明堂。迓東方之生氣，象震令之發揚。爾其職春，進蒼玉，獻蒼佩，車服禮器皆以蒼。凡春之政皆主之，若天正取子孳而振武，若地正取丑紐而宗湯。固體元以居正，而顯至德於氏房。

春去而夏承之，夏，假也，大也。四月值巳，五月值午，六陽皆備，卦當乾。五乃正赤，統司禮而玉火為主，麥熟之候也。時乃眾稺，振羣蒙，吐朱草榮，瓊芽乳啟。巽風以阜物交坤，陰而含煦，淵乎其聲，皇乎其舞。奏南陔之管，進由庚之譜，所謂万物美備，充乎帝宇。帝曰：咨爾舜，其職司夏，凡衣服車馬器用，惟夏是取。朱鳥載陽，離明作覿，聽薰奏於咎繇，敷彰施於神禹。宏我夏令，俾作朕輔。

若夫秋之為言愁也。物盛必復，華實斯落。於時霜肅司威，金強起弱。天子乃坐總章之室，啟白藏之閣，舉大饗之禮，齎清商而進爵。萬寶畢登，羣生豫樂。帝曰：咨爾湯，其職司秋，啟白統之正，則以義德為橐鑰，迓元气於酉仲，斂神化於廣漠。凡法，衣服禮器車馬皆尚白，象天地之肅殺，返物性於儉約。惟敬斯尊，惟嚴斯恪。用能典司成功，秩序天爵，動植飛潛得所，物各至於按，疑有脫文。

冬之爲言終也，五行歸乎水，五色返乎黑。在昔元黃初肇，渾沌莫測，三才泯其端倪，六位虛其形色。迨夫太乙司神，三辰拱北，由是水運潛滋，黑靈順則而智興焉。二曜起乎牽牛，五星環夫中極，是元會初基，智所以爲德也。帝曰：咨爾禹，其職司冬，衣服器用以黑爲飾，勉之哉。冬有政，所宜行者，朕惟汝翼黃鍾，起於子而律管調，太素積於坤而卦气息。惟斯會合貞元，始終天職。欽哉，其敬用乃式。

由是服青衣，舉春秩，靈威曜其英華，太皞通其專壹。服赤衣，舉夏秩，赤熛式其威儀，熒惑平其入出。服白衣，舉秋秩，蓐收效其功能，招拒藏其靈術。服黑衣，舉冬秩，津梁顯其利用，光紀神其陰騭。夫民壽於春，春令序而行育，合覆載之生成。民尊於夏，夏令平而禮序，符斗樞之徐疾。民富於秋，秋義舉而百產充盛，民用飽溫。民福於冬，冬智應而五品有常，民用安逸。贊之而玉衡持平，吹之而玉琯如律。用能中紀泰元，上承泰一，保之太和，施之元吉。然而不及中央者，土爲羣生之母，睿乃作聖之基。戊己合坎離之旡，戊辰通坤艮之儀。皇帝虛中守正，抱一無爲，以黃爲質，以信爲維，以甘受和，以厚自持。五緯行乎黃道，三元貫乎黃離。是用青帝乘權，而木行條達；赤皇受令，而火曜純熙。金天宣太素之藏，而極嚴以教敬；水地蘊河圖之妙，而因愛以教慈。是用施爲，甘雨炳爲和曦，威爲雷閃，德爲風移。居之有道，動之无涯，居黃屋，履赤墀，行元會，本矩規。青碧炳卿雲之瑞，朱明飲甘露之飴。麟鳳呈其嘉覜，龍馬著其神奇。八紘在列，六服交馳，此王者所以以陰陽爲柄，而運用等於四時者也。

夫九犨依成歲而行，凝績本撫辰而布。考夫《堯典》所詳與夫繇謨所具，惟聖功非臣下所能知，而經術乃儒生所當務。漢家四相立稱，弱翁獨能以《易》贊乾坤而程度數。固當增華彩於日雲，助和甘於雨露。于今玉步方隆，金甌維固。艮維質厚之气特凝，房宿光明之精尤注。追琢壽人，洪延神祚。法天行而會大易之中行，循月令而修春秋之軌度。皇心沕穆以含元，聖學淵微而守素。四序既召其嘉祥，五氣彌深其調護。是能消沴戾於雜餘，閟麻蘗於暄煦。萬類從風，羣遊仰澍。儒生不敏，固願珥筆丹墀，而獻《天保》《采薇》之賦。

堯舜湯禹各職一時賦 以題爲韻，并序

李長郁

孝宣皇帝元康神爵之間，距漢興百有三十餘年，維時吏安其職，官肅其常，海內晏然，天下稱治。萬物得所，沴屬不生，神魚舞河，威鳳爲寶。殊鄰絕黨之人，企踵向內，喁喁如也。丞相魏相綜覆名實，總理百揆，甚稱上意。覽其行事，可謂勇於圖治矣。迺居安思危猶深，維陰陽之未燮，而災氣乘發。奏願選明經通知陰陽者四人，各主一時。時至明言所職，以和陰陽，並据高廟舊制，以對洵通明，漢故事者也。所職雖與舊制殊，其致則一。因據其事而賦之，其辭曰：

有徇時客卿問於研經主人曰：蓋聞聖主之制治也，因俗得宜，端拱立朝，事罔泥古，可謳且謠。故五帝不沿樂，三王不襲禮。各隨時以敷化，奚必共貫而同條。巨君按候策司而新室圮，介甫紹周立官而宋基搖。甚矣哉，古今之異制，猶鑿枘之巨相，人事之從來，已非一夕一朝也。且天地之道，寒來則暑往，陰長則陽消。地不爲杞梓而不生枳棘，天不爲鸞鳳而不產鴟梟。在順化之自然，何災祥之能召，而風雨之足調，諶人事而可致。胡七年之旱九年之水，尚竦湯而恧堯。相之博采陰陽，深恐主臣夭瘝以遏麟鳳之儀，而煽脂

夜之妖。其稱高廟舊詔,四人各職一時,應劭以爲當舉之政事,服虔
以爲服制之孔昭。相固怵於符瑞矣,何異説之囂囂也。蒙竊惑焉。

研經主人曰:吁,客何詎知旦暮之不可期於菌,朔晦之無與於
舜,而不知大椿之享多年,桐葉之曉紀閏也。夫木翕菱連,卷於槎
枒,火怒熛飛,烈於餘燼。金鍛鋒淬鍔於在冶,水溢涌淡漫於瀉潤。
繫土之寄王於四氣,猶仁義禮智之有信。雨燠暘寒,以漸而進,幹
運鱗次,動罔不順。聖王立法,未有能外之而克。富與地侔訾,貴
與天比峻者也,夫天鼍氣於上,星緯犯陵,斯爲災疢矣。地奠形於
下,山谷改易,斯非静鎮矣。時未至而豫防之,實亦小心畏慎也。
今於鑠石流金,授子以重裘,渾波凓冽,衣子以單衫。子必郵焉若
驚,愀然見擯矣。謬謂冬可治以離,夏可治以坎,春可治以兑,秋可
治以震。是何縮版而繩之不依,持委而源之不濬歟?若夫應服異
釋,僕請略舉其凡,以畣吾子之見訊。

在昔彊秦暴橫,和嗛擅長。變亂三正,服色罔彰。事不師古,
享弗久長。漢氏之興,赤幟有光。廢尼虐殘,赴若蹈湯。官禮之
制,斯則未遑。維是采繢絺繡,冕服備章。懸旒遼延,前圓後方。
凭玉几以穆穆,瞻龍衮之當陽。哀日月與星辰,叛赫戲以輝煌。髦
頭被麗以昂爥,罕車瀟箾而畢張。飛流蘇之騷殺,齊天駟以騰驤。
聲轔轔而軎軎,象斗車之運於中央。位職分以垣環,有帝座之遘
皇。景重陛之穹隆崇敷,又皛曜歘艴,倣房心之爲明堂。羌輿服之
儀式,竝朝祭之典常。不取法天地之象與四時之序,奚以剔區霧薶
皒㫰也。後人將訾帝制荒昧,而謀之未臧。故襄章受詔於長樂,何
昌陵通持議於廟廊。亮采則疇咨,建官則稽古,惠閭閻之變動,邰
健順以絜矩。爾其服青幘於回寅,祠南郊而奏舞。耕藉田以耒載,
射辟廱而樹羽。職其事則趙堯其人也,而温和道主。行雩禮以陽
閉,賽土龍而求雨。怵陰氣之萌作,欤桃印於萬户。職其事則李舜
其人也,而長養義取。至若威貙劉而揚烈,肆乘之以講武。比民年

而授杖，祀極星以延祜。又若享戍臘以交勞，歲告成於先祖。驅惡厲而大儺，部侲子以振鼓。斯則一以責之兒湯，一以任之貢禹。義準虖參兩，事綜虖三五。詖詔書以施行，豈云治道之無補。

於斯之時，冬則綏其歸藏，春則劑其鼓郭，夏則登其假大，秋則檢其薔落。薦衣司服，應天而作，官不相侵，有能人各遞歲星之一周，位於朝而必恪。琯葭飛以律協，順洪鈞而鼓橐。豈惟是輿耀以晃，冕頴以灼。微颸徐颰，紈輕縞薄。紛雜逕而曼煖，曳綺組之綿絡。靡紛紛以裶裶，眇颯纚而恤削。極綸絮之綷縩，猗繽紛以繡錯。已哉！固將調壹壹之元氣，儀圓象之景鑠。涉登閎以棣通，亙覆載而踔躒也。豈不懿歟？而子顧未聞其大略。且夫奉先法祖，帝之所繇立則也。規時納誨，臣之所緣劾力也。魏相用宏斯義而恢廓之，俾敷奏以言，而無曠厥職。日象人君，陰乘故蝕。星潤分壄，變驗鬭食。金沴木則眚青氣，木沴金則氛白色，水沴火則炎其煒，火沴水則祥維黑。龜介蠃魚，孽繇人弋。雞犬羊豕，敳疇豫測。狂僭舒急之咎，惡恁疾貧之極。閟窅冥而潛孳，叢隱微以爲慝。是蓋兆朕振古，萌柢主德。藏氣讖緯，縣象楮墨。宣秘奧於苞符，迴時世而淵默。緣先民之有作，顯昭示以常式。秉規衡於東南，正矩權於西北。既案位而不越，炯垂鑒於下域。憯嚮明以出治，政背馳而惶惑。懔嘉猷之入告，覬有瘳於家國。豈不以煦覆藍育，春軋乙也；赫炎惔焚，夏平秩也；沉寥寂瀏，秋蕭瑟也；淒涼凌凋，冬凜溧也。順陰而入，扶陽而出。發則爲華，收則爲實。明盛而文，歸根而質。憲絪縕於一元，葵動靜以不失。庶草木之遂茂，而年壽其迪吉。然事體之宏溥，恆累世而不覯其一。是故奉宗廟，安天下，觀型先聖，匪鄒侯疇通其術。而繩愆糾謬，考景以晷，考聲以律，匪魏相之精易。奧洞月令又愍善紹述，鞠一時之占驗，匡帝德之回遹。懼天人之邅絕，矚災害而惕慄。庶績各殺，維時之郵。濟濟乎，翼翼乎，慎恭厥守，若眾星之拱北辰，湛露之晞朝日也。

今子以天意微茫,人不得而窺;天心變亂,人無從而移。夫不見分至啟閉,少皞緣鳥名而分司;作訛成易,伊耆命羲和而績熙。自古在昔,帝道之盛未有不敬授人時也。午分而交,子分而滋,奎分而藏,箕分而棋。一剝一復,一盈一虧,天監弗遠,豈不皎垂。故與時有拂,靡不夭而危也;與時為一,靡不壽而祺也。子既盲於大道,憒於成規,又以巨君、介甫蠱古為疑。是何異濟溺於川,而讐伯禹之導水;病瘵於藥,而懟神農之制醫。

主人之詞未既,客蘧然改容,避席請辭。主人曰:今將觀女以漢詔,此亦教令之溫懿者也,復位為吾子誦之。因讀其詔曰:朕承郊廟,慄慄危懼。惟是塞耳蔽目,食租衣賦未克明於服物。典章朝祭禮數,相國御史大夫計議深有當於時務也。咨爾中謁者趙堯等,其各視事守素。於乎,時之多違,式靡王度。貌之不肅不恭,窅不服妖怖。悉爾心以時述職,尚克弼予一人敬天之怒。

東方朔上三千奏牘賦

以"臣言可用,幸異其禮"為韻

曹廣權

客有詫於翰林主人曰:繄昔漢孝武之朝,有曼倩先生者,滑稽多辯,俶詭邁倫,待詔公車,靡為世珍。於時上書詣闕,三千奏牘紛爾而疏陳。吾子博通傳記,嘗習聞其事乎?主人曰:唯,然有之。客曰:吾聞善攻者不斲堅木之輪囷,善諫者弗攖人主之逆鱗。若立人之朝,戴縰垂紳,卷舌同聲,喋吟逡巡。此齪齪之流,非貞軌所宜循。或攘袂抵掌,氣矜振振,窒隙蹈瑕,抗顏求伸。其志節皎若,雖賢乎爾,猶未足擬於忠純。今曼倩先生幸得遭漢明聖之世,優游乎詠達之真,澡芳流,酖王綸,策甲科,居帝闉。顧默而削簡牘,獻數十餘萬言，雄才博辯，波譎雲詭，俾天子昕夕周覽。貌悦懌而忘瞋，意者爲古之大臣歟？

主人曰：客但睹褚少孫之補《史記》，矜夸東方生以辯智，不知班書傳贊乃悠悠於評論也。夫其口諧倡辯，蔓詞偏反，枝葉扶疏，匪尋厥根。是以浮沈執戟，陵轢儔列，善謔諧俗，則似俳優之楚孟也。進退澹辭，嫚戲萬乘，變詐鏠出，則似謔笑之齊髠也。若夫始上封事，依瞻紫閣，高自稱譽，倜儻凌鶱，謂諷誦詩書百家之説，閎材贍智，本本元元。且若遠心曠度，成性存存，廉信垺水石，勇捷類猱猨。孟賁慶忌，角材競巧，鮑叔尾生，如輊如軒。凡茲眾誼，冀以騁辭眩耀，跆藉貴勢，歆世主而爲之言。

且夫衒鬻者，商賈之賤行也；詭遇者，士大夫之庸瑣也。故挾策游説，壯夫不爲，忌諱之朝，豪傑足裹。燕昭築臺，郭隗終嫌自媒；趙簡驂乘，王良訕其偏跛。茲東方生耽戀禄奉，懼遭壈坷，索米長安，上書道左。首陽爲拙，詼諧而取容；柱史爲工，朝隱而脱禍。志靡矯矯，色侔磊砢，薆迹媚時，上情陰揣。好外家之古傳，媲談天與炙輠。繇是觀之，三千奏牘譬猶鷗鵬之徙溟池，沙蟲之披組練，哆虛談而鬪多靡，惡乎可？且客又不聞與臣朔同朝者乎？其時徵天下，舉方正賢良、文學材力之士，移禮樂三統。則有公孫擢金馬而采榮，汲黯趨禁闥而侍從。壽王溢美於文辭，相如振藻於賦頌，夏侯論災於柏梁，終童奏對於時雍。徐樂釋蹻，陳土坿之疏；馬遷篡職，分太史之俸。會稽有買臣之歌謳，千乘有兒寬之精誦。主父學從橫之書説，仲舒通災異之錯綜。此數子者，皆武帝舉以況朔，類能應明詔、疏時務、道是非，而需録用。曷嘗見初上公車，累牘連篇，兩人持之不勝，二月讀之乃盡，如東方生詞媟黷而態狂縱者也。抑吾聞之班史，有言曰：朔之詼啁，談辭鋒穎，童兒牧豎，耳目耀炳。他書雜説，依響附景，奇言怪語，熒光耿耿，以博異聞，藉資覽省。故有靈牙占符識於遠方，金母勝靈塲於鴍嶺，神木指而彗躔移，蓮葉乘而太乙囷。厭次淪歲星之曜,應列宿於天閶;未央降水木之精,識神異於藻井。鄉壁之談虛造,齊東之語妄逞。類志怪於虞初,胥燕書而說郢。孟堅特削於列傳,亮椽筆之獨秉。子乃盛稱其奏牘三千,璂瑋博達,雄辯馳騁。彼說三千年桃實,朔三偷唉,疇弗嗤朱儒,侫幸子亦將謂朔信能龍變棄俗,而蟬蛻異境者乎?

客曰:敬聞子命,美矣至矣,抑蒙竊有猜焉。請申鄙說,幸吾子留意。夫博稽故實而必徵史傳,不可謂通;尚論人才而不揆時勢,不可謂智。當武帝之時,招來神仙之屬,采綴封禪之事;懸槀街而受夷俘,索圖讖而稽符瑞。言大而夸者,得待詔公車;卑無高論者,乃報罷散置。是以文成不誕,立仙掌之金莖;少君祠竈,燒丹沙之銅器。薄誘忌祭泰一之天神,公孫卿推寶鼎之靈異。使烏孫而遣博望,通祁連而寵驃騎。靡弗揣摩逢迎,乘時竊位。若曼倩先生,下不效燕齊海上之士,高不談月氏大宛之利。辟戟宣室之殿,諫除鄠杜之地。奏符乎泰階,獻納乎正誼。拾遺補闕,閒宣風議。鄉使上書伊始,不自揄美,祇敷吏治,此適與不足采者同科。但觸聞罷,又安望常侍。信如子言,毋亦委和璧而疵微瑕,責一人而求備也。

主人曰:善,今請爲子袪其瞀惑,釋其游移,可乎?語有之,昊緯頏濛,坐隅窺之以管;尾閭混濜,臨流酌之以蠡。雖量殊乎高深,要視別乎等差。是故毛嬙嫫母,人識妍媸;夏收殷冔,冠有素緇。藏器辨其薰蕕,土行判於純疵。靡德不稱,允美無遺。自昔賢達登翼,遭遇良時,直言莊論,必示無欺。惟東方生染迹巖廊,傲世詆媟,擬《說難》之韓非,等上書之李斯;睨《至言》之賈山,笑多易之魏其。綜覈品概,載翫文辭,則此三千奏牘疑以傳疑,周浹敏捷,辯說支離,亦滑稽之雄姿耳。宜乎談之者色喜,聽之者忘疲。慨慕型範而歎爲人傑之權奇。

於是,客乃黶乎忠貞之義蘊,窺乎道德之根柢。心醉仁義,味之若醴;服膺讜論,甘之如薺。悚然降階,翼翼濟濟。主人曰:毋然

也，且復與子考古牘之規，詳奏書之體。度長尺版，函方牋啟，質粗
槧僕，綏繁赤緹。書笏彤廷，趨對玉陛。束方策而累編，傳階籤而
宵遞。《蓼蕭》之詩曰"既見君子，孔燕豈弟"，請紀臣朔奏御之篇，
而循循於后蒼曲臺之禮。

擬陸士衡《君子行》

何維畯

天地自容物，英雄能忌人。炎涼逐榮悴，好惡有屈伸。下流多
謗議，翻若濁水瀾。木秀厭風摧，岸峻防流湍。周公方踐阼，納册
興流言。曾參不殺人，投杼滋憂患。回風怨恩違，陰雨識交難。囂
途何紛紛，疑似搆其端。倚伏無前算，憂喜恆聚門。後車戒覆轍，
明鏡羞垢顏。思危以遠咎，堪爲達者論。

春秋列國宮詞

曹廣權

勝國銀潢紀異聞，連昏雁幣束縑繡。同匏魯殿擎纖手，肌理頻
看細膩紋。魯惠仲子。見《左傳》。按，魯惠未入春秋，而仲子歸賵見隱元年，經
故從左氏弁錄之。鄭武姜、衛宣姜雖載《左傳》，皆在春秋前，玆闕。

盈虧日月卜珠宮，璣鏡懸胸霓爛融。楠木瑕軍齊算得，評量巾
幗是英雄。楚武鄧曼。見《左傳》，又見劉向《列女·仁智傳》。按，《列女傳》云：
"君子謂鄧曼知天道。《易》曰'日中則昃，月盈則虧。天地盈虛，與時消息'，此之
謂也。"

緹帷驪駕已郊迎，啜泣城隅感女貞。誰道此心同席卷，柏舟哀

怨賦初成。衛宣夫人。見《列女·貞順傳》，云："夫人齊侯女，嫁於衛。至城門，衛君死，遂入，持三年喪畢。弟立，請願同庖女。不聽，作詩曰'我心匪石，不可轉也。我心匪席，不可卷也'，君子美其貞壹，舉而列之於《詩》。"按，《毛詩》說與此不同，陳長發《稽古編》辨衛宣公烝於夷姜，納子婦外，不聞更娶齊女，疑《列女傳》鑿空傅會。然中壘此說當本《魯詩》，意取忠厚，真贋弗辨，故論錄之。

寂寂深宮鎖禁煙，君顏一見恨無緣。式微漫譜思歸操，中路誰教傅母憐。黎莊夫人。見《列女·貞順傳》，云："衛侯之女，黎莊之夫人也。既往，不同所欲，未嘗得見其傅母。閔夫人賢，憐其失意，乃作詩曰'式微式微，胡不歸'。夫人曰'婦人之道，壹而已矣'，作詩曰'微君之故，胡爲乎中路'。"按，《毛詩·式微》序云"黎侯寓于衛，其臣勸以歸"，《旄丘》序云"責衛伯也。狄人迫逐黎侯，黎侯寓于衛"。與此說絕異，但序《蒙熊》《雄刺》衛宣公后，衛伯皆指宣公，是黎莊與衛宣同時。茲說從《列女傳》，序次依《毛詩》。

楚宮承寵入椒房，別鶴哀弦一曲長。畢竟玉顏非誤國，桃花同穴自薰香。息君夫人。見《列女·貞順傳》，云："楚王出遊，夫人出見息君，作詩曰'穀則異室，死則同穴。謂如不信，有如曒日'，遂自殺。息君同日死。君子序之於詩。"按，左氏云息媯歸楚文，生堵敖及成王。楚文薨，猶以未亡人自稱，是息媯不殉息侯。故杜牧之《桃花夫人廟詩》"可憐金谷墜樓人"，謂其有愧綠珠，然向說必非肊撰。錄之，與衛宣夫人同意。

夜靜璇宮絳蠟融，罷朝顏色笑威公。脫簪竟許賢妃請，複褶戎衣半段紅。齊桓衛姬。見《吕氏春秋》，又見《列女·賢明傳》。按，《吕氏春秋》云："齊桓與管仲謀伐衛，退朝入，衛姬望見，請衛君之罪。公曰：'吾於衛無故，子曷爲請？'對曰：'妾望君之入也，足高氣彊，有伐國之志也，見妾而有動色，伐衛也。'"

蘭橈打槳且羣嬉，爭怯風多畏榜危。笑觸逆鱗還拍掌，碧波深處使船移。齊桓蔡姬。見《左傳》。

選充蘭掖侍金鑾，贏得眉顰掩袖看。毒酒何因滋禍水，嬌啼午夜涕闌干。晉獻驪姬。見《左傳》，又見《列女·孽嬖傳》。

閟宮深寂漫登臺，妖夢無憑費意猜。漫道履薪嫌恚憤，噬昆成虎薄牛哀。秦穆夫人。見《左傳》。

珈笄巾櫛侍椒闈，秦晉盟成願肯違。私語無人誰漏泄，但教歸鳥獨南飛。晉圉懷嬴。見《列女·節義傳》。按，《列女傳》云："圉將逃歸，謂嬴氏曰：'夫鳥飛反鄉，狐死首邱。子其與我行乎？'嬴氏對曰：'子行矣，吾不敢泄言，亦不敢從也。'"詞意略與《左氏傳》同，但中壘列爲《節義傳》，則與左氏云懷嬴復事晉文不同，故從《列女傳》。從長錄善。

玉玦蘭閨絮別離，貞堅金石得歸期。椒庭侍讌重回首，笑挽雲鬟指鬢絲。晉文季隗。見《左傳》，又《史記·晉世家》。

青驄醉遣怒揮戈，夢冷鴛衾惹怨多。百兩忽教迎翠輦，隔帷欣看晉山河。晉文齊姜。見《列女·賢明傳》。按，晉重歸國，左氏不云迎齊姜爲夫人。以情揣之，姜氏若非朝露先委，必與季隗同迎。中壘此語，當有依據，從之。

璣珥妝成襯碧綃，新承恩澤侍中宵。悔教三日離宮宴，孤負金階不早朝。晉文南之威。見《戰國策》。

椒掖長門謁見稀，分明讖語夢依依。記從進御承恩後，鳳帶拖蘭香襲衣。鄭文燕姞。見《左傳》。

聲搖環佩玉瓏玲，翟茀朱幃出紫庭。鳳輦陪遊驚墮馬，帷裳歸去待輶軒。齊孝孟姬。見《列女·貞順傳》。

羽葆亭童正倚欄，後宮佳麗盡傾觀。玉階徐去搖金步，始識傾城一顧難。楚成鄭瞀。見《列女·節義傳》。按，傳云："成王登臺臨後宮，宮人皆傾觀。子瞀直行不顧，徐步不變。王曰：'顧吾，以女爲夫人。'子瞀復不顧。王曰：'顧吾，又與女千金，而封若父兄。'子瞀遂一顧。"

璇閨迎輦罷朝時，鄭女梁姬侍翠帷。紅袖一時齊掩口，六宮甯不妒娥眉。楚莊樊姬。見《韓詩外傳》卷二，又見《新序·雜事一》，又見《列女·賢明傳》。但《新序》《列女傳》沈令尹皆作虞丘子，遣人之梁鄭之間求美人。《列女傳》"梁鄭"作"鄭衛"，爲小異耳。

酒酣耳熱亂鳴珂，醉舞婆娑狎翠娥。卻怪君王偏愛士，燭闌燈炧絕纓多。楚莊美人。見《說苑·復恩》。

節鼓鐃鐘擁玉墀，翩翻翠黛鬪腰肢。浮邱肩更洪崖袖，能使君王左右宜。楚莊楊姬、越姬。見《說苑·正諫》，云："莊王立鼓鐘之間，左伏楊姬，右擁越姬，左禰妃，右朝服，曰：'吾鼓鐘之不暇，何諫之聽？'"

登臺瞰客漫搴帷，人語頻驚幌帝垂。談笑未終戎禍起，東風不競視齊師。齊惠夫人。見《史記·齊世家》，云："晉使郤克如齊，齊使夫人帷中而觀之。郤克上，夫人笑之。"按，《穀梁》成元年《傳》云："蕭同姪子處臺上而笑之。"范解：蕭，國，同，姓；姪子，字。其母更嫁齊惠公，隨母在齊，以笑客。非惠夫人。然二年《傳》又云蕭同姪子之母爲質。《左傳》云："婦人笑於房，蕭同叔子非他，寡君之母也。是笑客，實頃母。"故《史記》又云："必得笑克者蕭桐叔子，對曰：'叔子，齊君母是也。'"

刮灰臺榭已成塵，深閉中闈五夜春。玉質竟甘同一炬，潛然陰火劇傷神。宋共伯姬。見《公羊》襄三十年《傳》，又見《列女·貞順傳》。又按，《漢書·五行志》董仲舒以爲伯姬幽居守節三十餘年，憂傷國家之患禍，積陰生陽，故火生災云云。足資旁證，故詞並及之。

長離椒屋泣彤闈，姑惡林間鳥語稀。送野停鸞成別賦，差池燕羽故飛飛。衛姑定姜。見《列女·母儀傳》。案，傳云："衛定公夫人，公子之母。公子既娶而死其婦，無子。畢三年之喪，定姜歸其婦。自送之至於野，悲心感慟，乃賦詩曰'燕燕于飛，差池其羽'云云。與《毛詩序》衛莊姜送歸妾不同，蓋亦《魯詩》說也。"

東宮飛降鳳書徵，奇禍初胎泣諫曾。脫珥椒庭君不聽，繐帷淒絕起園陵。齊靈仲子。見《列女·母儀傳》，云："靈公欲廢太子光，仲子以死爭之，終不聽。靈公疾，高厚微迎光。及薨，崔杼立光而殺高厚。以不用仲子言，禍至於此。君子謂仲子明於事理。"

金鋪珠戶漏沈沈，雙闕巍峩廣殿深。跪奉玉觴當夜靜，轔轔遙識展輪音。衛靈夫人。見《列女·仁智傳》。靈公與夫人夜坐，聞車聲。公問知此謂誰，夫人曰："此蘧伯玉也。"公使視之，果伯玉。以戲夫人，曰"非也"，夫人酌觴再拜，賀公曰："國多賢人，國之福也。"

阿保相依戀舊恩，泣持白刃淚添痕。紅愁低訴聲聲思，淒斷幽居永巷門。楚平伯嬴。見《列女·貞順傳》，云："當昭王時，吳入郢，昭王亡。吳王闔閭盡妻其後宮，次至伯嬴，伯嬴持刃曰：'近妾而死，何樂之有？如先殺妾，何益君王？'於是吳王憨，遂退。舍伯嬴，與其保阿閉永巷之門，皆不釋兵。"

漸臺一別任句黽，符使星馳盼傳郵。爲有貞魂盟白水，怒濤無那逐陽侯。楚昭貞姜。見《列女·貞順傳》。

層臺遊讌樂忘疲，同穴妃嬪許蔡姬。飛鳥帶雲剛夾日，黃壚誰遣逐狐貍。楚昭越姬。見《列女·節義傳》，云："王讌遊，蔡姬在左，越姬參右，遂登附社之臺，以望雲夢之囿。既讌，顧謂二姬曰：'樂乎？'蔡姬對曰：'樂。'王曰：'吾願與子生若此，死若此。'蔡姬曰：'吾願生同樂，死同時。'王顧謂史，書之'蔡姬許從孤死矣'。乃復謂越姬，越姬對曰：'妾以君王能法先君，將改斯樂而勤於政也。今則不然，要婢子以死，不敢聞命。'居二十五年，王救陳，二姬從，王病在軍中。有赤雲夾日如飛鳥，王問周史，史曰：'是害王身。'越姬曰：'請願先驅狐貍於地下。'王曰：'昔之遊樂，吾戲耳。'越姬曰：'昔日妾雖口不言，心既許之矣。'遂自殺。王病甚，薨於軍，蔡姬竟不能死。"

徑辭深苑淚潸然，江上悲歌慘扣船。回首故宮花草地，褐衣歸去又何年。越句踐夫人。見《吳越春秋·句踐人臣外傳》，云："越王入吳，與諸大夫別於浙江之上，登船徑去。越王夫人據船哭，顧烏鵲啄江渚之蝦，飛去復來。因哭而歌之，有云'颼颼獨兮西往，孰知返兮何年'，又云'妻衣褐兮爲婢，夫去冕兮爲奴'。"

玉杯金鼎慘生塵，太息蒸魚惹怒嗔。白鶴何因吳市舞，西閶門外鑿池新。吳王女滕玉。見《吳越春秋·闔閭內傳》，云："吳王謀伐楚，與夫人及女會蒸魚。王前嘗半而與女，女怒曰：'王食魚，辱我。'乃自殺。闔閭痛之，葬西閶門外，鑿池積土，金鼎、玉杯、銀樽、珠襦之寶皆以送女。乃舞白鶴於吳市中，令萬民隨而觀之。還，使男女與鶴同入羨門，因發機掩之。

後庭承寵翠鬟工，鐵甲銀槍換女戎。紅粉兩行開笑靨，鼓聲何事出宮中。吳王美人。見《吳越春秋·闔閭內傳》。

秋柳 <small>用杜工部《秋興八首》韻</small>

蕭榮昌

憶得芳春緑滿林，柳枝如綫碧森森。乍飛殘絮雙橋雪，漸舞垂絲一桁陰。無限鶯歌懷遠意，不多蟬唱早涼心。蕭條又是秋風起，吹送遥林向晚砧。

數株城郭夕陽斜，作客揚州幾歲華。流水棲鴉村外樹，短亭孤驛岸邊槎。風凄野店搖征鐸，霜冷長洲咽暮笳。何似武昌光景好，半遮山堞隱疏花。

搖落江邨對夕暉，蒼蒼雲樹影依微。平蕪盡處雁南度，孤嶼明邊烏夜飛。賸有腰肢新態減，輸他眉樣舊時違。莫嫌漁艇藏難住，紅蓼花開紫蟹肥。

水田方罫錯圍棋，西子湖邊景亦悲。幾樹婆娑兵燹後，六橋婀娜瘦殘時。隔溪漁舍罾猶挂，近塙長隄馬更馳。客裏記曾秋兩度，氄氄涼月故園思。

紅柳叢生塞外山，商飇吹冷翠微間。邊聲篴裏聞金縷，秋色營中夢玉關。燕子光陰殊苒苒，桃花情緒共孱顔。屯田差喜新疆路，短榦長條譜可班。

門臨朱雀大航頭，白下曾看樹樹秋。瓜步潮生猶弄影，秦淮鐙上不知愁。椿枯曲岸穿行蟻，葉落回波聚野鷗。江北江南最繁縟，未應顑頷比潭州。

爽颯長沙都督功，湘潭黄葉畫圖中。文章宋玉悲秋氣，詞句耆卿唱曉風。露竹尚饒千箇緑，霜楓猶欠十分紅。卅年閱徧青青眼，水陸洲邊舊釣翁。

老屋臨谿路邐迤，緑楊如薺覆池陂。兒時記種琅邪樹，邇日都成漢苑枝。一派西風涼意足，九秋南浦翠陰移。撚髭爲續漁洋句，轉瞬春濃美蔭垂。

秋柳八首 <small>用工部《秋興》韻</small>

周聲洋

畫漏聲聲徹禁林，靈和前殿晚蕭森。草深輦路添秋色，苔没長門怨夕陰。寒食東風猶昨夢，永豐西角舊關心。空堦擣素憐班女，瘦損腰肢對玉碪。<small>宮禁</small>

三邊落日大旗斜，獵獵西風送歲華。地接玉關驚戍火，秋來銀漢見仙槎。別離曾聽羌人笛，搖落空悲隴上笳。白草清霜歸騎遠，馬蹏誰共踏楊花。<small>邊城</small>

樓臺如畫掩晴暉，春草池塘翠縷微。影入清秋三徑冷，夢和殘葉滿林飛。亭邊舞蜨黃衣褪，牆外流鶯素賞違。露壓煙欺成底事，傍籬不羨菊花肥。<small>園林</small>

灞橋春訊比殘棊，荒草斜陽過客悲。繫馬樓高秋樹外，棲鴉陣亂晚涼時。溢江楓葉同蕭瑟，汴水楊花幾驟馳。殘月曉風堪送別，屯田遺韻起人思。<small>江岸</small>

客途秋近夢家山，白下西風轉眼間。蘇小巷深春已盡，陶潛門僻晝常關。鳥藏翠陌思前事，鶯語芳鄰失舊顏。凄絕章臺街畔影，慣看走馬應朝班。<small>巷陌</small>

水光山色聖湖頭，兩道虹隄接暮秋。絲拂斷橋游艇寂，煙橫孤墻晚鍾愁。輕陰簇徑縈通馬，敗葉隨波不礙鷗。眉黛罷教西子妒，惹人離思在杭州。<small>湖隄</small>

北山墟落訪無功，萬縷千條寒雨中。悴色淺拖荒渡水，涼痕低颭酒旗風。數家門掩苔凝綠，一徑霜多葉襯紅。柳暗花明留客處，

闌珊春事問村翁。村落

巖扉寂歷路逶迤，絕似蒲荷滿澤陂。螢火照殘荒殿樹，蟬聲摧老壞垣枝。瓦飄夢雨痕猶溼，旗卷靈風影乍移。著意江南春色到，柔條一例故垂垂。荒祠

秋柳 用杜《秋興八首》韻

何承道

著意憨鶯訴禁林，龍池驀地逗秋森。芳痕一抹催黃葉，絮果三生問綠陰。弄影暗縈金井怨，搖絲輕縮玉階心。靈和殿外疏星綴，擣素聲淒送暮砧。禁苑

墨鴉盤陣點橫斜，壯士看看鬢漸華。寒信乍添征客感，秋光先上使星槎。飛狐戍斷驚聞篷，元兔城荒晚聽笳。未識毿毿青冢畔，可禁蔥嶺雪飄花。邊城

旗外縈金浸夕暉，鞭絲搖漾晚晴微。昏黃瘦月雛初過，冷綠疏煙燕不飛。逝水流光迷眼纈，停雲羈客抱情違。驪歌聽慣腰圍減，怪道蟬衣未肯肥。旗亭

夢熟茶香罷睹棋，騷人感物易秋悲。煙荒綠墊聽鸝地，霜妒紅闌鬪鴨時。銀蒜淺捎陰漸減，瓊柯低拂意偏馳。丁簾莫便捯箏急，一樣迷離兩樣思。別墅

倒影垂虹縐遠山，依稀家住畫圖間。鷗邊雨織波通舫，鷺外風梳客閉關。碧淺錯疑三起態，藍扡猶認二分顏。題橋記得宮紗染，曾許翩躚鳳閣班。畫橋

鼓枻漁翁去掉頭，娟娟邀笛步邊秋。瘦痕點綴三篙綠，寒黛商量一斛愁。碧漢微雲遙去雁，白門涼色曉來鷗。東風鬄鬄鴛湖暖，彈指濃陰覆九州。古渡

釀雲釀凍乍成功，愁淺愁深併簡中。疏點兩三烏鵲雨，峭寒多半鯉魚風。纖眉洗豔難爲綠，墜夢逢秋不忍紅。結帶麗情還選集，樊南標格勝僊翁。齋院

掩映鱸鄉一帶迤，還能婀娜拂雲陂。晴邊暖雪難飛絮，畫裏明漪怕濯枝。照影爭禁燈舫泊，追涼漸少笛牀移。酒醒何處尋前迹，張緒芳華裊裊垂。湖陰

銷寒會七律，集唐十首

胡棣鄂

不知今夕是何年，時候頻過小雪天。壯志未酬三尺劍，幽聲遙瀉十絲絃。心寒已分灰無燄，愁破方知酒有權。吟寄短篇追往事，浪成蠻語向初筵。

不知戴叔倫《三靈寺守歲》。時候陸龜蒙《小雪後書事》。壯志李頻《春日思歸》。幽聲薛濤《秋泉》。心寒羅隱《村橋》。愁破鄭谷《中年》。吟寄翁承贊《文明殿册封閩王》。浪成李穀《浙東罷府西歸》。

舊識相逢情更親，眼前猶見詠詩人。獨看積素凝清禁，不用丹青點此身。橫玉遠開千嶠雪，醉煙輕罩一團春。今宵始覺房櫳冷，莫厭傷多酒入脣。

舊識錢起《送興平王少府遊梁》。眼前張籍《贈王建》。獨看錢起《和王員外雪晴早朝》。不用齊己《簡孫郎中》。橫玉李渥《秋日登越王樓獻于中丞》。醉煙李山甫《公子家》。今宵白居易《冬至夜》。莫厭杜甫《曲江》。

繞蘭干外散瑤華，更出梅粧弄晚霞。金盞不辭須滿酌，珠簾高卷莫輕遮。故人多集芙蓉幕，華廳愁深苜蓿花。選勝相留開客館，一回舞劍一吁嗟。

繞蘭陸龜蒙《和襲美褚家林亭》。更出張蓣《和陸魯望白菊》。金盞毛文錫

《酒泉子》。珠簾南唐嗣主李璟《元日大雪》。故人王建《維揚冬末寄幕中二從事》，一作杜荀鶴詩。華廄溫庭筠《寄分司王庶子兼呈元處士》。選勝張籍《贈商州王使君》。一回李崖《七言》。

年光客思兩相隨，喜見江潭積雪時。陶令好文常對酒，庾公逢月要題詩。能消忙事成閒事，莫遣佳期更後期。多謝青雲好知己，玉珂瑤佩響參差。

年光獨孤及《傷春贈遠》。喜見劉禹錫《奉酬辛大夫喜湖南臘月連日降雪見示之作》。陶令張繼《馮翊西樓》，一作郎士元詩。庾公楊巨源《送絳州盧使君》。能消白居易《家醞十首》。莫遣李商隱《一片》。多謝韋莊《投寄舊知》。玉珂杜牧《汴河阻凍》。

利名那得在須臾，酒熟鄰家許夜沽。歲月如波事如夢，陰陽爲炭地爲罏。堅冰消盡還成水，明月圓來別是珠。惆悵覺無人共醉，未知誰擬試齊竽。

利名牟融《寄周韶州》。酒熟殷堯藩《旅行》。歲月秦韜玉《檜樹》。陰陽皮日休《金錢花》。堅冰麴信陵《過真律師舊苑》。明月黃滔《酬楊學士》。惆悵張泌《酒泉子》。未知韓偓《安貧》。

輕輕玉疊向風加，銀燭連宵照綺霞。蓮子數杯嘗冷酒，松花滿盞試新茶。因逢淑景開佳宴，勉把衰顏惜歲華。簫管曲長吹未盡，夜深開戶月光一作斗牛。斜。

輕輕李咸用《和人詠雪》。銀燭武元衡《餞裴行軍赴朝命》。蓮子白居易《三月三》。松花劉禹錫《送鄭州李郎中赴任》。因逢宋齊邱《陪華林園試小妓羯鼓一首》。勉把僧處然《盧山懷舊》。簫管盧綸《曲江望春》。夜深賈島《逢博陵故人彭兵曹》。

光陰催老苦無情，酒瀉銀瓶倒底清。盡寫風流在軒檻，直疑蹤跡到蓬瀛。瓊林壁月春如昨，粉壁紅窗畫不成。敲折玉釵歌轉咽，沉香火底坐吹笙。

光陰白居易《題酒甕贈葛洪》。酒瀉盧羣玉《失題》。盡寫陳陶《和容南韋中丞題瑞亭》。直疑成彦雄《遊紫陽宮》。瓊枝張籍《席上有贈》。粉壁花蕊夫人《宮詞》。敲折韓偓《閨情》。沉香王建《宮詞》。

數朵檀心體勝裁，當軒發色映樓臺。霓旌玉佩參差轉，珠箔銀屏迤邐開。高館更無塵外客，新詩爭羨鄴中才。陽春唱後應無曲，紅爐隨風落綠苔。

數朵秦韜玉《牡丹》。當軒丁仙芝《餘杭醉歌贈吴山人》。霓旌王轂《玉樹曲》。珠箔白居易《長恨歌》。高館僧大易《湘夫人祠》，一作戴叔倫詩。新詩牟融《遊報本寺》。陽春黃滔《酌楊學士》。紅爐吕温《答段秀才》。

錦茵羅薦夜淒淒，飛閣頻登意轉迷。卻擁木綿吟麗句，曾書蕉葉寄新題。甘棠城上客先醉，苦竹叢中猿暗嘶。好是酒闌絲管罷，更無人唱白銅鞮。

錦茵顧況《瑤草春》。飛閣鄭元祐《即事有作》。卻擁賈島《冬日即事寄懷靈準上人》。曾書方干《送鄭台處士歸絳巖》。甘棠許渾《陝州夜宴妓人善歌鷓鴣》。苦竹秦韜玉《牡丹》。好是秦韜玉《牡丹》。更無李涉《漢上偶題》。

林風淅淅夜厭厭，蘭燭時將鳳髓添。膩粉暗消銀鏤盒，金波寒逗水精簾。閒歌柳葉翻新曲，悶對瓊花詠散鹽。一覽錦箋佳句滿，彩毫何必夢江淹。

林風李後主煜《臨江仙》。蘭燭和凝《宮詞》。膩粉女郎威聯句。金波李中《宮詞》。閒歌徐鉉《奉和宮傅相公懷舊見寄》。悶對章莊《冬日長安感志寄獻虢州崔郎中》。一覽鄭綱《酬宣上人九月十五日東亭見贈》。彩毫劉兼《芳春》。